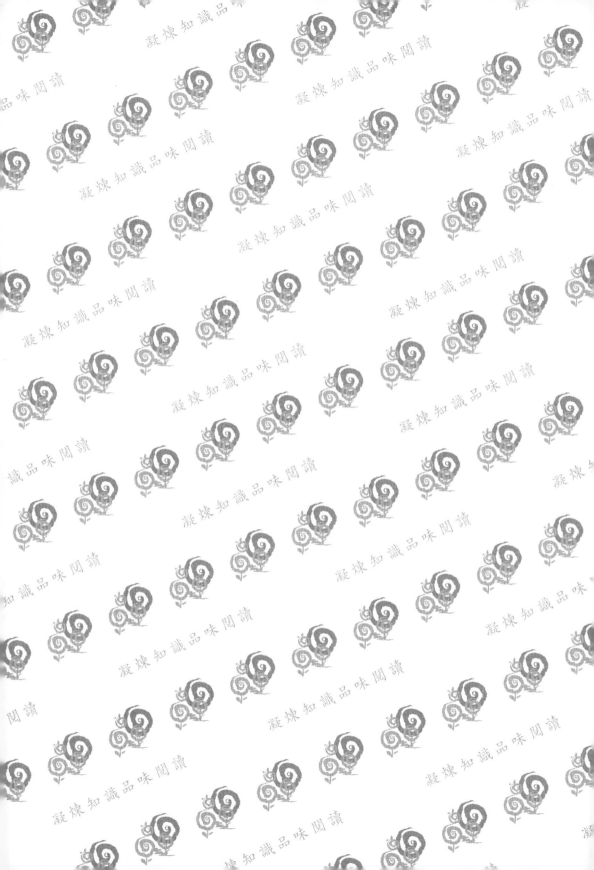

特殊教育導論

王文科　主編

王文科　李乙明　謝建全
洪榮照　杞昭安　林玉霞
王淑娟　陳政見　吳佳臻
王明泉　侯禎塘　胡永崇
李淑玲　林翠英　林秀錦
柯秋雪　　　　　著

五南圖書出版公司 印行

主編序

　　我國自民國 73（1984）年正式發布「特殊教育法」以來，幾經多次修訂，條文內容屢有更動，提供予學生閱讀之特殊教育的相關課程內容，自亦需予以配合調整，始能與時俱進，本書之撰擬，即以此一立場為出發點。

　　我國最早創設特殊教育學系、碩士班與博士班的學校，為國立彰化師範大學（前身為臺灣省立教育學院、國立臺灣教育學院）。本人於該校服務期間，曾邀約該系第一屆博士班研究生（民國 80 年入學）撰寫《特殊教育導論》一書問世，頗受學生喜愛，歷經刊行多版數刷；惟該書已多年失修，內容無法配合時代思潮，與時俱進，遂有重新撰寫的念頭，適逢五南圖書出版公司陳念祖副總編高瞻遠矚，邀約能共襄盛舉，合作出版《特殊教育導論》一書的計畫，乃積極推薦人選，由五南圖書出版公司分別接觸、簽約，本書所有作者皆為當前特殊教育學界之佼佼者，多與民國 64 年成立的彰化師大特殊教育系有深厚的淵源，或為其博士班畢業、或為其大學部或碩士班畢業後，在國內相關研究所博士班進修、或負笈國外，取得博士學位者，他／她們目前均分別任教於國內大學相關學系。

　　本書為求體例一致，於撰寫時，共同採取以下的作法：
■各章一開始，以摘述主文內容方式，勾勒該章的重點；
■每一章酌列問題與討論作業若干則，藉供練習；
■身心障礙類各章宜包括以下內涵：定義（含分類）、鑑定與評量、特徵、發生率或出現率、成因、課程與教學、教育安置、早期介入、轉銜服務等；
■相關法規之引用，以採用本國現行最新法規為主，亦可參酌引用美、英、日等先進國之最新法規，藉供參照。

　　由於本書係由各作者獨立撰稿，再經編輯而成，體例雖力求統一，惟各人寫作風格殊異之特色，應該予以維持，是以，本書以不更動作者原來

文稿內容為原則。

　　本書雖經全體作者殫精竭慮、全力以赴，始告完成，但是疏陋仍在所難免，敬祈讀者及先進不吝指正。又五南圖書出版公司陳副總編的精心擘劃、李敏華責任編輯的費心和用心暨相關同仁的不辭辛勞；加上全體作者的共襄盛舉，才能使本書及早且順利問世，均有功焉，謹一併表達敬意與謝意。

王文科謹誌

2013/07/31 於臺中市 Wang's Lodge

目　錄

主編序

第一章　**緒論：特殊教育的定義、發展與趨勢** ⋯⋯⋯1

（王文科）　第一節　相關名詞與定義　3

（李乙明）　第二節　特殊教育發展簡史　12

第三節　特殊兒童的出現率　19

第四節　特殊教育的服務系統　22

第五節　特殊教育的發展趨勢　28

問題與討論　37

第二章　**資賦優異者之教育** ⋯⋯⋯⋯⋯⋯⋯⋯39

（謝建全）　第一節　資賦優異者的定義　41

第二節　資賦優異者的特質與出現率　44

第三節　資賦優異者的鑑定與評量　48

第四節　資賦優異者的教育安置　55

第五節　資賦優異者的課程與教學　58

第六節　資賦優異者的學習與輔導　72

第七節　資優教育的發展趨勢及未來展望　76

問題與討論　82

第三章 　**智能障礙者之教育** ⋯⋯⋯⋯⋯⋯⋯83

（洪榮照）

第一節　智能障礙的定義　84

第二節　智能障礙者的特徵　88

第三節　智能障礙的類別　91

第四節　智能障礙的成因與出現率　95

第五節　智能障礙的鑑定　98

第六節　智能障礙者的教育方式　106

問題與討論　118

第四章 　**視覺障礙者之教育** ⋯⋯⋯⋯⋯⋯⋯119

（杞昭安）

第一節　視覺障礙者的定義與分類　120

第二節　視覺障礙者的鑑定與評量　123

第三節　視覺障礙者的特徵　127

第四節　視覺障礙者的出現率　136

第五節　視覺障礙的成因　137

第六節　視覺障礙者的課程與教學　140

第七節　視覺障礙者的教育安置　147

第八節　視覺障礙者的早期介入　150

第九節　視覺障礙者轉銜至成人　152

問題與討論　154

第五章 　**聽覺障礙者之教育** ⋯⋯⋯⋯⋯⋯⋯155

（林玉霞）

第一節　聽覺障礙者的意義與定義　156

第二節　聽覺障礙者的鑑定與評量　166

第三節　聽覺障礙者的出現率　173

第四節　聽覺障礙者的成因　174

第五節　聽覺障礙者的身心特質　177

第六節　聽覺障礙者的課程與教學　180

第七節　聽覺障礙者的助聽輔具　189

第八節　聽覺障礙者的教育安置　194

問題與討論　196

第六章　語言障礙者之教育 ⋯⋯⋯⋯⋯⋯⋯⋯⋯⋯⋯⋯197

（王淑娟）

第一節　語言障礙定義　199

第二節　語言障礙兒童發生率　200

第三節　說話 — 語言障礙學童的學習特徵　201

第四節　構音障礙　202

第五節　嗓音異常　204

第六節　語暢異常　206

第七節　語言異常　211

第八節　語言障礙教育與輔導　213

問題與討論　217

第七章　肢體障礙者之教育 ⋯⋯⋯⋯⋯⋯⋯⋯⋯⋯⋯⋯219

（陳政見）
（吳佳臻）

第一節　肢體障礙定義　220

第二節　肢體障礙類型　222

第三節　肢體障礙成因　231

第四節　肢體障礙出現率　232

第五節　肢體障礙學生身心特質　232

第六節　肢體障礙學生鑑定與安置　234

第七節　課程與教學　238

問題與討論　249

第八章 **身體病弱者之教育** ⋯⋯⋯⋯⋯⋯⋯⋯⋯⋯251

（王明泉）

第一節　定義說明　252

第二節　鑑定與評量　255

第三節　身心特徵　263

第四節　出現率　265

第五節　成因　267

第六節　各類疾病病徵　268

第七節　課程與教學　276

第八節　教育安置　278

第九節　相關議題之探討　280

問題與討論　282

第九章 **情緒行為障礙者之教育** ⋯⋯⋯⋯⋯⋯⋯⋯283

（侯禎塘）

第一節　情緒行為障礙的定義（含分類）　284

第二節　情緒行為障礙的特徵與出現率　288

第三節　情緒行為障礙的成因　290

第四節　情緒行為障礙的鑑定與評量　293

第五節　情緒行為障礙學生的教育安置　295

第六節　情緒行為障礙的教育與輔導　296

第七節　情緒行為障礙的早期介入　299

第八節　各類情緒行為障礙的輔導與治療　300

問題與討論　309

第十章 **學習障礙者之教育** ⋯⋯⋯⋯⋯⋯⋯⋯⋯⋯⋯311

（胡永崇）

第一節　學習障礙的定義　313

第二節　學習障礙者的出現率　316

第三節　學習障礙的成因　318

第四節　學習障礙者的特徵　321

第五節　學習障礙者的鑑定　329

第六節　學習障礙者的教學　336

問題與討論　348

第十一章　多重障礙者之教育 ……………………349
（李淑玲）

第一節　定義　350

第二節　鑑定與評量　351

第三節　特徵　358

第四節　發生率　364

第五節　成因　364

第六節　課程與教學　364

第七節　教育安置　379

第八節　早期介入　379

第九節　轉銜至成人　380

問題與討論　382

第十二章　自閉症者之教育 ……………………383
（林翠英）

第一節　自閉症者之定義與診斷標準　384

第二節　自閉症者之成因與特徵　389

第三節　自閉症者之盛行率和發生率　391

第四節　自閉症者之鑑定與評量　393

第五節　自閉症者之早期介入與教育安置　399

第六節　自閉症者之課程與教學　402

第七節　自閉症者之轉銜至成人　408

問題與討論　411

第十三章　發展遲緩者之教育 ································413

（林秀錦）
（柯秋雪）

第一節　「發展遲緩」的源起與定義　414

第二節　發展遲緩幼兒的鑑定評量　417

第三節　發展遲緩幼兒之特徵　419

第四節　出現率（prevalence rate）　421

第五節　成因　423

第六節　服務模式　424

第七節　課程與教學　428

第八節　轉銜　438

問題與討論　440

參考文獻 ································441

附　錄　法　規 ································495

一、特殊教育法　495

二、特殊教育法施行細則　506

三、身心障礙及資賦優異學生鑑定辦法　510

第一章

緒論：特殊教育的
定義、發展與趨勢

王文科、李乙明

第一節　相關名詞與定義
第二節　特殊教育發展簡史
第三節　特殊兒童的出現率
第四節　特殊教育的服務系統
第五節　特殊教育的發展趨勢

　　現代的學校教育，仍是以班級為單位實施教學，在這樣的基本體制中，教師必須設法促成教室裡每個學生發生真實學習，有所進步，也就是說，教師必須完成「適性教育」的任務，才能確保每個孩子的個別特性，在適當引導下，日復一日，獲得合宜的身心成長與發展。然而，即使教師在課堂中的「區分性教學」（differentiated instruction, 或稱為差異性教學）能達到最符合理想的程度，我們的教育主體或對象（subjects）中，還是會有一些人，需要更多特殊的調整與安排，才能朝向有效學習接近。而如此敏於覺察並充分回應特殊需求，進而有效並周全滿足這些需求的種種教育與輔導機制，就是「特殊教育」。

　　「每個人都是獨特的」這句話在我們的社會中，已是普遍得到認可的觀念。人與人之間確實存在許多相似性，但也同時顯現出不少差異性。然而，在任何社會建構的體制或結構中，如果過分重視差異性而忽略相似性，或者反之一味強調相似性而漠視差異性，皆有所不宜。吾人體能、智能與社會技能的發展，既然存在差異性與相似性，是不容漠視的事實，但一個社會如何對待這些存在於人的異同之處，尤其是差異的部分，則反映出社會的進步程度。所謂的差異，除了「個別間差異」（inter-individual difference）之外，尚有存在於每個人自身的「個別內差異」（intra-individual difference）。對於教育領域而言，如何化「差異」為「齊一」，以及如何就其差異中的優良特質予以發揮，更是至關重要的課題。

　　個別間差異或個別內差異，均普遍存在於所有年齡層的人口中，而非侷限於傳統認定的學齡人口，因此特殊教育的對象，理應及於全體人民，凡是具有特殊的需求（with special needs）及才華，自嬰幼兒開始以至成人，均有待特殊教育提供的服務，以促其展現潛能；因此，特殊教育之重要性便不言可喻。

　　本章為了對特殊教育作一簡要的介紹，共分五節探討，分別為：相關名詞與定義、特殊教育發展簡史、特殊兒童的出現率、特殊教育的服務系統、特殊教育的發展趨勢。

第一節 相關名詞與定義

　　為了便於溝通，對特殊教育及其相關名詞加以定義，便頗為重要，惟各家見解不一，殊難有一絕對性的定義，本節試從若干學者的看法予以引述，然後再從中勾勒出一些要點，以供讀者參考。

　　首先是所謂「特殊兒童」（exceptional children）、「殘障者」（the handicapped）與「身心障礙者」（persons with disabilities）這幾個名詞，應如何加以定義與區分？如果純就演化觀點，「特殊」（exceptional）一詞出現較早，1922 年成立的「國際特殊兒童教育委員會」（the International Council for the Education of Exceptional Children，現在稱為 CEC），就使用了 exceptional 一詞。貝克（H. J. Baker）1953 年出版的著作《特殊兒童導論》（*Introduction to exceptional children*）一書中，認為 exceptional 比 handicapped 來得周延，因為前者係指涉心智能力中的各種極端量尺在內，資賦優異與智能障礙均涵蓋其中；後者涉及的範圍較窄，資賦優異無法納入在內，這種分辨，迄今仍然適用；惟也有人以為 exceptional 僅適用於解釋資優者，因此容易造成混淆，不宜採用（Meyen, 1988）。

　　殘障（handicap）與身心障礙（disability）二者有別。梅森（Meyen, 1988）以為「身心障礙」指涉的是某種或某些特殊條件而言，如缺了手腳屬之。「殘障」則是因身心障礙所帶來的影響或造成的結果，故殘障者乃由其身心障礙造成的。另有學者（如 Kauffman & Hallahan, 1996）的觀點，則與前述看法略有差異，他們以為身心障礙是指缺乏做某（些）事的能力，或以特定方式表現潛能的力量減弱；殘障則為加之於個體本身的不利現象。因此身心障礙者可能是也可能不是殘障者，必須視環境的情況而定。同理，殘障可能是也可能不是由身心障礙所引起。如全盲是一種障礙，但在黑暗中全盲並不致構成殘障，而眼明者雖然在白晝通行無阻，但在黑暗中反而會產生殘障的現象。又如坐輪椅者在某些社會環境中，可能被視為一種殘障，但是這種不利的現象，乃是由社會結構或他人反應所造成，並不是因走路能力有障礙而造成。

　　基於上述的分析，為了使特殊教育對象的範圍較為周全，以「特殊」

來涵蓋「身心障礙」和「殘障」二者為宜，因此謹擇就若干文獻上的資料，舉隅解釋「特殊」的意義如後。

「特殊」兒童在生理、心智、行為或感覺等方面的特徵，與大多數兒童不同，因此，為了使他們的潛能獲致最大的發展，需要給予特殊教育及提供相關的服務，其類別包括溝通障礙、聽覺障礙、視覺障礙、肢體障礙、智能障礙、學習障礙、行為異常、多重異常、高智力與獨特才能（Berdine & Blackhurst, 1985, p.7）。

特殊兒童是指那些需要充分實現他們的潛能，而接受特殊教育與有關服務者。他們需要接受特殊教育乃源於他們與多數兒童相較，在以下一種或多種方面有顯著的不同：他們可能是智能障礙、學習障礙、情緒困擾、肢體障礙、語言障礙、聽覺障礙、視覺障礙或資賦優異或特殊才能（Hallahan & Kauffman, 1998）。

以我國而言，特殊兒童就是「特殊教育法」（教育部，2013）中明定的學生類別，包含智能障礙、視覺障礙、聽覺障礙、語言障礙、肢體障礙、腦性麻痺、身體病弱、情緒行為障礙、學習障礙、多重障礙、自閉症、發展遲緩、其他障礙等十三類身心障礙，以及一般智能資賦優異、學術性向資賦優異、藝術才能資賦優異、創造能力資賦優異、領導能力資賦優異、其他特殊才能資賦優異等六類資賦優異而言（教育部，2013）。

「特殊」一詞比「身心障礙」更具有綜合性，係指任何人生理的或行為的表現，在實質上或高於或低於常態的偏差而言，為了迎合此種個別的需要，給予額外的教育性或其他的服務，有所必要。特殊的個體未必是障礙者（Hardman, Drew, & Egan, 1984, p. 23）。

瞭解可能呈現身心障礙的個人，或可能呈現非凡的特殊才能或資賦優異者，有其重要性。瞭解「一般的」（average）、「常態的」（normal）或「特殊的」（exceptional）等相關的術語，也是重要的。像所有的標記一樣，它們告訴我們的，僅限於涉及人群中的一小部分。特殊人口包含所有年齡層的人群，特殊教育不侷限於傳統上所認為的學齡人口。對包括特殊人口在內的所有人群來說，學習是始自出生且延續整個成人的終身活動。許多特殊個體，為了充分達成實現他們的潛能，需要接受自嬰幼兒起及於成人時期的特殊教育服務（Haring, McCormick, & Haring, 1994）。

「特殊」（exceptional）一詞指在生理、社會與智能方面的獨特性；「學習者」（learners）一詞涉及有待教導的個人；而「特殊教育」（special education）係指為了調適特殊學習者的獨特性，而改變典型的教學方法（Hewett & Fornes, 1984, p. 5）。

學校人員以「特殊」一詞指涉被他們視為異常的學生。特殊學生無論就正面或反面來看，均有別於正常學生。從統計上、醫學上或社會上觀之，這些學生可能被視為異常的。典型上，基於教學目標的考慮，特殊學生會被分類、歸類與分組（Ysseldyke & Algozzine, 1990）。

根據上述舉隅的定義，似乎可以瞭解：

1. 特殊教育比身心障礙者教育或殘障者教育、異常者教育周延。

2. 特殊人口需接受有別於一般人口接受的額外教育與相關的服務，以實現其潛能。

3. 特殊教育的服務，乃是始自出生延續至成人的終身活動。

4. 特殊人口如僅指導因於生理的、行為表現的、智能的「特殊」，似有不足；與其導因於文化、經濟、性別等社會因素而造成的特殊性，亦不宜忽視，尤其在資賦優異領域更應注意。

5. 特殊人口似宜涵蓋智能障礙、學習障礙、情緒困擾、肢體障礙、語言與溝通障礙、聽覺障礙、視覺障礙、行為異常、多重障礙、資賦優異、特殊才能等。

與特殊教育有關的名詞除了上述者外，美國教育部（U.S. Department of Education）為了執行 1975 年的全體殘障兒童教育法案（Education for All Handicapped Children Act，即所謂 94-142 公法），依該法案的內容，為所謂的殘障群體提出特殊的定義，且將自閉症（autism）一詞由原先的「嚴重情緒困擾」（seriously emotionally disturbed）轉移到「其他健康障礙」（other health impaired）範圍內；又該法經過幾度修正，至 1990 年修正為「身心障礙者教育法案」（Individual Disabilities Education Act, IDEA），後者復於 1997 年經美國國會通過修正案，該法案且將名稱改為「Individuals with Disabilities Education Act」，至 2004 年又修正為「The Individuals with Disabilities Education Improvement Act」，務求 IDEA 與「把兒童帶起來法

案」（the No Child Left Behind Act）密切結合，取得一貫，協助身心障礙者的教育確保維持公平、績效和卓越。另由於身心障礙者教育法案排除資賦優異與特殊才能，因此美國國會另行制定資賦優異與特殊才能兒童教育法案（the Gifted and Talented Children's Education Act of 1978），並於1988 年（100-297 公法）及 2001 年作過修正，以及在 1993 年提出的《寧靜危機》報告書，為了讓讀者對這些名詞有所瞭解，茲依前述各項法案及1997 年的身心障礙者教育法案修正案，予以引述如下（引自 Davis, Rimm, & Siegle, 2011; Gargiulo, 2003; Meyen, 1988, pp.10-12）：

1. 「聾」（deafness）：意指兒童由於重度的聽覺障礙，藉著或不使用擴大音量設備，透過聽覺仍無法處理語言資訊，會對學童在教育上的表現造成不利的影響。

2. 「盲聾」（deaf-blindness）：意指同時存在聽覺與視覺障礙，二者的結合造成嚴重的溝通問題以及其他發展的和教育的問題，在特殊教育計畫中，不能單獨以聾生或盲生的調整方式處置之。

3. 「聽覺障礙」（hearing impairment）：意指不論其為持久性的或變動性的，會對兒童在教育上的表現產生不利影響，在此不包括所述的聾定義在內。

4. 「智能障礙」（mental retardation）：意指在發展期間所顯示出一般智能的功能作用顯著位於平均數之下，同時存在著適應行為不良的情況，會對兒童在教育上的表現產生不利的影響。

5. 「多重障礙」（multiple disabilities）：意指同時存在多種障礙（如智能障礙──盲、智能障礙──肢體傷殘等），由於多種障礙的結合，引發嚴重的教育問題，使得單為其中任一障礙而設計的特殊教育計畫無法予以調適。本名詞不包括盲聾兒童在內。

6. 「肢體障礙」（orthopedic impairment）：意指嚴重的肢體傷殘，會對兒童的教育表現造成不利的影響。該名詞包括由於與生俱來的異例（如短厚彎曲的畸形足、缺少某一部分等）所引起的障礙、由於疾病（如脊髓灰白質炎、骨結核等）所引起的障礙，以及源自其他原因（如腦性麻痺、切除術、骨折或燒傷）所引起的障礙。

7. 「其他健康障礙」（other health impairment）：意指由於慢性或急

性的健康問題，如心臟的狀況、肺結核、急性關節風濕症、腎臟炎、哮喘、鎌狀細胞貧血症、血友病、癲癇症、鉛中毒、白血球過多症或糖尿病所形成的力氣不足、活力不夠或警覺性不夠，以致使兒童在教育表現產生不利的影響。

8.「情緒困擾」（emotional disturbance）：該名詞意指長期展現下列一種或多種特徵的狀況，達到顯著的程度，會對教育表現產生不利影響：

（1）學習能力不足，且無法以智能、感覺或健康因素予以解釋者。

（2）與同儕和教師無法建立或維繫令人滿意的人際關係。

（3）在正常的環境之下，行為或感受的方式不當。

（4）通常表現不快樂或沮喪的情緒。

（5）傾向於發展生理的症候或與個人的或學校的問題連結的懼怕。

該名詞包括精神分裂的兒童在內。社會適應不良的兒童除非被判定為情緒困擾者，否則不包括在內。

9.「特定型學習障礙」（specific learning disability）：係指涉及瞭解或運用語言、說話或書寫中的任一種或多種基本心理歷程異常而言，因而顯現聽、視、說、讀、寫、拼或數學計算能力不理想的情況。該名詞包括知覺障礙、腦傷、最低限度腦功能異常、閱讀困難症，以及發展性失語症。該名詞不包括基本上由於視覺、聽覺或動作障礙、智能障礙、情緒困擾或環境、文化或經濟不利等，造成在學習上有問題的兒童在內。

10. 自閉症（autism）：指一般在 3 歲前即顯現的一種發展障礙，顯著影響語文與非語文的溝通，以及社會的互動，而對兒童在教育上的表現，產生不利的影響。其他與其有關的特徵有：從事重複性動作與刻板的運動，抗拒環境的改變或每日例行工作的改變，對感覺緊張產生不平凡的反應。

11. 語言障礙（speech or language impairment）：意指溝通的障礙或異常，如口吃、構音障礙或發音不全等，會對兒童的教育表現產生不利的影響。

12. 外傷性腦傷（traumatic brain injury）：意指由於外力而造成的腦部傷害，以致局部或全部功能發生障礙，或心理社會上的障礙，或以上二者兼具，而不利兒童在教育上的表現。至於這些障礙可能包括以下某一種或多種領域：認知、語言、記憶、注意力、推理、抽象思考、判斷、問題解決、感覺、知覺，與動作能力、心理社會行為、物理功能、資訊處理以及

語文。惟該名詞不適用於先天性或退化性或因生產而造成的腦傷。

13. 視覺障礙（visual impairment）：包括全盲在內的視覺障礙，即使透過矯正也會對兒童的教育造成困難。

14. 「資賦優異與特殊才能兒童」（gifted and talented children）：意指在學前、小學或中學層級的兒童或青少年，經鑑定在智能、創造力、特殊學術或領導能力等領域，或在表演與視覺藝術方面具有演示或潛在能力者，因而他們需要由學校所提供有別於普通性的服務或活動。

我國對於特殊教育學生的類別、定義與鑑定標準，也曾歷經數次修法，目前，依照民國 102 年 9 月 2 日教育部所頒布「身心障礙及資賦優異學生鑑定辦法」的界定，各類特殊需求學生的鑑定，「身心障礙學生之鑑定，應採多元評量，依學生個別狀況採取標準化評量、直接觀察、晤談、醫學檢查等方式，或參考身心障礙手冊（證明）記載蒐集個案資料，綜合研判之。資賦優異學生之鑑定，應以標準化評量工具，採多元及多階段評量，除一般智能及學術性向資賦優異學生之鑑定外，其他各類資賦優異學生之鑑定，均不得施以學科（領域）成就測驗。」（第 2 條）

至於各類學生定義與鑑定基準，茲引述如後：

1. 智能障礙，指個人之智能發展較同年齡者明顯遲緩，且在學習及生活適應能力表現上有顯著困難者。前項所定智能障礙，其鑑定基準依下列各款規定：（1）心智功能明顯低下或個別智力測驗結果未達平均數負二個標準差。（2）學生在生活自理、動作與行動能力、語言與溝通、社會人際與情緒行為等任一向度及學科（領域）學習之表現，較同年齡者有顯著困難情形。

2. 視覺障礙，指由於先天或後天原因，導致視覺器官之構造缺損，或機能發生部分或全部之障礙，經矯正後其視覺辨認仍有困難者。前項所定視覺障礙，其鑑定基準依下列各款規定之一：（1）視力經最佳矯正後，依萬國式視力表所測定優眼視力未達 0.3 或視野在 20 度以內。（2）視力無法以前款視力表測定時，以其他經醫學專業採認之檢查方式測定後認定。

3. 聽覺障礙，指由於聽覺器官之構造缺損或功能異常，致使聽覺參與

活動之能力受到限制者。前項所定聽覺障礙，其鑑定基準依下列各款規定之一：（1）接受行為式純音聽力檢查後，其優耳之五百赫、一千赫、二千赫聽閾平均值，6歲以下達二十一分貝以上者；7歲以上達二十五分貝以上者。（2）聽力無法以前款行為式純音聽力測定時，以聽覺電生理檢查方式測定後認定。

4. **語言障礙**，指語言理解或語言表達能力與同年齡者相較，有顯著偏差或低落現象，造成溝通困難者。前項所定語言障礙，其鑑定基準依下列各款規定之一：（1）構音異常：語音有省略、替代、添加、歪曲、聲調錯誤或含糊不清等現象。（2）嗓音異常：說話之音質、音調、音量或共鳴與個人之性別或年齡不相稱等現象。（3）語暢異常：說話節律有明顯且不自主之重複、延長、中斷、首語難發或急促不清等現象。（4）語言發展異常：語言之語形、語法、語意或語用異常，致語言理解或語言表達較同年齡者有顯著偏差或低落。

5. **肢體障礙**，指上肢、下肢或軀幹之機能有部分或全部障礙，致影響參與學習活動者。前項所定肢體障礙，應由專科醫師診斷；其鑑定基準依下列各款規定之一：（1）先天性肢體功能障礙。（2）疾病或意外導致永久性肢體功能障礙。

6. **身體病弱**，指罹患疾病，體能衰弱，需要長期療養，且影響學習活動者。前項所定身體病弱，其鑑定由醫師診斷後認定。

7. **情緒行為障礙**，指長期情緒或行為表現顯著異常，嚴重影響學校適應者；其障礙非因智能、感官或健康等因素直接造成之結果。前項情緒行為障礙之症狀，包括精神性疾患、情感性疾患、畏懼性疾患、焦慮性疾患、注意力缺陷過動症、或有其他持續性之情緒或行為問題者。第一項所定情緒行為障礙，其鑑定基準依下列各款規定：（1）情緒或行為表現顯著異於其同年齡或社會文化之常態者，得參考精神科醫師之診斷認定之。（2）除學校外，在家庭、社區、社會或任一情境中顯現適應困難。（3）在學業、社會、人際、生活等適應有顯著困難，且經評估後確定一般教育所提供之介入，仍難獲得有效改善。

8. **學習障礙**，統稱神經心理功能異常而顯現出注意、記憶、理解、知覺、知覺動作、推理等能力有問題，致使在聽、說、讀、寫或算等學習上

有顯著困難者；其障礙並非因感官、智能、情緒等障礙因素或文化刺激不足、教學不當等環境因素所直接造成之結果。前項所定學習障礙，其鑑定基準依下列各款規定：（1）智力正常或在正常程度以上。（2）個人內在能力有顯著差異。（3）聽覺理解、口語表達、識字、閱讀理解、書寫、數學運算等學習表現有顯著困難，且經確定一般教育所提供之介入，仍難有效改善。

9. **多重障礙**，指包括二種以上不具連帶關係且非源於同一原因造成之障礙而影響學習者。前項所定多重障礙，其鑑定應參照本辦法其他各類障礙之鑑定基準。

10. **自閉症**，指因神經心理功能異常而顯現出溝通、社會互動、行為及興趣表現上有嚴重問題，致使在學習及生活適應上有顯著困難者。前項所定自閉症，其鑑定基準依下列各款規定：（1）顯著社會互動及溝通困難。（2）表現出固定而有限之行為模式及興趣。

11. **發展遲緩**，指未滿 6 歲之兒童，因生理、心理或社會環境因素，在知覺、認知、動作、溝通、社會情緒或自理能力等方面之發展較同年齡者顯著遲緩，且其障礙類別無法確定者。前項所定發展遲緩，其鑑定依兒童發展及養育環境評估等資料，綜合研判之。

12. **腦性麻痺**，指腦部發育中受到非進行性、非暫時性之腦部損傷而顯現之動作及姿勢發展有問題，或伴隨感覺、知覺、認知、溝通、學習、記憶及注意力等神經生理障礙，致在活動及生活上有顯著困難者，其鑑定由醫師診斷後認定之。

13. **其他障礙**，指在學習與生活有顯著困難，且其障礙類別無法歸類於第 3 條至第 13 條類別者（即前面所述之十二類）。前項所定其他障礙，其鑑定應由醫師診斷並開具證明。中華民國麻痺學會出版之《腦性麻痺兒童家長手冊》指出，根據患者的狀況，可將腦性麻痺分成痙攣型、無助型（手足徐動型）、舞蹈型、軟弱型（肌肉無力型）及混合型。

另外，資賦優異的定義與鑑定基準如下：

1. **一般智能資賦優異**，指在記憶、理解、分析、綜合、推理及評鑑等方面，較同年齡者具有卓越潛能或傑出表現者。前項所定一般智能資賦優

異，其鑑定基準依下列各款規定：（1）個別智力測驗評量結果在平均數正二個標準差或百分等級九十七以上。（2）經專家學者、指導教師或家長觀察推薦，並檢附學習特質與表現卓越或傑出等之具體資料。

2. **學術性向資賦優異**，指在語文、數學、社會科學或自然科學等學術領域，較同年齡者具有卓越潛能或傑出表現者。前項所定學術性向資賦優異，其鑑定基準依下列各款規定之一：（1）前項任一領域學術性向或成就測驗得分在平均數正二個標準差或百分等級九十七以上，並經專家學者、指導教師或家長觀察推薦，及檢附專長學科學習特質與表現卓越或傑出等之具體資料。（2）參加政府機關或學術研究機構舉辦之國際性或全國性有關學科競賽或展覽活動表現特別優異，獲前三等獎項。（3）參加學術研究單位長期輔導之有關學科研習活動，成就特別優異，經主辦單位推薦。（4）獨立研究成果優異並刊載於學術性刊物，經專家學者或指導教師推薦，並檢附具體資料。

3. **藝術才能資賦優異**，指在視覺或表演藝術方面具有卓越潛能或傑出表現者。前項所定藝術才能資賦優異，其鑑定基準依下列各款規定之一：（1）任一領域藝術性向測驗得分在平均數正二個標準差或百分等級九十七以上，或術科測驗表現優異，並經專家學者、指導教師或家長觀察推薦，及檢附藝術才能特質與表現卓越或傑出等之具體資料。（2）參加政府機關或學術研究機構舉辦之國際性或全國性各該類科競賽表現特別優異，獲前三等獎項。

4. **創造能力資賦優異**，指運用心智能力產生創新及建設性之作品、發明或解決問題，具有卓越潛能或傑出表現者。前項所定創造能力資賦優異，其鑑定基準依下列各款規定之一：（1）創造能力測驗或創造性特質量表得分在平均數正二個標準差或百分等級九十七以上，並經專家學者、指導教師或家長觀察推薦，及檢附創造才能特質與表現卓越或傑出等之具體資料。（2）參加政府機關或學術研究機構舉辦之國際性或全國性創造發明競賽表現特別優異，獲前三等獎項。

5. **領導能力資賦優異**，指具有優異之計畫、組織、溝通、協調、決策、評鑑等能力，而在處理團體事務上有傑出表現者。前項所定領導能力資賦優異，其鑑定基準依下列各款規定：（1）領導才能測驗或領導特質量表

得分在平均數正二個標準差或百分等級九十七以上。（2）經專家學者、指導教師、家長或同儕觀察推薦，並檢附領導才能特質與表現傑出等之具體資料。

6. 其他特殊才能資賦優異，指在肢體動作、工具運用、資訊、棋藝、牌藝等能力具有卓越潛能或傑出表現者。前項所定其他特殊才能資賦優異，其鑑定基準依下列各款規定：（1）參加政府機關或學術研究機構舉辦之國際性或全國性技藝競賽表現特別優異，獲前三等獎項。（2）經專家學者、指導教師或家長觀察推薦，並檢附專長才能特質與表現卓越或傑出等之具體資料。

第二節 特殊教育發展簡史

　　障礙者最早接受有系統教導的應推盲人與聾人。早在 1755 年法國有位修道院院長戴葉培（Charles-Michel de l'Ep'ee）即為聾生辦學校，且採用手語教學。另蘇格蘭的布雷霧（Thomas Braidwood）及德國的海尼克（Samuel Heinicke）則以採行口語法教導聾生而聞名。手語與口語兩種教學方法後來由歐洲傳到美國，美國康乃狄克州（Connecticut）的哥老德（Thomas Hopkins Gallaudet, 1787-1851）牧師曾加以研究，並於 1817 年在美國創立第一所住宿制的聾學校。至於盲教育應推法國教育家郝依（Valentin Hauy）於 1784 年在巴黎創校，首採凸字訓練盲人閱讀時開始，該校培育出一位最有名的畢業生布雷爾（Louis Braille），他設計一套迄今仍廣受盲生使用的觸讀法（tactile reading system）。後來郝依也在俄羅斯及德國設校，至 1820 年全歐洲國家幾乎均設置盲學校。

　　我國特殊教育的發展較西洋為晚，依時間的先後而言，亦始自盲、聾教育。民國前 42 年（1870 年）莫偉良（William Moore）牧師在北平首創瞽目書院，以所創中國盲點字「瞽目通文」教導盲童；民國前 25 年（1887年）梅耐德夫人（Annette Thompson Mills）在山東登州府創設收容聾啞兒童的「啟瘖學校」。民國前 22 年（1890 年）甘雨霖（William Gambel）牧師在臺南設訓育院（臺南啟聰學校前身），教導盲人點字、手藝、聖書等內容。至民國 5 年（1916 年）張季直創盲啞學校，為我國由盲、聾分

流至二者合流的最早成立者。民國 6 年（1917 年）在南京成立我國第一所公立的盲聾學校。

歐洲至十八世紀末由於自由、平等理想的勃興，孕育出民主與個人自由的理念，無形中也促成對障礙者處置的改變。首先由年輕、具有企圖心的年輕醫生運用此等理念來處理特殊條件者。其中常被提起的有四位，即皮奈爾（Philppe Pinel, 1745-1862）、伊達（Jean Marc-Gaspard Itard, 1775-1838）、謝根（Edouard Seguin, 1812-1880）和蒙特梭利（Maria Montessori, 1870-1952）。皮奈爾是法國的名醫，曾於任職巴黎精神病院院長時，以解開病人的鏈子聞名，為職業治療的拓荒者，是為精神病人採人道處遇的第一人。伊達是皮奈爾的學生，以醫治耳疾和聾教育而享有權威，曾給在法國中部森林發現的野男孩艾非農（Aveyron）取名維克特（Victor），並施予五年的密集式感官刺激計畫，雖然維克特學得一些語言與社交技巧，終因他非「常人」而遭致失敗，但伊達仍以倡導特殊教育實務之第一人而為吾人所熟知。

伊達的學生謝根是一位有名的智能障礙兒童教育家，於 1837 年創設啟智學校並首度主張：智能障礙者均能學習；1848 年移居美國，並在 1866 年出版《白痴行為與生理方法的處置》（*Idiocy and its treatment by the physiological method*）一書，細述伊達倡用的教學法，並為蒙特梭利的終身工作提供了基礎。蒙特梭利不但以教育智能障礙兒童出名，也是一位倡導為兒童實施早年教育者。

上述這些特殊教育家不僅對他們的時代產生革命性的影響，也為今日特殊教育的發展，作好奠基的工作。

美國早期的思想家也關注身心障礙兒童的教育，1824 年畢業於哈佛大學醫學院的侯威（Samuel Gridley Howe, 1801-1876）便是具有代表性的一位，他不僅在麻州華德鎮（Watertown, Massachusetts）創立柏金斯盲校（Perkins School for the Blind），也親自教導盲聾生。他成功地教導既聾且盲的布里吉曼（Laura Bridgman），大大地影響了海倫凱勒（Helen Keller）的教育。侯威也是麻州在 1840 年代成立啟智實驗學校的幕後主力，且與謝根頗有私交。另一位哥老德牧師為了想教導曾碰到的一位聾女，而遊學歐洲，學習聾教育的方法，1817 年返回美國以後，在康州

哈福特（Hartford, Connecticut）首創美國聾生住宿學校（現名為美國聾校——American School of the Deaf）。在美國首府華盛頓的哥老德大學（Gallaudet University）即是為了紀念他而設置的，也是全世界唯一為聾生設計的文理科大學。

在十九世紀由於普通教育仍未普及，因此特殊教育雖有上述熱心人士的倡導，但仍屬點綴性質；約在二十世紀的前幾十年，由於社會大眾對所有兒童持有的態度發生改變，年輕兒童不再被視為小成人，而是一個具有自己的期望和需要的個體；加上心理學、教育理論與實務、政府政策、醫藥和科技的進步，始為特殊教育的發展提供相當的助力。站在教育的立場而言，政府政策的推動尤其值得吾人注意。

以政府政策的導引而言，值得一提的是美國國會在 1975 年 11 月 29 日通過的 94-142 公法，即「全體殘障兒童教育法案」最令人矚目，該項法案有兩個層面值得注意：其一，確保 3-21 歲的全體殘障兒童接受「免費的、合適的公共教育」。不能將有別於正常學習者的特殊兒童排除於學校教育之外。其二，國家有義務為迎合每個身心障礙兒童的獨特需求，而提供個別化計畫的教育，因此對身心障礙兒童接受的教育類別與品質有具體的規定，其細節如下：

1. 所有兒童不計其障礙情況如何，應為他們提供免費的公共教育。

2. 為全體兒童實施的「特殊教育與相關服務」，須接受公正與準確的評鑑。

3. 身心障礙學生的教育須能迎合其潛能與需要。

4. 身心障礙兒童與青少年須在「最少限制的」環境（Least Restrictive Environment, LRE）或最正常可行的環境中受教。

5. 學生與家長的權益，在特殊教育過程中的所有階段應受到保障。
（Haring, McCormick & Haring, 1994）

94-142 公法至 1986 年經過修正，特別以 3-5 歲身心障礙兒童列為優先順序，即所謂 99-457 公法，其具體目標有：

1. 提升身心障礙的嬰兒及初學走路者的發展，並減少發展遲滯的危險至最低程度。

2. 身心障礙嬰兒及初學走路者，達入學年齡後，將特殊教育與相關服務的需要，減至最低程度，以降低教育成本。

3. 將身心障礙者作機構化安排的可能性，減至最低程度，同時將他們獨立生活的潛能，發揮到最高程度。

4. 提升家庭處理他們身心障礙嬰兒與初學走路者的潛力（引自王文科譯，民 79）。

美國至 1990 年又將「全體殘障兒童教育法案」修訂，並易名為「身心障礙者教育法案（Individuals with Disabilities Education Act, IDEA），至 1997 年復加以修正，綜觀本法的主要特色／精神，約有如下六項：

1. 再度確認政府對特殊學習需求學生的支持。

2. 以身心障礙兒童（children with disability）替代殘障兒童（handicapped children）。

3. 有關身心障礙兒童的範圍之界定，除了原有的聾、盲聾、重聽、智能障礙、多重障礙、肢體障礙、其他健康問題、嚴重情緒困擾、特殊學習障礙、說話障礙、視覺障礙之外，另加自閉症、外傷性腦傷兩類。

4. 增列綜合性「轉銜服務」的定義，即確保學生能平穩由學校過渡到離校之後的活動。

5. 學校應為 14 歲以上學生，在其個別化教育計畫（Individualized Education Program, IEP）中訂定有關轉銜服務的需求。

6. 身心障礙學生應有接受輔助性科技設施和相關服務的機會，至於該等輔助性科技設施的類別，宜由制定個別化教育計畫小組決定之。

該法案至 2004 年又作修正，已在前面提及，2004 年的修正法案，有如下的改變：

1. **確保人員素質**：凡是特殊教育專家均須持有證書，特殊教育教師也要有任教專長的教師證。

2. **個別化教育計畫有一致標準**：包括教學實務、認知行為介入，以及適宜的早期介入服務、提供輔具服務計畫及短期教學目標等。

3. **轉銜服務為 16 歲或更年輕兒童而提供**：包括教學、社區經驗、就業發

展以及離校後的成人生活目標（Kirk, Gallagher, Anastasiow, & Coleman, 2006）。

美國推動特殊教育除了為殘障兒童立法之外，對於資賦優異與特殊才能兒童亦寄予同等重視，而於 1978 年由國會制定資優與特殊才能學生教育法案（the Gifted and Talented Students Education Act）即 95-561 公法，該法對資優與特殊才能的定義如下：

……在學前、小學或中學層級被鑑定為在智能、創造力、特殊學術或領導才能，或表演與視覺藝術等方面具有演示或潛能的兒童與青少年，有理由接受不同於學校所提供的一般性的服務或機會。

前項法案至 1988 年又略作修正，即為 100-297 公法，大要如下：

……在智能、創造力、藝術或領導才能或特定學術領域具有高度表現潛能之證據的兒童與青少年，為了充分發展此等潛能，他們需接受由學校提供非屬一般性的服務或活動。

1993 年的《寧靜危機》報告書，提出該定義在新的千禧年仍然「反映出今日的知識與思考」（引自 Davis, Rimm, Siegle, 2011）。

至於我國特殊教育的發展，早期部分在本節一開始討論盲聾教育時，即略有提及，但顯著的進展應在政府於民國 38 年（1949 年）播遷來臺之後。

民國 51 年（1962 年）在臺北市中山國民學校成立啟智班，翌年在臺北市福星及陽明國民學校創辦「優秀兒童教育實驗」應是政府重視身心障礙與資優教育從小學教育開始扎根的具體作為。其後隨著九年國民教育的實施、「九年國民教育實施條例」（民國 57 年）的公布，及其以後陸續公布的「特殊教育推行辦法」（民國 59 年）、「國民教育法」（民國 68 年）、「高級中學法」（民國 68 年），對於特殊教育的推展均有零星的規定。但專為特殊教育立法應推民國 73 年 12 月 17 日公布的「特殊教育法」。教育部為因應變遷、拓展新視野，於民國 84 年出版的《中華民國教育報告書：邁向二十一世紀的教育遠景》中，在幼兒教育（增設身心障

礙幼兒教育班，提供學前特殊兒童教育機會）、國民教育（加強辦理身心障礙教育、確保教育機會均等）及師資培育（加強培育特殊類科師資及實現有教無類理想）等類別，均關注特殊教育的項目。教育部並曾分別於民國 84 年 5 月及 85 年 5 月首度召開全國身心障礙教育會議及全國資優教育會議，且於 84 年 12 月根據前者會議的結論，提出《中華民國身心障礙教育報告書：充分就學、適性發展》，為今後身心障礙教育的發展，提供方向。民國 85 年 12 月 2 日行政院教育改革審議委員會提出的《教育改革總諮議報告書》，亦將加強身心障礙教育列為建議事項之一。「特殊教育法」又於民國 86 年 5 月 14 日修正公布，其後相關的子法亦由教育部陸續修正完成、發布實施。民國 86 年 3 月公布、89 年 1 月 19 日修正公布的「藝術教育法」及 88 年 6 月 23 日公布的「教育基本法」等法規，均對特殊教育的推展有明確的揭示，民國 92 年 9 月 13-14 日召集的全國教育發展會議，亦將「增進弱勢族群教育機會，確保社會公平正義」列為三大議題之一。民國 99 年 8 月 28-29 日召開的第 8 次全國教育會議，亦將「特殊教育」與「多元文化」、「弱勢關懷」三者並列為十大中心議題之一。有關上述這些法規的大要，如表 1-1 所示。

表 1-1　有關特殊教育的法規內容（不包括「特殊教育法」及其相關子法）

法規名稱 （公布／修正日期）	條文內容
九年國民教育實施條例 （57/7/27）	第 10 條：國民小學應就原有國民學校基礎，促進教學……對於體能殘缺、智能不足及天才兒童，應施予特殊教育或予以適當就學機會。
國民教育法 （57/7/27 公布 100/11/30 修正公布）	第 3 條：……對於資賦優異之國民小學學生，得縮短其修業年限，但以一年為限。
高級中學法 （68/5/2 公布 99/6/9 修正公布）	68 年：第 8 條：高級中學應就學生能力、性向及興趣，輔導其適當發展。對於資賦優異學生，應予特殊輔導，並得縮短其優異學科之學習年限…… 99 年：第 10 條：高級中學應就學生能力、性向及興趣，輔導其適性發展，……

（續上表）

法規名稱 （公布 / 修正日期）	條文內容
藝術教育法 （86/3/12 公布 89/1/19 修正公布）	第 11 條：……具特殊藝術才能之學生，經甄選通過，得降低其入學年齡、放寬入學資格、縮短修業年限，具特殊藝術才能學生之入學年齡、放寬入學資格、縮短修業年限之辦法與甄別標準，由教育部訂之。
強迫入學條例 （88/8/13 公布 100/11/30 修正公布）	第 12 條：適齡國民因殘障、疾病、發育不良、性格或行為異常達到不能入學之程度，經公立醫療機構證明者，得核定暫緩入學，但健康恢復後仍應入學。…… 第 13 條：身心障礙之適齡國民，應經直轄市及縣（市）主管教育行政機關特殊教育學生鑑定及就學輔導委員會鑑定後，安置入學實施特殊教育，但經鑑定，確有暫緩入學之必要者，得以核定暫緩入學，最長以一年為限。
教育基本法 （88/6/23）	第 4 條：人民……接受教育之機會一律平等，對於……身心障礙者及其他……之教育，應考慮其……特殊性，依法令予以特別保障，並扶助其發展。
高級中等教育法 （2013/7/10 公布）	第 42 條：……身心障礙學生因身心狀況及學習需要，得延長修業期限，至多四年。 第 45 條：高級中等學校應就學生能力、性向及興趣，輔導其適性發展……。

　　我國首部「特殊教育法」於民國 73 年 12 月 17 日公布施行之後，至今共歷經五度修法，分別是 86 年 5 月 14 日、90 年 12 月 26 日、93 年 6 月 23 日、98 年 11 月 18 日，以及 103 年 6 月 18 日公布了最新版。目前，教育部也修訂了各項相關子法，計有：「特殊教育法施行細則」、「特殊教育課程教材教法及評量方式實施辦法」、「各級學校聘任特殊專才者協助教學法」、「特殊教育支援服務與專業團隊設置及實施辦法」、「特殊教育學生調整入學年齡及修業年限實施辦法」、「身心障礙及資賦優異學生鑑定辦法」、「完成國民教育身心障礙學生升學輔導辦法」、「身心障礙學生教育輔助器材及相關支持服務辦法」、「教育部特殊教育學生申訴評議會設置要點」、「鼓勵大專校院身心障礙學生升學大專校院甄試招生名額及承辦甄試工作實施要點」、「高級中等以下學校學生就讀普通班原

則及輔導辦法」等，以作為落實及發展特殊教育的參照。

第三節 特殊兒童的出現率 🖋️

欲決定需要接受特殊教育服務的兒童人數，通常依據其出現率（prevalance）或發生率（incidence）而來；估計特殊兒童的出現率與發生率二者，雖可交互使用，但並不全同。

所謂「發生率」係指在一段期間（通常指的是一年），新的特殊個案數而言；至於「出現率」則指在某一特定時間存有新、舊特殊個案的總數或其占有某年齡群人口的百分比而言，如學齡人口智能障礙者的出現率預估為 2.3%，意即有 2.3% 的學齡人口或學齡人口每千人中有 23 人被假定為智能障礙。又如資優者的出現率為 3-5%，即在 1,000 個學齡人口的樣本中，具有某種資優才能者約在 30-50 人之間。

決定特殊兒童與青少年人數的工作，看似簡單，實則不易，主要原因不外：1. 定義含糊，因個人主觀的解釋，而有頗大的出入，影響估算的準確性；2. 用以決定障礙的衡量規準與評鑑程序有所出入，衍生不少相關的爭論；3. 能為障礙者提供的基金與專業資源的多寡，影響障礙者的數字，通常可資運用的資源與基金豐沛，出現率就會相對增加；4. 以學生能否符合學校的要求為指標，若未能達成學校賦予之任務的學生，可能被判為學習障礙或輕度智能障礙；反之，則不易被認定為特殊兒童或青少年；5. 官方報告的出現率，通常以接受政府經費支持的那些為主，難免有失偏頗。有關這些原因，可從各國或各有關學者推估的出現率不一，知其一二，儘管如此，此等推估的數據，如無太多不利因素，大致上仍有相似性。

我國特殊兒童的出現率究竟有多少，可依民國 65 年（1976 年）完成的臺灣地區 6-12 歲特殊兒童普查結果，及民國 81 年（1992 年）提出的第二次 6-15 歲特殊兒童普查結果綜合報告分析之，詳如表 1-2。

表 1-2　特殊兒童兩次普查結果綜合報告分析

普查結果（完成年度） 特殊兒童類別	出現率	
	民國 65 年	民國 81 年
資賦優異者		
智能障礙者	0.433（1）**	0.835（1）
視覺障礙者	0.036（6）	0.052（9）
聽覺障礙者	0.078（4）	0.080（7）
語言障礙者		0.083（6）
肢體殘障者	0.336（2）	0.098（5）
身體病弱者	0.043（5）	0.060（8）
性格及行為異常者		0.202（4）
學習障礙者		0.442（2）
多重障礙者	0.194（3）	0.275（3）
顏面傷殘者		0.009（11）
自閉症者		0.015（10）
出現率總計	1.12	2.15*

資料來源：① 民國 65 年出現率部分：郭為藩（1984），《特殊兒童心理與教育》，
　　　　　　臺北：文景，頁 20。

　　　　② 民國 81 年出現率部分：吳武典（報告人）（1992），《第二次全國
　　　　　　特殊兒童普查結果綜合報告》，第二十次教育部特殊教育委員會報
　　　　　　告，4 月 16 日，頁 21。

　　*　該總計未包括未歸類為何種障礙類別之 56 人及未複查但持有殘障手
　　　　冊之 453 人在內，如加計上述二者，則出現率為 2.17%。

　**（　）內的數字係依出現率多寡排序。

根據表 1-2，可知兩次普查共同點及不同點，如下所述：

一、共同點

資賦優異（與特殊才能）者未能列入，依國外推估資料顯示，其出現

率應在 2%-5% 之間（郭為藩，1984）；似宜併入考慮，方能涵蓋所有的特殊兒童。

我國殘障兒童的出現率偏低，如依國外資料推估至少應有 10%（郭為藩，1984），其原因值得推敲。民國 65 年普查結果可能偏低的原因為：資優、語障、性格或行為異常、學障等出現率較高的特殊兒童未列入普查；普查順序係先由教師指認，但有不少輕度智能障礙與輕中度弱視聽障者，因外表特徵不明顯，未被指認，無法接受複查（郭為藩，1984）。第二次普查雖然類別增加，範圍（年齡組距）擴大，但出現率仍偏低，其理由有四：輕度障礙者未經複查者甚多，基層的學校與機構配合不良，部分家長採消極或排斥態度，籌備工作稍嫌匆促（吳武典，1992），是耶？非耶？

二、不同點

由於國民教育自民國 57 學年度延長至九年，第一次普查對象的年齡為 6-12 歲，第二次普查則為 6-15 歲。

第二次普查範圍大於第一次普查，計增加性格及行為異常、語障、自閉症、顏面傷殘等類別。

第一次普查各類障礙人數，依多寡順序為：智能障礙、肢障、多障、聽障、身體病弱、視障；第二次普查由於類別增加，除了智能障礙、多障人數仍分居第一、三位外，新增的學障、性格及行為異常、語障分別居第二、四、六位。而第一次普查時出現率居第二（肢障）、第四（聽障）、第五（身體病弱）、第六（視障）的，在第二次普查時，分別落後至第五、第七、第八與第九。教育行政機關於補助經費或規劃師資培育時，應顧及此一事實，方不至造成資源的浪費，或運用上有所偏頗，以致掌握不住重點，形成「錢」倍「效」半的後果。

由上述分析可知：該兩次特教普查工作，其成效並不理想，今後是否仍依循過去做法進行特教普查；或改由醫院通報、配合戶口普查、由家長提出鑑定要求、結合學校教師發現後報請鑑定等多管齊下措施，或許較能作全面性的調查，理出較為可靠的數據，以為推動特殊教育的具體指標。

（第四節） 特殊教育的服務系統

　　由於特殊教育對象繁多，如何為他們提供最合適的教育安置或服務，乃是特殊教育工作的一個重點。通常在考慮由誰負責教育特殊學生或這些學生宜安置在何處接受教育服務時，需考慮兩個因素：其一，特殊學生與普通學生差異情形如何及其在量方面的差異有多少；其二，衡量學校與社區所能提供的資源。

　　有關為特殊教育學生提出的安置服務，當首推雷諾爾德（M. Reynold）於 1962 年率先提出的「安置階梯」，此一見解，後來經由戴諾（E. Deno）依從最少限制的服務至最多限制的服務方向加以修正，如圖 1-1 所示。

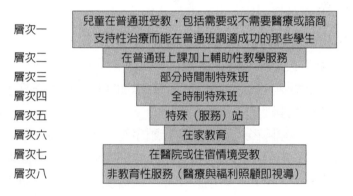

層次一	兒童在普通班受教，包括需要或不需要醫療或諮商支持性治療而能在普通班調適成功的那些學生
層次二	在普通班上課加上輔助性教學服務
層次三	部分時間制特殊班
層次四	全時制特殊班
層次五	特殊（服務）站
層次六	在家教育
層次七	在醫院或住宿情境受教
層次八	非教育性服務（醫療與福利照顧即視導）

圖 1-1　特殊教育學生的安置階梯

註：本圖原載於 E. Deno, Special education as developmental capital, *Exceptional Education*, 37(3), 1970. 引自 T. M. Shea & A. M. Bauer (1997). *An introduction to special education: A social systems perspective* (2nd ed.). Madison, WI: Brown & Benchmark, p. 59.

　　另考夫曼和哈拉漢（Kauffman & Hallahan, 1996）亦分別從前段所揭示的兩個因素著手，依物理統整程度——特殊與非特殊學生由相同教師在相同場所施教的程度，即由最具統整性及最不具統整性方向考量，而將特殊教育服務的替代方案之類型分成純普通班（regular class only）、提供諮詢服務的普通班（regular class with consultation）、巡迴輔導教師（itinerant teacher）、資源教師（resource teacher）、診斷—處方中心（diagnostic prescriptive center）、醫院或在家教學（hospital homebound instruction）、自足式班級（self-contained class）、通學制特殊學校（special day school）與住宿制學校（residential school）。茲依各種服務類型的特性、服務對象及特殊教育教師的基本角色，分述於後。

　　R. Gargiulo 和 J. Kilgo 在 2000 年出版的《特殊需求的幼童》一書，將身心障礙兒童安置之選擇的演化劃歸成五個階段，分別為 1960 年代末期至 1970 年代早期的隔離、1970 年代晚期的最少限制環境、1980 年代晚期的普通教育創開、1990 年代早期至中期的完全融合，至 2000 年代則以問號示之，這是一個值得深思的課題。

一、純普通班

　　特性：普通班教師迎合學生的一切需要；學生未接受正式的鑑定或賦予標記；學生全部統整在一起上課。

　　服務的學生類別：輕度學習障礙者；情緒／行為困擾者；或輕度智能障礙者。

　　特殊教育教師的基本角色：無。

二、提供諮詢服務的普通班

　　特性：普通班教師僅偶爾得自諮詢人員的協助，以迎合學生的一切需要；學生未接受正式的鑑定或賦予標記；學生全部統整在一起上課。

　　服務的學生類別：輕度學習障礙者；情緒／行為困擾者；或輕度智能障礙者。

　　特殊教育教師的基本角色：應要求提供演示與教學，以及協助普通班教師。

三、巡迴輔導教師

　　特性：全部或大部分的教學由普通班教師負責；特殊教育教師擔任學生的巡迴輔導教師和／或為普通班教師提供諮詢服務；學生除了接受簡短的教學時間外，均與普通學生統整在一起。

　　服務的學生類別：視覺障礙者或肢障者；溝通障礙者。

特殊教育教師的基本角色：定期拜訪各班級，俾瞭解可能提供合適教學、材料與其他服務；為普通班教師提供諮詢、演示與轉介服務，並為有需要學生提供評量與教學；為使學生全部統整在一起上課而工作。

四、資源教師

特性：普通班教師負責大部分的教學；特殊教育教師提供部分的教學，並為普通班教師提供意見；學生上學時大多統整在一起上課。

服務的學生類別：輕度至重度的情緒／行為困擾、學習障礙者，或溝通障礙者。

特殊教育教師的基本角色：評估學生的需要，俾安排教學與管理；依普通班或資源教室排定的功課表，提供個別或小組教學；給普通班教師提供建議與示範教學；安排轉介學生至其他單位接受更多的服務；為使學生全部統整在一起上課而工作。

五、診斷—處方中心

特性：特殊教育教師提供好幾天或好幾週的大部分或全部教學工作，並為接納該方案教師而發展計畫和處方；學生在該中心時雖然完全隔離起來，但經診斷與處方治療之後，可局部或完全與普通班學生統整在一起。

服務的學生類別：未接受服務或適當服務的輕度障礙學生。

特殊教育教師的基本角色：為學生在教育上的優點與缺點作綜合性評估；替接納該方案教師在教學與行為管理方面的安排，發展書面的處方；為接納該方案教師解釋處方，如有需要將該處方予以評估並修正之。

六、醫院或在家教學

特性：特殊教育教師在醫院或在家提供全部的教學，直到學生能回到原來就讀學校的普通班或特殊班為止；學生完全隔離起來一段短時間。

服務的學生類別：肢體障礙學生；正接受處置或醫療測試的學生。

特殊教育教師的基本角色：取得學生上學的紀錄；與（普通班或特殊班）教師保持接觸以及提供學生和學校方案一致的教學；為學生回到學校（普通班或特殊班）而準備。

七、自足式班級

特性：特殊教育教師在學生所歸屬、標示的特殊班級，提供大部分或全部的教學；普通班教師在普通班提供部分時間的教學；學生大部分或完全隔離。

服務學生的類別：中重度智能障礙者或情緒／行為困擾者。

特殊教育教師的基本角色：管理與教導特殊班；提供大多數課程領域的教學；為使學生能全部統整在普通班而工作。

八、通學制特殊學校

特性：特殊教育教師在獨立設置的學校提供教學；也可能和一般學校的普通班或特殊班教師一起工作；學生全部或大部分被隔離。

服務的學生類別：重度或極重度的肢障者或智障者。

特殊教育教師的基本角色：管理和教導個別的和／或小團體的障礙學生；為使學生能與普通學校的學生統整而工作。

九、住宿制學校

特性：與通學制特殊學校同；特殊教師和其他同事一起工作，以提供一個完全具有治療性質的環境；學生全部或大部分被隔離。

服務的學生類別：重度或極重度的智能障礙者或情緒／行為困擾者。

特殊教育教師的基本角色：與通學制特殊學校同；也與住宿的同仁一起工作，編制若干學校方案，俾與非屬學校的活動作適度的統整。

我國教育部也訂有「特殊教育課程教材教法及評量方式實施辦法」，並於民國 99 年 12 月 31 日修正公布，茲亦引述如下：

第 1 條　本辦法依特殊教育法第十九條規定訂定之。

第 2 條　高級中等以下學校實施特殊教育，應設計適合之課程、教材、教法及評量方式，融入特殊教育學生（以下簡稱學生）個別化教育計畫或個別輔導計畫實施。

特殊教育課程大綱，由中央主管機關視需要訂定，並定期檢討修正。

第 3 條　高級中等以下學校實施特殊教育課程，應考量系統性、銜接

性與統整性，以團隊合作方式設計因應學生個別差異之適性課程，促進不同能力、不同需求學生有效學習。

身心障礙教育之適性課程，除學業學習外，包括生活管理、自我效能、社會技巧、情緒管理、學習策略、職業教育、輔助科技應用、動作機能訓練、溝通訓練、定向行動及點字等特殊教育課程。

資賦優異教育之適性課程，除學生專長領域之加深、加廣或加速學習外，應加強培養批判思考、創造思考、問題解決、獨立研究及領導等能力。

第4條　高級中等以下學校實施特殊教育課程，應依學生之個別需求，彈性調整課程及學習時數，經學校特殊教育推行委員會審議通過後為之。

前項課程之調整，包括學習內容、歷程、環境及評量方式。

第5條　高級中等學校實施職場實（見）習課程，應視身心障礙學生個別需要，與實（見）習單位充分溝通、合作，安排適當場所，並隨年級增加實（見）習時數；其實施計畫，由學校訂定，報主管機關備查。

第6條　實施特殊教育之教材編選應保持彈性，依據學生特質與需求，考量文化差異，結合學校特性及社區生態，充分運用各項教學設備、科技資訊及社區教學資源，啟發學生多元潛能。

第7條　特殊教育之教法，應依下列原則為之：

一、運用各種輔助器材、無障礙設施、相關支持服務與環境布置等措施，提供最少限制之學習環境。

二、教學目標明確、活動設計多樣，提供學生學習策略與技巧，適時檢視教學效能及學習成果。

三、透過各種教學與班級經營策略，提供學生充分參與機會及成功經驗。

四、進行跨專業、跨專長、跨領域或科目之協同、合作教學或合作諮詢。

前項教法依下列方式實施之：

一、分組方式：

　　　　（一）個別指導。

　　　　（二）班級內小組教學。

　　　　（三）跨班級、年級或學校之分組教學。

　　二、人力或資源運用方式：

　　　　（一）個別指導或師徒制。

　　　　（二）協同或合作教學。

　　　　（三）同儕教學。

　　　　（四）科技及資訊輔具輔助教學。

　　　　（五）社區資源運用。

　　三、其他適合之特殊教育教法。

第 8 條　學校實施多元評量，應考量科目或領域性質、教學目標與內容、學生學習優勢及特殊教育需求。

　　　　學校定期評量之調整措施，應參照個別化教育計畫，經學校特殊教育推行委員會審議通過後實施。

第 9 條　特殊教育學校為規劃全校課程方案與架構、發展學校本位課程、審查各年級課程計畫、協調並統整各學習領域之學習活動，應組成課程發展委員會；其組成方式，由學校經校務會議審議通過後定之。

　　　　前項委員會，其單一性別委員應占委員總數三分之一以上。

第 10 條　各級主管機關應聘請學者專家、教師等，研發各類特殊教育教材、教法及評量方式。

　　　　前項研發，各級主管機關得視需要訂定獎補助規定，鼓勵研究機構、民間團體、學校或教師為之。

第 11 條　各級主管機關得視實際需要，訂定特殊教育課程、教材、教法及評量方式補充規定，報中央主管機關備查。

第 12 條　各級主管機關及學校應規劃定期辦理課程設計、教材編選、教學與評量策略及教學輔具操作與應用等之教師專業成長活動。

第 13 條　各級主管機關應視實際需要，協助學校、學術研究機構、民間團體等，舉辦特殊教育學生學習輔導活動、研習營、學藝競賽、成果發表會及夏冬令營等活動。

第 14 條　本辦法自發布日施行。

第五節 特殊教育的發展趨勢

揆諸先進國家特殊教育發展的潮流，務期讓特殊學生在最少限制環境之下接受教育，並權衡國內特殊教育的動向，約可歸納而得特殊教育的主要發展趨勢如下五點：

一、統整教育的推動

所謂統整教育（Integrated Education）即指讓障礙者與非障礙同儕統整在一起接受教育。統整教育之所以受到重視，不外歸功哲學上的論點、在研究發現上獲得的支持以及政府的促成，其中似以政府力量的影響最具有關鍵性，茲簡述如下：

(一) 哲學上的論點

基於機會均等的民主思潮之激盪，哲學上大致主張障礙者宜與非障礙者享有同品質的教育服務，並基於以下的觀點，提出統整教育的呼籲：

1.障礙學生長大成人，如將與社區成人生活在一起，需學習與非障礙同儕互動。

2.非障礙者終將碰到障礙者，因此他們在學時，必須做好準備。

3.唯有提供非障礙者長期之機會去瞭解障礙同儕，始能打破對障礙者的偏見與刻板印象，進而塑造對他們的正向態度。

4. 在平等主義的社會中，將障礙學生隔離的做法是無立足之地的。

(二) 研究發現上獲得的支持

有關將障礙者與非障礙同儕統整在一起受教的研究，可說是汗牛充棟，多數研究發現支持統整教育，僅擇若干研究結論，條列如下：

1.透過統整教育的安排，可改善非障礙者對障礙者的態度與知覺。

2.障礙學生與非障礙同儕透過結構性互動，可使障礙學生習得溝通、社會技能、娛樂與家居技能等。

3.將重度障礙學生與非障礙學生統整接受教育，比將他們隔離，更能增進前者在學業上的進步。

4.實施統整教育，並不至於導致非障礙者學業的退步。

(三) 政府的促成

如 1985 年美國教育部特殊教育署助理祕書魏爾（M. Will）在一次會議中，提出為輕中度能力障礙者實施的「普通教育創新方案」（Regular Education Initiative, REI），強調在特殊教育與普通教育之間，存有一種「共同分擔的責任」，因而促使特殊教育專家倡導「融合方案」（inclusion or full inclusion programs）。

所謂 REI 係由特殊教育工作者所倡導，建議重組特殊教育與普通教育的關係，將特殊與普通教育服務融合在一起，在普通教育系統的架構中，為障礙學生提供教育的服務；由此，特殊教育的專業人員開始區辨融合與完全融合方案。前者是指依適合於障礙學生的程度，將他們安置在普通班，接受教育。後者係指將所有學生（包括障礙學生），全天候安置在普通班接受教育。

我國教育行政主管機關對於統整教育的發展動向，頗為關注，且曾在新竹師院的主導下試辦融合教育；另並配合「特殊教育法」的修訂，訂定「高級中等以下學校身心障礙學生就讀普通班之教學原則及輔導辦法」乙種，備供遵循。

二、協同合作諮詢模式的倡導

在特殊教育的領域之所以倡導協同合作諮詢（Collaborative Consultation），乃基於同等與相互性原則，集合不同專長者，針對共同界定的問題，透過互動過程，針對特殊問題提出具有創意的解決途徑。其目標在於謀求普通教育教師與特殊教育教師的合作，為有學習與行為問題學生，發展具體的介入措施，而最後讓學生受益（Smith, Polloway, Patton, & Dowdy, 2004）。

協同合作諮詢模式源自三合模式，即包括目標（T）或問題學生、居間者（M）或有能力影響學生者、諮詢者（C）或有能力與居間者一起工作者。其中居間者與諮詢者包括普通教育教師、語言病理學家、教學助理、校長、家長或社區相關人士等，共同為協助輔導或解決障礙學生面臨的問題而努力。

至於家長介入特殊教育的具體做法有三：1. 實施親職教育，直接教給

家長能有效與兒童直接工作的特殊技能與技術；2.由家長擔任義工，如志願到教室協助的義工媽媽或家長協助籌募教育基金、旅行時協助照料工作；3.運用溝通管道，如召開親師會議、利用電話聯絡或書面溝通等。

除此之外，協同合作諮詢亦相當重視機構間合作的重要性，如公共衛生部門、教育部門、社會服務部門、相關基金會等的合作，有助於集合各部門的專家、資源，對面臨的問題，共同「會診」，提供全面而有效的協助（Duchnowski, Kutash, & Knitzer, 1997）。

我國教育部所訂「特殊教育支援服務與專業團隊設置及實施辦法」即多少反映出對協同合作諮詢的重視與努力。

三、轉銜計畫（Transition Planning）問題的重視

轉銜乃在執行一項讓障礙學生畢業後，找到工作（就業）的計畫。轉銜計畫通常在學生畢業前二至五年即要開始，由家長、教師、成人服務系統代表聚在一起，共同確定職業目標，決定職業訓練經驗，提供轉銜安排任務。

轉銜計畫焦點在於做好生活技能（life skills）的準備，所謂生活技能包括：就業教育、社區生活、情緒—生理健康、個人責任與人際關係、休閒生活、家居生活等項。

為特殊教育對象訂定個別化轉銜計畫（Individualized Transition Program, ITP），用以確認適當的介入與提供的訓練，可協助學生順利從學校過渡到離校後的生活。每一計畫應有轉銜服務的敘述，包括：各種轉銜服務的目的、負責達成目的的個人或機構，以及時間表。

我國教育部發布之「特殊教育法施行細則」第9條所指「轉銜輔導及服務」為：應依據各教育階段之需要，包括升學輔導、生活、就業、心理輔導、福利服務及其他相關專業服務等項目，並分別於99年發布「各教育階段身心障礙學生輔銜輔導及服務辦法」及101年修正發布「各教育階段身心障礙學生個案轉銜服務資料通報注意事項」，藉供施行時之依據。

四、教學個別化的設計

無論對資優或身心障礙兒童來說，為了因應他們個別內、個別間差異

的事實，在教學設計上，為他們準備個別化教育計畫（Individualized Education Program, IEP）確有必要。

個別化教育計畫無論是鉅細靡遺或簡單扼要，或是對資優或身心障礙者而言，其所包括的要素大同小異，大致上有：

1. 學生當前的學業表現水準。

2. 學生的年度目的。

3. 與年度目的有關的短期教學目標。

4. 將提供的特殊教育與相關服務，以及兒童參與普通教育計畫的程度。

5. 開始服務的計畫以及預期服務的期限。

6. 適當的評鑑計畫，至少一年一次，以評估目的與目標達成的程度（Pullen & Kauffman, 1987）。

我國「特殊教育法」第 28 條規定高級中等以下學校，應為身心障礙學生訂定個別化教育計畫，在高等教育階段，則訂定個別化支持計畫。教育部據以修正發布的「特殊教育法施行細則」第 9 條，專為身心障礙學生所需的個別化教育計畫列出應包括的事項有：1. 學生能力、現況、家庭狀況及需求評估；2. 學生所需特殊教育、相關服務及支持策略；3. 學年與學期教育目標、達成學期教育目標之評量方式、日期及標準；4. 具情緒與行為問題學生所需之行為功能介入方案及行政支援；5. 學生之轉銜輔導及其他相關專業服務等項目。

為了讓讀者進一步瞭解及運用個別化教育計畫，試摘用美國某學區教師撰擬的個別化教育計畫（如表 1-3，引自 Kauffman & Hallahan, 1996），藉供參考。

另我國特殊教育法第 35 條亦規定，考量學生性向、優勢能力、學習特質及特殊教育需求，訂定資賦優異學生個別輔導計畫，至於在高等教育階段，則採特殊教育方案辦理（特教法第 37 條）。

五、資賦優異多元論的因應

資優教育界的學者早就提出了資優多元的觀點，如孔恩（S. J.

Cohn）、泰勒（C. W. Taylor）等；此外心理學者賈德納（H. Gardner）的七種智力論也衝擊著吾人對資賦優異的認定，最近情緒商數（emotional quotient）理念的提出，亦可能對傳統資優定義構成挑戰。

孔恩（Cohn, 1981）將資賦優異（giftedness）分成智能資優、藝術資優、社會資優三類，其中智能資優又細分成量的、語文的、空間的及其他特殊才能（talents）；藝術資優細分成美術、表演藝術及其他特殊才能；社會資優細分成領導、同理心／利他及其他特殊才能。

表 1-3　個別化教育計畫

（密件）　　　　　　　　　**個別化教育計畫**　　　　　學年度別：＿＿＿＿＿		
學生姓名：＿＿＿＿＿＿＿＿＿　出生日期：＿＿＿年＿＿＿月＿＿＿日		
校　　名：＿＿＿＿＿＿＿＿＿　年　　級：＿＿＿＿＿＿＿＿＿		
障礙狀況：＿＿＿＿＿＿＿＿＿＿＿＿＿＿＿＿＿＿＿＿＿＿＿＿＿		
召開個別化教育計畫會議日期：＿＿＿年＿＿＿月＿＿＿日		
通知家長日期：＿＿＿年＿＿＿月＿＿＿日		
開始與預期服務期間：＿＿＿年＿＿＿月至＿＿＿年＿＿＿月		
適合性／三年一次的檢討方案不遲於：＿＿＿年＿＿＿月＿＿＿日		
教育的／職業的計畫 　　特殊教育服務　　　　　　　　　　　　普通教育服務 自足式的可訓練智能障礙班　　　　　　美術、音樂、實地旅行 ＿＿＿＿＿＿＿＿＿＿＿　　　　　＿＿＿＿＿＿＿＿＿＿＿ ＿＿＿＿＿＿＿＿＿＿＿　　　　　＿＿＿＿＿＿＿＿＿＿＿		
全部時間　次數／週：＿5＿　　　　全部時間　次數／週：＿5＿ 　　　　　小時／天：＿3＿　　　　　　　　　小時／天：＿2＿		
相關服務 類型　　　　　　　時間　　　　　　體育 語言治療　　　　230分／週　　適應班　　時間：＿無＿ ＿＿＿＿＿＿＿＿＿＿＿　　　普通班　　時間：＿＿＿ ＿＿＿＿＿＿＿＿＿＿＿　　　　交通（運輸） ＿＿＿＿＿＿＿＿＿＿＿　　　特殊：＿＿＿　一般：＿＿＿		
當表現水準　　　　　　　　　　參與計畫發展者 　　　　　　　　　　　　　　　姓名　　　　　　　頭銜 ＿＿＿＿＿＿＿＿＿＿＿　　　＿＿＿＿＿＿＿＿＿＿＿ ＿＿＿＿＿＿＿＿＿＿＿　　　＿＿＿＿＿＿＿＿＿＿＿ ＿＿＿＿＿＿＿＿＿＿＿　　　＿＿＿＿＿＿＿＿＿＿＿ ＿＿＿＿＿＿＿＿＿＿＿　　　＿＿＿＿＿＿＿＿＿＿＿		

（續上表）

本表僅適用於中學生（在最初九年級個別化教育計畫會議中完成且每年檢討一次）
該學生將來的資格：中學畢業文憑：_____ 特殊教育證書：_____ 普通教育文憑：_____
最基本能力測驗本學年度有無實施：有：__ 無：__，如有，請查附錄

個別化教育計畫	學年度別：_____	
年度目的：該生_____將_____		

個別化教育計畫　　　　　　學年度別：_____
年度目的：該生_____將_____

進步報告

短期目標	評定等第期間	評　　論
目標：	1	
開始時的	2	
技能水準：	3	
開始日期：_____	4	
目標：	1	
開始時的	2	
技能水準：	3	
開始日期：_____	4	
目標：	1	
開始時的	2	
技能水準：	3	
開始日期：_____	4	
目標：	1	
開始時的	2	
技能水準：	3	
開始日期：_____	4	

評量程序：年度目的須在每年檢討期間予以評量。短期日期在每隔九週一次的評分期間予以
　　　　　調整之。開始時的技能水準係指學生開始受教以前的表現。
進步評定論：X—目標未揭示，P—目標進步中，D—該目標有困難（在評論欄中把困難描述
　　　　　出來），M—精熟目標，M/R—雖精熟目標但維持下去則需檢討。

特殊教育
個別化教育計畫

第一部分：　　　　　　　　　　　　　　校名：＿＿＿＿＿＿＿＿＿＿

I 學生姓名：＿＿＿＿＿＿＿＿＿＿＿＿＿＿　出生日期：＿＿＿＿年＿＿＿＿月＿＿＿＿日

　合於資格日期：＿＿＿＿年＿＿＿＿月＿＿＿＿日

　家長／監護人姓名：＿＿＿＿＿＿＿＿＿＿

　個別化教育計畫會議日期：＿＿＿＿年＿＿＿＿月＿＿＿＿日

　地址：＿＿＿＿＿＿＿＿＿＿＿＿＿＿＿＿＿電話：＿＿＿＿＿＿＿＿＿＿

　障礙狀況：＿＿＿＿＿＿＿＿＿＿＿＿＿＿＿＿＿＿＿＿＿＿＿＿＿＿＿＿＿＿

　個別化教育計畫實施日期：＿＿＿＿年＿＿＿＿月＿＿＿＿日

II 目前的表現水準（資料摘述）

　（密件）：本資料應放在學生的機密檔案中

學生姓名：＿＿＿＿＿＿＿＿＿＿　　出生日期：＿＿＿＿年＿＿＿＿月＿＿＿＿日

年度目的：

短期目標	評量程序／進度表	預定開始日期	預定完成日期	繼續以及／或調整日期
1	1	1	1	1
2	2	2	2	2
3	3	3	3	3
4	4	4	4	4
5	5	5	5	5

（每一頁適用一項年度目的）
備註：本頁的資料應保存在學生的累積檔案／或教師的檔案中

（續上表）

III 特殊教育與 　相關的服務	次數與期限 （每週）	開始日期	預定完成 日　　期	
學習障礙資源	113/4 小時／週	○年○月	○年○月	地點／提供者
———	———			———
———	———			———
———	———			———
———	———			———

交通：一般：＿＿＿＿＿＿，特殊：＿＿＿＿＿＿

IV 對非障礙學生期望的範圍

活　　　　動	每週時間量
學術性：數　　學	5 小時
社　會　科	12 小時，15 分
自然科學	12 小時，15 分
健　　康	12 小時，15 分
非學術性：	
————	————
————	————
課外活動：	
————	————

（備註：個別化教育計畫不包括暑假活動在內）

密件：本頁資料應存在學生的機密檔案中

個別化教育計畫參與者

日期（年、月、日）	出席者簽名	與學生關係
────────────	────────────	────────────
────────────	────────────	────────────
────────────	────────────	────────────
────────────	────────────	────────────

本人同意敝子弟_____，參加個別化教育計畫所描述的特殊計畫。本人瞭解我有權查閱其記錄，並請求在任何時間改變該份個別化教育計畫的內容。本人亦明瞭我有權拒絕做此種安排，而讓敝子弟繼續目前的安置方式。

本人參與個別化教育計畫的設計：是_____否_____

本人未參與個別化教育計畫的設計，但同意該項計畫：是_____否_____

日期：_____年_____月_____日　　　　簽名：_____

（家長或監護人）

密件：本頁資料應存放在學生的密件檔案中

　　泰勒早在 1978 年即提出多元特殊才能圖騰柱（multiple-talent totem poles）主張，惟其不在於界定資優與特殊才能的意義，而在於提醒吾人：多數學生具備某種類型的特殊才能。原先他提出學業、創造力、計畫、溝通、預測、做決定等六種才能；至 1984 年，他又增加生產性思考、執行、人際關係、辨識機會等，而形成九種特殊才能。

　　賈德納（王智弘，1998；Gardner, 1983, 2000）的多元智力論（theory of multiple intelligences）提出語文、邏輯—數學、空間、音樂、軀體運動、人際、個人、自然與存在等九種智力，並認為這九種智力彼此分隔且有點各自獨立，是以他認為受到撞擊而腦傷的人，其某一種智力可能功能造成障礙，但不致影響其他智力。

　　傳統資優教育偏重智育，致使資優生的挫折容忍力低，情緒問題層出不窮，甚至演出震撼社會的事件，若學校一味偏重能力發展，忽略同時拉近社會及情緒發展的差距，不重視學生情意的需求，將會限制學生認知領

域的成功（李乙明，1999），是以在重視智育的同時，也應考量導入情緒智力教育的要素，以求健全發展。

　　根據上述分析，可知資賦優異類別多元，迄今缺乏一致性的定義，將會對鑑定工作造成相當大的影響。且就如何選擇資優學生參與何項教育計畫？其決定參與適合哪種才能的基準如何？培養資優學生的向度如何？等等問題，均有待進一步的探討與努力。綜觀我國「身心障礙及資賦優異學生鑑定辦法」所載各類資優者的鑑定原則／基準中，除了在各類相關測驗或量表得分在 2 個標準差較為具體明確外，其他的鑑定原則／基準便具有相當的彈性與相對性，即可確定上述所言不虛，尤其憑藉單一智力測驗分數作為鑑定基準的觀念已恐不適用。

六、採取生態學觀點探討特殊教育

　　特殊教育對象的啟迪與開發，使其蔚為社會所用，是吾人關注的重點之一。是以探討如何給予特殊兒童提供適當的教學，乃是從事特殊教育工作或研究者亟待面臨處理的嚴肅課題，採用生態學觀點（ecological approach）乃是延續醫學觀點（medical approach）而來的一種新動向。

　　生態學觀點嘗試透過直接接觸兒童，矯治兒童的學習與行為；並營造有利於學習的周遭環境及影響力量，包括家庭、鄰里、學校、同儕、社區與文化等。如美國的啟蒙（Head Start）方案、我國的教育優先區計畫，都是含有生態學觀點，務求透過介入的計畫，來達成預期的目標與理想。

問題與討論

一、請就臺灣資賦優異與身心障礙教育的歷史，作一簡要描述。

二、十二年國民基本教育之實施，現行特殊教育體制如何與其配合？

三、差異性教學與個別化教學有何雷同之處？

四、當前辦理部分融合加上抽離式的特殊教育，可能面臨哪些問題？如何解決？

五、我國和美國在身心障礙與資賦優異的類別的劃分上，有何雷同之處？

第二章

資賦優異者之教育

謝建全

第一節　資賦優異者的定義

第二節　資賦優異者的特質與出現率

第三節　資賦優異者的鑑定與評量

第四節　資賦優異者的教育安置

第五節　資賦優異者的課程與教學

第六節　資賦優異者的學習與輔導

第七節　資優教育的發展趨勢及未來展望

　　回顧人類文明的演變，國家的興盛與社會的繁榮，除了須有豐富的天然資源，更須有充沛的人力資源。多年來，臺灣在有限的天然資源條件下，已面臨一些發展上的瓶頸與困境，如何再創「經濟奇蹟」，說明了人才培育的重要性。綜觀各先進國家對於人力資源的開發，除強調量的增加外，尤其對於各領域頂尖人才的培育，甚為積極。對於資賦優異者早日發掘、適性發展，使其充分發揮潛能，造福國家社會，已是各國教育發展的重點之一。

　　在臺灣，十二年國教於 2014 年開始實施。在實施之前，引起各界人士高度關心。畢業於臺北市建國中學、目前為我國唯一工程博士出任文學教授之職的成功大學講座教授夏祖焯，認為教育的目的是「藏富於民」，要變化氣質，使一個人變得有教養、有氣質，如果要走十二年國教的學區制，一定要有相應的配套機制繼續菁英教育，以符合社會利益，如果有五年 500 億的大學「菁英條款」，就要有菁英高中做配套，因為菁英教育培育出來的人才，增加社會的財富、國家的壯大，以及人類文明的進步（成功大學新聞中心，2012）。其實，菁英教育也是一種教育投資，目的是製造高等人才，所以也算是社會上商業投資，世界各國的菁英教育都從中學時代開始培育；而我們高中對菁英的培養最好是全面的，不是只偏理工醫，也是人文精神、科學素養，以及個性氣質的培養；學術菁英不應是文化的侏儒及生活的弱勢者（成功大學新聞中心，2012），他的想法獲得許多人迴響，包括成大、交大、建中、北一女校長，以及成大的大陸交換學生、建中校友等等。成大校長黃煌輝亦呼應指出，政府開辦十二年國教，將帶給臺灣整體社會百姓在文化、知識水準上的提升，但若能搭配菁英的培育措施，就更能在全面提升中造就更多的菁英人才，為社會創造更高的價值。

　　英才或菁英教育如何實施？教育部（2008）公布的我國資優教育白皮書，已揭示主要在提供資賦優異學生適性平等的教育機會、營造區分學習的教育環境及創造多元才能的發展空間，進而引導資優學生能有回饋服務社會的人生目標。此時，實施十二年國教的政策，在目前的招生區域，亦須有相應的配套機制而有菁英或特色高中，使資優學生有機會進入大學接受該領域菁英或具特色的高等教育。

　　因此，本章首先在探討誰是資賦優異者？由資優的定義、特質與出現率及其鑑定方式，進行分析。其次，在研究如何針對這些資賦優異學生提供適性的教育機會？研擬其教育安置、課程規劃與教學及心理輔導等問題。最後，則以探討資優教育的相關議題及其未來展望，期以落實資優教育的發展。

(第一節) 資賦優異者的定義

　　「資賦優異」（簡稱資優）者，主要是指在智能、社會領導、創造力及其他特殊才能的表現較優於一般人的資質與稟賦。在英文裡，以 gifted 與 talented 二者並列，加以詮釋，簡稱為資優。有一些學者，將資優稱為 able learner，亦即有能力的學習者。Gagné 認為資優是指未經訓練的天賦；而特殊才能則是指學習到的能力（Davis, Rimm, & Siegle, 2011, pp.17-21）。一般而言，所謂 gifted 是指智能方面具較高層次的表現者；而 talented 則是指在各項才能方面具有較特殊優異表現者。

　　早期美國是以智力商數（IQ）作為界定資優的依準，尤其是在第一次大戰後不久，L. M. Terman 發展「斯比量表」（Stanford-Binet Intelligence Scale），智商在 130 或 140 者，稱為資優者（Kirk & Gallagher, 1994）。及至 1972 年美國當時的教育署長 S. Marland 嘗試對資優兒童予以廣泛而周延的定義，其內容如下（Marland, 1972, p.10）：

　　資優兒童係指那些由專家鑑定出來，具有優異能力與卓越表現者。他們需要特殊的教育計畫與服務，有別於施予一般普通兒童的教育措施，以實現其自我並對社會能有所貢獻。

　　這些兒童能在以下的領域裡，表現出優異的成績，或顯現優異的學習能力：

1. 普通智能（general intellectual ability）。
2. 特殊學術性向（specific academic aptitude）。
3. 創造性或生產性思考（creative or productive thinking）。
4. 領導能力（leadership ability）。
5. 視覺與表演藝術（visual and performing）。
6. 心理動作能力（psychomotor ability）。

1978 年美國的資優教育法（Gifted and Talented Children's Education Act）沿用上述定義，將資賦優異定義如下：

資優兒童或青少年係指其在幼稚園、小學或國中階段，被確認在某些領域中具有高於一般兒童的表現能力者；這些領域包括：智力、創造力、特定學科（specific academic fields），或領導才能、視覺與表演藝術等。他們所需要的服務或活動不是一般學校所能提供的（Section 902）。

爾後，在美國亦陸續出現一些界定資優方面的法案，例如：1981 年的 97-35 公法（Sec. 582）等。然而，資賦優異者是否必然兼具「智能優異」與「特殊才能優異」二者？兩者間是否有差異？如何在概念上界定清楚？又如何以操作性定義加以釐清？有待進一步探討。

於此，針對智力、智優、特殊才能、資優等概念，引用一些學者的看法，加以釐清：

Cattell（1963）認為智力可分為晶體智力（crystallized intelligence）與流體智力（fluid intelligence）。前者係指獲得的知識與技能，它受文化及後天教育環境的影響，結合個人的能力與經驗的結果。後者係指非語文、不受文化影響的心智能力，通常在青春期發展（受生理結構大腦皮質影響）接近定型。

Taylor（1978）提出「多元特殊才能圖騰柱」（multiple-talent totem poles）的論點，以較為廣泛的角度界定資優，他認為資優者的表現可藉由每一位兒童在下列幾個向度：學業性向、創造力、計畫能力、溝通能力、預測能力及作決定等方面的表現，依圖騰柱而顯示出個別差異。

Gardner（1983）建議由多元智能的角度看待智力的課題，因為從一套能力與（特殊）才能的角度，最能描述人類的認知表現。因此，他提出七種智能論：語文的、邏輯—數學的、音樂的、身體運動感覺的（bodily-kineshetic）、空間的、人際的與個人內省的（intrapersonal）智能。後來 Gardner 另增加自然觀察者的智力（naturalistic intelligence）。每個人或多或少都具有每一種智能，這八種智能獨立而且具有平等的地位。

Gagńe（1985）認為智能優異是指在智力、創造力、社交—情緒（socio-emotional）或感覺動作能力（sensori-motor ability）等方面明顯優於一般兒童者；而特殊才能優異則是指在一項或多項領域，如：美術或表演藝術等方面，明顯優於一般兒童者。因此，智能優異者並不一定是特殊才能兒童，而特殊才能優異者亦不一定是智能優異的兒童。

　　Sternberg（1985）提出三元智力論（triarchic theory of human intelligence），分別是成分說（component subtheory）、經驗說（experiential subtheory）與內容說（外在環境）（contextual subtheory）等三個向度。「成分說」係指智力的內在或基本訊息處理的過程，亦即找問題答案能力（屬於歸納、批判能力），包括：後設成分（metacomponents）為解決問題時，事先的計畫、評估；表現成分（performance components）則為執行後設成分所決定策略；知識獲得成分（knowledge-acquisition components）則是經歷前述過程後所產生的新知識。而「經驗說」係指源自於個人內在成分與外在環境交互作用的結果，以彌補成分說在解釋智力運作上的不足，此亦即創造能力（新奇、創新能力）。至於「內容說」係指人類認知活動中與文化、環境互動的過程，亦即適應能力（實踐、應用能力），包含調適（adaptation）、選擇（selection）及形成新的環境（shape of real -world environment）三個階段。

　　由於上述與資優有關的定義或有重疊，或有所偏，無法在鑑定上及教學與輔導上獲得實際的應用。因此，Renzulli（1977, 1978, 1986, 2005）以較為彈性的觀點界定資優者，他提出「資優三環定義」（three-ring definition of giftedness），資優者應同時具備：1. 高於一般人的智力或特殊才能；2. 高度的工作熱忱（task commitment）；3. 豐富的創造力（creativity）。如圖 2-1。

圖 2-1　Renzulli 資優三環論

　　事實上，想要給「資優」下一個明確的界定，牽涉甚廣，吾人或許只能在範圍、性質及標準上，加以區分而已。由國外的學者們對「資優」所持的看法，不難想像其複雜性，因為其中所涉及的因素包括我們對資優者的表現、行為情境及潛能間的差異所進行的研判。它與資優者鑑定工具的使用、教育與輔導等，均有密切關係。

　　一般而言，雖然資優的定義或因學者研究興趣的不同，產生意義上、概念上及領域上解釋的差異，惟若分析其所引述或考慮的理論基礎，資優所指的內涵不外乎：1. 一般智能；2. 學術性向；3. 特殊才能、創造力、領導才能等三個主要的面向。國內有關資優的定義，亦大多與此相似。我國修訂「特殊教育法」所規範的內容，有關資優包括一般智能、學術性向、藝術才能、創造力、領導才能及其他特殊才能方面的優異者（教育部，2004a）。

　　歸納來說，資優不應侷限在學術任務的表現上而已，在創造性、生產性思考活動上與實際生活所需的行為表現，均是值得關注的。誠如 R. J. Sternberg 所倡言的「成功的智慧」（successful intelligence），係指能將學術、創意及實際生活知能三者結合為一體的生活者（Sternberg, 1996）。近年來，強調資優者的一些利他的人格及其行為，漸漸受到各界的重視。因此，真正的資優，應在日常生活中的行為上、在學校或在工作上、在與他人相處等各方面，皆有相當優異的表現。

第二節　資賦優異者的特質與出現率

　　瞭解資優者的特質是很重要的，尤其是一位教師，更須藉此對班級上所有學生是否具資優特質的認識，予以因材施教，因勢利導，使學生的才能，獲得適性的開展。如果你是一位家長，亦須藉此瞭解子女是否具有資優的特質，而給予必要的協助。因此，本節主要在分析資優學生的特質與出現率，提供我們在資優教育上的參考。

　　David、Rimm 與 Siegle（2011）指出，資優學生在心智方面、情意方面與創造力方面有別於一般學生。惟下列所述有關資優生的特質，並非所有資優學生皆有，而是有其個別差異。

一、心智方面

1. **語言與思考方面較為早熟**：資優學生在語言與思考方面均較同年齡兒童的發展要快，心理年齡與年紀較長之兒童相似。

2. **閱讀與理解方面較早發展**：資優學生在 3、4 歲即會閱讀，由父母、幼教老師及周遭事物學習閱讀、識字的技能。同時，藉由豐富的字彙、文字結構的認識，增進複雜抽象的理解能力。

3. **有快速邏輯思考能力**：與一般學生比較，資優學生的思考過程不但快而且很合邏輯。他們有持續的好奇心，凡事總要瞭解其因果，探究原委。

4. **在寫、算、音樂與美術方面的發展較早**：資優學生在入學前，受到父母、兄弟姊妹及一些視聽資訊的影響，較一般學生表現出強烈地準備學習、模仿的意願，對於寫字、算數及音樂、美術等藝能，均顯現特殊的才能。

5. **強烈的學習動機、毅力及興趣**：資優生在這一方面所具的特質，往往表現出對事務的專注、好奇及鍥而不捨的精神。由國外學者的研究顯示（Griggs & Dunn, 1984; Renzulli, 1986），資優學生及成人，無論在學業或成就動機、毅力、挫折容忍力及對周遭事物的好奇心與積極進取等方面，皆有較優異的表現。

二、情意方面

（1-4 屬於正向的特質；5-6 亦可能形成負向的特質）

1. **社交技巧、自我調適及自我概念較佳**：資優學生有低焦慮、沮喪及較佳的自我概念。

2. **獨立、自信及具有內控信念（internal control）**：相對的，對於沒興趣的領域或課程，則有低成就學業表現。

3. **有自己偏好學習、思考與表達的型態**：喜愛獨立研究、自我學習、進行思考與表達意見。

4. 具有高度幽默感、高的道德情操與同理心。

5. 心理發展衝突不平衡、人際關係因心智發展與他人不同而發生困

難、對沒興趣的學科成為低成就者。

6. 過度完美主義、過度自我挑剔、自我懷疑、易於受挫及沮喪。

三、創造力方面

資優者的人格特質則包括：對創造力的意識感、自信、冒險犯難、充沛精力、好奇心、好動、理想主義與情感衝動、獨處及對美術、音樂等藝文活動、神祕科幻小說的嗜好。

除此之外，Dabrowski（1983）認為資優生在心理特質上，可能具有以下五種過度激動的傾向（overexcitabilities）：1. 心理動作的過度激動：說話快、動作快、冒險性強，但精力旺盛而有強迫性多話的傾向或神經質的表現。2. 感官的過度激動：對聽覺、視覺、嗅覺、味覺等的感覺敏銳，但為紓解內在的緊張而尋求感官的滿足或縱慾、不能忍受噪音、不美好的事物。3. 智能的過度激動：渴望知識、好問、追求真理、思考獨特，但不滿現實與權威，批判或反抗性強烈。4. 想像的過度激動：想像力豐富，善用視覺表徵，但喜歡幻想、作白日夢、注意力不集中。5. 情緒的過度激動：人際敏感，關心他人及社會，但常有強烈而複雜的感受，因此對感情的記憶深刻鮮明，關切死亡問題、憂慮社會，可能產生心身性反應，如胃痛、焦慮、抑鬱等（摘自張馨仁，2000，頁 6-18）。

歸納而言，有關資優者的特質涵蓋範圍可能廣泛而多元，如國內學者毛連塭（1991）所認為的，它是一組人類優異特質的組合，若以數學公式表示，則為 G ＝（A　B　C……），G 代表資賦優異，A、B、C……代表各種優異特質。某資優者 G，可能只有 A 特質，即 G ＝ A；另一資優者可能同時兼具 A 與 B 的特質組合，即 G ＝ A　B，依此類推。

事實上，部分資優學生的特質早在學前階段就已出現，學前資優兒童在其擅長的領域中表現的比同年齡、同經驗的小孩更為超前、成熟。換言之，資優學生比別人早開始學習，也學的比別人好。因此，資優學生的某些行為表現和思考方式，往往會讓人感覺他們應該比實際的年齡大一些。以學前資優兒童來說，他們通常會表現出超前他們實際年齡至少四分之一到二分之一的能力（Robinson & Weimer, 1991）。例如一個 4 歲的資優兒童在其擅長的領域上，至少能表現出 5 歲兒童的能力。他們除了比一般人

更早專精於某一個或是某些領域之外，在學習時進步的幅度也較一般兒童大，這是因為資優學生能夠在其擅長的領域，妥善運用他們的記憶、理解、分析、推理、應用等認知能力，使得他們能夠在短時間內把所吸收的知識加以統整。這些特質在資優學生的求學歷程中，如果學校及家庭可以提供適性的教育機會，資優學生的表現將比同年齡、同經驗的學生優異。

　　受到資優概念多元化的影響，有關資優者出現率常有不同的說法。一般而言，資優的出現率若僅以智商為推估的依據，智商 160 以上者約有 1/100,000；智商 150 以上者約有 1/1000；智商 140 以上者約有 1/100；智商 130 以上者約有 2/100（Smith, 1998, p. 288）。事實上，由於資優的定義與人口分布的差異，資優的出現率可能會有區域性的不同。此種現象因區域大小或某些特殊學區，可能出現懸殊比率；有些地區（例如：都會地區招收較多越區就讀的學生）出現較高的資優者的比率；有些則出現較低的比率。由此可見，依區域而言，資優的出現率仍是一種相對的、比較的結果。

　　依據教育部（2014）教育統計資料顯示：國小資優學生有 6,277 人，約占全體國小學生 1,252,706 人的 0.50%，國小資優學生中數理資源班 4,996 人（79.59%）、藝術才能資源班 168 人（2.68%）、不分類資源班 30 人（0.48%）、音樂班 53 人（0.84%）、資優巡迴輔導 299 人（4.76%）、資優方案 731 人（11.65%）。國中資優學生 6,096 人，約占全體國中學生 803,226 人的 0.76%，國中資優學生中一般智能資源班 392 人（6.43%）、數理資源班 2,256 人（37.00%）、科學資源班 82 人（1.35%）、語文資源班 509 人（8.35%）、藝術才能資源班 95 人（1.56%）、不分類資源班 1,107 人（18.16%）、資優巡迴輔導 388 人（6.36%）、資優方案 1,267 人（20.78%）。高中職教育階段資優學生共有 10,340 人，約占全體高中職學生 818,869 人的 1.26%，高中職資優學生中集中式（數理、語文）資優班 5,446 人（52.67%）、美術班 2,340 人（22.63%）、音樂班 2,032 人（19.65%）、舞蹈班 475 人（4.59%）、數理資源班 25 人（0.24%）及資優巡迴輔導 22 人（0.21%）。由此可見，國中小資優學生主要仍以資源班的安置為主，尤其以數理最多；高中則以集中式安置為主，包括數理、語文，其次依序為美術、音樂、舞蹈等。

第三節 資賦優異者的鑑定與評量

誰是真正的資優者？資優學生究竟應如何發掘？與我們對資優所下的定義不同而有差異。隨著鑑定過程的多元化，鑑定過程及鑑定工具的適用性，已受到相當的規範。本節分別探討鑑定標準、鑑定方式及一些適用的鑑定工具與鑑定流程等。

一、鑑定標準

國內有關資優學生的鑑定，目前亦採較為多元而廣泛的角度，加以評估。依據教育部（2006）公布之「身心障礙及資賦優異學生鑑定標準」，資賦優異者係指：

一般智能優異，指在記憶、理解、分析、綜合、推理、評鑑等方面，較同年齡具有卓越潛能或傑出表現者；

學術性向優異，指在語文、數學、社會科學或自然科學等學術領域，較同年齡具有卓越潛能或傑出表現者；

藝術才能優異，指在視覺或表演藝術方面具有卓越潛能或傑出表現者。

創造能力優異，指運用心智能力產生創新及建設性之作品、發明或解決問題者。

領導才能優異，指具有優異之計畫、組織、溝通、協調、預測、決策、評鑑等能力，而在處理團體事務上有傑出表現者。

其他特殊才能優異，指在肢體動作、工作運用、電腦、棋藝、牌藝等能力具有卓越潛能或傑出表現者。

上述資優學生的鑑定，依其類別有不同的鑑定工具，而基本上皆有一些參考指標與鑑定標準。第一項指標是各該類別的測驗評量結果在平均數正二個標準差或百分等級九十七以上；第二項指標是經專家學者、指導教師或家長觀察推薦，並檢附學習特質與表現卓越或傑出等之具體資料；第三項指標是參加政府機關或學術研究機構舉辦之國際性或全國性有關競賽或展覽活動表現特別優異。（詳請另參本書附錄：身心障礙及資賦優異學生鑑定標準）

二、鑑定方式、鑑定工具及其鑑定流程

資優學生的鑑定受到資優概念及鑑定標準多元化的影響，其鑑定方式與程序格外引人注意，因此，鑑定工作益顯複雜。為避免真正資優學生被排斥於資優教育工作之外，Davidson（1986）所寫〈反對形式的鑑定資優〉文章中，提出所有形式的測驗、評量與提名推薦方式，並不能真正測知資優學生的智力與特殊才能，因此，必須遵循下列三項原則：

1. 設定資優學生在學校所占百分比，大約是 15%-20% 之間。此與 J. S. Renzulli 所倡人才庫（talent pool）及旋轉門（revolving door）的理念相似。

2. 設定智力測驗、成就測驗或創造力測驗在百分等級 90 以上者，即須接受資優教育。

3. 增加父母、老師正式與非正式推薦的方式。依據學生的創造力、邏輯思考、問題解決或成就動機等表現作為標準。

由此可知，在鑑定過程中最主要的考慮乃在如何以各種不同的方式，蒐集學生是否具備資優的條件，僅以智力或成就方面的測驗認定資優學生，易有偏誤。

㈠ 鑑定方式

資優學生的鑑定工作，大致可分成兩個階段：第一階段稱為篩選（screening）或初選，以普查的方式，找出具有資優傾向的學生；第二階段成為鑑定（identification）或複選階段，由初選中再以個別評量方式，鑑定出適合安置於資優教育方案的學生。

初選階段的重點，是儘量使每一位學生皆有機會參選，常見的方法如：1. 教師推薦（teacher nominations）；2. 團體智力測驗；3. 成就測驗；4. 家長推薦；5. 同儕推薦（peer nominations）；6. 自我推薦；7. 學生作品或表現的評定等。

複選階段的重點則在於透過個別化的評量，以確切鑑定出資優學生。其主要方法包括：1. 個別智力測驗；2. 創造力測驗；3. 特殊才能表現；4. 領導才能；5. 其他，如人格測驗、自我概念測驗等。

教育部（2006）將我國資優學生複選階段的鑑定標準，由原標準平均數正一點五個標準差以上，調為平均數正二個標準差以上，以減少集中式

一般智能及學術性向資優班設置。惟仍維持由學生參加國際性或全國性的競賽成績、專家學者、指導教師或家長觀察推薦，並檢附專長才能特質與表現等具體資料來多面向發掘資優學生，以提供資優生適當的教育安置之機會。

㈡ 鑑定工具

目前國內有關資優學生常見的鑑定工具有：

1. 一般智能優異

國內常被使用的一些標準化團體智力測驗有：托尼非語文智力測驗─再版（TONI-3）、綜合性非語文智力測驗（CTONI）、瑞文氏標準矩陣推理測驗平行本（SPM-P）、瑞文氏彩色矩陣推理測驗平行本（CPM-P）、國民小學團體語文智力測驗、新編國民中學團體語文智力測驗及新編國民小學團體語文智力測驗；而個別智力測驗則有：魏氏兒童智力量表第四版（WISC-IV）、魏氏兒童智力量表第三版（WISC-III）、魏氏幼兒智力量表修訂版（WPPSI-R）、綜合心理能力測驗（CMAS）及簡易個別智力量表。

至於一些主觀性的評量工具，包括：特殊需求學生特質檢核表（郭靜姿、胡純、吳淑敏、蔡明富、蘇芳柳，2002）、資優行為觀察量表（吳昆壽、梁仲容、蘇麗雲，2006）、學前兒童提早入學能力檢核表（教師版）（郭靜姿，2004a）、學前兒童提早入學能力檢核表（家長版）（郭靜姿，2004b）、資優生社會適應評量表（王文科、王木榮、蕭金土，2005）。

2. 學術性向優異

國內常見的性向測驗有：國民中學綜合學業性向測驗（林寶貴、郭靜姿、蘇芳柳、吳淑敏、王美慧，2002）、高級中學數學及自然科學學業性向測驗（郭靜姿、吳淑敏，2004c）、國民中學數學性向測驗（吳淑敏、張海潮，2008）、語文學習性向測驗（蘇芳柳、周中天，2008）。

學術性向優異的鑑定，除了依據學生在學術性向及成就等標準測驗表現外，在多元多階的鑑定過程，亦加入檔案評量與實作等要件。

3. 藝術才能優異

國內有關美術、音樂、舞蹈資優的鑑定，亦強調多階多管道的篩選。除標準化的美術、音樂、舞蹈測驗工具外，主要仍以學生在該領域的藝術

傾向、成就表現、實作及作品等，作為鑑定的項目。至於藉由觀察、晤談等，而由家長提名、教師推薦或同儕提名，則較少見。

4. 創造能力優異

由於創造力的理論觀點漸趨多元，傳統單向度的創造力測量工具，無法檢視學生創造的創造能力，因此，有關學生在創造力的表現，有所謂歷程論、特質論、行為經驗及他人的推薦等方式加以論斷。最被熟知的創造力測驗工具是陶倫斯創造思考測驗（Torrance Tests of Creative Thinking, TTCT）（Torrance, 1966）。國內已有修訂本，李乙明（2006a, 2006b）分別修訂陶倫斯創造思考測驗（語文版）（圖形版）。此外，陳長益（2006）亦同時修訂陶倫斯創造力測驗成人適用精簡版（ATTA）。

5. 領導才能優異

一般而言，領導才能通常表現於團體活動中，藉由觀察學生的行為表現、人際互動及一些情境中的反應等加以評估。因此，鑑定方式不能僅採紙筆測驗，應綜合多元評量的資料加以鑑定，主要方式包括：教師提名、團體活動觀察、面談、人格測驗、情境測驗、傳記資料及領導才能評量工具等。國內適用於國中小學生的領導才能評量工具，包括：領導潛能同儕提名問卷（李如仙，1993）、人際經驗量表（王振德，2000）、學生領導能力特質評量表（王振德，2001）、領導技能問卷（王振德，2005）、領導才能性向測驗（陳政見，2004）。

6. 其他特殊才能優異

有關其他特殊才能優異依鑑定標準，係指在肢體動作、工作運用、電腦、棋藝、牌藝等能力，具有卓越潛能或傑出表現者。因此，其相關評量工具不應侷限於標準化的測驗工具；相對的，更需藉由比賽、表演、學者專家及指導教師或家長觀察推薦發掘，以利未來的教學與輔導。

㈢ 鑑定流程

國內有關資優學生的鑑定，除了依教育部所頒特殊教育法及其施行細則相關規定辦理外，教育部（2006）訂定鑑定安置原則如下：

1. 各類特殊教育學生之鑑定，由各直轄市、縣（市）政府特殊教育學生鑑定及就學輔導委員會（以下簡稱鑑輔會）負責相關事宜。

2. 資賦優異學生之鑑定，應以標準化評量工具，採多元及多階段之

評量方式。其評量之實施應依觀察、推薦、初審、初選、複選及綜合研判之程序辦理。除一般智能及學術性向優異學生之鑑定外，其他各類學生之鑑定，均不得施以學科成就測驗。

3. 為落實常態編班政策並且推動資優教育之正向發展，國民教育階段資優教育應以分散式資源班方式辦理為限，惟考量依藝術教育法設置之藝術才能班，基於專業藝術之推展，仍以集中編班方式辦理為宜。

教育部針對國民教育階段資優學生鑑定安置所規範的流程，包括下列六個程序：1. 提出申請→ 2. 觀察與推薦→ 3. 書面審查或初試（第一階段）→ 4. 複試（第二階段評量）→ 5. 綜合研判→ 6. 安置輔導。如圖 2-2。

上述多階鑑定的過程，除了有一定程序及其要求外，亦強調各縣市政府「特殊教育學生鑑定及就學輔導委員會」（簡稱鑑輔會）的功能，負責資優生鑑定安置相關事宜。其中較引起注意的是，鑑定過程亦將教師觀察列入申請鑑定必要繳交的資料，重視教師對學生的觀察推薦；此外，亦參考學生的檔案評量、實作評量等，以輔助各階段客觀化測驗工具的不足。以臺北市為例，各類資優學生的鑑定及就學輔導的流程（臺北市，2006），如圖 2-3。

以高中藝術才能班為例，在實際鑑定的過程中，分別兼有資優及藝術類招收為音樂、美術及舞蹈班學生。其入學管道之一，僅採術科成績甄試入學（不另採計國中在校成績及國中學力測驗）、或參加聯合甄選入學（兼採國中基測成績及術科測驗成績）；入學管道之二，以競賽表現入學（已獲政府或學術機構舉辦之國際性或全國性競賽表現特優），除參加術科測驗外，亦可另行提出申請安置，如未獲安置入班亦可再參加其他安置或其他入學管道招生安置。

至於未足齡資優兒童申請鑑定提早入學的相關做法，以新北市為例，該市辦理：1. 初選（先分別繳交家長版與教師版的「學前兒童提早入學能力檢核表」：學習能力分數達 22 分以上且入學準備度分數達 38 分以上→通過標準化智力測驗智能評量結果為平均數正 1.5 個標準差以上或百分等級 93 以上）；2. 複選（通過標準化智力測驗智能評量結果為平均數正 2 個標準差以上或百分等級 97 以上，社會適應能力與適齡兒童相當），最後經鑑輔會審議通過。（新北市政府，2010）

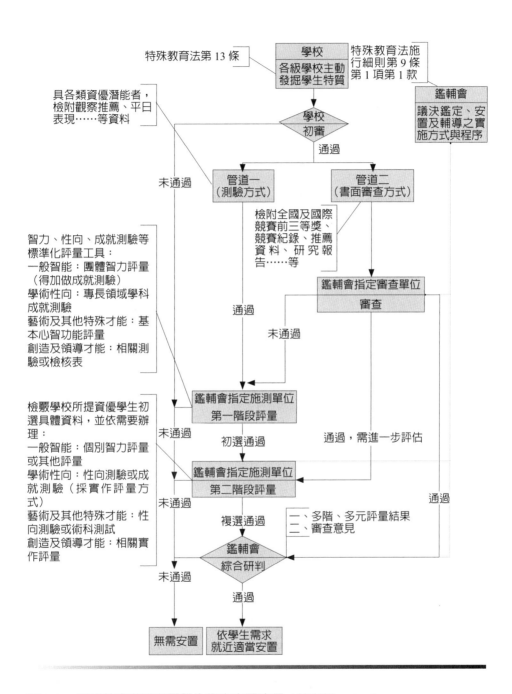

圖 2-2　國民教育階段資優學生鑑定安置流程（教育部，2006）

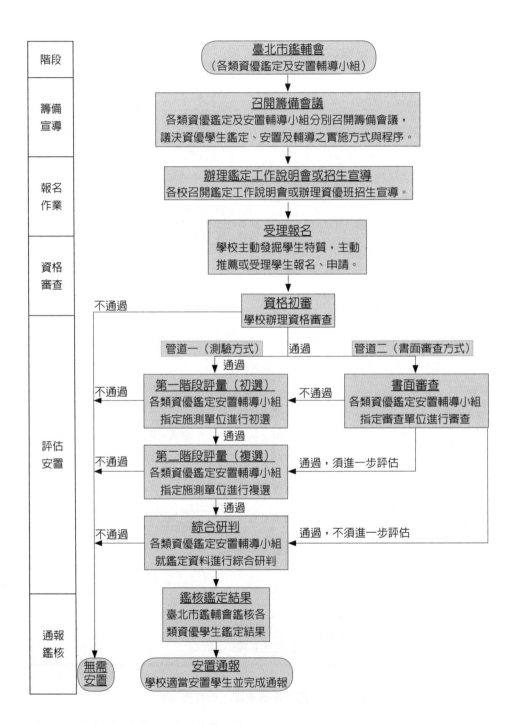

圖 2-3　臺北市資優學生鑑定安置流程（臺北市，2006）

　　國內於實施修正後之資優學生鑑定標準及其鑑定流程，對資優學生的鑑定安置與輔導，已較合乎學理上的思維。事實上，依教育部（2008）公布的資優教育白皮書中，列出資優鑑定與安置的一些檢討及其亟待釐清的問題，值得各界省思。其內涵主要包括：1. 資優教育理念不清，將資優班視為升學班，以爭取好學生入學；2. 校際競爭扭曲設班的意義；3. 多元多階評量未落實；4. 鑑定工具維護及施測專業未臻理想；5. 利益團體（補習班等）影響資優鑑定公平性；6. 多元多階導致鑑定工具不敷使用；7. 學校受定額鑑定而影響資優素質；8. 因行政考量（或以地區均衡為由）限制適性安置的需求；9. 資優教育資源分配不均；10. 資優教育銜接不足；11. 縮短修業安置困難；12. 彈性入學管道欠缺。（頁 13-16）

　　針對資優鑑定而言，郭靜姿（2009）建議未來國內在資優的鑑定工具上，應由重視量化資料的運用發展至學生觀察、晤談等質化資料的採取；在鑑定內容上，應由側重認知的評量發展至兼重學生情意的評量；在鑑定方法上，應由學習結果的評量發展至學生思考歷程的分析。此對於如何進一步對資優學生的鑑定，有更佳的註解。而有關安置等相關問題，仍待突破。

第四節　資賦優異者的教育安置

　　如前所述，當我們瞭解資優的意義、類別及資優學生的特質及其鑑定與評量，究竟我們應提供什麼教育環境給資優學生？Lohman（1993）的研究顯示智力可因學校教育而改善，而且教育的類型也可以影響特殊的能力。如果學生想要變得比較有流體的智力，他們除了必須使用固定知識，解決越來越不熟悉的問題，更須能以靈活的方式統整、組織訊息。因此，在學校、教師或小組確定學生具備資優的特質，且符合特殊教育相關法規所界定的條件時，就必須為資優學生進行適性的安置，提供有利的學習環境。

　　以美國為例，資優教育的型態主要包括有（Davis, Rimm, & Siegle, 2011, pp.146-154）：

一、全時制的同質性分組（full-time homogeneous grouping）

1. 磁性學校（magnet schools）

亦即以某一領域為號召的學校，好像磁鐵一般吸引地區資優學生（含資優低成就、資優低社經地位者）前來就讀，除可發展重點領域學術外，亦可提供學生在生涯及科技方面的專業培訓，兼顧地區教育發展的均衡性及減少資優學生中輟情形。

2. 資優特殊學校（special schools for the gifted）

與磁鐵學校類似，整個學校只提供給資優學生，學區依美國教育部對資優學生所界定的標準（一般能力、特殊學術性向、創造力、領導能力或視聽表演才能）並採多元篩選方式，選擇學區內優秀學生就讀。

3. 私立學校（private schools）

有些私立學校學生成就表現比公立學校佳，亦提供資優學生某一領域的專業課程，如電腦、外國語等。在某種程度，它有助於某一領域的加速學習。

4. 學校內學校的方案（school-within-a-school）

學校對學區內某些資優學生提供某種特殊的班別，依性質它可能是各種不同的資優能力相結合的班級。與第 5 點所述特殊班級相似。

5. 特殊班級（special classes）

在學校內依年級、性質而規劃一些特殊的班級，提供資優學生多元的學習環境。很多高中會有大學的預修課程，讓資優學生有挑戰的機會。

二、全時制的異質性分組（full-time heterogeneous grouping）

1. 叢集分組（cluster groups）

將一群資優學生，安置於一種充實制的普通班級內，進行個別的或團體的學習。他們可能進行獨立研究，或與班上同學共同學習，以避免受到孤立。

2. 異質性的班級（heterogeneous classes）

亦即考慮資優學生的個別化教育方案（IEPs），使資優學生在普通班級亦能接受到適合其能力與需要的教育，獲得相關資源以利學習。

三、部分時間或暫時性分組（part-time or temporary groups）

　　1. 抽離方案（pull-out programs）

　　這是最為傳統的構想，每週將資優學生自普通班級抽出 2-3 小時，參加由學校或學區各學校間的資優教育方案，並由學區的協同教師（coordinator）授課。

　　2. 資源方案與資源教室（resource programs and resource rooms）

　　提供資優學生一個特殊的學習環境，每週利用一個上午或下午，將資優學生安置在資源教室進行某一學科的學習，有時甚至跨年級、學校至初中、高中選修課程。

　　3. 部分時間的特殊班級（part-time special classes）

　　與全時制特殊班級相似，只是時間不同而已；由學校規劃一些部分時間的特殊班級，以自足式的班級（self-contain classes）為主。

　　4. 充實性的群組（enrichment cluster）

　　學校篩選一些對某一領域或研究主題有興趣的各年級學生，進行叢集充實課程訓練，並由一組老師或專家進行教學。學生未必是鑑定為資優者，活動進行中，資優或非資優生可與老師進行多元的互動，有助於未來研究的開展。

　　5. 閱讀與數學小組（temporary grouping for Reading and Math）

　　學校提供跨年級的閱讀與數學小組課程及教學，增加同質性較高的學生高層思考訓練的機會，以發展其自我學習效能。

　　6. 特別的興趣小組及社團（special interest and clubs）

　　許多中學都有類似的組織，小學較少；學校通常以吸引資優學生的一些社團、學會等組織，培養學生領導能力及各種特殊才能。

　　國內有關資優學生的教育安置，以前主要採集中式與分散式，而時間分配上亦包括全部時間與部分時間二者。集中式是將資優學生安置在特殊班級，屬於完全隔離的教育安置；而分散式是將資優學生安置在普通班級，以全部時間或部分時間在資源教室接受教學，頗具回歸主流的色彩。

　　如前一節所述，落實國中常態編班政策並且推動資優教育之正向發展，依教育部（2006）所訂定鑑定安置原則之規定，國民教育階段資優教

育應以分散式資源班方式辦理為限，惟考量依「藝術教育法」設置之藝術才能班，基於專業藝術之推展，仍以集中編班方式辦理。由第二節所述之教育部（2014）教育統計資料顯示，國小資優學生中以數理資源班最多，約占 79.59%，其次依序為資優方案 11.65%、資優巡迴輔導 4.76%、藝術才能資源班 2.68%、不分類資源班 0.48%、音樂班 0.84%。國中資優學生中數理資源班最多，約占 37.00%，其次依序為資優方案 20.78%、不分類資源班 18.16%、語文資源班 8.35%、一般智能資源班 6.43%、資優巡迴輔導 6.36%、藝術才能資源班 1.56%、科學資源班 1.35%。高中職資優學生中集中式（數理、語文）資優班最多，為約占 52.67%，其次依序為美術班 22.63%、音樂班 19.65%、舞蹈班 4.59%、數理資源班 0.24%、資優巡迴輔導 0.21%。可見，國民中小學資優教育安置以資優資源班最多，各縣市及學校，已漸依此鑑定原則，據以執行。

各校除配合教育部政策，如何依學生特質與需求、學校、地區特色及資源共享的理念，規劃適合各資優類別之安置型態？建議可再參考郭靜姿等（2009）針對教育部資優教育行動方案之一「資優學生鑑定評量及安置要點訂定」，所提出研究結論：

1. 一般智能及學術性向優異：集中式資優班、分散式資優班、校本資優方案及區域資優方案，適合採集中式安置方式之教育階段為高中及國中。

2. 藝術才能優異：集中式資優班及區域資優方案，適合採集中式安置方式之教育階段為高中、國中及國小。

3. 創造、領導及其他特殊才能優異：分散式資優班、校本資優方案及區域資優方案。（頁 74）

第五節　資賦優異者的課程與教學

在如何規劃資優生的學習內容之前，有人會質疑是否需要為資優學生另外設計符合其需要的課程？這些課程的內容應包括哪一些範疇或重點？資優學生的課程有何不同於一般學生？正如資優學生是否需要資優教育的爭論一樣？有些人並不主張為資優學生提供特殊的資優教育服務，他們甚至認為這種措施有悖於社會民主化和教育均等化的原則。相對的，亦有

學者主張資優學生應有特殊資優教育課程，他們認為資優學生在資質上是不同於一般學生，因為學校所安排的普通課程往往無法滿足其智能上的需要，一般學校所安排的教學活動，也無法發揮其最大潛能。換言之，為滿足資優學生的學習需求並發展其最大潛能，必須針對資優學生的特質予以調整或增加課程，期以達到因材施教與適性教育的目的。

其實，有關資優課程的設計，有相當多的模式。美國學者 Gallagher 與 Gallagher（1994）認為資優課程的設計，主要包括下列兩種機制：1. 加速制（acceleration）；2. 充實制（enrichment）。對資優學生的課程採加速制或充實制，須視學生的狀況而定，二者互有關係。有效的充實（以加深、加廣為思考），有助於促進加速的發展。國內常見的課程規劃方案，主要有綜合充實方案、校本區分性教學實驗方案；而區域性資優教育方案，亦可供，該地區、類別資優學生人數較少或師資不足等因素規劃之參考，藉以提供資優學生多元學習及互相觀摩的機會，共享資優教育資源。

一、資優課程設計

(一) 加速制

此方式是允許資優學生比一般學生以更快的速率完成一般課程的要求，以提早或縮短課程修習的時程。主要可分為下列幾類：（Kirk & Gallagher, 1994；Davis, Rimm, & Siegle, 2011, pp. 127-143）

1. 提早入幼兒園或小學一年級：資優兒童的智力發展、社會發展，如已達到相當的水準，即可提早入幼兒園、小學。

2. 學年跳級（grade-skipping）：亦稱完全加速（full acceleration），讓資優學生跳過某一學年的課程而升級。由於這種方法可能造成一些關鍵課程未學習到或產生社交技巧及人際關係等適應問題，所以未被普遍採用。

3. 學科跳級（subject-skipping）：亦稱部分加速（partial acceleration），讓資優學生跳過某一學科的課程而免修。其好處是資優學生仍可與原班同學維持適當的社交技巧及人際關係，在同儕中不至於被排斥。

4. 提早修習國中、高中課程：讓資優兒童在國小及國中，即先修國中及高中課程。

5. 濃縮課程（curriculum compacting）：在不影響資優生學習內涵，

將所學的內容予以濃縮或精簡，創造一個具有挑戰性的學習環境，節省時間以從事充實活動，以利學生進行加速學習。濃縮課程可分為下列兩種：（1）基本能力的濃縮（basic skill compacting）：只以具備的能力，如數學、語文能力等，進行規劃。（2）教材內容的濃縮（content compacting）：提供能力較好的學生可快速學習的內容。

　　6. 濃縮方案（telescope programs）：將一般三年的國中或高中授課時間濃縮為兩年，節省的時間可進行下一階段進入高中或大學新課程的提早學習。

　　7. 提早進入大學：讓特殊資優高中學生或甚至初中學生，可能在13、14 歲或 15、16 歲即進入大學就讀。

　　8. 安排寄宿高中（residential high schools）：近年來，美國有許多州指定數理方面較強的高中，提供資優學生寄宿式的學習，多數學校於高二時即開始採加速方式進行課程。傳統上，各州以高中結合大學資源規劃課程，並使用相關實驗設備。有些州則運用一些閒置的空間，作為寄宿型高中的場所。

　　9. 尋才方案（talent search programs）：提早讓具有科學或數學天分的國中、高中甚至國小學生，進入大學參與學習，學生們可以藉由參與週末方案、遠距教學、競賽、良師典範等一些充實學習的機會，增加提早進入大學或研究所的可能。

　　國內有關資優學生加速制的做法，依教育部（2004b）頒布「資賦優異學生降低入學年齡縮短修業年限及升學辦法」，所謂縮短修業年限，係指縮短專長學科學習年限或縮短各該教育階段規定之修業年限，其方式如下：1. 學科成就測驗通過後免修該科課程；2. 逐科 （學習領域）加速；3. 逐科（學習領域）跳級；4. 各科（學習領域）同時加速；5. 全部學科跳級；6. 提早選修高一年級以上之課程；7. 提早選修高一級以上教育階段之課程。

　　各級學校對該辦法各種方式之採用，應針對個別學生，就其超前之學科，逐科（學習領域） 評估其學習起點行為及能力。

㈡ 充實制
此方式是提供資優學生較為寬廣的學習機會，以擴充其對主題內容的

認識，分為水平充實（horizontal enrichment）及垂直充實（vertical enrichment）。前者係屬加廣的型態，強調課程的廣度而非深度；後者係屬加深的性質，強調發展資優學生較高層次的概念與思考技能。其實，充實制課程乃是提供資優生適當學習經驗的一種方式，除可以符合資優生的需求，亦可以結合教師的教學和學生的學習內容。此方式意涵著課程發展的統整而非單一向度，是一套為資優生提供必要的適異性之課程。

Davis、Rimm 與 Siegle（ 2011）綜合各家對充實制的看法，認為充實制的課程設計，主要可歸納為下列幾項：（ pp.158-168）

1. **獨立研究**（independence study）、**專題研究**（research）與**藝術專題研究**（art projects）：包括圖書館、科學館、博物館、藝術館或實驗室，甚至大學院校設備與學者專家共同研討有關問題。利用社區資源進行主題的探討。

2. **學習中心**（learning center）：在校內開闢學習的活動與場所，以滿足資優學生的需要。此種學習中心有時亦類似「資源中心」（resource room），除了可於校內以某些場所進行學生抽離（pull-out）課程的學習外，亦可以學區為單位設置。

3. **田野旅行**（field trips）：亦可作為獨立研究時，資料蒐集的策略之一，透過參觀、訪問的方式，在活動中由學生依個人興趣的主題，隨時提出問題共同討論。

4. **週末及暑期參加研習營**（Saturday and summer programs）：學生利用週末、暑假參加各項資優研習活動或營隊，以舒緩學生平日上課的壓力，增進學生研究潛能。研習活動通常以迷你的班級且無任何學分的方式進行，由一些教師、大學教授、研究生、社區裡的專家或資優生家長等組成教學團隊，進行教學。

5. **海外學習活動**（study abroad programs）：提供高中資優生海外學習機會，活動包括：參訪旅遊及至少一國語言、文化的學習；因此，一學年的課程中，可以安排海外住宿家庭生活、就讀當地的高中，學習一些語言課程等。

6. **大學暑期多元課程**：許多大學會利用暑假規劃中小學資優生預修課程，依各大學與地區中小學的合作關係，開設各種不同的主題活動或領

域課程。活動時程有一週至六週不等，依學生需求而定。

7. 良師與良師典範制（mentors and mentorships）：依學生有興趣的研究領域，由學校推薦學生在一段的時程中，追隨該領域的學者專家（亦即良師），進行學習或實驗、擔任助理等，以增進資優生在某一領域的學習興趣。除此之外，由良師進行指導的方式，亦可藉由專家以網際網路、e-mail 等，線上指導（online mentoring）的方式，提供學生專業方面的諮詢與輔導。

8. 未來問題解決（future problem solving）：學生可於抽離課程、資源中心、特殊班級或週末活動等，以團隊的方式進行主題或議題的探討，為現今社會及未來世界所面臨的問題，提出解決方法。

如前所述，其實有效的充實制將提供加速經驗；而且加速亦須由提供某種的擴增或充實，始能奏效，二者亦有相互重疊之處。因此，選擇不在於充實或加速之間選取其一，而是重點有別而已。學校在規劃資優生的課程時，縱有加速與充實之爭，但多以充實觀點立論，融入加速色彩。若為適應個別差異，可輔以個別化教育方案，以滿足學生個別需求。

因此，在探討資優的課程設計，多以充實制為主體進行分析；其中以 Renzulli（1977）的充實三合模式（enrichment triad model, ETM）、Feldhu-sen 與 Kolloff（1986）的普渡三段充實模式（Purdue three-stage enrichment model）最具代表性。分述如次：

1. 充實三合模式

此模式以資優者如何針對某一問題或主題的充實、認知及研究為取向。係由 Renzulli（1977）所倡導，為最佳的充實方案之一。主要在於培育學生能夠運用適當的探究方法，研究實際的問題或主題，並與其秉持的假定相互結合，以達成充實三合方案預期的目標。學生依自己的個別差異及期望，發展不同進度的學習與研究過程。其主要順序或步驟，包括下列三項活動類型（Davis & Rimm, 1989, 1994, 1998, 2004; Davis, Rimm, & Siegle, 2011, pp.176-178；王文科，1993），詳如圖 2-4：

（1）第一類型活動（Type I）：亦即一般試探性活動（general explor-atory activities），係為傳授學生一種新的或伸展的學習領域而設計。其目的在於：

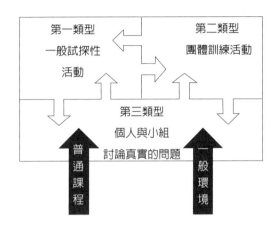

圖 2-4　Renzulli 的充實三合模式（參考王文科，1993，頁 48）

① 提供學生在學校課程外，一些試探性的主題。

② 提供一般充實性的活動，給所有有興趣學習的學生。

③ 引起動機強烈的學生主動發現、追求第三類型活動的獨立研究。

　　換言之，試探性活動的主題係根據學生的興趣、第三類型活動可能提議的方案、可能傳授學生的學科結構與方法論等而來。希望學生從接觸的各類活動主題或機會中，配合自己感興趣的領域，擴充學習的深度與層次。因此，為使學生順利從事一般試探性活動，學校宜設置資源中心，備妥各類書籍、雜誌或其他媒體資料等，以供學生選擇主題所需的資訊。

　　（2）第二類型活動（Type II）：亦即團體訓練活動（group training activities），泛指包括認知、情意與技能活動在內的歷程活動（process activities）。其目的在於（Renzulli & Reis, 2003）：

　　① 誘導學生創造思考、問題解決、批判思考能力（如：對周遭事務的觀察、分析及評鑑能力）及情意方面的發展（如：自我省思、人際關係及處理生活中偶發事件等）。

　　② 培養學生「學習如何學」的技能（如：傾聽、觀察、摘記、撰寫大綱、晤談、調查、分類、分析、整理資料、下結論等）。

　　③ 能使學生學會運用參考資料（如：讀者指引、目錄、摘要，及一些光碟系統等）。

　　④ 學生能以書面、口頭的溝通技巧及視聽媒體等資訊，將研究成果

有效地與所有觀眾進行互動。

J. S. Renzulli 認為透過歷程活動，可使兒童習得上述技巧，而最好的途徑是將之應用於處理實際生活的問題。因此，他建議教師應透過普通班級所能習得的技巧，加強或補充教學，以奠定第三類型活動的基礎。

事實上，此模式於第一、二類型活動，可以事先針對全校所有學生的學習而設計，尤其是如何培養學生的創造力、思考技巧及價值觀等訓練，有其成效。對於資優生而言，在第二類型活動則更須強調高層思考訓練，包括：創造思考、問題解決、批判思考及科學研究能力等。

（3）第三類型活動（Type III）：亦即個人與小組討論真實問題（individual and small group investigation of real problems），此模式提供了真正為資優教育而安排的分化途徑。資優生於此活動可以追尋到一個適合研究的問題。此活動的主要目的在於：

① 協助年輕人運用適當的探究方法，成為真實問題或主題的實際探討者。

② 提供學生主動參與有待探討之問題，採用適當的方法以解決該問題。

③ 發展自我導向的學習技能，包括：計畫、組織、運用資源、時間管理、做決定、作品的評鑑等。

④ 發展自信心、工作熱忱及完成任務的成就感。

而設計此一類型的活動，可分為十個步驟，以引導學生進行研究（Davis, Rimm, & Siegle, 2011, p.178）：① 評估、發現或創造學生的興趣；② 訪談學生以瞭解其真正的興趣；③ 協助學生找一個可以研究問題；④ 發展一個研究計畫；⑤ 協助學生確認多元的資源；⑥ 提供一些研究的方法；⑦ 提供一些管理方面的協助（人力、物力等）；⑧ 協助學生確認最後的研究結果及產出的作品；⑨ 提供學生研究過程的一些回饋；⑩ 依據研究數據，與學生一起評估研究的過程及結果。

在第三類型的課程中，以教師為學生提供研究方法及實驗室環境（laboratory enrichment）的任務，最具價值。J. S. Renzulli 認為在此類型活動中，即應讓學生身歷其境成為真正問題的研究者，學生扮演知識的生產者（producers）而非消費者（consumers）而已。因此，教師必須站在引導

者的立場，提供真實情境、環境，協助學生釐清問題、設計研究、安排各項教具、設備，甚至推介社區相關資源及學者專家等。

此模式亦適於以充實方式進行全校學生的課程設計。初步由全校進行各領域學習經驗的擴增，進而發展至各班學生對領域內某一些學習活動的興趣，最後由學生以個人或分組方式進行專題研究。例如：由全校正進行母親節的慶祝活動為例。第一類型活動可以由全校學生探索與母親節相關的資料或經驗，並以多元方式呈現，可以包括書面及一些非書面資料等；第二類型活動可於班級進行一些由學生蒐集或獲得資料的分享，加以討論，以增進團體的互動及創意的引發，預為未來個人或小組進行專題研究的準備；第三類型活動個別學生或小組以專題方式，探討母親節的由來及其在各國的表現方式之差異比較，進行研究。

2. 普渡三段充實模式

此模式主要以發展學生的創造力為取向，其重點在以三個階段的學習過程，發展三個層次的技能。這些過程，除了以發展創造力為核心外，亦強調聚斂性的問題解決能力（convergent problem solving）、研究技巧（research skills）及獨立學習（independent learning）等訓練活動。Feldhusen 的三段模式主要的教學過程及其目標，依序分述如下（Davis & Rimm, 1989, 1994, 1998, 2004; Davis, Rimm, & Siegle, 2011, pp.187-189；王文科，1993）：

（1）第一階段——發展基本的擴散性與聚斂性思考能力（the development of basic divergent and convergent thinking abilities）：此階段應實施的教學活動，包括：期限較短且由教師引導的作業，此等作業以創造思考性質為主，但也顧及邏輯與批判性質的作業，常見的方式，例如：請列舉垃圾袋的特殊用途？如何改良自行車或省油車？預測未必會發生的事件結果（若沒有電視會怎樣？），藉此發展學生的流暢、獨創、變通、精密等創造力與態度。

（2）第二階段——設計較複雜的創造性與問題解決活動（more complex creative and problem-solving activities）：此階段的活動主要是在提供學生較長的思考時間，透過教師較少的指導，以啟發學生更具主動的研究精神。常見的方式，例如：以腦力激盪（brainstorming）與分合法（synetics），

增進學習與練習使用創造思考技術。此外，運用系統化的問題解決模式
（systematic problem-solving model），界定問題、列出想法、評鑑想法及
付諸實施等步驟，完成複雜的學習任務。

（3）第三階段——設計強化獨立學習能力的活動（independent learn-
ing abilities）：此階段的活動主要在讓年輕人以迎接挑戰的方式，界定與
釐清問題，由書本或其他資源蒐集所需的大量資料，解釋其所發現的問
題，進而發展理論架構。換言之，此階段中教師不僅在協助學生使用圖書
館中的百科全書，而且在協助他們根據學習目標，擬定學習計畫，並將其
所發現的觀念傳遞給他人。因此，此階段的活動，例如：撰寫短篇故事、
短劇、短片及研究有關當地空氣汙染的報告等。此階段與前述充實三合模
式的第三類型活動類似，主要在培養學生獨立研究能力。

二、國內資優課程設計的機制

如第四節所述，適合各階段不同資優類別的安置型態，有其差異。國
內有關資優課程的設計與教學，以毛連塭（1987）綜合充實模式最具規模，
可發展為學校推動校本資優教育方案的參考模式。至於區域性資優方案，
建議可參考臺北市的做法。

㈠ 綜合充實模式

此模式係參考 J. S. Renzulli 的充實三合模式和 Betts（1985）的主動學
習模式（autonomous learner model）而設計的。此模式主要依資優學生的
條件，配合內容充實、過程充實和結果充實，以培養資優學生認知、技能
和情意態度。其中認知與技能，藉由高創造力及學習技能的獲得以達成方
法的訓練；情意則以高智力、高創造力、高毅力為基礎，藉由興趣的發掘
及積極的自我觀念，以達成主動學習的意願。此模式主要架構，如圖 2-5。

此模式所強調的內容導向、過程導向及結果導向，依其性質及意義而
言，摘述如下：

1. 內容導向：係指教師在教學時用以教學的材料，亦即教師提供給
學生的各種觀念、概念或事實。適合資優學生的課程，包括一些智性的學
門，除學科外，語文、數學、自然、歷史、社會科學均應包括在內。其中
語文與數學是一切科學的基礎（毛連塭，1996，頁 107）。它可採多種形

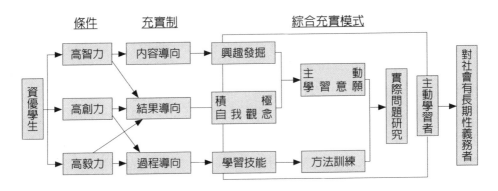

圖 2-5 綜合充實制資優教育模式（毛連塭，1996，頁 294）

式呈現，可以包括實體的、圖形的、符號的（如字母、數學符號）、語意的（如抽象意義的字詞或觀念）、或行為的形式（如人的行為、知覺、情緒等）。為提供資優生適合的學習內容，可以較複雜化、抽象化、多樣化（未被納入正式課程的）及各種不同的情況，加以建構。

2. **過程導向**：係指教師的教學方法，包括呈現教材於學生的方法、探查學生的問題及期待學生的心理活動等。此心理活動可能包括高層次的思考，如：B. S. Bloom 於 1956 年提出「教育目標分類」的高層次思考（如分析、綜合、評鑑等）。除此之外，適用於資優生的過程技能，尚包括歸納、演繹、批判思考、創造思考、獨立研究及問題解決等方面的活動課程。

3. **結果導向**：係指資優學生學習的成果，可能單獨展現某一概念或某些內容知識；也可能綜合內容知識、過程技能及一些重要概念。因此，有關情意教育、藝術、生計教育及領導能力等活動課程亦屬之。其中情意課程除了包括資優三環定義之一的工作承諾外，自我概念、人際關係、社會責任等，亦是資優課程規劃的重點。

㈡ 校本區分性教學方案

校本區分性教學可分為兩個部分：資優班與普通班之間的區分性課程、資優班內的區分性課程。前者的課程是在資優班的環境下，設計出與普通班不同的課程，希望能夠提供更貼近科學精神的教育模式。後者的課程則是希望針對不同特質的學生，給予不同速度、不同風格的教育模式，希望能夠提供更適性的教育。

　　以國中理化課程的設計為例，陳長益（2009）認為在課程實施中，雖然對上課的方式有做出區分，但在總結評量的部分卻還沒有辦法以自由度較高的方式呈現，原因在於學生在這個階段，才剛接觸理化課程沒多久，各方面的訓練都還不足，因此課程還是以一般的紙筆測驗作為總結性評量的方式。未來希望能夠發展出更多元性的評量方式，依照學生的特性給不同的學生不同的作業，讓區分性教學的精神發揮的更加完整。另以國中數學課程的設計為例，則首先須釐清教學目的在於：1. 增進學生對數學的興趣；2. 加強學生的高層次思維能力；3. 激發學生的潛能及創意；4. 培養獨立研究及問題解決的能力；其次，進行學生背景分析。至於教學方式則著重教室內部的布置，打造「區分性」的教學環境。

　　在上述的實驗研究，普通班老師可以發現有資優學生的課堂，常能提供不同的解題策略刺激同儕的學習及分組討論的領導。普通班老師也發現資優學生的抽象思考優於一般學生，對於開放性問題的答題方式，也較有令人驚豔的表現。而另由參與教學老師的報告可以發現，資優學生的教育透過不同的教學模式，成功的克服學生的殊異性質，有不錯的學習成效。尤其針對分散式資源班的資優學生，利用外加的方式，既可以不和原班課程與同儕脫節，也可以兼顧其個別的學習特質。整體而言，區分性課程的實施提供師生一個極佳的教育平臺，值得進一步的推廣。

㈢ 區域性資優教育方案

　　區域性資優教育方案主要在提供該地區資賦優異學生多元學習及互相觀摩的機會，協助學校發揮學校群組間的夥伴關係，共享資優教育資源，期以引導各校發展資賦優異教育。國內以臺北市 2000 年最早試辦，依據臺北市政府教育局（2008）公布修正「臺北市區域性資賦優異教育方案」，將臺北市劃分為東、南、西、北四個區域，各校依據所在區域規劃辦理所屬區域之活動；亦可擴大辦理跨區或全市性活動。辦理內容包括：一般智能、學術性向、藝術才能、創造能力、領導才能、其他特殊才能等資賦優異教育性質的課程或活動。而辦理型態包括：1. 資優教育課程：為延續性、系列性或進階性的資優教育課程（週末假日及國小週三下午，可採每週上課至少一次，且持續一學期以上；或於暑假 4 至 8 週期間辦理），每期課程應安排 36 節以上。2. 資優教育活動：例如研習活動、競賽活動、展演

活動、參訪活動、觀摩活動、營隊活動、研究活動、演講活動等各類型的資優教育活動。

　　一般而言，區域教育方案與校本教育方案不同之處，主要在於經費補助與否的差異性。區域教育方案多由教育局主導且是各校合辦，由某一個特色學校辦理，亦可兼顧其他學校學生需求，合乎經濟實用的原則。而校本教育方案，因為是各校自行辦理，未必有經費補助，惟其特色是可以依學生需要分組或跨年級實施，亦可以個別輔導或參考國外做法，以社團或讀書會方式進行，兼具彈性多元的原則。

　　多年來，國內在實施資優教育課程與方案設計，仍有檢討及其亟待解決的問題。教育部（2008）公布的資優教育白皮書中，列出包括下列幾項：1. 課程及方案設計單打獨鬥，團隊與學校支援不足；2. 區分性課程未能具體落實；3. 課程方案偏重形式，領導才能、創造力及其他特殊才能的方案闕如；4. 課程的實施侷限資優班教室內，校本以及校外支援課程方案闕如；5. 教育環境設計偏重講授性，空間的調整與連結缺乏彈性；6. 資優班教學深受升學主義的影響，創造思考與情意教學易被忽略；7. 資優教育教材流通管道不足，教師自編教材壓力大；8. 各階段課程銜接不足。這些問題，亦是長久以來學校辦理資優教育的困境與盲點，值得大家深思。

三、資優教學策略

　　學校及教師除了依學生的需求規劃課程外，應善用教學策略或活動，以提供適合資優學生的教學。若由人才培育的觀點而言，無論是培育資優生或一般學生，其實老師在教學上所運用的一些策略，或有相同、或可互為引用。策略的引用主要在於能否引起學生學習成就、學習動機與終身學習的思考（毛連塭，1996，頁 298）。一些資優教學過程中較為常見的教學策略，包括：創造性問題解決模式（The Creative Problem Solving Model, CPS）；創造思考教學模式（The Creative Thinking Model）；獨立研究的訓練與指導，分別說明如下：

(一) 創造性問題解決模式

　　此模式係由 Parnes （1967）所發展出來的，主要係以系統的方法來解決問題。教師可參考 Osborn 所倡導的腦力激盪法及其他思考策略，協

助學生解決其所面臨的問題。其主要步驟依序包括：1. 發現困惑（Mess-finding）：列舉生活中常被困擾的問題，並將之排序 → 2. 尋找資料（Data-finding）：蒐集一些與問題相關的資料，以供分析之用 → 3. 發現問題（Problem-finding）：思索可能的問題，並界定問題的關鍵所在 → 4. 發現構想（Idea-finding）：利用腦力激盪法構想出許多可行的解難方案→ 5. 尋求解答（Solution-finding）：以客觀的標準評估各方法，並從中選取最可行的解決方案 → 6. 尋求同意（Acceptance-finding）：針對上個步驟所選取的最佳方案，思考實施時可能遇上的問題和有效施行計畫，以做最後採納的決議。在每個步驟中，學生先以擴散性思考（divergent thinking）方式，想出不同解難的方向或方法（腦力激盪，求其多），再經聚斂性思考（convergent thinking）選取某些較重要或可行的方案（歸納統整，聚焦），並依據此方案，形成下一步驟的思考。此種不斷藉由各步驟中的擴散思考及聚斂思考而達到問題解決或完成任務的可能。

(二) 創造思考教學模式（The Creative Thinking Model）

國內學者陳龍安（1984）提出創造思考教學三段模式。將教學歷程分為暖身、主題活動及結束活動三個階段：

1. **暖身活動**：就是引起動機準備活動，藉由說故事、播放媒體資料等，引起學生好奇心及集中注意力。

2. 主題活動：這是教學的主要活動，包括：問（Asking）、想（Thinking）、做（Doing）、評（Evaluation），其順序可以調整或靈活運用。其中「問」，就是提出問題，老師利用發問技巧，以激發學生的創造力。創意思考問題口訣：「假、列、比、替、除、可、想、組、六、類」。分別引述如下：假－假如、列－列舉、比－比較、替－替代、除－除了、可－可能、想－想像、組－組合、六－六 W（英文中的 5 個 W，一個 How）、類－類推。而「想」就是自由聯想，至於「說」或「寫」，就是讓學生歸納整理，老師將學生的意見加以綜合，就是運用腦力激盪的策略，讓全體學生討論發表；可分為個別及團體思考，個別是讓學生自己說或寫；團體思考是大家一起討論，相互激盪，產生更多意見。最後，「評」主要是師生共同評估。

3. **結束活動**：經評估後歸納活動，再指定下次主題或作業。

(三) 獨立研究的訓練與指導

對資優學生的教學應以強調多元、彈性與個別化為原則。因此，在教育的環境中可以藉由活動的安排，發展一些引發資優生對於周遭事物的興趣與好奇。獨立研究的規劃與設計，亦可說是引導學生在探究知識的一種過程。Lamb、Kennedy、Hopf 與 Vaughn（1993）認為，老師在指導國小資優學生進行獨立研究時，並不在於期望他們成為科學家，更重要的是藉由一些基本的研究概念與老師的教學策略，使學生在未來的社會生活中有傑出的表現。因此，指導資優生研究的技巧，可以加強下列重點：1. 研究方向的初探；2. 題目的選擇；3. 相關資料的蒐集與保存；4. 與他人進行資料的分享及討論；5. 訂定標準以進行研究問題的評估。而 Bishop（2000）引述 C. C. Kuhlthau 有關資料尋找過程的發展模式（Information Search Process Model），將資優學生由接到作業開始進行研究至準備發表研究成果止，分別將資優生所面臨的困境，予以表列說明，如表 2-1。

表 2-1　獨立研究資料尋找過程的發展模式

時程	接受指派作業		選擇主題	探查問題重點	形成問題	蒐集資料	準備發表
感受	不確定		樂觀	混沌／挫折／懷疑	明白	有方向／有信心	滿意
想法	模糊 ──────────────────────────────➔ 明朗／產生興趣						
行動	找尋相關資料 ────────────➔				找到所要的資料		

（Bishop, 2000, p. 55）

事實上，國內目前各校指導資優班學生進行獨立研究時，雖未必有一定的課程規劃，而上述的指導過程或許可以引以為參考。就指導的過程中，首先必須協助學生醞釀主題，主要係因學生對研究的技巧，仍然相當的生疏，對於主題的訂定仍不熟悉。往往學生所醞釀的主題可能過大，或是不具體（太抽象）、不知研究為何，或是主題不像研究主題等。因此，主題的確定需要有一個適當的說明，以便學生個人或是小組在訂定主題上能具體可行。

為增進資優班教師指導學生獨立研究的技巧，郭靜姿（1993）指出在指導學生選擇主題上，可以注意下列幾項技巧：1. 訂定研究主題的方式：尋找研究主題一般可運用幾個來源，從有關理論中演繹研究問題；2. 如何

幫助初學學生選擇主題：利用資源是學習的重要方式。由於學習是有層次之分的，要培養學生獨立研究的能力，必先學習獨立學習，然後再到「專題研究」或是「主題研究」，最後才是獨立研究。獨立研究的學習方式，資優班目前所實施的資優專題研究和主題研究，大都採取：1. 獨立學習；2. 合作學習；3. 小組學習等三種形式。

第六節　資賦優異者的學習與輔導

　　由前述資優者的認知、情意及心理方面的特質，資優學生可能因不尋常能力伴隨而生的一些學習、心理與情緒上的問題，值得關注。資優學生在認知上可能憂心一些常人尚未注意到的世界問題，亦要求自己的表現要完美無缺；同時，情緒反應強度與深度亦可能相當激烈，也擔心自己無法與一般人相處等。資優學生常常比較在乎的問題，依序是：與同儕建立並維持良好的人際關係、小心翼翼地處理他人所要求的事情、做適當的生涯選擇、發展休閒嗜好以減緩緊張與焦慮、維持強烈的成就動機……（Van Tassel-Baska, 1994, p. 332）。由此可見，資優學生的學習與輔導，至為重要。

　　教育部（2008）資優教育白皮書指出，目前國內各教育階段，對資優學生的學習與輔導，除課堂中由任課教師予以協助外，在情意及生涯方面的輔導，多透過導師、任課教師平日對資優學生進行諮商輔導，將情意教育融入充實課程與活動中實施；部分學校尚開設情意教育、生涯規劃等專門課程。因此，情意教育與心理輔導課程的實施，在各教育階段有所不同，也依各校對於情意教育的重視程度而有所差異。至於適應困難資優學生的諮商輔導，係以輔導室及第一線導師負責為主。因此本節，分別由資優學生的學習輔導、情意輔導及生涯輔導等幾個層面，加以說明。

一、資優學生的學習輔導

　　資優學生在學習上涉及的因素，包括範圍甚廣。在學校教育方面，各任課教師及學校可以繼續加強：1. 善用形成性與診斷性的評量；2. 營造積極的、鼓勵的及支持的學習環境；3. 建立適當的期望水準及適性的評量

與學習成果的表現方式；4. 增進同儕間的良性互動及合作關係。在資優教育制度方面，宜朝下列方向繼續努力：1. 全盤檢討各項資優生升學輔導辦法，以使國內之保送及跳級制度能更臻完善；2. 升學甄試保送辦法之初選標準，應著重學生專長能力之實作表現；3. 初選標準應將學生專長能力之實作表現納為必要條件，僅有績優而無具體作品、競賽優良表現的學生將無法通過初選。如此才不致顯得國人過分重視「績優」；4. 高中升學甄試保送之科系限制，放寬任何數理或語文相關的領域及科系均需要資優人才，限制資優生就讀基礎科系，不盡符合社會需要；5. 跳級管道多元化，開闢保送跳級的方式，可採用甄試保送方式，透過研習營，實際觀察學生的專長能力，避免科科皆考，以減輕學生的課業負擔。

二、資優學生的情意輔導

由於資優學生如前所述，在情意特質的發展上可能具有下列伴隨而生的問題與傾向（Davis, Rimm, & Siegle, 2011, pp. 451-463；郭靜姿，2000，頁 1-6）：1. 自我觀念、自尊、社會適應的問題；2. 城鄉差距與文化不利的因素；3. 被標記的問題（labeling）；4. 處於危機中的狀態（青少年犯罪、中途輟學、吸毒等）；5. 追求完美主義（要求完美、敏感，讓他們追求卓越、學習快速，但也讓他們在無法盡如人意時，容易受傷害，造成內心的衝突與不協調）；6. 情緒敏感與過度激動特質（overexcitabilities），一方面可能使得資優生具有一股向上的力量，有強烈的學習動機和求知欲；但「過度激動」也會產生負面影響，當資優生急於不斷往上的需求無法被滿足，就顯得焦躁或鬱悶。過度激動增加智力和情感的發展，但也會產生衝突與緊張；7. 資優生同性戀；8. 資優生自殺問題。

資優學生在情緒的發展上也常自覺和同儕不同。他們不但想法和別人不同，就連感覺也和同儕相異，這種不同，往往讓他們感到痛苦（Silverman, 1993），總認為自己是不是哪裡出了問題。情況比較嚴重的資優學生甚至會不滿自己的表現、希望放棄自己的資優，或掙扎於那綿綿無絕期的焦慮青春期中（Buescher, 1985）。因此，許多資優學生常陷於這種能力與感受兩難的困境中。Piechowski（1991）曾指出，資優學生和具特殊才能的學生有一項重要的特質，即對事物的一種強烈感受，這種強烈的感受

包括栩栩如生的經驗、強烈的吸收欲、想要參透的感覺、想要包含一切的欲望。他們是精力旺盛的、對知識有一種像海綿般的吸收力、有豐富而生動的想像力、對道德有強烈的敏銳度以及情感易受傷等特質。

因此，學校在面對資優學生的情意輔導，郭靜姿（2000）認為可以採行下列做法：

1. **在資優課程設計中納入情意課程**：資優學生情意課程的內涵可包括下列主題：認識資優、自我期許、尊重他人、欣賞他人、瞭解個別差異、扶攜弱小、人際技能、情緒敏感、善用幽默、與眾不同、罪惡感、壓力調適、家庭互動、責任感、學習習慣、領導才能、生涯探索、利己與利他等。

2. **安排個別或小組諮商輔導**：各校如能適當安排資優生的諮商與輔導，協助其加強社會適應，當有極多助益。尤其對於具有情緒統整失調或過度敏感、焦慮的學生，預防性的諮商更能防止嚴重行為問題的產生。

3. **教學與情意輔導的結合**：平日教學時，資優班教師如能多注意學生的需求，提供言語或行為的引導，協助學生建立正確、利他的社會態度。教師教學時如能多花點時間在人生目標的指引、價值觀念的澄清、處世的方式、或針對資優生之特質與需求予以引導，都對資優生有莫大的助益。因此，資優學生的教師除肩負「經師」的角色外，更須肩負「人師」及「良師」的角色，以培育資優學生成為有用的人才。

4. **建立個案輔導資料，舉行個案研討會**：對於情緒嚴重適應不良的個案，校方應積極建立輔導資料，同時組成個案研討小組，加強個案研討，以給予學生必要的協助，適當化解危機。

5. **建立資優學生的輔導網路**：資優學生除由校方輔導外，各師範院校特教中心的諮詢專線及各大學之相關學者專家，均可提供學生生活上及學習上的諮詢輔導與輔導網路和轉介工作。

三、資優學生的生涯輔導

資優學生因擁有多方面的能力與廣泛的興趣，因此在學業和生活上的表現佳，同時亦常投入許多課外活動等；儘管如此，當面臨生涯抉擇時，往往受到個人或外界的影響，也會有生涯目標的不確定而出現危機。因此，對資優學生生涯輔導，須瞭解影響資優學生生涯發展的歷程及其因

素，提供生涯輔導與諮商的機制，以利其生涯發展。分別說明如下：

㈠ 協助資優學生瞭解生涯發展歷程及其因素

1. 個人方面：資優學生具有追求真理、不受拘束、獨立思考及對知識有強烈的好奇心等異於普通兒童的特質，其個別的人格、角色壓力、多樣的性向與興趣、完美主義等，都將對其生涯發展歷程有所影響。

2. 家庭方面：父母的教育程度與職業、家庭的社經環境、父母的期望、在家庭中所扮演的角色、兄弟姊妹間的感情、相處方式及其成就表現等。

3. 學校方面：老師對學生的期望、態度、對應方式、同學間人際關係、互動方式及同儕影響、學校的安置方式、設備、制度、學習氣氛等。

4. 社會方面：藉由角色認同、性別角色的衝突、他人的期望、社會傳統的價值觀及良師典範的楷模學習等，提供資優學生生涯的探索。

㈡ 提供生涯輔導與諮商

1. 對生涯意義的探討：一般的生涯輔導多將重點置於職業的探索與選擇上，忽略對生涯意義的探討。事實上，職業僅為生涯中一項比較明顯的部分，因此強調個人對生命意義的展現，益顯重要，個人藉由工作上的表現，可以實現其對自我的期許與對社會的責任。

2. 增進自我認識：主要在深入地剖析其自我層面，探索其生涯定位與生涯發展歷程的需求，因此輔導人員、教師和家長必須將支持與增強的重點放在其對自我的認識，使其生涯定位有更穩定的基礎與方向，並化存在的危機為轉機。

3. 強化自我認定：藉由傑出藝術家、科學家及運動員的表現，提供其對生涯的方向與目標有清楚的認識，由其承諾與投入而實現夢想。

教育部（2008）資優教育白皮書有關資優學生的「輔導與追蹤」顯示，在「情意教育與心理輔導」方面仍有一些面向，亟待加強（頁 21-22）：

㈠ 資優教育情意發展與輔導方面並未與認知向度齊頭並進

不同安置模式與輔導功能均有所缺失，如：集中式資優教育班，常為升學而準備，學生的情意輔導易受忽視；分散式資優教育班，因同時含括普通班及資源班的課程，較易形成資優學生學習的雙重負擔；資優教育方

案之運作，易忽略輔導功能的核心機制。

㈡ 情意教育與生涯輔導課程缺乏整體設計

情意課程與生涯輔導的時數雖日益增多，然缺乏整體設計，在課程整體比例上仍較偏重認知教學，較少建立資優學生利他、服務的人生觀。另針對資優學生需求而設計的輔導計畫及專業輔導系統，亟待積極建立。

㈢ 追蹤研究與輔導未落實

目前追蹤研究對象多偏重於一般智能及學術性向優異的學生，未能普及各類別資優學生；資優方案與課程執行成效之研究待強化；鑑定效度研究亦多偏於國中階段，對國小及高中階段的追蹤研究較為缺乏；資優學生縱貫性之長期追蹤研究仍待開展；各教育階段資優生的追蹤輔導與轉銜措施，尚待落實。

第七節　資優教育的發展趨勢及未來展望

發展國家菁英教育，重視個體潛能與才智的開發，亦是民主國家推動教育機會均等的主要課題。因此，近年來國內外有關資優教育研究與發展，除重視資優學生的教育問題外，亦逐漸考慮到其他與資優教育相關的議題：一、在危機中（at-risk）資優學生的問題，包括：文化背景歧異（cultural diversity）、經濟弱勢（economic disadvantage）、低成就（underachievement）、女性在文化上的低成就（the cultural underachievement of females）或資優障礙學生（gifted students with disabilities）；二、資優專業人員認證制度的建立，以培育優良的師資；三、加強科際整合與國際交流，以發展人類文明，實現世界地球村的理想。分述如下：

一、正視處於危機中的資優學生

㈠ 文化殊異與經濟弱勢

亦稱看不見的資優（invisible gifted），係指受到優勢文化（the dominant culture）的主導及家庭社經地位的影響，而未能充分地在資優鑑定工具上有適當的表現者。因而，即使這些兒童雖有優異的資質，卻無法在測

驗上表現突出，甚至在一般教育制度與環境安排下，常有刻意缺課、逃學的現象（Clark, 2002）。若要改善此現象，應在課程、教材及資源分配上做適當的調整；具體言之，可以努力的方向包括（Davis, Rimm, & Siegle, 2011, pp. 339-346）：

1. 維持種族文化的認同（maintaining ethnic identity）。
2. 加強課外的文化充實方案（extracurricular cultural enrichment）。
3. 重視不同學習型態需求（learning- style differences）。
4. 加強學校輔導諮商工作（counseling）。
5. 成立家長的支持團體（parent support groups）。
6. 發展（重要他人）楷模學習（development of significant models）。
7. 發展生涯教育方案（career education）。
8. 重視弱勢族群資優教育方案的績效（effectiveness of programming for gifted students who have disadvantages）。

(二) 資優低成就

係指在學校的表現與評估其真正能力的指標，如智力測驗、成就測驗或創造力分數、教師觀察的資料落差甚大者。換言之，資質佳卻無法在學業上有傑出的表現；亦即實際成就水準顯著低於預期能力水準者。其實造成資優低成就的因素很多，包括：鑑定工具、測驗分數代表的意義有爭議、學校課程乏味、教學欠缺增強鼓勵作用、學校與家庭的不當期望及同儕過度競爭等。若要改善此現象，可以參考 S. B. Rimm 三焦點聚焦模式（Trifocal Model）一些步驟方式，將家庭、學校及老師之間可以努力的做法，相互結合（Clark, 2002; Davis, Rimm, & Siegle, 2011, pp. 314-320）：

1. 由學校輔導人員與老師及家長一起合作評估（含鑑定工具選用及低成就原因診斷等）。
2. 溝通評估後一些作法及學生的預期成效。
3. 改變「重要他人」的期望。
4. 確認角色楷模的學習。
5. 進行學習技巧的矯正。
6. 改變家庭及學校的增強作用（強調其對學生的意義及方式的多元化）。

7. 提供家庭及學校之外的支持系統（包含專業心理師的介入等）。

(三) 女性在文化上的低成就

係指女性受到社會文化的影響，導致成就上的差異者。此情形可能由於社會對女性角色刻板印象及生理、心理的差異而形成低成就的現象。因此，在女權漸受重視的民主社會，女性資優低成就已成為關注的焦點。要改善此現象，除可參考資優低成就的做法外，亦須設計資優女性學生加廣、加深的課程，並在家庭、學校及社會上加強下列措施（Clark, 2002; Davis, Rimm, & Siegle, 2011, pp. 379- 390）：

1. 調整家庭、同儕、學校對女性性別角色的期望。
2. 設計資優女性需要的課程。
3. 善用價值澄清教學法，澄清個人價值觀。
4. 改進測驗評量性別歧視的差異。
5. 擴展資優女性職業範圍與就業機會。

(四) 資優障礙學生

係指在身心發展上產生障礙，卻有優異的智能或特殊才能者，亦稱為雙重特殊需求學生（twice exceptional students）。一般而言，此類學生往往被歸類為障礙學生，然而為凸顯教育人員對其資質的肯定，近年來資優障礙學生已成為教育界的熱門話題。因此，為落實資優教育的發展，目前有關資優障礙學生的努力重點，包括（Clark, 2002; Davis, Rimm, & Siegle, 2011, pp. 407- 416）：

1. 設法減少對資優障礙者溝通上的障礙和限制。
2. 協助資優障礙者發展自我概念、社交技巧及獨立學習能力。
3. 加強資優障礙者的高層思考、抽象思考能力。
4. 加強親職教育、促進親師合作。
5. 喚起大家尊重資優障礙者的需要與發展。

二、建立資優專業人員的認證制度

重視資優教育是任何先進國家視為人力資源開發的重要指標，而推動這項資源的開發，除須有良好的政策與制度外，更重要的是，要能有夠水

準的專業人員——資優教師。Karnes、Stephens 與 Whorton（2000）綜合歸納美國各州對於資優班老師應具備的專業知識，包括：資優教育史、資優生的特質、少數族群資優生、資優生鑑定與評量、方案設計、教學模式、區分性課程、創造思考教學、領導才能訓練、視覺表演藝術、資優生輔導與諮商、資優生的完美主義、資優生的教學實習等課程。

國內資優專業人員的現況，依蔡典謨、陳英豪（2009）研究認為我國資優教育的實施已有三十多年，在制度規章及運作上，頗具規模，然在師資方面，資優教育教師合格率偏低。教導資優學生的教師欠缺資優教育專業訓練，較無法瞭解資優生特質，未能勝任適性課程的規劃，可能使得資優教育之辦理因而偏離資優教育本質。有關資優教師應具備的專業內涵，吳武典、張芝萱（2009）的研究可供參考。該研究指出資優教育專業人員，應具備下列七項核心標準：

1. **資優教育教師專業基本素養**：深信每位學生均應享有適性的教育機會以充分發揮潛能，尤其關切學生資優潛能的開展，尊重資優學生的殊異性，並具備教育學的基本素養。

2. **資優教育教師敬業精神與態度**：遵守專業倫理的規範，積極從事專業的相關活動；作為終身學習者，經常反思與調整本身的實踐，並深切體認自己可以發揮的影響力與責任。

3. **資優教育專業知識**：明瞭資優教育專業具跨領域和與時俱進的特質，致力於強化自身理論與實務的專業知識和基礎。

4. **資優學生評量與鑑定**：清楚認知資優學生的鑑定標準與評量方式，能廣泛蒐集與運用相關資料，進行個別化的多元評量，審慎公正的評量資優生，調整教學、適性安置，確保學生潛能發展的需求能獲得滿足。

5. **課程設計與教學**：透過多元評量確實掌握資優學生的特質與需求，據以設計區分性的課程方案，實施個別化教學，有效的激發資優生的學習動機，培養其主動學習的態度與能力。在課程設計上，注重組織化與系統化；在教材的編選上，注重科際整合，幫助學生理解跨領域的重要概念與應用；在教法上，重視學生高層次思考能力的誘發與統整應用。

6. **班級經營與輔導**：致力於創造適性且具挑戰性的學習環境，營造良好的班級氣氛，使資優學生能廣泛的探索興趣、發展才能。瞭解資優學生

的特質與情意需求，運用有效的方法，促進其全人發展，並提供相關人員諮詢服務。

7. 研究發展與進修：深切體認終身學習的重要，務實的規劃專業成長，進行教學的行動研究，適時的與人分享、研商、請益。在教育現場中，透過專業的觀察，持續評估學生學習與發展的進程，以高標準自我要求，不斷精進正確的分析判斷與決策能力。

三、加強資優教育的科際整合與國際交流

回顧近數十年來的資優教育，由早先資優概念仍以單一向度的考慮，並配合智力測驗為主要取向，發展至今而為多向度或多因子的智力概念與多元認知、技能、情意領域的擴充。因此，資優鑑定除應注意合乎鑑定的程序（due process），瞭解個體在某一或更多領域的潛能與表現外，更應重視其文化背景、經濟地位的差異及一些被社會所排斥的相關因素，使需要接受資優教育者，獲致應有的教育機會。事實上，發展與改進資優教育再也不是少數研究者的呼籲而已，只要是先進國家，政府無不投入相當經費加以重視。隨著二十一世紀教育改革的來臨，資優教育亟須透過科際整合（interdisciplinary integrated）與國際交流的方式，加強下列課題：

1. 研究資優教育的理論基礎與實際應用。
2. 發展鑑定資優者之工具。
3. 建立資優教育課程架構與模式。
4. 培育資優專業人員。
5. 結合學校、家庭與社區資源，規劃資優教育方案。
6. 重視資優者的心理輔導與生涯規劃。
7. 辦理資優教育評鑑。
8. 推動國際間資優教育的交流與發展。

在可以預見的未來，國家的進步與發展必須仰賴人力資源的充實與人力品質提升，菁英人才的培養已是各先進國家的重要課題。吳武典（1996）曾對國內資優教育的規劃提出一些建議，包括：1. 研修資優教育法規，確立我國資優教育政策與行政體制：例如研擬資優教育發展計畫、增設資優

教育行政專責單位、容許民間參與、容許學校自主規劃資優教育方案。2. 妥善規劃資優教育方案，擴大推展資優教育：例如加強教育方案的檢討與創新、規劃成立資優的特殊學校或重點學校、規劃校外資優教育方案。3. 寬籌資優教育經費，提升資優教育質量：例如研訂資優教育成本及其合理補助標準、鼓勵企業贊助人才培育計畫與資優教育活動，或甚至成立人才培育基金。4. 規劃彈性、多元且連貫之資優教育學制，促進資優學生適性發展：例如擴大非聯考之升學管道、加強規劃資優學生追蹤輔導措施、加強規劃資優教育課程之銜接、規劃實施學前資優教育。5. 加強國際資優教育活動參與，促進學術交流與合作：例如編列資優教育國際交流預算、恢復遴派優秀特教教師（含資優教育教師）赴國外考察之計畫、鼓勵我國學者專家參與國際資優教育會議、宣讀論文及發表論著於國際性刊物。

　　時隔約十餘年，由教育部（2008）公布的資優教育白皮書可知，一些問題尚仍存在。除了在鑑定、教育安置及課程與教學問題外，尚有一些觀念及配合措施未受到重視，亟須加以調整。因此，教育部亦委託國內學者專家進行資優教育問題研究，並制定其行動方案。資優教育的未來發展，可以參考前述各節所呈現的一些思維及做法外，結合各界關注的議題，資優學生的教育問題，將可以獲適當的解決。

　　對於高中職階段「資優教育」未來的發展，教育部在政策上主要將以特色招生方式辦理。教育部（2013）所規劃的各區特色招生名額，應占總核定招生名額之 0-25%，各區特色招生名額，以學校所處之免試就學區為計算，且招生日期應於免試入學後辦理……。特色招生則包括甄選入學與考試分發入學兩種，其中甄選入學包含：藝才班、體育班、科學班及其他經主管機關核定的特殊班別。其實，「特色招生」及其相關配套措施，在觀念及作法上，仍待溝通。隨著十二年國教於 2014 年開始實施，教育部的理念雖強調有特色課程的學校未必皆須辦理特色招生，然而在招生壓力下，各校期望擠入特色學校的迷思，不易改變？於此，我們如何兼顧落實十二年國教免試入學的精神與推動資優教育，提供資優學生獲致適性且合乎另一種公平、正義的教育機會，值得深思。

　　有鑑於此，為減緩各界對於資優教育可能於十二年國教實施後未被重視的疑慮，教育部（2013）公布「教育部人才培育白皮書」，在各議題中，

亦論及研議各教育階段菁英教育之銜接，強化資優教育支援系統。教育部國民及學前教育署（2014）研擬資優教育優質發展中程計畫，規劃第一期五年計畫（104 至 108 年度），各年度將陸續執行：資優教育支持系統、資優學生鑑定與多元安置、師資與課程教學、各類資優人才培育及促進國際交流與多元展能等五大項重點目標。這些重點目標、實施策略及其相關子計畫，相信對於我國資優教育的發展，將可帶來嶄新的面貌。

💡問題與討論

一、資優教育的意義為何？其與國家發展及全民教育的關係為何？

二、何謂「資優三環定義」（three-ring definition of giftedness）？

三、資優學生主要有哪一些心智發展上的特質？

四、Dabrowski 認為資優生在心理特質上，可能具有哪些過度激動的傾向（overexcitabilities）？

五、國內資優學生的鑑定工作，可分成哪幾個階段及其重點？主要的鑑定流程為何？

六、資優課程的設計，主要有充實制與加速制，二者有何差異？

七、充實制有哪些課程設計方式？加速制有哪些課程設計方式？

八、何謂充實三合模式（enrichment triad model, ETM）？何謂普渡三段充實模式（Purdue three-stage enrichment model）？

九、國內資優課程設計的機制，主要包括哪幾種？

十、資優教學過程中，較為常見的教學策略有哪些？

十一、資優學生的學習與輔導，主要包含哪些內容？

十二、何謂「在危機中（at-risk）資優學生」？

第3章

智能障礙者之教育

洪榮照

第一節　智能障礙的定義

第二節　智能障礙者的特徵

第三節　智能障礙的類別

第四節　智能障礙的成因與出現率

第五節　智能障礙的鑑定

第六節　智能障礙者的教育方式

　　影響學生學習困難的因素很多，學習能力低下的主要原因如果來自於智商低下且在適應上有嚴重困難者，這類學生我們稱之為智能障礙學生。有些人對他們帶有鄙視意味的稱呼，例如：白癡（idiocy）、低能（feeble-minded）、呆子、傻瓜、呆瓜、笨人、笨蛋、愚笨、愚劣。由於社會的進步，人權與平等意識漸受重視，教育界開始將此類學生稱為智能不足、智能遲滯、智能缺陷（mental deficency）、智能障礙（mental handicapped、intellectual disability）等，智能障礙也常簡稱為「智障」。在日本則稱此類兒童為「精神薄弱兒」；在中國大陸則稱此類學生為「弱智」。

　　依據教育部特殊教育通報網（http：//www.set.edu.tw/）歷年來的統計數據顯示，身心障礙各類學生中，以智能障礙人數為最多，其所占比率約為全部障礙學生的三成左右。學生智能障礙程度嚴重者，過去有部分學生就讀住宿制的啟智學校，有些安置在私立社福機構，儘管如此，仍有許多學生失學在家、或在普通學校接受一般教育，並未積極輔導，任其自生自滅。

　　民國 51 年 3 月臺北市中山國民學校首先籌設第一個智能障礙兒童特殊班（稱為中山班），國內正式開始使用「智能不足」一詞，至民國 57 年公布施行的「九年國民教育實施條例」第 10 條也載明「……對於智能不足兒童應施以特殊教育……」此為法令上正式以智能不足兒童稱呼的開端，其後各項教育法規之制定，也都沿用此一名稱。專為此類學生開設的班級，國小階段稱為「啟智班」，早期國中階段稱為「益智班」，後來將國民教育階段此類班級通稱為「啟智班」。民國 73 年制定特殊教育法時，也稱「智能不足」（總統府，1984），直至民國 86 年 5 月修訂「特殊教育法」，將「智能不足」改稱為「智能障礙」（總統府，1997）。社政單位所沿用法規名稱，稱此類身心障礙為「智能障礙」。

第一節　智能障礙的定義

　　一般人對「智能障礙」的概念，直覺上會認為是智力顯著低下，不會去在乎是否有其他能力的問題。早期對智能障礙的界定主要以智力測驗的結果為依據，認為智力低必然也會引起適應行為的困難，但隨著時代的

進步，學術界對智能障礙概念也有不同的看法，認為智能低下，可能會引起適應行為的困難，但並不表示所有智能低下的人，適應行為的能力一定低，如果智能障礙者接受適當的教育訓練，發揮其潛能，可提高他們的社會適應能力。

多數人不喜歡對初步接觸的學童貼上智能障礙的標籤，因為他們害怕由於診斷上的瑕疵，而造成對當事人無法彌補的傷害，且認為智能障礙的程度其實就是一種社會建構的條件（Hallahan & Kauffman, 1994），智商分數與實際生活表現不盡相同。

過去對於智能障礙的定義一直相當紛雜，各個學科領域常常因其專業研究之不同，而有不同的界定方式。Mercer（1973）以社會體系的觀點，認為智能障礙是因為心智缺陷而不能適應社會生活，或缺乏職業及基本生活能力而無法獨立生活。醫學界則以醫學觀點認為智能障礙是由於腦部受到傷害，以致形成障礙，或是大腦皮層因含有阻礙心智發展的遺傳因子所致。在教育上則認為智能障礙兒童就是心理發展遲滯，學習效果低落或無法達到同年齡兒童的學業水準（Heward & Orlansky, 1992）。早期學者Doll（1941）提出一套智能障礙的概念，他認為診斷智障可根據下列六項標準加以認定，分別是：社會能力缺損、起因於智能低下、早期或年幼時智能發展遲滯、其遲滯現象在成熟期間已成定型、由於先天的因素、心智缺陷根本無法治癒的，這些觀點後來廣為學術界所採用（Heward & Orlansky, 1992）。然而 Doll 界定智能障礙的標準中容易受到爭議的為後二項，因為智能缺陷並非完全來自遺傳或先天疾病所造成，也可能由於嚴重情緒困擾（serious emotional disturbance）、後天環境的不當或傷害，也有可能造成智能障礙，例如：文化剝奪、不利的社經地位、意外傷害等所造成，研究指出智能障礙者透過各種教育訓練或矯治，對其生活自理能力或社會適應能力會有幫助，並非完全無法改變的。以後的學者定義也都強調，給予智能障礙者適當的支持，並經過一段時間後其生活適應能力將獲得改善（Hickson, Blackman, & Reis, 1995）。在美國 1975 年通過的 94-142 公法中，明確指出適應行為和智力是鑑定智能障礙的兩大標準。因此，學術界認定智能障礙者必須同時包括智力低下與適應能力顯著障礙，如僅其中一項有障礙，在教育上仍然不能稱之為智能障礙學生（Grossman, 1983）。

　　一般人對「智能障礙」的概念，直覺上會認為是智力顯著低下，不會去在乎是否有其他能力的問題。美國智能障礙學會（早期名稱 American Association on Mental Deficiency，簡稱為 AAMD；後改名 American Association on Mental Retardation，簡稱為 AAMR，2006 年再更名為 American Association on Intellectual and Developmental Disabilities，簡稱為 AAIDD）在 1973 年將智能障礙界定為「智能障礙是指在發展時期一般智力功能呈現顯著低下，而且伴隨有適應行為缺陷的狀態。」1983 年學會將智能障礙定義為「智能障礙係指在發展期間，一般智力功能（general intellectual functioning）顯著低下，而導致或關聯到適應行為（adaptive behavior）的損傷問題。」（Grossman, 1983）

　　「一般智力功能」是指經由個別智力測驗評量所得的智商分數（IQ）；「顯著低下」是指智商低於平均數以下兩個標準差，在比西量表得分 IQ 低於 68、在魏氏量表得分 IQ 低於 70；在適應行為部分僅說明個人的獨立性和與他同年齡和相同文化背景團體的社會責任，並未逐一列出適應行為有哪些領域（Hickson et al., 1995）。

　　由於適應技能也因年齡、生長環境的差異，產生不同的需要標準，例如：對於成人與兒童注重的領域會有不同，都市與鄉下社區的青少年所需要的適應技能也會有所不同。AAMR 認為，幼兒及兒童對於感官動作（sensory-motor）、溝通（communication）、自助能力（self-help）和社會化技能（socialization skill）是很重要的。對於兒童及青少年早期，適應行為的能力包括學習過程和人際社會技巧。對於青少年後期及成年人，職業技能及社會責任是相當重要的適應技能。

　　AAIDD（2007）指出，智能障礙是發生在 18 歲之前，在智力功能和適應行為上存有顯著的限制，而表現出的一種障礙。所謂適應行為，是指概念（conceptual）、社會（social）和應用（practical）三方面的技能：

　　1. 概念：接受性語言與表達性語言、讀和寫、金錢概念、自我指導。

　　2. 社會技能：人際、自尊、負責任、遵守規則、自我保護、瞭解社會規範、免於被欺騙或被操控。

　　3. 應用：一般日常生活活動（飲食、穿衣、如廁、行走）；工具性日常活動（準備餐點、居家清潔、交通、吃藥、金錢管理、使用電話）；職

業技能、維護環境安全。

AAIDD 對智能障礙的定義，強調三個向度，分別為智力功能、適應行為和發展期間。智力功能部分是指智商在 70-75 以下（考慮測量標準誤），適應行為是指在概念、社會技能與應用部分呈現顯著問題，發展期間是指發生於 18 歲之前（Schalock et al., 2010）。

美國精神醫學學會（American Psychiatry Association，簡稱為 APA）於 2000 年修訂之「心理異常診斷統計手冊第四版（Diagnostic and Statistical Manual of Mental Disorders（DSM-IV-TR））」，對於認定智能障礙的標準如下：

1. 智力功能顯著低於同年齡的平均水平，個別智力測驗智商分數約 70 或 70 以下。（對於嬰兒，則需要臨床的判斷智力功能顯著低於同年齡之水平。）

2. 呈現適應功能的障礙或缺陷（適應功能——即此人對於同年齡或相同文化團體的預期，能有效的達成），在下列各領域中至少有兩個缺陷或障礙：溝通、自我照顧、居家生活、社會人際技能、使用社區資源、自我指導、實用性學業技能、工作、休閒、健康、安全等。

3. 發生在 18 歲以前：依智力損傷程度可區分為：

317　　　輕度智能障礙 IQ 介於 50-55 大約到 70

318.0　　中度智能障礙 IQ 介於 35-40 到 50-55

318.1　　重度智能障礙 IQ 介於 20-25 到 35-40

318.2　　極重度智能障礙 IQ 低於 20 或 25 以下

319　　　嚴重程度未註明智能障礙（當我們強烈懷疑個案為智能障礙，但又無法以標準化測驗來進行施測）（American Psychiatry Association, 2000）。

以教育的觀點，特殊教育相關法規所描述的智能障礙，是指個人之智能發展較同年齡者明顯遲緩，且在學習及生活適應能力表現上有顯著困難者。前項所定智能障礙，其鑑定基準依下列各款規定：一、心智功能明顯低下或個別智力測驗結果未達平均數負二個標準差。二、學生在生活自理、動作與行動能力、語言與溝通、社會人際與情緒行為等，任一向度及

學科（領域）學習之表現較同年齡者有顯著困難情形（教育部，2012）。

　　社政單位的觀點，在內政部社會司和衛生署共同制定殘障等級中，稱智能障礙是指「個體在發展過程中，心智發展呈現遲滯或發展不全，以致導致認知能力和社會適應有關智能技巧的障礙」，並將智能障礙依智商區分為極重度、重度、中度、輕度等四個等級（內政部社會司，民 81，p. 83）。在 2012 年 7 月 10 日之前所核發的身心障礙手冊，智能障礙是十六類障礙中的一類，可享有社會福利。2012 年 7 月 11 日後改採「國際健康功能與身心障礙分類」（The International Classification of Functioning, Disability and Health，簡稱 ICF）觀點，將身心障礙從原有十六類分為八大類，智能障礙歸屬第一類，名稱為「神經系統構造及精神、心智功能」。

　　由上述中外各種定義可以瞭解，智能障礙定義包含三個層面，一為適應行為（或適應技能），二為智力功能，三是發生於 18 歲之前。

　　在智力功能方面，不論是 AAIDD、APA、我國特教法規、社政法規，都明確訂出個案於一般標準化智力測驗得分在平均數兩個標準差以下認定。如以一般我們常使用魏氏兒童智力量表（WISC-IV）來測量兒童的智力時，智商應在 70 分以下（WISC-IV 的平均數為 100、標準差為 15），有時籠統一點加上考量測量標準誤因素，很多定義常會將智商在 70-75 之間的個案列入智能障礙，如對照比西量表（平均數為 100、標準差為 16），其負二個標準差分數應為 68 分。

第二節　智能障礙者的特徵

　　智能障礙學生最大的特徵，在於智力和適應技能兩方面。智力方面與其學習能力、認知能力有密切關係，適應技能顯現在社會上日常生活的能力。Polloway、Patton 和 Nelson（2011）歸納智能障礙學生的特徵，包括：注意、後設認知能力、記憶、類化能力、動機、認知發展、語言發展、學業發展、社會行為互動能力、社會反應等有明顯的缺陷，歸納相關學者研究發現與看法如下：

一、認知特質方面

(一) 學習能力

學習遲緩，始終無法跟得上一般兒童，是所有教師對智能障礙兒童的直覺反應，學習意願低、成績差、不容易教會的學習特徵，似乎經常是教師教學的最大困擾，學習特徵如下：

1. 學習速度及反應較同年齡兒童緩慢，且常有失敗的預期，學習遷移及類化困難，學習動機差。

2. 各學科學習成就顯著低落，對抽象材料的學習效果尤差，因此想像力貧乏，缺乏創造力。

3. 注意力不易集中及持久（Polloway et al., 2011），因此上課時常做些無關的事，甚至妨礙上課秩序，注意廣度狹窄，不善於選擇性注意，有短期記憶的缺陷。

4. 概念、組織能力差，辨認學習能力弱，對組織學習材料有困難，因此也影響到回憶以往所學材料的能力，且無法有效的統整外在的刺激與訊息，推理能力差，類化至一般情境的能力較弱（Spitz, 1979）；後設認知能力不佳、閱讀理解能力、記憶力、計算能力、數學解題能力、自我引導學習能力等，均較一般學生差（Polloway et al., 2011）。

5. 對老師交代的作業常不瞭解，而無法順利完成。

(二) 語言特質

有相當多的研究證據顯示，中度智能障礙兒童通常有些語言發展遲緩，除此之外也發現伴隨著語言遲緩、有說話異常（speech disorder）的現象，諸如構音困難、發聲異常和口吃等；也有研究顯示，雖然唐氏症兒童有語言發展遲緩的現象，但他們仍有能力與成人或同儕做有效溝通（Taylor, Sternberg, & Richards, 1995）

二、人格方面的特徵

智能障礙者在人格方面與正常兒童比較，也有一些缺陷存在：

1. 智能障礙者有較高的焦慮，對失敗的預期也較高，面臨的挫折情

境比一般兒童多，且使用防衛機制的需求可能比正常人更為強烈，但使用後的效果比正常人來的差。智障者經常用的防衛機制如否定、退化、內化、抵消、壓抑等。

2. 智障者人格較為僵化，缺乏彈性，分化度較低。

3. 事務的成敗常歸諸於外界因素，有較強的「外控制握信念」，不認為自己可以主宰外界事務（Polloway et al., 2011）。

4. 對於自我與外在環境間之界限辨認困難，常常不會喜愛自己的身體，缺乏自我意識反應，對別人反應模糊，面無表情。

5. 表現出享樂主義的反應方式，希望立即獲得滿足，並儘量避免不愉快情境。

6. 由於常常經驗到失敗，因此自己會感受到無能、自卑，常有不穩定的抱負水準，可能較具退縮反應，而出現隔離社會的心態（Polloway et al., 2011）。

三、生活適應及行為特徵

適應技能為評定是否為智能障礙的重要指標之一，一般智能障礙兒童有以下的生活適應問題：

1. 對日常生活自理能力（如穿衣服、穿鞋子）、事務處理能力（如掃地、買東西）、時間觀念（如上午、下午、昨天、今天等觀念），均比同年齡兒童差。

2. 缺乏臨機應變能力，無法隨問題情境調整自己的行為。對周遭事物漠不關心。

3. 語言理解及表達能力差、口語發展緩慢、字彙有限、文法使用常發生錯誤，以致於常出現人際溝通困難，是智障者與一般正常兒童最顯著的缺陷（盧台華，1992；Polloway et al., 2011），有時想逃避人群，有些甚至不喜歡上學。

4. 較難融入同輩團體之遊戲，常常較為孤立或受到冷落。無法參與有規則的遊戲。

5. 常常與較年幼的友伴遊玩。

6. 在團體內，常跟在別人後頭，或受別人指使，難於獨當一面。

7. 從外顯行為來看，表情呆滯。有些眼神呆滯，有些則眼睛不停的轉，毫無目標的東張西望，知動協調能力差，動作遲緩，活動力、跳躍能力、攀爬能力都很笨拙。體能、健康狀況普遍比一般正常兒童差。

8. 遇到事情常缺乏彈性，較容易表現出拒絕、退縮、固執、壓抑等行為來處理所面臨的衝突，較容易緊張、焦慮、很難放鬆自己。

9. 有時候重度智能障礙兒童會偏異行為（張淑燕，1996）：

（1）自我刺激行為，如舔手、踢腿、手淫、咬物、叫聲、搖擺。

（2）自我傷害行為，如撞牆、挖眼睛、敲頭、拔頭髮、抓五官、咬手指、以指甲挖臉、戳臉、以肩膀摩擦下巴、打自己耳朵。

（3）侵犯或破壞行為，如打人、吐口水、推人、摔物品、撕衣服。

（4）爆發性行為，如又叫又跳、掀桌子。

10. 在職業適應上，因智能障礙者工作動機薄弱，可能容易產生工作倦怠，職業適應較為困難。

第三節 智能障礙的類別

雖然認定智能障礙需同時考量智力功能與適應行為，但大多數的專業人員對智能障礙的分類方式，主要是依據個案的智力功能嚴重程度來加以區分的。AAMR 在 1992 年改變原有的分類方式，改採個案所需的支持系統來區分；也有教育工作者從可教育性、可訓練性及養護性等層面區分。

一、AAMR 在 1983 年與 1992 年的分類系統

1. 在1983年

AAMR 對於智能障礙的分類為輕度（mild）、中度（moderate）、重度（severe）和極重度（profound）等四類（Grossman, 1983）。此種分法較為強調個別的功能水準，而且也可以避免過去稱呼智能障礙為白癡、精神薄弱等負向用語。以一般的智力功能加以評量，上述四類之分類標準如表 3-1。

表 3-1　AAMR（1983）智能障礙分類標準

名　稱	智商水平區間
輕度智能障礙	50-55 至接近 70
中度智能障礙	35-40 至 50-55
重度智能障礙	20-25 至 35-40
極重度智能障礙	20 或 25 以下

修正自：Grossman, H. J. (1983). *Classification in mental retardation*. Washington, DC: American Association on Mental Deficiency.

2. 在1992年

AAMR 對於智能障礙的分類方式有了重大的改變，特別強調臨床診斷的重要性，尤其是每個個體都是複雜的、獨特的，AAMR 特別依據所提供的支持系統（support system）之強度（intensities）及類型（pattern）加以區分，分為間歇的支持（intermittent supports）、有限的（limited supports）、廣泛的（extensive supports）和全面的（pervasive supports）四類。

表 3-2　AAMR（1992）依支持程度的分類

類別名稱	支持程度
間歇的	並非經常需要支持，只是一種零星的、基本的、部分的視需要，而給予提供支持輔助，或在生活空間改變時短期的支持。（例如失業或緊急病況時）
有限的	所需的支持是經常性的、短時間的需求，但並非間歇的（例如短期就業訓練，或是從學校過渡到成人就業階段的轉銜服務）。
廣泛的	需要持續性的、經常性（如每天）的支持服務（例如工作或生活上的支援服務）。
全面的	所需的支持輔助是恆常性的、高度需求的、跨情境的、終身需要的，通常需更多的人力來協助。

引自：Hallahan, D. P., & Kauffman, J. M. (1994). Exceptional Children (6th). Needhan Heights, Massachusetts: Allyn and Bacon. p.121.

二、我國法規對智能障礙的分類

1. 現行身心障礙類智障手冊仍在有效期限者

依據行政院衛生署於民國 93 年公告修正「身心障礙等級」，將智能障礙等級分為四級，分別為：極重度、重度、中度、輕度，其智商與生活

自理及工作能力（行政院衛生署，2004），如表 3-3 所示。

表 3-3　衛生署智能障礙障礙等級分級標準表

類　別	智　商	成年後心理年齡	生活自理及工作能力
極重度	未達平均值以下五個標準差	未滿 3 歲	無自我照顧能力，亦無自謀生活能力，需賴人長期養護的極重度智能不足者。
重度	平均值以下 4 至 5（含）個標準差之間	3 歲以上至未滿 6 歲之間	無法獨立自我照顧，亦無自謀生活能力，需賴人長期養護的重度智能不足者。
中度	平均值以下 3 至 4（含）個標準差之間	6 歲以上至未滿 9 歲之間	於他人監護指導下，僅可部分自理簡單生活，於他人庇護下可從事非技術性工作，但無獨立自謀生活能力的中度智能不足者。
輕度	平均值以下 2 至 3（含）個標準差之間	9 歲以上至未滿 12 歲之間	在特殊教育下可部分獨立自理生活，及從事技術性或簡單技術性工作的輕度智能不足者。

* 民國 80 年之前，內政部的相關法規對智障等級列為第 1、2、3 級三類。

　　依據民國 101 年 6 月 18 日頒布之「身心障礙者鑑定作業辦法」第 5 條「身心障礙鑑定報告（以下簡稱鑑定報告），應依據附表二身心障礙鑑定類別、鑑定向度、程度分級及其基準判定後核發之」，智能障礙屬於第一類「神經系統構造及精神、心智功能」，障礙程度採 0-4 級，分別如表 3-4。

表 3-4　智力功能向度鑑定障礙程度與基準

障礙程度	基　準
0	未達下列基準。
1	智商介於 69 至 55 或 心智商數（mental quotient）介於 69 至 55，或於成年後心智年齡介於 9 歲至未滿 12 歲之間。
2	智商介於 54 至 40 或 心智商數（mental quotient）介於 54 至 40，或於成年後心智年齡介於 6 歲至未滿 9 歲之間。
3	智商介於 39 至 25 或 心智商數（mental quotient）介於 39 至 25，或於成年後心智年齡介於 3 歲至未滿 6 歲之間。
4	智商小於或等於 24 或 心智商數（mental quotient）小於或等於 24，或於成年後心智年齡未滿 3 歲。

2. 特教法規

（1）民國 76 年「特殊教育法施行細則」第 16 條認定智能障礙的要件是依據適應行為及智商表現，以個別智力測驗結果，將智能不足者分為三類，分別為輕度智能不足、中度智能不足、重度智能不足等（教育部，1987）。

（2）民國 86 年「特殊教育法」修正公布後，在本法條文、施行細則、鑑定基準等，均未將智能障礙區分等級。

（3）然而就特殊教育學生鑑定及就學輔導會對特教學生安置班別、高中職十二年安置、免試升學等，均需列出障礙類別與障礙等級，作為安置參考，原則上輕度智障是不能安置在啟智學校（或特教學校）。一般認定的障礙等級與智商分布，如表 3-5 所示。

表 3-5 智能障礙等級與智商分布

障礙類別	智商標準差之範圍	魏氏兒童智力量表（WISC-IV）得分	比西量表得分
輕度智能障礙	（-2.01）－（-3.00）	（69）－（55）	（67）－（52）
中度智能障礙	（-3.01）－（-4.00）	（54）－（40）	（51）－（36）
重度智能障礙	（-4.01）－（-5.00）	（39）－（25）	（35）－（20）
極重度智能障礙	（-5.01）以下	無法施測	（19）以下

三、教育工作者的分類系統

從事智能障礙教育工作者，都有一項基本體認，就是認定智能障礙者經由教育或訓練方式，可獲得一些成長與改善。在教育觀點上我們常分為三類：可教育性智能障礙（educable mentally retarded，簡稱 EMR，通常是指輕度智能障礙）、可訓練性智能障礙（trainable mentally retarded，簡稱 TMR，通常是指中度智能障礙）、養護性智能障礙（通常指重度和極重度智能障礙（severely and profoundly handicapped，簡稱 SPH）。可教育性智能障礙的智商為介於 75 至 50 之間；可訓練性智能障礙的智商介於 49 至 25 之間；至於極重度障礙者其智商則在 24 以下（Hallahan & Kauffman, 1994）。

有關教育內容，可教育性智能障礙兒童可教導他們學些基本主科學業內容，可訓練性智能障礙兒童則可教導些更為具體的實用性課程，並強調自助和職業技能的培養。教育工作者的此種分法似乎過於僵化，例如：有些兒童雖然被認定為可訓練性智能障礙，以其能力及需要，也可學習一些基本學科。有些兒童雖被認定為可教育性智能障礙，但仍需學習自助及職業技能。此外在智力測驗工具方面，並非那麼可靠、有效的鑑定出臨界點上的智能差異，例如 IQ 得分 49 與 50 分，可否很正確的區分鑑定出分別屬於可教育性智能障礙和可訓練性智能障礙，則仍有待商榷（Hallahan & Kauffman, 1994）。

第四節 智能障礙的成因與出現率

智能障礙的形成因素相當複雜，其種類也相當繁多，早期對於智能障礙研究者很多都認為偏向於先天的遺傳所致（如：Doll, 1941）。然而近年來的研究發現，遺傳因素並非造成智能障礙的唯一原因，後天成長環境與病變也是造成智能障礙的重要因素。以醫學及其他學科研究探討發現，至少有 200 種以上的因素造成智能障礙（Hallahan & Kauffman, 1994）。

一、生理因素

智能障礙的成因，早期認為跟遺傳基因與腦傷因素等有關，後來也發現文化刺激不足、家庭因素等，均有可能造成智能障礙。DSM-IV-TR 認為遺傳因素約占智能障礙的 5%；環境的影響或其他精神疾患的比率，造成智能障礙的比率約為 15%-20%（American Psychiatry Association, 2000）。

智能障礙的成因可分為兩大因素，分別為生理因素及心理社會或社會文化因素所造成。輕度智障的成因比較無法由單一因素來確認（Polloway et al., 2011）。

AAMR 於 1983 年列出智能障礙的主要成因分別為：病毒感染和中毒、外傷或生理因素、新陳代謝或營養失調、不明的產前疾病因素、染色體異常、妊娠異常、精神異常、環境因素、其他狀況等（Grossman, 1983）。

1. **病毒感染和中毒**：包括梅毒、德國麻疹、酒精症候群（Alcohol Syndrome）、鉛中毒、藥物中毒、濾過性病毒（如腦炎）、Rh 血型因子不和症等。

2. **外傷或生理因素**：如出生前的腦部損傷、缺氧、窒息、車禍損傷及腦部、X 光照射不當等。

3. **新陳代謝或營養失調**：如苯酮尿症（Phenylketonuria，簡稱為 PKU）、甲狀腺分泌不足所造成的癡呆症等。

4. **重大腦部疾病**：指出生後引起的重大腦部疾病。

5. **不明的產前疾病因素**：如腦水腫症（hydocephalus）、小頭症（microcephaly）、無腦畸形等。

6. **染色體異常**：如唐氏症（Down's syndrome）。

7. **妊娠異常**：如早產。

8. **精神異常**：通常發生在 18 歲之前。

9. **環境因素**：如文化家族性智能障礙、心理社會性智能障礙。

10. **其他狀況**。

在智能障礙中有些生理因素從外表觀之很容易分辨出來，如唐氏症、腦水腫、小頭症等，常見的生理因素有下列數項：

1. **染色體異常**：唐氏症是常見的染色體異常症狀，俗稱「蒙古症」。其產生問題最為普遍的是人類既有的 23 對染色體中，第 21 對染色體中多出了一個染色體，是在 1866 年中由英國醫生唐氏（J. L. Down）所發現而命名的，其外表特徵是面部圓而扁平，舌頭常常伸出且厚而有裂縫，嘴唇厚而嘴巴小，頸、手、手指、腳等短小，皮膚鬆弛且乾燥、斜眼、手厚軟。早期研究認為此類兒童的發生與父母的年齡有直接關係，尤其是當產婦年齡越高時，出現機率越大。近年來由於醫療資源充足與醫療知識的提升，孕婦懷孕四個月後，可做「羊膜穿刺術」檢查，在懷孕第八週後可做「絨毛取樣法」檢查出染色體是否有異常狀況。

2. **基因缺陷**：苯酮尿症是由於基因缺陷所造成的新陳代謝異常。此種嬰兒在出生後二個月後，可給予低苯氨基丙酸的奶粉或食物，以減少對腦神經的傷害，或可避免智能障礙現象。

3. 內分泌失調：甲狀腺素是一種含碘酪氨酸，可調整體內的成長與物質代謝作用，如果分泌不足則導致甲狀腺機能衰退症，也稱為「呆小症」或「克汀症」（cretinism）。此類嬰兒在出生時可能很正常，到了六星期後則慢慢顯示出來，並造成智能低下，不過如果在出生後三個月內，給予甲狀腺素治療，則 70% 的兒童有正常的智力發展。

4. 頭部異常：「腦水腫」的成因通常是由於腦脊髓液分泌過多，無法吸收流通，擴張頭骨蓋並壓抑腦部發展，前額特別突出，因而形成智能障礙。如能及早發現，可藉由手術以疏通過量的髓液，以減少智能障礙發生的機率。

二、環境因素

有些輕度智能障礙者的成因，屬於文化家庭因素不利所造成的，輕度智能障礙如因生活環境不佳、營養不良、父母管教方式不當、文化刺激不足等因素，則屬於社會行為智能障礙。智能障礙的產生與環境有關的因素，歸納包括：

1. 與父母環境問題有關的因素：如早產、生產過程不順利、父母教養不當、兒童受虐、藥物濫用、酒精症候群、Rh 因子不合。

2. 文化家族性智能障礙：父母之中如有一位是智能遲滯者，導致孩童教養缺乏環境刺激，然而或許也有基因因素的影響，究竟為環境或遺傳因素所造成，已是大家爭論多年的主題（Hallahan & Kauffman, 1994）。

3. 臺灣在國民政府遷臺時期，由於許多低階軍人到臺灣後不易成家，因此娶身障女子為妻，造成遺傳、照顧不良與文化不利等因素，導致眷村生出智障比率偏高，附近學校也因此常見到啟智班。

4. 80 年代後，臺灣農村流行娶外籍配偶，其所生的新臺灣之子，其智障比率偏高。

三、智能障礙的出現率

至於智能障礙者的出現率，從統計學的觀點，低於平均數兩個標準差的人口數應為 2.27%。根據美國聯邦政府的估計，智能障礙的出現率約為 2.3%（Hallahan & Kauffman, 1994, p.121），以標準化智力測驗施測，約占

總人口的 3%，若再考慮適應行為因素，很多專家均認為智能障礙者約接近總人口的 1-1.5% 左右（Hallahan & Kauffman, 1994；Heward & Orlansky, 1992）。DSM-IV-TR 估計智能障礙的盛行率約為 1%，智能障礙男女的比率約為 3：2（American Psychiatry Association, 2000）。

　　我國依據教育部所實施之「第二次全國特殊兒童普查」結果顯示，79 學年度，6-14 歲全國學齡兒童人數為 3,561,729 人，智能障礙學童人數共有 31,440 人，占所有障礙學生人數 75,562 人之 41.61%，占全部母群的 0.883%（教育部特殊兒童普查工作執行小組，1992），與國外各專家所推估的資料接近。

　　一般而言，其出現率與智能障礙的定義有關，從年齡觀點來看，Marcer（1973）估計智障者的出現率約為 1-3%，從年齡層上來看出生至 4 歲為 0.7%，5-9 歲為 0.54%，10-14 歲為 1.15%，15-19 歲為 1.61%，20-24 歲為 0.90%，25 歲以上為 0.13%。

　　依據教育部特教通報網資料顯示，智能障礙學生出現率遠高於其他類障礙學生。以 2012 年 10 月國中小學生身心障礙學生資料為例，全部障礙學生為 63,922 人，智障類人數為 19,037 人，占所有障礙學生數的 29.78%。

第五節　智能障礙的鑑定

　　以智能障礙的定義而言，要瞭解學生是否為智能障礙，必須做完智力與適應行為兩項測驗，且需同時具備智力顯著低下與適應技能不佳兩項要件。早期較傾向單獨使用智力測驗（IQ）得分來判斷是否為智能障礙。然因智力測驗本身就是人為建構的概念，且受測者若因不同文化或貧窮，也有表現不佳的情形。採用智力測驗所測得能力，未必是真實的生活能力。

　　依據教育部 2012 年頒布之「身心障礙及資賦優異學生鑑定辦法」，本法第 3 條第 1 款所稱智能障礙，指個人之智能發展較同年齡者明顯遲緩，且在學習及生活適應能力表現上有顯著困難者。前項所定智能障礙，其鑑定基準依下列各款規定：

　　1. 心智功能明顯低下或個別智力測驗結果未達平均數負二個標準差。

2. 學生在生活自理、動作與行動能力、語言與溝通、社會人際與情緒行為等任一向度及學科（領域）學習之表現，較同年齡者有顯著困難情形。

智障鑑定過程中應取得家長鑑定同意書，再做鑑定，鑑定可先從團體測驗篩選，確認智力功能必須做個別智力測驗。在鑑定與綜合研判上，不可僅根據一種測驗結果做認定，應多元評量，並做日常生活觀察記錄，結合多位專業人員合作鑑定。鑑定後應注意標記對學生及家長之影響，且關注鑑定的目的。

智力測驗對個案採直接施測進行，適應行為指的是一個人所表現出來的能力或行為，能否符合年齡所應具有獨立與個人所應付責任的標準。常用評量適應行為的方法，包括晤談和行為觀察。

目前各縣市的特殊教育鑑定及就學輔導會（簡稱鑑輔會）常培訓心理評量人員（教師），協助身心障礙學生之心理評量工作，由於心評教師具有豐富的評量經驗，其評量結果亦相當客觀。惟近年社政單位採ICF觀點，從身心障礙手冊改為身心障礙鑑定證明，鑑定過程繁瑣，並強調個體功能（function）、環境與活動參與等，且八大類並無單獨列出智能障礙類。

AAMR 五個診斷向度（AAMR, 2002）分別說明如下：

1. **智力**：施測以個別智力測驗得分在平均數負二個標準差以下，需考量測量標準誤及工具的優缺點（亦即需兼顧工具之信效度）。

2. 適應行為。

3. **參與、互動、社會角色**：指參與物理和社會環境範圍和互動的情形，可透過直接觀察；社會角色是指扮演的角色（學生、兄弟姊妹），是否符合同齡者的角色行為期待；外在環境有無給予機會。

4. **健康**（身體、心理、病源）。

5. **情境**（環境、文化）（鈕文英，2003）。

行政院衛生署（2008）之「各類身心障礙之鑑定人員及鑑定方法與工具」，對於智能障礙之鑑定人員、鑑定工具、鑑定方法有如下之規定：

㈠ 鑑定人員

1. 精神科、神經內科、內科、小兒科、復健科或家庭醫學科專科醫師，且參加過智能障礙鑑定課程講習者。

2. 必要時，由直轄市或縣（市）政府邀集醫師、職能治療師、社會工

作師、臨床心理人員及特殊教育教師等組成鑑定小組。

(二) 鑑定工具

1. 基本身體檢查及神經學檢查工具；2. 比西智力量表或魏氏智力測驗（成人或兒童）；3. 嬰幼兒發展測驗；4. 學齡前兒童行為調查；5. 貝莉氏嬰兒發展量表之心理量表；6. 萊特操作式智力測驗。

(三) 鑑定方法

1. 理學檢查。

2. 基本檢查：神經學檢查、精神狀態檢查、語言能力檢查、自我照顧能力及社會適應能力評估、智力測驗。

3. 特殊檢查：發展測驗。

教育單位適合智能障礙的鑑定工具，包括智力測驗與適應行為量表兩大部分：

(一) 智力鑑定工具

一般在智力的評量上，先以團體智力測驗當作篩選工具，再以個別智力測驗為鑑定工具。茲將有關團體與個別智力測驗之工具，說明如下：

1. 團體篩選工具

（1）中國行為科學社出版

① 陳氏非語文能力測驗（陳榮華編製，1998），適用國一至高三。

② 瑞文氏彩色圖形推理能力測驗（俞筱鈞修訂，1994），適用國小一年級至國小三年級。

③ 瑞文氏標準圖形推理能力測驗（俞筱鈞修訂，1994），適用國小四年級至國小六年級。

④ 瑞文氏高級圖形推理能力測驗（Ⅰ）（Ⅱ）（俞筱鈞修訂，1994），適用國中、高中、大專、成人。

⑤ 圖形式智力測驗（徐正穩、路君約編製，1996 再版），適用國小三年級至高中一年級。

⑥ 非文字普通能力測驗（路君約、陳榮華編製，1986），適用國中、

高中至成人。

　　⑦ 國民中學智力測驗（程法泌、路君約，1989），適用國中一年級至三年級。

　　（2）心理出版社出版

　　① 托尼非語文智力測驗（吳武典、林幸台、王振德等修訂，民85），適用學前至高中三年級。

　　② 智能結構學習能力測驗（簡稱 SOI）（陳龍安修訂，1996），適用幼稚園大班至國小三年級。

　　③ 中華畫人測驗（邱紹春編製，1996），適用幼稚園至國小高年級。

　　（3）其他出版社出版

　　① 簡易個別智力量表（王振德，1999），天馬出版社出版。

　　② 正昇語文智力測驗（黃國彥等，1994），正昇教育科學社出版，適用國小六年級至國中二年級。

　　③ 正昇非語文智力測驗（鍾思嘉等，1994），正昇教育科學社出版，適用國中一年級至國中三年級。

2. 個別智力鑑定工具

　　常用的個別智力測驗工具有：比奈西蒙智力量表第五次修訂版（簡稱為比西量表，惟目前國內並未正式取得原出版公司之授權）、新編中華智力量表（由教育部委託臺灣師大林幸台教授等編製，民85）、綜合心理能力測驗（Comprehensive Mental Abilities Scale，簡稱為 CMAS）、美國心理公司（The Psychological Corporation，簡稱 TPC）授權臺灣中國行為科學社發行之智力測驗工具包括：魏氏幼兒智力量表（WPPSI-R）、魏氏兒童智力量表（WISC-IV）、魏氏成人智力量表第三版（WAIS-III）。

　　（1）比西量表

　　此工具最早版本原為法國醫師比奈與西蒙兩位編製，原先採比率智商方式，表示個人智力狀況（心理年齡（MA）除實足年齡（CA）再乘以100），後經 Terman 修訂，並採離差智商方式表示智商，或譯稱斯比奈量表（Stanford-Binet），比西智力量表民國 80 年由臺北市立師範學院進行第五次修訂，國內的修訂本係以美國 1986 年新版斯比量表（Standford-Binet Intelligence Scale: Fourth Edition）為藍本，予以移譯增刪編訂而成。測驗內

容包括四大領域，共十五個分測驗。分別為：

① 語文推理，包括詞彙、理解、謬誤及語文關係四個分測驗；

② 數量推理，包括數量、數列及等式三個分測驗；

③ 抽象／視覺的推理，包括圖形分析、仿造仿繪、填圖及摺紙剪紙四個分測驗；

④ 短期記憶，包括珠子記憶、語句記憶、數字記憶及物品記憶四個分測驗。

適用範圍 5 至 15 歲的人員皆可使用本量表。採用個別施測方式進行，每一次測驗時間大約需要 75 至 90 分鐘，是一套相當適合智能障礙的鑑定工具，惟未取得原出版公司之授權。

（2）魏氏幼兒智力量表（WPPSI-R）

本量表是由美國心理公司授權國內中國行為科學社於 2000 年出版的個別智力測驗工具，適用對象為 3 歲至 7 歲 3 個月學童；測驗時間約 60 至 90 分鐘；其內容共有十二個分測驗，分為二大類：① 作業分測驗：包含物型配置、幾何圖形、圖形設計、矩陣推理、圖畫補充等五項正式分測驗和一項替代測驗（動物樁測驗）。② 語文分測驗：包含常識、理解、算術、詞彙、類同等五項正式分測驗和一項替代測驗（句子測驗），可測量 3 歲到 7 歲 3 個月兒童智力，包含作業智商、語文智商和全量表智商，以供特殊兒童之鑑定、安置以及研擬早期介入方案之參考。

（3）魏氏兒童智力量表第三版（WISC-III）、第四版（WISC-IV）

本量表第三版是由美國心理公司在 1992 年出版，1997 年授權在臺修訂出版，由中國行為科學社負責修訂。本量表之適用年齡為 6 歲至 16 歲 11 個月，測驗內容包括兩部分，分別是語文量表和作業量表，語文量表包含 5 個分測驗及 1 個交替測驗，作業量表包含 5 個分測驗及 2 個交替測驗（其中符號尋找分測驗為第三版新加入之分測驗），可計算出全量表智商（FIQ）、語文量表智商（VIQ）、作業量表智商（PIQ），除此之外第三版加入四個因素指數，分別為語文理解（VCI）、知覺組織（POI）、專心注意（FDI）、處理速度（PSI）等，上述量表智商與因素指數的平均數為 100，標準差為 15（陳榮華，1997）。本量表可更詳細的從各因素指數找出受試者的優點與弱點，不失為良好的鑑定工具，但對於智商過低的

受試者（重度以下）則不適用，此為其缺點。

WISC-IV 適用對象為 6 到 16 歲，可得全量表智商（FSIQ）及四種組合分數（語文理解指數、知覺推理指數、工作記憶指數、處理速度指數），共有十項分測驗（包含圖形設計、類同、記憶廣度、圖畫概念、符號替代、詞彙、數字序列、矩陣推理、理解和符號尋找等測驗），和四項交替分測驗（包含圖畫補充、刪除動物、常識和算術等測驗）。為陳榮華博士、陳心怡博士所修訂。

（4）魏氏成人智力量表第三版（WAIS-III）

本量表適用對象為 16 至 84 歲的成人，其內容包括其語文智商、作業智商和全量表智商，以及四種指數分數。可適用於鑑定成人智力，以及診斷智障者、資優者和神經心理學上的損傷者。共有十四個分測驗，分為兩大類：① 作業分測驗：包括圖畫補充、數字符號─替代、圖形設計、矩陣推理、連環圖系等五個正式分測驗，和兩個交替測驗（符號尋找與物型配置測驗）；② 語文分測驗：包括詞彙、類同、算術、記憶廣度、常識、理解等六個正式分測驗，和一個交替測驗（數─字序列測驗）。中文版修訂為陳榮華博士、陳心怡博士。

（5）新編中華智力量表

本量表為教育部委託臺灣師大林幸台、吳武典、王振德、郭靜姿、蔡崇建等教授編製，於民國 85 年出版，為適應本土化而編製之鑑定工具，適用年齡為 5-14 歲兒童。量表區分為甲、乙兩種，甲種適用於 5-8 歲，乙種適用於 9-14 歲。本量表並不適用於對重度與極重度智能障礙學生之鑑定。

（6）綜合心理能力測驗

本工具係原新編中華智力量表編製研究小組群，檢討「新編中華智力量表」有待改進之處，於 1999 年初研議，重新調整整體架構與版本形式，並針對各分測驗上的內容及使用上問題，予以增刪修訂，於 2000 年正式編製完成「綜合心理能力測驗」（Comprehensive Mental Abilities Scale，簡稱為 CMAS），由心理出版社發行，可作為智能障礙之鑑定工具（林幸台、吳武典、王振德、蔡崇建、郭靜姿、胡心慈，2001）。全測驗共十三個分測驗，分成甲、乙、丙三式，甲式用於 5-8 歲；乙式用於 9-11 歲；丙式用

於 12-14 歲，每式各有八個分測驗，其內容如表 3-6 所示。

表 3-6 綜合心理能力測驗分測驗

分測驗名稱	甲式	乙式	丙式
1. 語詞概念：語詞概念與辨識能力	語文		
2. 圖形比較：視覺辨識能力	非語		
3. 算術概念：基本數字概念及數學運算能力	語文	語文	
4. 立體設計：知覺動作協調、記憶與空間組織能力	非語	非語	
5. 語詞記憶：短期聽覺語詞記憶能力	語文	語文	
6. 視覺記憶：短期視覺記憶能力	非語	非語	
7. 異同比較：語詞關係理解與比較	語文	語文	語文
8. 圖形統合：視覺組織及空間想像的推理能力	非語	非語	非語
9. 語詞刪異：語詞概念、辨識與理解能力		語文	語文
10. 圖形推理：圖形推理能力		非語	非語
11. 數學推理：數學概念形成、推理與解決問題等能力			語文
12. 視覺搜尋：視知覺、視覺辨識與視覺注意			非語
13. 邏輯推理：語文邏輯推理能力			語文

引自：心理出版社 2013.03.10 http://www.psy.com.tw/product_desc.php?cPath= 26&cate_id=41&products_id=109

(二) 適應行為評量（中華適應行為量表、文蘭適應行為量表（中文版）

適合鑑定智能障礙在適應行為方面，AAIDD 於 2013 年提供 Diagnostic Adaptive Behavior Scale（DABS），國內已經修訂的工具且較為常用的有「文蘭社會成熟量表」、「修訂文蘭適應行為量表」（教室版）、「生活適應能力檢核手冊」、「中華適應行為量表（CABS）」等。簡述如下：

1. Diagnostic Adaptive Behavior Scale（DABS）

此量表為 AAIDD 於 2013 年出版，適合診斷 4-21 歲的適應行為能力，其向度包括：概念性技能、社會技能、實用技能等三向度。概念性技能包含讀寫能力、自我指導、數量概念、金錢概念和時間概念等。社交技能包括人際交往能力、社會責任、自尊、遵守規則、問題解決能力、服從法律，和避免被受害。實用技能向度包括日常生活自我照顧、職業技能、金錢使用、安全、衛生保健、旅行 / 交通、和使用電話等（AAIDD, 2013）。

2. 文蘭社會成熟量表

係由陳榮華在民國 66 年修訂完成，用以瞭解受試者的社會成熟適應程度，採用個別施測方式進行，其內容包括一般自理能力、飲食自理能力、穿著自理能力、移動能力、作業能力、語意溝通能力、自我指導能力、社會化能力等八類。

3. 文蘭適應行為量表（VABS, Vineland Adaptive Behavior Scale）

係由臺灣師大吳武典、張正芬、盧台華、邱紹春編譯自美國 S. S. Sparrow、D. A. Balla 及 D. V. Cicchetti 等人在 1984 年編製之 Vineland Adaptive Behavior Scale，並建立臺灣之常模，於 2004 年由臺灣心理出版社出版。適用對象為 3 至 12 歲一般學童，應用於智能障礙學生時，其年齡應可延伸至 15 至 18 歲左右。本量表包含四大領域，代表四個不同向度的適應功能：（1）溝通領域：① 接受性語言：學生瞭解什麼。② 表達性語言：學生說些什麼。③ 讀寫能力：學生可以讀及寫些什麼。（2）日常生活技巧領域：① 個人的生活技巧：個人吃、穿、衛生習慣。② 家庭的生活技巧：家事技巧。③ 社區的生活技巧：學生如何使用金錢、電話？有沒有時間概念？教室內技巧如何？（3）社會化領域：① 人際關係：學生如何與人互動？② 遊戲與休閒：學生如何利用休閒時間？如何玩？③ 應對進退技巧：學生對其他人所表現出來的責任感及敏感度如何？（4）動作技巧領域：① 粗大動作：學生在手臂、腿等大肢體上的運動、協調能力。② 精細動作：學生如何利用手及手指去操作物體等。

4. 生活適應能力檢核手冊

民國 78 年 12 月由王天苗修訂完成，心理出版社出版，用以評量中、重度智能不足學生之生活適應狀況，其內容包括自理能力、社會性能力、知動能力、語言能力、基本學科能力、休閒能力、居家與工作能力等七大領域。採個別施測，約四十分鐘可完成（王天苗，1989）。

5. 中華適應行為量表（CABS）

本量表為徐享良教授編製，全量表分兩部分：第一部分有 200 題，分為 10 個分量表，細分為 37 個特定能力群，用以評量受試者於自然及社會情境中之適應行為，每個分量表各有 20 題，用以評量兒童及青少年在家

庭、學校、社區、工作場所等日常生活情境中所應具備的獨立能力、自主能力、溝通能力、社會能力；第二部分計有 50 題，分為兩個分量表，一為獨處不良適應有 15 題，二為人際不良適應有 35 題。

　　本量表的信度，第一部分各分量表之內部一致性 α 係數介於 .8952 到 .9821 之間，第二部分內部一致性 α 係數介於 .8249 到 .9857 之間，內部一致性甚高。重測信度兩部分分量表也在 .8141 到 .9726 之間。效度方面本量表根據美國智能障礙學會第九次修訂之「智能障礙定義、分類及支持系統」（AAMR, 1992）中，有關適應行為分為溝通能力……等十個領域而來，有良好的內容效度。編製者並與「適應行為量表」（徐享良，2007）求校標關聯效度之典型相關係數。

第六節　智能障礙者的教育方式

一、教育目標

　　對於智能障礙學生的教育目標，郭為藩（1989）認為：1. 養成生活的自理能力。使其能靠自己的能力處理自身生活的事務，不必長期依賴他人，增加社會負擔。2. 增強團體生活能力。為了達到社會適應，應逐漸拋棄唯我中心的思想形式，尊重他人，培養合作習性，使其成為團體中受歡迎的成員。3. 學習生活基本知能。使其能有效的運用所學的智能，關心團體，瞭解食衣住行的基本道理，運用習得的經驗處理日常生活中有關的事務問題。4. 準備將來的職業生活。訓練他們一技之長，培養良好工作習性與服務態度，使其將來具有獨自謀生的能力，方不致造成社會負擔。

　　輕度智能障礙的教育目標中，林美和（1992）認為應該要獲得下列五種技能：1. 人際溝通方面：如何與他人相處，保持和諧關係。2. 理財方面：如何處理身邊財物，做妥善的規劃。3. 休閒方面：如何利用休閒時間，調劑身心健康。4. 社會方面：如何獲取資訊，使用公共設施並參與社會活動。5. 工作方面：如何適應工作環境要求及具備就業技能。

　　中重度智能障礙的教育目標中，林美和（1992）認為應包括：1. 自理能力：如自己能穿衣服、吃飯、盥洗等能力。2. 職業技能。3. 溝通能力，

尤其是說話與表達能力。

民國 88 年 10 月教育部修正公布之「特殊教育學校（班）國民教育階段智能障礙類課程綱要」指出，啟智教育的教學目標在於培養智障學生德、智、體、群、美五育均衡發展的自立自主國民，並透過課程綱要的公布及以生活經驗為核心，及適性教學的實施，希能達成以期達成目標為：「壹、瞭解自我、鍛鍊強健體魄、養成良好生活習慣，以達到個人及家庭生活適應。貳、認識環境、適應社會變遷、養成互助合作精神，以達到學校及社區生活適應。參、培養職業能力及服務人群熱誠，以達到職業準備及獨立生活適應。」（教育部，1999）

教育部（1999）頒布之智能障礙類課程綱要係強調以學生需求為本位，就智障學生的學習需求考慮之方向，包括成長的需求、功能的需求、生態的需求、動態的需求等；就課程綱要之編輯要點而言：1. 強調生態分析；2. 落實個別化教育計畫；3. 加強專業團隊合作；4. 重視家長參與；5. 運用社區資源。

二、教育安置

智能障礙學生的安置，依據特殊教育法（2009）規定學前教育階段：在醫院、家庭、幼稚園、托兒所、社會福利機構、特殊教育學校幼稚部或其他適當場所辦理。國民教育階段：在國民小學、國民中學、特殊教育學校或其他適當場所辦理。高級中等教育階段：在高級中等學校、特殊教育學校或其他適當場所辦理。高等教育及成人教育階段：在專科以上學校或其他成人教育機構辦理……特殊教育學生以就近入學為原則。

基於上述法規及融合教育之精神，輕度智障者以安置在普通班並接受資源班服務（或特教方案服務、巡迴輔導服務）為原則；中重度智障者以安置在普通學校啟智班（或特教班）為原則；障礙程度中、重度以上者，可安置於啟智學校或特殊教育學校。

各種不同的教育安置型態，茲敘述如下：

1. **啟智學校或特殊教育學校**：此為將智能障礙兒童集中於一個學校，再分年段、班級實施教學。一般有通學制、住宿制及兼具上述二者的混合制三種型態。

　　國內目前就有許多特殊學校專門提供智能障礙學生就學，如臺北啟智、桃園啟智、林口啟智、花蓮啟智、彰化啟智、嘉義啟智、臺南啟智、高雄啟智學校……等。由於特殊教育的發展趨勢趨向於不分類，因此新設的特殊教育學校雖然以招收智能障礙或多重障礙學生為主，但其名稱上則統稱為「○○特殊教育學校」，諸如國立臺中特殊教育學校。

　　啟智學校不僅有特殊教育教師，而且還有其他相關的專業人員如物理治療師、職能治療師、心理治療師、語言治療師……等。收容對象通常以中、重度智能障礙兒童居多。學校的設施與課程規劃，都可依智能障礙者的身心特性與特殊需要加以規劃，因此便於教學、訓練、指導與研究，然而特殊學校制的最大缺點在於將智障者與一般正常兒童隔離開來，形成孤立的學習環境，減少與正常社會互動的機會，對學生未來的生活適應較為不利。

　　2. **教養機構內附設啟智班**：早期安置於機構之學齡兒童，面臨就學問題，因此直接在機構內設班教導（學籍則安排於附近一般學校），此類型態目前已漸減少。

　　3. **集中式特殊班**：在普通學校為智障者設置特殊班級的安置形式，目前在臺灣可以說相當普遍。集中式特殊班有其固定學生，全部時間都在特殊班中上課，我國目前的啟智班教學方式大多屬於此類。

　　4. **資源班**：對於輕度智能障礙學生，不需要在特殊班級中上課，這些學生大部分的時間在普通班上課，少部分時間在資源教室學習，資源教室設有資源教師，可針對學生特殊需要予以指導，其優點可讓智障者有更多時間與正常兒童互動，可針對特別個體需要，予以補救指導，但其缺點為資源教師編制及排課問題較為困擾。

　　5. **養護機構**：養護機構大多為政府社會福利部門，私人或宗教團體的慈善或宗教精神而設立，收容對象也以重度智能障礙居多，且大多採住宿制，並以生活訓練及醫療復健為主的福利措施，兼具學校教育的功能為輔。

　　6. **啟智學校（或特殊教育學校）**：因此於民國 65 年創設臺南市啟智學校、71 年設立高雄市啟智學校、78 年設立臺北市啟智學校等，此後陸續設立啟智學校如林口啟智學校、桃園啟智學校、彰化啟智學校、嘉義啟

智學校……。國中、小附設特殊班的情形，目前各縣市也極為普遍。

7. **在家教育班**：對於極重度或身體病弱之智障學生，部分被安置在家中，由巡迴輔導員定期至家中上課，此為在家教育班。

8. **床邊教學**：對於患有疾病需住院治療之學童，教育局（處）協調醫院提供學生床邊教學，由特教教師定期前往醫院教導，例如，臺北市已施行多年、臺中市已進入規劃。

三、教育課程

對於智能障礙者的教育課程設計，首應考慮課程本身是否符合智障者的需求與發展，智障者年齡愈大時，就愈應重視實用性及職業性課程，使其走入社會時也能有良好的適應，課程內容尤應配合個別差異與需要加以設計，避免讓學生一接觸就產生強烈的挫折感，此外充分練習也是學習成功的必要條件之一。

一般輕度智能障礙學生的學習課程，多年來都使用傳統的主要一般學科領域，以較慢的速度進行學習。重度的學生為了要學習其他更有意義的活動的先備條件，花費更多的時間去學習個別的獨立技能。由於每位兒童的智能障礙程度不一致，各個學習階段的學習重點也有差異，Hallahan 和 Kauffman（1994）指出，可教育性智能障礙兒童的教育應以部分基本主科學業為其主要學習課程，可訓練性智能不足兒童則教導他們更具體、更實用的課程，並強調自助及職業技能的培養為主。在輕、中度智能障礙兒童於小學初期的教導應著重學習準備度（先備技能）的訓練，這些訓練內容包括下列七項：

1. 坐在座位上持續一段時間，並注意老師。
2. 分辨聲音及視覺刺激。
3. 遵照指導語做事。
4. 發展語言。
5. 促進良好的動作協調能力（握鉛筆、剪東西）。
6. 發展自助技能（如穿鞋子、扣上及解開鈕扣、拉拉鍊、使用馬桶等）。
7. 在團體情境中與同儕互動。

　　至於在小學後期，此類學童的學習重點，則較強調實用性學業（function academics），為了學習獨立，老師應該教導閱讀技能，使學生具備實用性的閱讀能力，如能閱讀報紙、會看電話簿、看懂商店中的物品標示；在中學階段，要學習基本社區生活能力及職業生活技能，尤其是在自足式的智能障礙特殊班中更應如此（Epstein, Polloway, Patton, & Foley, 1989; Hasazi & Clark, 1988）。

　　對於重度和極重度智能障礙學生，很多學者都同意其課程特徵應包括下列六項：

　　1. **適合年齡**（age-appropriate）**的課程與教材**：過去有人使用嬰幼兒遊戲材料當成重度及極重度智障兒童的學習教材，容易造成貶損心態及教育傷害，且會妨礙兒童的獨立性發展。

　　2. **實用性活動**：對重度和極重度智障者而言，教導他們練習為洋娃娃穿衣服，不如練習替自己穿衣服，雖然此類學生可以教導他們一些學業及數學的問題，但往往是事倍功半，教導重點應放在他們需要什麼，所能學的是什麼為主。

　　3. **社區本位教學**（community-based instruction）：教育課程應該重視實用性技能，並盡可能在社區中施予教育（Snell, 1988），因為在教室情境外的教學有時候比在教室中的學習更有效果。

　　4. **統合治療**（integrated therapy）：很多重度、極重度智能障礙學生常附帶有其他方面的障礙，因此必須配合各領域的專家予以協助治療，例如：語言治療師、物理治療師、職能復健師等，然而這些治療應該予以統合在整個教育方案之中，不應單獨（或個別）在治療室中進行治療。

　　5. **與非障礙學生進行互動**：大多數的專家都認為，多與正常兒童互動，對於重度和極重度障礙學生是有利的。

　　至於互動的方法，可以讓這些正常學生擔任小老師教導他們，或成為教室的協助者。

　　6. **家庭參與**（family involvement）：家庭參與對於一個教育方案的成功與否，具有相當重要的影響力，因為很多教導的技能，必須在家中實際練習與運用，父母應該擔負起在家中配合教導的角色，並提供老師一些有關的訊息，使教學效果更加提升（Hallahan & Kauffman, 1994）。

　　特殊教育工作者需要優先瞭解智能障礙兒童的功能性課程目標是什麼？而且也需要去學習設計功能性課程，以幫助學生去學會每天生活必備的技能。Dever（1989）在生活技能溝通分類中，將每個人的生活、工作、遊戲、移動藉由溝通方能完成，共分為五個領域（domains），包括個人生活維持與發展、家事和社區生活、職業生活、休閒生活、與旅遊等。

　　有關啟智教育的課程重點，各有不同的著眼點，有些注重發展本位課程，也有強調學科本位課程，有些則為生活經驗課程，也有強調能力本位課程、功能性課程等。

　　在發展本位課程主張智能障礙兒童的心智能力發展階段和一般兒童相同，只是發展的速度較慢，因此智障課程內容與組織應根據普通兒童的發展順序而來，例如：財團法人雙溪啟智文教基金會於民國76年編製之「Portage早期教育指導手冊」。

　　學科本位課程乃是以學科內容，分科編製，有教育部於民國77年頒布之「啟智學校（班）課程綱要」；臺灣省政府教育廳於民國61年委託省立臺北師專特殊教育中心編製之「國民小學啟智班各科課程綱要」。

　　生活經驗課程係以生活經驗為核心所編製之課程。國內有民國51年臺北市中山國小啟智班課程、黃奇汪教授於民國71年所編製之「生活經驗統整課程」、省立臺北師專特教中心編製之「可訓練的智能不足生活核心課程」。

　　能力本位課程強調以學習者能力本位來編製課程，目前有王天苗於民國74年依據「生活適應能力檢核手冊」內容編出之「中重度智能不足者教育教學指引綱目」、南投縣楊元享老師等所編製之「貫通課程綱要」。

　　功能性課程係講究課程內容的實用性、生活上重要的、完整的、真實自然情境的活動，目前以此論點編製的課程有財團法人第一兒童發展文教基金會於民國81年編製之「中重度智障者功能性課程綱要」、財團法人雙溪啟智文教基金會於民國81年所編製之「心智障礙兒童個別化教育課程」。

　　除此之外，尚有西元1985年林寶貴以美國 H. Goldstein 所著《可教育性智能障礙的教師課程指引 —— 為特殊兒童特殊教育之伊利諾計畫》一書編譯而成之《可教育性智能不足者課程綱要》；許天威、周台傑於民國

80 年依據 D. Brolin 1989 年所著《生活中心生計教育：一種能力本位的方法》一書編譯而成之《生活中心生計教育課程》。茲將邱上真等編製之《國中小學功能性數學》簡述如下：

民國 82 年教育部委託高雄師範大學邱上真、林寶山召集編輯之「國民中小學功能性數學」合計 36 單元。第 1 至 24 單元適合國小階段，第 25 至 36 單元適合國中階段。採社區導向教學、重視真實自然情境之運用，參考生態評量模式及民國 77 年教育部頒布之「啟智學校（班）課程綱要」等編輯而成，適合中、重度智障學生學習。對於程度特別差而無法達到預計活動目標時，本課程亦提供替代性方案，以協助學生學習（高雄師範大學特殊教育中心，1993）。

民國 88 年 10 月教育部公布之「特殊教育學校（班）智能障礙類國民教育階段課程綱要」，將啟智教育區分為六大領域，分別為：生活教育、實用語文、實用數學、社會適應、休閒教育、職業生活等（教育部，1999）。

臺灣師大特教中心盧台華教授「新修訂國民教育階段特殊教育課程綱要」，並從民國 99 學年度起試辦二年，因應融合教育需與普通教育接軌之需求，並以普通教育課程為特殊需求學生設計課程之首要考量，設計符合特殊需求學生所需之補救或功能性課程，以落實能力本位、學校本位及社區本位課程之實施。重視課程與教材的鬆綁，以加深、加廣、重整、簡化、減量、分解或替代等方式，彈性調整九年一貫課程指標及普通高中職課程領域目標，以規劃及調整課程，強化學生之個別化教育計畫（IEP）或個別輔導計畫（IGP），將課程與 IEP 結合，以充分發揮行政與教學規劃及執行督導之功能（盧台華，2012）。目前各縣市及特教學校試辦，待試辦成果評估後，再全面實施。

四、教學策略

由於智能障礙兒童無法像同年齡的兒童一樣，迅速的學習，他們缺乏歸納統整的能力，如無老師精心教導，常無法主動學會一些知識與技能，因此對於智能不足者的教學，必須有系統依序設計進行。在教育時間上，早期介入有其功能與必要性。在環境設計上，應予以提供無障礙之環境。

在教材分析上運用工作分析法詳加分析，以適合個別化需要並利於教學活動之進行。學習輔導上，運用系統化教學策略。問題行為的處理，可應用行為改變技術的原理原則。

(一) 早期介入的重要性

長久以來，心理學者都普遍支持早期經驗對一生發展具有重要的影響，例如：心理分析學派的鼻祖佛洛伊德（S. Freud），認為早期經驗對兒童未來發展具有關鍵性的影響。特殊兒童也不例外，及早處理可以減輕智能障礙的程度，甚至有時候可避免障礙狀況的發生。在輕度智能障礙的成因中，有些是屬於文化不利因素所造成，如父母本身為智能障礙，對兒童成長有照顧困難，或不當的語言發展、營養不良、貧窮因素等，都會影響智能發展。因此為了減少智能不足的產生，對於高危險群兒童，於入學前實施補償教育，提早在幼兒階段實施認知發展的補救教育，也是一項很好的教育措施，可增加兒童的社會適應能力及學習基本能力和學習準備度。例如：美國 1965 年實施的「起頭教育方案」（Head Start Programs），採用家庭式服務方式對嬰幼兒的父母或監護人實施個別化教育方案的指導。社區中心式，由父母將幼兒帶到社區學習中心接受指導，也對家長提供親職教育方案。也有些提供印刷資料或視聽資料的服務等方式。至於介入之內容領域通常包括大肌肉動作、精細協調動作、語言發展、社會情緒適應及基本認知活動等。

訓練的內容，則包括溝通技能、基本觀念的認知能力、自理能力或自助能力、社會技能等（林美和，1992）。至於介入人員方面，則可分為直接服務人員（如教師、父母）和協助人員（如治療師、醫師、社工員）兩種，專業的介入人員最好是各領域的專家，彼此能各依所長充分合作，則介入效果更佳。

(二) 支持性就業（supported employment）的趨勢

過去對於智能障礙者的就業問題常以庇護工場為主，然而多數的研究指出，支持性就業服務不論在國家財政與職業復健專業人力的投入，都比庇護工場具有經濟效益（Zivolich, Shueman, & Weiner, 1997），支持性就業是指身心障礙者進入職場時由輔導員陪同就業，輔導員除可擔任雇主與障

礙者之間的橋梁外，仍可對障礙者持續的提供輔導，直至完全適應職場，
輔導員才逐步褪除介入。

(三) 直接教學策略（direct teaching）

直接教學法主要之目的是在提升學生的學業成就，其焦點著重在老師
為中心的教學，使用結構性較強的課程與排序明確的教材（引自邱上真，
1992）

直接教學法之程序有六項：1. 每日複習與作業檢查。2. 教學。3. 引導
學習。4. 矯正與回饋。5. 獨立作業。6. 週複習與月複習。

(四) 提供無障礙的學習環境

隔離的教育措施固然對智能障礙者的學習有些方便之處，但是一昧的
將智能障礙者與正常社會隔離開來，對日後智能障礙者走入社會後的適應
能力，必然有不利的影響。但如將他置於普通班級而不加以任何處置，智
能障礙者則又處處受到挫折，削弱學習動機，減低學習成效，因此在正常
社會中有必要提供智能障礙者無障礙的學習環境，以利此類學生之學習。

在硬體建築上，不要將啟智班孤立於學校的一個偏僻角落，因而減少
與一般正常兒童的互動機會，此外對於地板、桌椅、設備等，由於許多智
能障礙者伴隨著其他類型的障礙、對安全的概念較差，因此在設計這些設
備時均需加以考量。在教材學習上，因智能障礙者的學習能力差異極大，
教師要設計個別化的教育方案，充分掌握其學習狀況，因應其個別需要。
在社會心理環境上，學校內所有師生，對於智能障礙者應予以充分的尊重
與接納，不要認為智障者一無是處，應體認智障者也和正常人一樣也有一
些基本的社會需求，有些表現可能更優於正常人，如工作認真、執著、盡
職、守規矩等。有些人可能誤認為智能不足者骯髒、像疾病一樣會傳染、
無法學習等，身為教師就應該協助導正這些錯誤觀念。

(五) 工作分析法的運用

學習遲緩者並不代表沒有學習能力，但對於複雜的技能或教材的學
習，則需予以分解成更簡單、更細小、更容易學習的、更適合學習者之
需要的分項技能（subskill），然後將這些分項技能採逐一漸進的方式教

給學生，最後學生終於學會了此項技能或教材，教學目的因而達成。這種將技能或教材加以細分的方法，稱為「工作分析法」（task analysis approach）。智能障礙兒童除了明顯的學習遲緩現象外，有些兒童協調能力極差，因此教導一項技能對普通兒童也許只需三個步驟，但教導智障者也許需要十個步驟才能學會，例如：教導學習自己吃飯的技能，一般兒童只要教他左手端碗、右手拿筷子、以碗就口將飯菜撥入口中等幾個技能即可，但對於智能不足者就需要將上述各個技能再細分為更多個分項技能，然後逐步依學生學習能力加以教導。身為一位特殊教育教師，為了因應教學需要必須具備工作分析的技能並能熟悉運用，方能勝任此一工作。

㈥ 系統化教學策略的原則

系統化教學必須運用適當的原理原則與技術，以幫助學習目標之達成。茲說明如下：

1. 讓兒童的學習有成功的經驗，增進其學習的自信心。智能障礙學生在學業上的學習，常有挫折的經驗，常常一事無成，以致於在未學習前，常有預期失敗的心理，因此常逃避學習，或降低期望及標準（ Logan & Rose, 1982; Polloway et al., 2011）。教師在安排教學情境時，就應讓智能障礙學生有成功的經驗，使其對學習活動產生興趣，進而有更高的學習意願。

2. 對兒童的學習，提供適當的回饋，讓兒童瞭解學習的結果是否正確，教師在教學流程的安排，要隨時讓兒童獲知答案的正確性，對於反應正確時要適時給予增強，以提高正確反應的出現率，至於增強物的種類，可以是物質的，如食物，也可以是社會性的，如口頭讚美。

3. 教師安排教學流程時，要注重教材教法的變化，避免學生對學習感到枯燥無味，缺乏興趣與意願。

4. 由於智能障礙者對於學過的概念或技能，比一般兒童更容易遺忘，因此教師要運用過度學習（over learning）的原則，多讓他反覆練習，以增進學生對學習結果的保留與遷移；同時在一節課中也不要提供太多種的事務讓兒童學習，以免產生混淆，教師應在學生熟悉舊教材後，再提供新的教材。

5. 教學活動設計要注重系統化，循序漸進，由淺入深，由基本的、必要的先開始，然後慢慢進入複雜的、困難的教材；此外，教師應採取個別化的教學活動設計，以因應每個學生不同的能力與成就水準。

6. 瞭解學生能力與教育需求，規劃適當教育目標，落實個別化教育計畫（IEP），選擇功能性課程。在教導上重視反覆練習，精熟學習，強調潛能發揮，而非一再指責缺陷；安排最少限制環境及零推論原則。

7. 課程內容簡化、學習環境調整、評量方式調整，以符合適性教育理念，滿足學習者需求。

㈦ 行為改變技術方法的運用

行為改變技術是採用行為心理學、實驗心理學的原理原則，而發展出來的一套客觀、有系統的處理技術，對於許多問題行為的處理，已能獲得臨床上的實證效果。一般常用的如不同的增強作用：包括正增強（positive reinforcement）、負增強（negative reinforcement）、區分增強（differential reinforcement）等。懲罰方面：包括消弱（extinction）、隔離（time out）、反應代價（respond cost）等技術。

1. 正增強是指當學生出現教師所期望建立的目標行為時，為了使此行為的出現率增加，教師給予正向的增強物，使學生有愉快或滿足的感覺，因而一再表現出目標行為。例如：學生按時交作業，老師給予糖吃，因而增強了學生按時交作業的行為，此為正增強策略的運用。

2. 負增強是指透過停止施予學生所厭惡的刺激或是撤除負增強物，以增加期望目標行為的出現率。例如：當學生上課認真聽講時，老師則去除對學生的罰站，以建立學生上課專心聽課的行為。

3. 區分增強係指對於所期望學生表現的目標行為予以增強，對其他所欲矯治的行為予以消弱。區分增強又可分為其他行為的分化增強（DRO）、對立行為的分化增強（DRI）、並行行為的分化增強（DRC）、低頻率行為的分化增強（DRL）等四種（陳榮華，1992）。

4. 消弱。當學生有些不當行為的出現是為了引起老師注意，當老師過度注意時，便增強了學生不當行為的出現率。因此老師對於不當行為出現時，必須刻意去忽視，以避免增強其不當行為的出現，久而久之，不當行

為便會慢慢消失，此為消弱。例如：有些學生出現自傷行為是要博取老師的注意，如果老師知道此一現象，以後出現自傷時，刻意予以忽視，學生得不到增強，其自傷自然減少，以迄消失。

5. 隔離：當學生出現不良行為時，老師設法將會促使學生得到增強的情境隔離開來，以減弱不良行為的出現率，謂之隔離。隔離的方式有故意忽視學生一段時間、離開學生、對兒童施予肢體活動的限制、暫時禁止學生參與活動、帶到沒有增強物的隔離室、短暫的矇住眼睛或遮蓋臉部等。例如：當學生打人時，將他置於隔離室內，以去除打人行為。

6. 反應代價是配合代幣方案（token economy）進行的，當學生表現出不當行為時，立刻剝奪或撤銷學生既得的代幣或正增強物，以減少不當行為的出現率。例如：當學生表現良好時，老師給予一枚硬幣；當他表現出不好行為時，則收回一枚硬幣，以減少不當行為的出現率。

7. 對於智障者偏異行為的處理，曾有學者研究採用輕微電擊、過度矯正、減少考試次數、增強使用、先前的保護準備工作、多種刺激媒介等，都有實證上的效果（引自張淑燕，民85），惟這種處置方式，容易陷入違反人道之指責。目前處理應採正向行為支持策略，此策略強調分析前事（A）、行為的功能（B）、行為結果（C）；強調不是相同的行為問題都可以使用同樣的策略，擬定策略時須考慮行為問題的功能。它是一種教育取向的行為處理策略，主張尊重、正常化、預防、教育和個別化的處理原則，並且重視個體在行為處理過程中的參與；採用功能本位、個別化、正向、多重而完整的行為介入方法，包含預防（前事控制策略、生態環境改善策略）、教導（行為訓練策略）和反應（後果處理策略）三類處理策略（鈕文英，2009）。

過去儒家「有教無類」、「因材施教」的觀念一直影響中國數千年來的教育思想，孔子在教學過程中也提及「上智下愚不移……」黔驢技窮的感慨，然而真正有系統的為這些身心障礙者提供適當的教育措施，實際上也不過是近數十年來的事，雖然目前的啟智教育工作未盡完善，各種不同的教育理念也在引導著各式各樣的課程發展架構，其最終目的總希望使當事人得到最好的發展，在未必能服務千百人之狀況下，至少也應能有基本的自理能力，善盡其才，方不致成為社會的負擔。因此未來更應著重適性

教育、充分發揮潛能的教育措施,以期智障者能適應於社會,並盡一己之力服務人群社會,過有尊嚴的、有意義的生活。

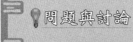
問題與討論

1. 請說明智能障礙的教育方法。
2. 新特殊教育課程綱要對智能障礙教育的影響為何?
3. 智能障礙者的身心特質為何?試觀察一例描述之。

第四章

視覺障礙者之教育

杞昭安

第一節　視覺障礙者的定義與分類

第二節　視覺障礙者的鑑定與評量

第三節　視覺障礙者的特徵

第四節　視覺障礙者的出現率

第五節　視覺障礙的成因

第六節　視覺障礙者的課程與教學

第七節　視覺障礙者的教育安置

第八節　視覺障礙者的早期介入

第九節　視覺障礙者轉銜至成人

本章視覺障礙者指優眼視力未達 0.3 或視野在 20 度以內者，而 先天致盲通常指出生時就失明，或 5 歲以前失明。視障兒童的鑑定與評量是為了安置，評量主要是想瞭解其優勢能力及劣勢能力，以便於提供適合其發展的個別化教育計畫。

視覺障礙兒童的閱讀速度緩慢，尤其是以點字為主的全盲兒童，研究指出視覺障礙學生的閱讀能力約為明眼學生的六分之一。因此考試時提供 1.5 倍的放大字體試卷，並延長 20 分鐘的作答時間。

視覺障礙學生高中職畢業後，高職畢業生可能選擇按摩行業，高中畢業生大多數都能如願的繼續進入大學就讀；教育部在各大學校院多設有資源教室，輔導他們特殊需求方面的申請及協助，如放大鏡、盲用筆電、聽書朗、導盲鼠、Zoomtext 電腦螢幕放大軟體等等之評估與借用。

視障者從事休閒活動的方式，研究顯示視障者最常參與的休閒活動以靜態活動為主，如聽音樂、廣播、有聲圖書等。

（第一節） 視覺障礙者的定義與分類 ✒

通常視力有問題的兒童，如果不是全盲，多數不會被視為視覺障礙，他們可能是低視力，卻和一般兒童一樣，使用印刷字體課本。但如果視野有缺陷的兒童，往往無法意識到一些存在的障礙物，常常撞到半開或全開著的櫃子，常常被散落在地上的玩具給絆倒；因此，替低視力學童規劃教學環境中，環境線索（environmental cues）方面有對比或反差的呈現（contrast）、空間或場所布置（space）、照明或亮度的提供（illumination）；為白化症學生安排座位時，優先考慮避開有強烈陽光照射的位置；視障教育專業教師以視覺功能性評估，來評量視障兒童剩餘視力的使用情形，至於提供視功能訓練課程，如以輻合聚焦來指導學童利用雙眼，同時聚焦在漸近己方的物體等等。上述視野缺陷、低視力、白化症、視功能評估等都和視覺障礙有所關聯，但究竟視覺障礙如何定義和其類別為何，以下略作說明。

101 年「身心障礙及資賦優異學生鑑定辦法」第 3 條第 2 款所稱視覺障礙，指由於先天或後天原因，導致視覺器官之構造缺損，或機能發生部

分或全部之障礙，經矯正後其視覺辨認仍有困難者。前項所定視覺障礙，其鑑定基準依下列各款規定之一：

1. 視力經最佳矯正後，依萬國式視力表所測定優眼視力未達0.3 或視野在 20 度以內。

2. 視力無法以前款視力表測定時，以其他經醫學專業採認之檢查方式測定後認定。

雖然衛生署 97 年修正公告的身心障礙等級，將單眼全盲（無光覺）而另眼視力在 0.2（含）至 0.4（不含）者納入；但在教育方面基於以下理由多數認為：1. 政府財政負擔、資源分配、全盲低視力單眼盲三者並列有違公平競爭原則，2. 個案評估需要不少人力資源；3. 標記一直是低視力學生的困惑，假如放寬標準，將使更多低視力學生被動被標記；4. 目前只要有身障手冊，啟明學校都接受並提供必要之服務。因此，視覺障礙條文暫不修正。

因此，所謂的視覺障礙者原則上分為全盲和低視力兩種。至於鑑定基準在執行上怕引起爭議，教育部乃委託國立臺灣師範大學特殊教育學系專案撰寫鑑定基準說明，其中關於視障部分茲詳述如下（杞昭安，2010）。

視覺障礙學生的鑑定工作在早期並未受到重視，因為只要學生拿醫生的診斷證明，註明視力缺損，就可以順利進入啟明學校或混合教育班級就讀，至於是否真正符合視覺障礙的標準，並未有人關注；但目前視覺障礙學生的鑑定工作已法制化，例如：在國民中學學生基本學力測驗（簡稱基測）、大學入學考試學科能力測驗（簡稱學測）時，對於是否具有視覺障礙的法定資格需要團隊來決定，以便決定是否提供放大字體、報讀服務、代謄答案卡以及加分等等措施。

有些學生視力不佳，雖然未達視覺障礙的標準，但基於教育的觀點，通常視障教育教師也都樂意協助輔導，但在有限教育資源下，想充分利用及作最有效之運用，則視覺障礙的鑑定工作實有必要確實執行，因障礙的等級除了關係著學生請領殘障補助之金額，同時也給予教師一個如何提供適性的教育服務措施之訊息。視覺障礙鑑定基準是判定兒童是否為視覺障礙的一個標準，而更重要的是視覺障礙的原因是什麼、尚有多少殘存視覺以及其視覺功能如何，可能才是教育工作人員所想要瞭解的訊息，畢竟有

詳細的鑑定資料才能作準確的鑑定和安置。

視覺障礙學生的鑑定原則和鑑定基準為何，一般教師對於視覺障礙鑑定基準也未必有清楚之認識，因此有必要將鑑定基準上的名詞逐一加以說明。

1.「先天致盲」原因

先天致盲通常指出生時就失明，或 5 歲以前失明。

2.「後天致盲」原因

後天致盲係指 5 歲以後因意外或其他原因，而導致失明者。

3. 視覺器官的構造缺損

視覺器官通常為神經系統與光覺系統，神經系統例如視神經萎縮，網膜感光之後無法傳達至大腦；而光覺系統則指光線利用角膜、水狀液、晶狀體、玻璃狀液而投射於視網膜上，如果上述視覺器官構造缺損，即可能導致近視、遠視、白內障、亂視、青光眼、白膚症等病狀。

4. 視覺機能發生部分或全部障礙

視覺機能係指將外在影像傳遞至大腦的功能，因此當動脈梗塞，大腦血液供應不足，兩側之枕葉受損，即使眼球構造健全，亦無法看見外在影像。

5. 矯正後

係指戴上眼鏡之後的視力測定值。

6. 優眼

係指兩眼中視力較佳的一眼。

7. 萬國式視力表

視力檢查工具一般分為兩種，一為以分數表示結果的史乃倫視力檢查表，以 E 字型呈現，測量距離為 6 公尺，假如測量結果為 20/200，即表示別人在 200 呎能看得到的東西，你必須在 20 呎處才能看得到；一種為萬國式視力表，以 C 字型呈現，測量距離為 5 公尺，測量結果以小數點表示。我國視覺障礙的鑑定就是以萬國式視力表為工具。

8. 未達0.3

視力經矯正後，其優眼視力值未達 0.3 者視為視覺障礙，所謂未達 0.3 係指在 0.3 以下，且不包括 0.3 者。

9. 視野20度以內

視野指眼睛所能看見的範圍，一般人的視野大約在 150 度，因此假如矯正後優眼的視力值雖然在 0.3 以上，但視野卻在 20 度以內，仍視為視覺障礙。

10. 其他方式認定（觀察法）

嬰兒或發展遲緩的兒童，可能無法以鑑定工具來加以認定，因此有必要以觀察法來作初步的判定，例如：眼瞼腫脹、雙眼無法平行視物、瞳孔的大小不一、眼睛有不尋常的顫動、眼瞼下垂、對光線過度敏感、走路常被絆倒等等，均有可能是視覺障礙兒童，但仍需進一步之認定。

第二節　視覺障礙者的鑑定與評量

視障兒童的鑑定與評量是為了安置，評量主要是想瞭解其優勢能力及劣勢能力，以便於提供適合其發展的個別化教育計畫。鑑定往往為判斷是否符合視覺障礙的基準，是教育安置之前重要的課題，一旦被認定為視覺障礙，就得進行各方面能力的評估，因此以下依序來說明鑑定和評量上的幾個細節：

一、鑑定方面

視障兒童其鑑定程序和工具，大致上如下：

1. 鑑定步驟

視覺障礙學生的鑑定，大體上依視力方面、基本能力方面、專業評量方面、特殊需求方面等。

每年 3 月份左右，申請入學的視覺障礙學生家長即準備填寫表格，依規定得繳交醫師證明的診斷書，因此必須帶視覺障礙學生前往規定之醫院檢查視力，但因鑑定小組對於視力檢查有一些項目需要填寫，因此設計了一份視覺功能醫師診斷評估表，主要的目的在於瞭解視覺功能以及對於學習可能產生的影響，以便找出正確的矯正方法、教學方法與輔助器具。

「視覺功能醫師診斷評估表」可請兒童原來的眼科主治醫師填寫，如果主治醫師無法配合填寫，可改由鑑定小組特約醫院的眼科主任協助施測

及填寫，然後將該表格寄回鑑定小組。通常診斷流程為：備妥健保卡自行向特約醫院掛號，就診當日直接至眼科主任診室外等候叫號，不必先作視力檢查，如遇其他醫護人員要求先作視力檢查時再委婉說明，眼科主任看診後如有需要會主動轉介給其他眼科醫師會診。

正式的鑑定會議上，由鑑定小組安排專業人員進行視覺功能教育評估、基本能力檢核、專業評量診斷、特殊需求分析及建議，然後再綜合研判最適合之安置環境。

2. 鑑定工具

視覺障礙學生的鑑定工具，一般以醫師的診斷證明書為基準（萬國式視力檢查表、視野檢查計、視覺功能醫師診斷評估表），然後再由專業人員設計的視覺功能教育評估表、基本能力檢核表、專業評量診斷推薦表、特殊需求分析及建議表等四個工具為輔，需要時再參考其他認定檢核表之結果。

3. 評量方式

評量之方式，視力方面由醫師作醫學之診斷，並由教育專業人員作視覺功能的教育評估。基本能力方面由教師和家長一起來評量；專業評量診斷推薦表及特殊需求分析與建議表，由資深特教教師或專業人員實施，且均採取個別評量之方式。

4. 評量者的條件

由家長配合醫師、資深特教教師、適當專業人員實施鑑定，因此評量者必須具備眼科醫師資格、特殊教育合格教師，以及適當之專業人員。

5. 綜合研判

視覺障礙學生之鑑定最基本的要有醫師的診斷證明，視力經矯正後其優眼視力在 0.3 以下，或視野在 20 度以內者，或依衛生署的標準單眼盲而另眼視力未達 0.4 者，均視為視覺障礙兒童。至於如何作最適性的教育安置，則仍需經資深特教教師或適當之專業人員評估後，再參考學生家長之意願，作綜合研判。

二、視覺障礙兒童的評量

評量旨在瞭解視障兒童之能力和性向，及伴隨著視障之其他缺陷。有

了起點行為則便於決定教材，有了性向則便於採取適當之教學方法，對視障兒童之情況有了全盤瞭解，才能設計出合適之 IEP。

視覺障礙兒童的評量，通常需要考慮到下列幾個問題：

1. 評量的目的

評量視覺障礙兒童的目的是教師們首要知道的，是課業方面還是心理方面，是為了鑑定還是為了補救教學。通常我們只是為了建立資料，而為兒童作智力測驗，為了行事曆之安排而舉行段考，往往忽略了評量的目的。

2. 評量的過程

目前視覺障礙兒童缺乏適合的評量工具，而我們卻仍受傳統測驗的影響，強調評量的一致性、標準化、是否有常模等等，事實上，當視覺障礙兒童接受評量時，也正是教師們觀察兒童行為最適當的時機。

3. 評量的限制

評量有時是具有特定的方式或目的的，例如：智力測驗只能用來解釋有關智力方面的問題，成就測驗則可作教學上之參考，不可誤用。至於某些測驗可能涉及文化差異，需要在測驗上多加考量，例如：目前內政部所舉辦的按摩技能檢定考試，學科方面除了備有大字體試卷、點字試卷外，更有國、臺語有聲試題。全盲生所使用的性向測驗則為立體影印紙製作，柯氏方塊組合能力測驗也以各種材質布面製成。此外，為防止因觸覺有障礙而誤判的情形發生，在測驗之前也必須先作觸覺測驗。

4. 視覺的限制

視覺障礙兒童分為全盲和低視力，全盲兒童以及使用點字之低視力兒童，評量時應提供點字測驗卷，使用國字之低視力生，則提供放大約 1.5 倍的測驗卷，以解決他們在視覺上所受到之限制。

5. 感覺功能的問題

視覺障礙是這些兒童的顯著障礙，而聽覺、觸覺、味覺、嗅覺等感覺功能如何，同時也必須加以瞭解。例如：測量視覺障礙兒童的智力，將測驗題目轉換成觸覺型測驗，並不代表可以真正測出其智商，或許他們觸覺遲鈍，無法觸摸出所要測量題目的意思，因此在正式施測之前，必須先測

量其觸覺敏感度，以免將觸覺不佳的兒童誤判為智能障礙。

6. 藥物的影響

視覺障礙兒童中有腦瘤開刀者、有伴隨其他障礙者，或許必須經常服用藥物以控制眼壓、控制情緒、控制內分泌等等，藥物對於視覺障礙兒童之影響是教師們所需要瞭解的。

7. 定向行動

定向行動是視覺障礙兒童最重要的技能，當兒童內向、自我封閉、人際關係不佳時，首先應瞭解是否受其定向行動能力影響，通常視覺障礙兒童均須接受此項課程。

8. 行為影響社會互動

視覺障礙兒童的行為表現影響其社會互動，樂觀或悲觀、消極或積極、情緒穩不穩定，均是其社會互動好壞之指標，班度拉的交互決定論正可用以說明。

8. 概念的發展

概念的評量可以看出兒童發展狀況，一般兒童由具體到抽象概念之獲得有一定程序，Piaget 將它分為四個時期，但視覺障礙兒童對於抽象概念之獲得有困難，因此評量視覺障礙兒童時，應注意所使用的辭句，是否為兒童所能瞭解。

9. 特殊的評量過程

視覺障礙兒童之評量和一般兒童相同，然而一般教師缺乏評量視覺障礙兒童的經驗，因此測驗前應作周詳之準備，如果是測量智力，更應先找兒童作彩排，測的材料也應適合他們，最好有助手在旁協助，並作各種觀察記錄。

10. 視覺障礙兒童測驗編製應注意事項

編製視覺障礙兒童適用的測驗時，應考慮到下列幾項問題：

（1）指導語：應有明確指示，比照一般測驗之規定，以提供教師或學生作答之參考。

（2）避免過度保護：以正常的態度處理，如有必要應將試題轉換成點字或大字體，此外，不必作額外之提示。

（3）時間限制：視覺障礙兒童摸讀點字之速度只有明眼人的六分之

一，因此時間上可以稍微放寬，或加以計時，俾作分析資料參考。

（4）常模參照：視覺障礙兒童為數不多，是否需要建立常模見仁見智，但如果提供視障常模，也可作為視覺障礙兒童相互比較之參考。

（5）標準參照：標準參照是目前教師使用最多的評量標準，兒童可依自己的能力和教師協商，訂定標準，俾做再教學之依據。

（6）非正式的評量：非正式的評量應是視障教育工作者最需要的評量方式，這種評量方式隨時隨地均可實施，對於視障兒童補救教學最有助益。

視覺障礙兒童的心理評量確實有其必要性，然而評量的結果應是為了輔導他們，而非只是在建立其完整的資料。讓他們瞭解自己的潛能、性向，提供其努力的方向；至於評量工具大可不必侷限於標準化的測驗，就一般人適用的測驗工具，取其適用於視覺障礙兒童的部分，採多面性的評量，藉由各種角度的評量來瞭解視覺障礙兒童真實的一面。

第三節　視覺障礙者的特徵

視覺障礙者的特徵，大部分多以測驗工具和檢核表來實施，郭為藩於1998 年提出，視覺障礙者給人的刻板印象是自我中心；退縮、沉默寡言、孤獨；自閉性、幻想、缺乏與他人的協調性；閉鎖性、團結；行動過分慎重；消極；不喜歡行動；固執；依賴性；恐懼心；憂慮、緊張、神經質；自卑感；忘卻行動；猜疑心強；愛情的渴望、引人注意的行動、渴望受讚美；攻擊性、競爭性；易傷害對方或怨憤對方；情緒上的不成熟；內向、膽小、自我意識強。

Geraldine（2006）指出，視覺障礙學生的身心發展與學習特質：視力的缺損使得視覺障礙者較無法掌握環境中物體的相對位置，空間概念較為缺乏，因而影響行動與手眼協調的能力，使用日常用品（如牙刷、餐具等）可能產生困難。由於缺乏視覺的輔佐，視覺障礙者較一般人更需藉助聽覺與觸覺來接收外在的訊息，在聽觸覺感官的使用上顯得相當吃力。視覺障礙者由於行動能力上的限制，無法看到行為的結果，顯得較為無助、依賴、缺乏安全感。也由於視力的因素，視覺障礙者對於一般社交活動（例如：

郊遊、打球、看電影）的參與也較為消極，並且可能受到師長的過度保護，而影響人際關係的發展。

後天失明者依據王育瑜（1998）所譯《迎接視茫茫的世界》一書所述，他們會有一些喪失，例如：心理安全感的喪失、喪失日常生活的基本能力、喪失與人溝通的能力、喪失欣賞的能力、職業及經濟方面的喪失、人格方面的喪失、以及其他方面；細分則有二十三種能力的喪失：1. 喪失生理的完整（焦慮、恐懼、沮喪），2. 喪失對其他感官的信賴（一般人多認為感官有補償作用），3. 喪失與環境現實接觸之能力，4. 喪失視覺背景，5. 喪失光的安全感，喪失日常生活的基本能力，6. 喪失行動的能力，7. 喪失日常生活技能，喪失與人溝通的能力，8. 喪失文字溝通的能力，9. 喪失口語溝通的能力，10. 喪失獲得資訊的能力，11. 喪失欣賞令人愉悅事物的能力，12. 喪失欣賞美麗事物的能力，13. 喪失從事休閒娛樂的能力，14. 喪失工作生涯、工作目標以及工作機會，15. 喪失經濟安全，16. 喪失個人獨立性，17. 喪失社會適當性，18. 喪失個人隱私，19. 喪失自尊，20. 喪失人格整合，21. 穩定的睡眠，22. 決定能力，23. 良好的精神狀態等。

賀夏梅（2011）譯自 Hewar 所著的《特殊教育導論》中，涉及視覺障礙者特徵以認知與語言、動作發展與行動、社會適應與互動來敘述。

至於視覺障礙兒童的語言發展，是否受限於視力而有所影響，杞昭安於 2009 年探討低視力學童的語言發展狀況，採用林寶貴等人於 2008 年修訂完成的「修訂學齡兒童語言障礙評量表」，以臺北縣市共 76 名低視力學童為對象。探討低視力學童的語言發展狀況。研究結果顯示低視力學童表現出正確音的占 68.4%、有錯誤音的占 31.6%。

萬明美（1996）曾調查視障者從事休閒活動的方式，其研究結果顯示，視障者最常參與的休閒活動以靜態活動為主，其比例最高者為聽音樂、廣播、有聲圖書等。

至於心理認知層面，以下就智力、情緒發展、閱讀、語言發展、報讀需求、性知識與性態度、次級文化等方面來探討。

一、智力方面

智力測驗多賴視覺，全盲和低視力兒童往往因不當之標準化測驗，

而被安置於不當之教育計畫中。但一些已發展和標準化之測驗，雖可供視障兒童使用，因視障人口太少，致價值性仍被質疑（Heward & Orlansky, 1992）。惟有些測驗工具，雖非針對視障學生而設計，但在某方面卻可提供給視障學生使用。

杞昭安於 1991 年以「魏氏兒童智力量表語文部分」為工具，以臺灣地區 240 名視覺障礙學生為對象，藉以探討我國視覺障礙學生的語文智力及相關因素，茲就研究結果陳述如下：1. 視覺障礙學生的語文智商在 6-18 歲階段和明眼學生有顯著的差異。2. 視覺障礙學生在記憶廣度項目表現最佳，而類同項目最差。

二、情緒發展方面

一般人認為盲人之適應能力較差，不能控制外在世界，所以被認為比正常人依賴和順從，其無法藉自然之生理活動發洩過剩之精力。以 Piaget 之發展階段作架構，結果發現其在感覺動作期和明眼人不同，無法同時去看、抓所呈現之東西，缺乏永恆世界之真實感，及確認物體之概念發展遲滯。也有人認為盲童退縮、自閉，可能是不當之心理論斷所引起。總之，有關視障者情緒方面的研究，往往因缺乏適合盲人之適應能力測驗，導致該項目的研究未被廣泛探討。

三、閱讀方面

視覺障礙兒童的閱讀速度緩慢，尤其是全盲兒童（以點字為主）。杞昭安於 1989 年就閱讀方面作過研究，旨在探討視覺障礙學生的閱讀能力，以及將速讀理論應用到視覺障礙學生後之直接效果、間接效果和持續效果。研究對象分為二部分：視覺障礙學生，以臺北市立啟明學校國小三年級至國中三年級為對象共 18 名；明眼學生以實驗組之性別、年級、智商為主，就附近之民生國小、介壽國中配對取樣，共 12 名。本研究採等組前後測實驗設計，研究結果發現：

1. 視障學生的閱讀能力平均每分鐘為 64 個字，約為明眼學生的六分之一。

2. 視障學生的閱讀能力經由點字速讀教學後，有顯著的直接效果，平

均每分鐘為 186 字。

　　為了彌補視覺障礙兒童閱讀方面之困難，不妨以個別化方式，指導視障學生建立信心，使視障學生瞭解到改善閱讀能力是可能的。讓學生具備下列增加閱讀速度的技能：1. 以兩手快速觸摸，2. 減少口誦，3. 增加舒適的閱讀姿勢，4. 增加回航能力，5. 減少回搓動作，6. 減少指尖的壓力，7. 使用記憶策略去增進理解，8. 分享點字閱讀者所發現之新技術，9. 探討新的閱讀類型，如垂直、Z 字型之閱讀方式，10. 逐漸改變舊的閱讀習慣，11. 能快速翻頁（每張僅觸讀一行），以舊雜誌作練習，12. 能快速地閱讀相同的材料，13. 能作口頭之讀書報告，14. 能主動記錄每次之成績及訂定下一次之目標。

　　低視力學生的閱讀速度平均每分鐘 106 字，約僅明眼人的四分之一，如加上識字程度則可能只有明眼人的五分之一。視障學生的書寫，劉信雄（1989）研究指出，低視力學生的國字書寫能力在性別間無顯著差異，但在年級及不同視力各組學生間則均有顯著差異。此外，IQ 沒有影響到低視力學生的閱讀與書寫能力，先天性低視力與後天性低視力學生之閱讀與書寫能力也無顯著差異（張勝成，1988）。教師指導低視力學生書寫文字圖表時，應放大且有適當的間隔（張訓誥，1988）。

　　目前基測和學測，提供 1.5 倍的放大字體試卷，並延長 20 分鐘的作答時間，這或許有助於融合教育之視障生，但對於特殊學校之視障生而言，幫助不大。低視力生使用之課本或試卷，通常只將現有之資料放大，致常因原稿不佳而影響放大後之效果（例如：字體線條斷裂），且提供答案紙時也應注意其書寫所需之空間。

四、語言發展方面

　　語言是人類用來溝通思想和表達情感的工具，它是學習與思考的主要工具。語言同時也是促進幼兒社會行為和智力發展最重要的媒介；因此，語言可說是學習的重要主體。語言發展主要的因素有三：1. 對兒童的溝通行為提供正向增強。2. 提供兒童一個說話的模仿對象。3. 提供兒童語言探索的機會（McShane, 1980）。

　　至於視覺障礙兒童的語言發展，是否受限於視力而有所影響，林寶貴、張宏治於 1987 年以臺灣區 341 名視障學生為對象，進行國語注音符號單音測驗，結果發現構音正確度男女有共同一致的趨向，但男女生構音能力，男生比女生錯誤率高。在 72 位學生中，構音異常有 33 位，占 45.8%，錯誤語音中替代音占 54.5%，歪曲音占 40.6%，省略音占 4.8%。林寶貴、黃玉枝、黃桂君、宣崇慧（2008）在「修訂學齡兒童語言障礙兒童評量表指導手冊」中，指出身心障礙兒童在該測驗的表現，比一般兒童差；各年齡組以平均數 1.5 個標準差，作為切截點來篩選語言障礙的發生率，使用該測驗可以篩選出 6% 左右 5 至 12 歲具有語言障礙的兒童；男女生間的語言發展沒有顯著差異；在聲音方面「正確率」97.5%，在語暢方面「正確率」99.4%、語調方面「正確率」100%、聲調方面「正確率」99.1%、構音方面正確率達 90% 以上；父母親教育程度不同的學齡兒童，其語言發展有顯著差異；家中使用不同母語之學齡兒童，其語言發展有顯著差異。

　　杞昭安於 2009 年探討低視力學童的語言發展狀況，採用林寶貴等人於 2008 年修訂完成的「修訂學齡兒童語言障礙評量表」，以新北市共 76 名低視力學童為對象，探討低視力學童的語言發展狀況。研究結果顯示：

　　1. 低視力學童在施測時間方面從 21-80 分鐘不等，平均花費 44 分鐘，比一般學童 15-30 分鐘多花費一些時間。

　　2. 低視力學童表現出正確音者占六成八、有錯誤音者占三成二。

　　3. 各年齡層低視力學童語言發展平均數和常模比較，均低於普通班學童。

　　4. 低視力學童在語言理解、口語表達、語言發展方面，隨年齡、年級增加而有遞增趨勢，而在趨勢分析中呈直線趨勢，顯示年齡越高或年級越高，語言理解與口語表達量表的得分也越高，因此可以看出低視力學童的語言發展和年齡及年級有密切關係。

五、報讀需求方面

　　視障學生的數學教學一直困擾著任課教師，但隨著教育普及以及視障學生進入大學及研究所階段，他們面臨統計方面的問題，沒有基本的數學

概念對於研究多會受到限制。視障學生的數學教育面臨挑戰，例如：圖表如何說明，除了製作立體的教材，更研發語音系統以電腦報讀，只是像分數「$\frac{1}{2}$」在導盲鼠的語音系統中會出現「1月2日」（1/2）的報讀，至於圖表方面目前仍無法藉由電腦作出有效的圖形或語音的呈現。

杞昭安於 2009 年探討視障學生數學圖表報讀之妥適性，首先透過文獻探討蒐集有關報讀、無障礙網頁規範、口述影像理論以及敘述理論等相關文獻，作為數學圖表報讀之理論依據，與編製德懷術問卷之基礎，再經由德懷術問卷過程得到相關資料。研究參與人員包括數學教師、特殊教育學系研究生、視障教育專家學者、數學教育專家學者、全盲學生（國中、大學、研究所）、新北市視障教育巡迴輔導教師等。

視障學生圖表的報讀涉及三個層面：數學圖表內容的撰寫、報讀者的報讀風格、視障學生的程度等，茲分述如下：

(一) 數學圖表內容的撰寫方面

1. 圖表報讀要能信、達、雅；文字敘述要簡要，文字內文即等於圖表意涵；報讀要合乎邏輯，尤其在圖表訊息上的報讀順序，對腳本忠實傳達。。

2. 數學圖表的報讀，最好是具有數學領域專業背景之人員，不一定要數學本科教師，但寫腳本的人，最好是數學教師。

3. 圖表報讀的腳本須依報讀內容逐字寫出。圖表的標題應報讀，並配合課本或講義原先的標題，方便搜尋也避免錯誤。

4. 報讀應配合課文內容作增減之修正，有的文章已經非常詳細，就不需要再增加以免畫蛇添足，增加學生閱讀上的負擔。

(二) 報讀者的報讀風格方面

1. 應先確定該圖表在該題呈現的用意為何？是說明抑或是測驗？逐字逐句念出課文或者念出書面資料。

2. 當報讀是為了校對點字是否正確時，任何一個標點符號、空行、換段、換頁……等，一字不漏照原稿念出。

3. 數學圖表的報讀應由大範圍到細節，由整體概述到分區解說；由上

而下、由左而右報讀，先報讀出圖表名稱以及圖表號碼，除了必要的數學用語，在圖表敘述應儘量使用一般的口語。

4. 對題目所要之方向及答案重點報讀，刪去不相關之線索。將題目所要講的概念詳細敘述，其他不相干的背景或線索則予以忽略。

6. 報讀圖表前先念出題目或其他相關文字的重點，考慮學生對圖表舊經驗理解的深度，過於複雜抽象的圖表可直接用文字敘述。

㈢ 視障學生的程度方面

圖表報讀時似乎需先考慮到學生的能力現況為何，因為課本在圖表的前後內文中，都會針對圖表加以解釋，學生的先備能力佳，過多的解釋反而會是學生摸讀的負擔，因此，任何圖表的報讀需先考慮學生的起點行為、能力現況，再決定報讀的詳盡程度。所以，即使是同一本數學教材、同一張圖，都可有不同的報讀方式。

六、性知識與性態度方面

「性教育」在觀念保守的中國社會，往往令人聯想到狹義的「性」教育。「性教育」是「人格教育」，如異性交往、選擇配偶、組織家庭、夫妻調適、生育教養等均是，因此，它屬於所有教育的一環。依此觀之，縱使人們對性教育有見仁見智的看法，但對其重要性之認知是一致的。

國中、高職階段的視覺障礙學生，偶爾也會有性方面的困擾，輕微的偏差行為，在老師輔導下均能順利解決，但較嚴重的偏差行為（如有了越軌行為或懷孕），往往會受到「不適合團體生活」之理由，而遭休、退學處分，以防止其他同學受到感染。

此外，雖然視覺障礙學生在性方面困擾，來自視覺者不多，但他們的學習多數依賴觸覺，這種「觸覺」即是其困擾所在。例如在教學互動中，教師除了口頭講解外，更須牽引學生去觸摸教具，或體會教師所示範之動作要領。這種正常的指導對於青春期的視覺障礙學生卻未必合適。因此，在盲校按摩實習課程，乃有「男生由男老師指導，女生由女老師負責」之刻意安排，但其他藝能科如體育、美工、綜合工場……等課程，仍採男女合班上課，以致有些學生對於異性教師之教學感到困擾，這是否因其缺乏

性知識及性態度偏差所致？杞昭安於 1990 年曾以臺北市立啟明學校國中部及高職部學生為對象，共 76 名（國中 32 名、高職 44 名；全盲 47 名、低視力 29 名；男生 40 名、女生 32 名）。明眼學生係以沙鹿國中（男 12 名、女 20 名）及土庫高職（男 28 名、女 16 名）為對象。採用張昇鵬（1987）所編之「性知識測驗」及「性態度測驗」，共 90 個題目，探討視覺障礙學生在性知識與性態度兩方面的情況。有關視覺障礙學生的性教育問題，以「性知識測驗」及「性態度測驗」施測之結果，獲得下列結論：1. 視覺障礙學生對於性知識之瞭解程度為八成，其中以「如何與異性交往」項目為最低是七成。2. 視覺障礙學生性態度的正確度達七成六，而性態度有偏差者依次為「兩性態度」及「自慰的態度」二項。3. 視覺障礙的國中與高職部學生在性知識方面，沒有顯著差異。4. 視覺障礙的男生與女生，在性知識方面也沒有顯著差異。5. 全盲與弱視學生，在性知識方面有顯著差異。6. 視覺障礙的國中與高職部學生，在性態度方面沒有顯著差異。7. 視覺障礙的男生與女生，在性態度方面有顯著差異。8. 全盲與弱視學生，在性態度方面有顯著差異。9. 明眼與視障學生，在性知識與性態度兩方面有顯著差異。10. 性知識方面，明眼與視障學生僅在國中階段有顯著差異，在高職階段則否。11. 性態度方面，明眼與視障學生不論在國中或高職階段，均有顯著差異。

七、次級文化方面

就讀於啟明學校的學生，來自全省各地，有中途轉入者，卻少有轉至普通學校者。他們在同一個教育環境住 3-12 年不等，而住宿制學校的缺點即是和外界隔離。近年來，大專院校學生熱心於照顧視覺障礙學生，常於假日帶這些學生參加校外活動，藉以增加視障學生之見聞。然在一個隔離的環境生活了一段時日，再度回到社會，卻常有不適應之情況。

特殊學校必然有其特殊之處，大專院校、社會團體頻於前往啟明學校參觀，想瞭解視覺障礙學生之狀況，但走馬看花僅能觀察到其表象，無法深入瞭解。視障學生接受了長期的特殊教育薰陶之後，是否形成了獨特的次級文化（sub-culture）？此種次級文化是否有礙於回歸主流？教育專業人員假如能對此加以探討，必有助於視覺障礙學生的輔導工作，進而提供

一個適性的教育，以發揮視障學生的潛能。除此以外，視障教育如欲追求質的提升，先決要件是瞭解學生的特性、需求。筆者於 1990 年就三所啟明／惠明學校之學生為對象，以「視覺障礙學生次級文化調查問卷」為工具，研究之結果如下：

1. 學習態度方面

視障學生在學習態度方面表現不佳者，依次為「課餘較少和同學討論學習問題」、「較少到圖書館借書」、「較少參考課外書籍」、「課前較少預習」等。

2. 對學校的態度方面

（1）視障學生對學校的態度較為不佳者，依次為「較少主動請教老師有關課業或生活上的問題」、「學校的獎懲和輔導方式不合適」、「老師較少以身作則」。

（2）視障學生多數認為做有益社會的事是件重要的事、和睦相處且受人喜愛的同學是成功的人，但卻不認為擁有鉅額財富和擁有重要權位是成功的人。

（3）視障學生最希望自己成為哪一類型的學生，依次為「品行優良」、「多才多藝」和「廣得人緣」。至於班級的領導者，則多數認為應選擇「有領導能力者」。

綜合觀之，就讀於都市與就讀於鄉鎮之視障學生，其對學校的態度有顯著差異。

回顧上述文獻發現，視障學生的身心特質，多是經由心理評量或具信效度的評量工具獲得，至於服務於盲校多年的教師，他們心目中的視覺障礙學生又是如何，令人好奇。本人於 2012 年以任職於臺北啟明學校、臺中啟明學校以及臺中惠明學校的教師為對象，每校各抽取 20 名教師共 60 名，其中男性教師 12 位（20%）、女性教師 48 位（80%）；任教高中職階段者有 18 位（30%）、國民中學階段者 20 位（33%）、國民小學階段者 22 位（37%）。結果顯示：1. 生理方面：使用視覺以外的感官去學習、太大太小東西的知覺困難、聽知覺優於明眼人、有聲音認知之優越感、使用殘存視力其視覺性行動獲得改善、運動狀態的知覺困難、視覺辨別力（長度、角度、大小）比明眼兒童差、感官有補償作用。2. 心理方面：弱

視學生具邊緣性格、有依賴性的性格。3. 學習方面：觸覺花的時間比視覺多、閱讀速度緩慢（尤其是以點字為主的全盲兒童）、只會做老師指定的功課、對視覺性的東西無法反應、無法模仿。4. 人際方面：與任課教師關係良好、和同學之間相處感情融洽。

（第四節）視覺障礙者的出現率

　　特殊兒童之出現率由於對特殊兒童之界定、調查或推估之方式不同，而有不同之結果（林寶貴，1986；郭為藩，1989）。我國於民國 65 年完成臺灣區 6-12 歲特殊兒童普查，結果視覺障礙兒童有 989 人，推估之出現率為 0.08%（郭為藩，1989）。民國 81 年第二次全國特殊兒童普查結果，6-15 歲之視覺障礙兒童有 1,931 人，占身心障礙兒童的 2.56%，惟此次特殊兒童之出現率有 2.121%，較第一次的 10.73% 相去甚遠，其認為家長之配合程度不如從前，而宜存疑（教育部，1992）。

　　本人曾於 1991 年作師範院校特殊教育師資需求推估研究，普查臺灣地區特殊學校設有特殊班之普通國、高中及國小共 742 所，調查問卷之回收率為 91%，結果顯示 6-15 歲之視覺障礙學生共有 1,931 人，占身心障礙者的 4.3%。

　　國外之視障兒童僅占學齡人口的 1‰，據美國 APH（American Printing House for the Blind）於 1987 年指出，幼稚園到高中三年級的視障學生有 16,670 人。但聯邦政府報告指出，在 94-142 公法下接受特殊教育的 6-12 歲視障學生有 22,743 人，其中包括了不符合法定資格的弱視學生。就整體而言，美國在 1988-1989 年間，其視障兒童人數占特殊教育兒童的 0.5%（Heward & Orlansky, 1992）。

　　綜合上述，臺灣地區的國民中小學，視覺障礙學生的出現率不高，即使學校中有視覺障礙學生，也是寥寥無幾，平均一班不到一位，因為出現率低於 1‰，以統計概念來說，1,000 人的學校頂多也只有一位視覺障礙學生，更何況這當中有多數已就讀於啟明／惠明學校。

　　依教育部統計，學前至大學校院視覺障礙學生的人數，87 學年度是 1,896 人，占身障人數 60,572 人的 3.13%，97 學年度視障學生總人數是 2,234

人，占身障人數 102,841 人的 2.17%。視障學生人數增加但占身障人數比例卻減少，可見其他障礙類別的身障學生人數也有顯著的增加。

第五節　視覺障礙的成因

視覺障礙的成因，有人分成先天因素、中毒、腦瘤、傳染性疾病、其他病因及一般疾病導致。但在醫學上則依眼球的結構受損或傷害而分成四大類：保護性結構部分、定向性結構部分、屈光系統及受納器官系統（郭為藩，1989）。

至於常見的眼疾，均有可能導致視覺障礙，例如：

一、屈光不正

正常的眼球構造，由最外而內，分別是角膜、虹膜、瞳孔、水晶體、玻璃體；光線由外界射入經過幾個透明清澈的組織，產生折射，使焦點能落在最內層，視網膜上產生倒立的影像，再由視網膜傳達到視神經，再傳到腦部，正常標準的視力無論看遠、看近都能調節自如，一清二楚，如果看遠有模糊的現象產生，必須用凹凸鏡片來矯正的，稱為屈光不正。屈光不正引起焦點落在網膜前者是為近視，須戴凹透鏡片來矯正；焦點落在網膜後面則為遠視，須戴凸透鏡片矯正。

近視的矯正方式有：1. 靠近物體、2. 以鏡片將物體拉近、3. 將物體放大，4. 加強對比，5. 視功能訓練。但有些是假性近視，假性近視是由於近距離工作或閱讀過度所引起睫狀肌痙攣，使水晶體處於膨脹狀態，以致看近清楚，看遠不清楚，並非真正的近視，若點用睫狀肌鬆弛劑，使痙攣狀態消失，水晶體恢復原狀，近視即可消除，如因這種緊張現象引起的假性近視就配帶眼鏡，那不久眼睛就會發生基質性變化，而永遠喪失機會再恢復到原來的正常屈折狀態。

既然假性近視是由於睫狀肌持續性的過度緊張所引起的視力障害，如果能夠制止睫狀肌的過度緊張就能矯正假性近視，因此可使用睫狀肌麻痺劑使睫狀肌解除緊張狀態，即可恢復視力，不必配戴眼鏡。

二、結膜炎

結膜是保護眼球的外圍屏障，有微生物侵入時，它首當其衝，所以常會有發炎、紅腫的現象。結膜炎的病因分為感染性和非感染性兩大類，主要表現為輕度的結膜充血及少量的黏液性分泌物，感染性的常見致病菌包括葡萄球菌、卡他球菌、大腸桿菌等等；非感染性的因素有強光、屈光不正、菸酒過度、睡眠不足等引起。結膜炎的癥狀為眼白或眼瞼內側發紅、眼睛發癢或刺痛，眼角和眼睫毛會出現黏稠的膿汁，使患者在清晨睜不開眼。過敏性結膜炎的癥狀是眼癢，其他較常見的癥狀有流淚、灼熱感、畏光及分泌物增加等。

三、白內障

所謂白內障，是指原本透明的水晶體變白混濁不清，阻礙了光線的透入，引起視力不良。較常見的有：1. 老年性白內障，60 歲以上，多少都有這種老化的現象，所以年紀大了以後，都可能有白內障，除非視力模糊到影響日常生活了，否則可以不必開刀。2. 先天性白內障，這種小孩一定要早一點開刀，越早越好，因為光線不能進入眼球，視覺細胞及大腦視覺中樞沒有接受刺激就不會發育。目前為止，尚無任何藥物療法能有效防止或治好白內障。服用維他命和一些抗氧化劑，戴太陽眼鏡減少紫外線曝曬，均衡飲食和避免抽菸可減緩白內障的進行，但接受白內障手術是目前唯一有效的治癒方法。

白內障手術一般是以「超音波晶體乳化術併人工水晶體植入」為主，是一種小切口白內障手術，以超音波把水晶體乳化後吸走，傷口可不用線縫合。若白內障太熟則會採用「囊外白內障摘除併人工水晶體植入」，需打開較大傷口把整個水晶體核取出。

四、青光眼

眼球內有一個液體循環系統，負責供應球內各組織的新陳代謝，這液體叫做房水，它由睫狀體分泌出來，從角膜、鞏膜交界處流出眼球進入血管，如果有任何原因引起阻塞，房水一直分泌卻流不出去，眼內壓會

升高，持續地升高，壓迫視神經，使其漸漸萎縮，視野缺損，最後導致失明，稱為青光眼。

正常眼壓性青光眼又稱正常低眼壓性青光眼。正常眼壓性青光眼的致病因素複雜，尚不瞭解其確切病因，目前尚無根治方法，但可用藥物或手術治療控制或減緩病情發展。

五、斜視

所謂的斜視，主要是指兩隻眼睛不能同時注視目標，屬於眼外肌疾病中的一種，俗稱鬥雞眼。醫生對斜視處理有三種方式：1. 把兩眼擺正，恢復美觀；2. 保持好的視力，防止弱視發生；3. 設法使兩眼能同時看，有融合及立體視覺。有些斜視是先天性的，就必須早些開刀矯正。外傷、腦內腫瘤或疾病所引起的腦神經麻痺性斜視，就必須追查原因，徹底治療。

六、高血壓及糖尿病網膜病變

因為我們人體的視網膜血管與心臟、腎臟血管構造完全相同，而高血壓會引起心臟血管收縮、心肌缺血，糖尿病會造成腎血管變化，所以也有可能引起網膜病變。視網膜色素變性（Retinitis Pigmentosa，簡稱 RP）者，其外貌與正常人無大分別，但因各種病徵造成視障，而致行動不便。例如：夜盲是 RP 人最初期也是最普遍的病徵。此外，視野窄是 RP 人的另一個常見病徵，他可以清楚看到正前方的細微景物，略偏左右的龐然大物已不在他的視野範圍。RP 人的視覺功能會不斷退化，而且暫時沒有治療辦法。

七、皮質盲（cortical blindness、cortical lesions）

皮質盲影響眼球運動的神經調控及掃視功能與運動感知（Motion Blindness），甚至是失認症（visual agnosia）。Marguis 氏認為皮質盲的定義包括：1. 不管在明處或暗處均呈完全性視覺缺損；2. 強光下眼球突出，不閉目；3. 瞳孔對光反射存在；4. 眼底正常；5. 眼球運動無障礙；6. 可有（或無）偏癱、感覺障礙、失語、定向力障礙。正如以上定義所述，瞳孔對光反射存在、眼底正常而無視覺功能者，始可稱為皮質盲。

基於以上認知，一般人假如視網膜產生裂孔，造成視網膜感光細胞得

不到其下脈絡膜之營養，將導致視覺功能喪失，這種疾病名為視網膜剝離（Retinal Detachment），視網膜剝離的患者可能產生飛蚊症、周邊出現閃電感、視野缺損、視力下降等。出生體重越輕的早產兒，其發生視網膜病變的機會也越大。急性結膜或角膜炎，因結膜極度紅腫，有水性或黏液狀分泌物，將造成眼痛、畏光、眼瞼紅腫；黃斑部病變就是視網膜與脈絡膜之間區隔的間膜功能不良，在組織病理學上可以看到脂性蛋白質沉積，嚴重時間膜不能阻止脈絡膜的血管向視網膜增生，導致中心視野缺陷；因年紀增長，或高度近視、外傷、手術等，使得黏稠不太流動的玻璃體，慢慢開始水化，有些網狀的纖維會聚集在一起，在眼內飄來飄去，此時，眼睛看明亮背景時，視野中可能會出現各種形狀的黑影，隨著眼球運動，黑影也會浮動，此稱之為飛蚊症，其中心視野也會受影響（賀夏梅，2011）。

此外，1. 急性腦缺氧，2. 腦外傷，3. 炎症，4. 中毒，5. 腫瘤，6. 腦血管疾患，7. 大腦視覺區病變，8. 大腦枕葉紋狀區視覺中樞遭受嚴重損害，9. 大腦枕葉缺血嚴重，導致腦細胞壞死，10. 中風等原因，也會導致皮質盲，使得視力下降、視野缺損、深度、色覺、形狀、運動等感知能力變差，甚至看到東西無法統整出物品名稱。

第六節　視覺障礙者的課程與教學

為因應特殊教育與普通教育接軌之融合趨勢，教育部於 2008 年委託盧台華完成「國民教育階段特殊教育課程發展共同原則及課程綱要總綱」、「高中教育階段特殊教育課程發展共同原則及課程綱要總綱」及「高職教育階段特殊教育課程發展共同原則及課程綱要總綱」三項內容之編訂。新課綱涵蓋國民教育、高中與高職三個階段，強調設計特殊需求學生課程應首要考量普通教育課程，重視個人能力本位與學校本位課程，採課程及教材鬆綁的執行方式，以設計出符合特殊需求學生所需之補救或功能性課程（http://www.ntnu.edu.tw/spc/drlusp_1master.html）。

根據盧台華（2011）指出，民國 88 至 90 年間，教育部相繼完成啟聰、啟明、啟仁、啟智等類及高中特教班職業學程課程綱要的修訂工作。然因各類課程綱要修訂期間與九年一貫課程綱要之修訂時間有所重疊，且完成

時間早於九年一貫課程綱要公布時間。因此修訂之各類特殊教育學生課程綱要較難與普通教育課程接軌，亦無法因應融合潮流需求中需以普通教育課程為首要考量並達到進步之目標。由各類綱要分析整體歸納發現：1. 各障礙類別之課程綱要多以教材內容為主，較缺乏課程與教材鬆綁的彈性，並會限制教師發展空間；2. 各類障礙類課程綱要並未分階段，且未能符合學生生理年齡之需求，亦較強調基礎認知技能之目標；3. 除最晚頒布的啟聰類課程綱要係於 90 年間完成，故尚能配合九年一貫課程安排彈性或選修時間外，其他類課程綱要均無此一設計。

提及視覺障礙者的課程，多會聯想到點字、定向行動、按摩、適應體育等等；而指導視障兒童時，視障教育教師通常會讓視障兒童將手放在教師手背上（hand under hand），感受教師的動作，這種稱為示範指導，以及教師的手抓緊兒童的手背來修正其動作（hand over hand）的矯正策略。另外指導盲聾雙障的指背語指導等，都和一般兒童的教學有所不同。

一、視覺障礙者的課程

1995 年全國身心障礙教育座談會議決議，啟明學校課程綱要已不合時宜，須要重新修定，教育部於 1997 年即請相關人員開會商談課程綱要增修訂事宜。本人被指定擔任此項工作之主持人，乃商請視覺障礙教育專家學者、啟／惠明學校校長、主任及教師代表共同來研訂，增修訂範圍經多次開會結果，認為應從學前、多障、國小、國中乃至於高中職，雖然學前課程教育部已委請學者專家專案研訂，但與會學者及實際從事視障教育工作之伙伴認為，多一套綱要或教材更可以發揮個別化之需求，因此就在不增加經費之原則下，多聘請學前及多障教育專家指導研訂視障學前及視多障課程綱要。茲將所增修訂的課程綱要簡述如下：

㈠ 高中職教育階段課程

為培養視覺障礙學生成為健全公民，促進其生涯發展、貢獻己力服務社會的目標，啟明學校（班）課程綱要可參考「高級中學課程標準」及「各高級職業學校課程標準」施行之，以因應綜合高中或學年學分制之發展趨勢。現階段分為普通科和職業類科。

1. 普通科科目：（1）共同科目、（2）選修科目。

2. 職業類科：（1）復健按摩學程、（2）資料應用學程、（3）實用技能學程。

(二) 國民教育階段課程

根據九年一貫之精神及以學習領域取代學科之原則和發展趨勢，本課程綱要除顧及目前實施之考量將科目及時數表列，同時呈現學習領域之規畫，以因應未來實施之需要。為培養國民應具備之基本能力，國民教育之課程應以個體發展、社會文化及自然環境等三個面向，提供語文、健康與體育、社會、藝術與人文、數學、自然與科技及綜合活動等七大學習領域。

(三) 學前及多障教育課程

1. 學前教育課程

學前課程綱要係依據我國教育宗旨、特殊教育法及其施行細則之精神，參酌幼稚園課程標準，並針對學前教育階段視覺障礙幼兒之身心發展狀況而訂。以融合教育為導向，身心均衡發展為前提，提供快樂、適性、開放的學習空間，並與家庭教育密切配合，發展視覺障礙（含以視覺障礙為主的多重障礙）幼兒獨立自主的潛能，並能克服障礙為目的。學習領域包括：（1）生活教育、（2）知覺動作、（3）溝通技能、（4）社會適應、（5）認知發展。各領域課程應配合視覺障礙幼兒生長與發展，及整體活動的需要綜合實施。

2. 多重障礙教育課程

多障課程綱要係依據特殊教育法及其施行細則，針對以視覺障礙為主的多重障礙（以下簡稱視多障）學生之潛能，培養其適應社會所必須的基本知識、技能、習慣與態度，成為身心均衡發展的自立自主國民。以生活經驗為中心，針對障礙者的智力、感官、肢體、語言和社會情緒等方面的特性與限制，透過適性教學，以期達成教育目標，其教學領域有：（1）生活教育、（2）溝通訓練、（3）知動訓練、（4）認知教育、（5）休閒教育、（6）社會適應、（7）職業生活等。

目前所完成的特殊教育課程綱要，僅呈現點字與定向行動領域課程

綱要，至於視障教育教師如何依一般課程作調整，得依自己的專業知能加以設計，但如果是新任視障教育教師，則可以參考舊的課程綱要，因為該課綱是啟／惠明學校各科目教師累積數十年經驗的結晶，以國中數學科為例，它包括了教材編選組織、教學原則、教學過程、教學要點、教學評量等等資訊。例如：

㈠ 教材編選組織方面

1. 數學科教材之編選應以達到教學目標為首要。2. 教材內容之每一單元，應包含有計算方法的訓練及數學觀念之傳授。3. 教材編排應有系統、由淺而深、由簡而繁，並富有彈性。4. 教材內容之舉例，應多選取日常生活有關實例，或自然現象之計數，以吸引學生之學習需要與興趣。5 教材編選的份量應顧及學生學習能力、障礙及時間，不可過多或過少。

㈡ 教學原則方面

1. 須以達成數學科課程標準所列目標為原則。2. 學習數與形的關係應盡量利用模型及凸型圖來說明。3. 學習數的計算，多利用工具，但要以提高學生心算及珠心算能力為原則。4. 講解方式以提供真確的正面科學事實為原則，盡量避免涉及反面事例。

㈢ 教學過程方面

1. 計畫與準備

（1）教學前教師應仔細診斷一般學生學習能力，及時間支配而編寫教學計畫。（2）教師教學前，應視學生之學習範圍、能力及時間，慎重整理教材、或簡化、或挑選，以適合學生的需要。（3）蒐集各種立體模型如圓錐體、柱體、球體……等。（4）製作教本所列圖形的放大或更明確之凸型圖。（5）設計簡易教具，以供計算公式的說明。

2. 教學指導

（1）教學應以講述式與啟發式相輔而行，隨時注意學生的學習行為，鼓勵其自動學習。（2）教學應重視個別指導，較難之計算式或問題，應要求學生當場演算，並給予糾正及鼓勵。（3）教師應注意學生演算的能力並提高其正確性。（4）教學後除教科書外，宜按課程標準酌予補充與

日常生活有關之課外教材。（5）教學後將規定作業做統整性、啟發性的提示，以免學生遇到難題而失去興趣。（6）隨時注意學生特長與限制，酌予增加或減少作業份量。

㈣ 教學要點方面

1. 教學應就各單元目標選擇與學生日常生活有關，易接受的、系統化的教材。2. 教師設計教學計畫及實施教學時，應以一般學生的學習能力為準，但對特殊學生亦應適當地處理。3. 教學數學的主旨，在儘量訓練學生的思考、計算能力，以增進學生手腦的靈活應用，同時啟發學生創造意念，培養辨別真偽的能力，故除教授數學知識及計算技巧外，應積極促使學生瞭解數學真善美之特性及實用價值，消除其誤認數學為艱澀無用之學問的錯誤觀念。4. 由於學生對於形象及數字、文字計算式無法像一般學生一目成像，故在教學時儘量以凸型圖或點字表示出來，並以日常活動為計算對象，引入概念，循序漸進。5. 訓練學生使用算盤、計算盤來演算，進而訓練學生確立數形（點字形象）的觀念，且能使用迅速、正確的心算或珠心算，才是日常生活所需的技巧。6. 教師應能將數學觀念，變化為智力競賽方式，以製造學習高潮。7. 教學應以學生舊經驗為基礎，如無經驗者，應以模型令其觸摸，建立印象，如圓、三角形、錐體、立體……等。8. 學校應購買或自製適合學生使用之點字數學儀器，如點字計算盤、數字計算盤、捲尺分角儀等等。9. 充實點字數學書籍、或智力測量等趣味叢書，以使學生借閱。10. 為培養學生珠心算能力仍應繼續小學之基礎訓練，加強實施。

㈤ 教學評量方面

1. 數學科之教學評量，宜以效標參照評量為主，常模參照評量為次。2. 教學後應檢討學生之學習效果，如有必要，應修改教學計畫或改進教學方法，或補充教具，以期達到教學目標。3. 學生學習效果之分析：學校規定之測驗、臨時測驗、作業。4. 學習態度等四方面，按照學生之領悟力、學習能力來做成績考查。

二、視覺障礙兒童的教學

㈠ 融合教育方面

視障教育的終極目標在於能回歸主流，目前之情況雖無法全部達成，但融合教育卻是代表著此一理念，惟部分學者認為，宜改成資源教室的型態以利輔導。

視障巡迴輔導教師前往輔導的情形如下：有人每週輔導二、三次，也有人每學期才二、三次。臺北市和高雄市的輔導情況普遍較佳（101 學年度臺北市視障巡迴輔導教師 12 位，負責 160 位視障學生），其他各縣市人力則稍嫌不足；比較聰明的學生接受輔導的次數較多，成績中下者的輔導次數較少。雖然輔導狀況因人因地而異，但大多數人認為巡迴輔導老師非常熱心，且迫切希望輔導老師的指導。持平而論，如果只是生活輔導，目前之師資就已足夠，如要兼顧學業輔導，則需要更多的師資編制。

㈡ 特殊教育學校方面

特殊學校之教育迥然不同於融合教育，就學生學習而言，因人數少所以多能獲得相當妥善之指導，但仍遭受嚴重批評，可見尚有待改進之處。

1. 教材方面

國民教育階段，視障學生除了生活訓練、定向行動及按摩等附加課程外，均和普通教育相同。教師以一般的教材來施教，必然要使用複製、變更、代替和省略之處理方式。複製旨在使視障生知道明眼人所從事的工作，並真正從事活動以獲得和明眼人相似的經驗。變更則在不改變內容下，把國字以點字或聲音呈現。一旦遇到無法複製也無法變更的教材，只好找代替活動來補充，至於不適合視障者之教材則採「省略」方式為之。

基於回歸主流的考慮，教導視障生時，在教材運用上，藉複製和變更者多，而代替的教材顯得最費神，需花費相當多的時間去蒐集和思考，這種教材最為可貴，可惜一直未見教師把使用之教材作系統的記錄和整理。

最令人感到困擾的是教材的省略，該不該省略，沒有客觀之標準，且教材一向有一貫性，一旦省略掉某些部分不教，必使得往後之教材難以銜接。何種教材無法複製、變更和代替，是和教師之素養息息相關的，所以

教材取捨得當與否影響學生之學習甚鉅。

至於附加課程，一直缺乏系統化的教材，目前多由有關教師編輯，如生活訓練教材以智能不足者之教材為主加以增刪；按摩教材則參考日本及大陸之教材加以增加篇幅。

2. 教法方面

教師之傳道、授業、解惑，貴於能不照本宣科，而把教材吸收消化後，整理出一套適合視障學生生活經驗的教材。我們常會因講臺上的老師沒系統、不生動、枯燥，而憤怒或沉睡。但是否也曾想到學生學習情況不佳，是源於我們的教法不當所致。

傳統講演式的教法，最難引起學生的興趣，即使教材準備充分、舉例傾出，亦難以讓學生全數投入。因此改變一下教學策略或教學環境，或許會有意想不到之效果。教學活動之設計須配合學生，Lowenfeld 認為應注意學生之個別差異，力求具體以及從做中學習。傳納的多感官教學法（VAKT），運用了視聽觸動，可有效的應用於各種學科的教學。

「具體原則」在較高年級以及思考性的學科較難。一些抽象的概念均須藉助具體概念來推想，因此讓學生多和外界環境接觸，多利用身體各器官去體會、度量，將有助於日後之學習。實物、教具對於視障學生而言迫切需要，然國人似乎較不注重。此外，教導視障學生時都會發現其個別差異太大，假如不採個別化教學，將使視障學生無所事事，而較聰明者也被耽誤。所以教學之前，均須先瞭解學生狀況，以決定使用何種教材及設計何種活動。如此，教師上課時先把基本的知識講授完，即可依學生自己的程度而練習不同的作業，老師再視情況個別輔導。

3. 教具方面

視障學生的教具雖然種類繁多，不勝枚舉，然其特色不外以下數點：

（1）把細小物體放大，如螞蟻、蚊子、蒼蠅，雖可以捕捉讓學生「觀察」，然因過於細小，往往不易「把握」，因此在製作此類模型時，必須將之放大千百倍。

（2）把巨大的物體縮小，如中正紀念堂，在帶學生前往參觀前，應先把「中正紀念堂模型」給學生觸摸，否則一旦前往參觀，置身偌大的殿堂中，亦不知身在何方。

（3）加註點字旁白，由教育局統一製作，分發給各校的教具，大部分須經改製或加上點字說明，才適於視障學生使用。如「時鐘模型」，須在每個數字旁附加點字標示。

（4）配置聲音，聽覺是視障學生資訊輸入的主要管道，假如教具在觸覺上不便傳達給他們時，就必須以聲音替代。如電子有聲水平儀、電子報時鐘、有聲電算機等。

綜合上述，視覺障礙兒童的教學原則應在評估學生的先備能力及需求後，選擇適合孩子的教材、環境及教學模式，並在執行教學後進行評量且對教學加以改正。教學的內容包含了感覺與知覺訓練、視覺功能訓練、點字教學、生活自理訓練、定向行動訓練，另外，口述影像是視障者接受明眼人世界的管道，亦可多多利用以促進視障者與社會的融合。

第七節　視覺障礙者的教育安置

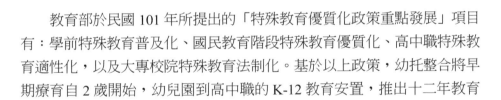

教育部於民國 101 年所提出的「特殊教育優質化政策重點發展」項目有：學前特殊教育普及化、國民教育階段特殊教育優質化、高中職特殊教育適性化，以及大專校院特殊教育法制化。基於以上政策，幼托整合將早期療育自 2 歲開始，幼兒園到高中職的 K-12 教育安置，推出十二年教育安置以及免試升學。

為提供幼兒園進入小學、國小升國中、國中升高中職，以及在校的特殊需求學生，獲得適當的安置及安排合宜的課程，各縣市鑑定安置委員會每年均定期召開會議，視障教育鑑定安置工作項目包括：規劃專業知能研習，如視障教育專業、閱讀媒介評估、視功能評估等；辦理鑑定安置說明會；召開鑑定安置會議。

安置方式有普通學校（如視障重點學校）和特殊教育學校（如啟明學校），安置時程新生鑑定安置在 4 月下旬，在校生鑑定安置在 4 月及 11 月下旬。

至於經鑑輔會鑑定並安置後，個案有變更特教服務及安置方式之需求者，得由學校相關人員或家長向個案就讀學校提出申請，其處理程序如下：1. 視需要召開個案會議。2. 召開校內特殊教育推行委員會，議決個案評估

結果及建議，包括教育安置、教學輔導、醫療、家長配合事項等。3. 校內相關評估結果及建議，應於鑑定期程內提報視障鑑定安置委員會進行鑑定安置確認。4. 若學生需重新安置於特教需求較多之環境，須邀請鑑輔委員及教育局代表召開臨時鑑定安置會議。

國民教育階段視障學生的教育安置，在各項能力評估後，會依評估結果，參考家長意願及居住狀況，予以就近入學或提供視障巡迴輔導教師，這個階段的教育安置爭議性較少。至於國中升高中或高職，基於明星學校的迷失，鑑於家長望子成龍望女成鳳，通常會出現視障學生成績未達某校入學門檻，在各種評估之後，家長會對於所安置的學校提出異議的困擾。

臺北市安置於普通學校的狀況，在學校所提出的個案輔導報告中：「一年級篳路藍縷；中年級時熱愛學習，尤其喜歡音樂、英文，能和同學分享喜悅，人際技巧是努力的方向；高年級時沒接觸過的層面，誠惶誠恐，班際活動多，如何融入班級，作業評量多，需要提早完成電子檔，女生有小團體，沒人幫忙怎麼辦？掃除工作及值日生怎麼做？每天提心吊膽，找中年級老師談談以減低擔憂……」可以看出一般教師的擔心和感受，此外，「幼稚園提供的轉銜訊息，教師能同理家長的辛苦，視障生適應不錯，只是與同學間的話題不同。至於其優勢能力方面，樂觀善良，樂於參與團體活動；學習動機強，對新事物有好奇心；在校的基本生活自理大多可以獨立；定向行動的能力不錯；能夠傾聽他人的話語及對自己的建議，也能侃侃而談自己的想法；認知能力佳，吸收能力強；盲用電腦、點字書摸讀的處理速度快，能隨堂記筆記；音樂及語文表達能力優異，常參與手風琴、演唱演說比賽或表演；家長積極投入，給予全力支援。」

該生在普通學校碰上的困難有：空間行動、人際互動、支援尋求上比較被動；剪貼穿線等精細動作，以及翻滾跳躍等粗大動作較不靈活；幾何圖形、符號認知較難立即瞭解，需要額外的口頭說明或立體圖示；功課習寫或考試需要較多的時間，有時會疲累；對於他人情緒、團體情境氣氛的辨識與回應，難以察言觀色，以致造成互動上的誤解。

基於上述，學校為其特殊需求提供的支援有：1. 無障礙空間：走廊勿置物、樓梯配置；扶手、設電梯、調整教室內座位。2. 定向行動訓練。3. 輔具：點字機、盲用電腦相關設備、點字列印機、立體熱印機、手杖、盲

用算盤、有聲球等。4. 教材：點字書、有聲書、觸摸教材等。5. 資源教學：聽打、摸讀、觸覺訓練、數學幾何。6. 協同教學：自然、美勞、英文、體育等科及部分團體活動，由教師助理或資源教師入班協助。7. 調整評量方式：如彈性延長時間、斟酌評分標準、抽離至資源班考試、採取替代方案。8. 視障巡迴輔導：到校進行教學與輔導的諮詢指導。9. 盲用電腦課程：由盲用電腦教師指導。

　　經由上述安置於普通班的個案，在家長配合、學校投入和視障生自己的努力下，也獲得滿意的回饋，因此安置雖然重要，但安置後的輔導更是影響成敗的關鍵。

　　至於安置後如果發現學習成效不佳，個案有變更特教服務及安置方式之需求時，學校必須召開個案會議。例如：有一位視障生被安置在某高中綜合高中科的商業類科，想轉安置到啟明學校，但啟明學校分為高中部和高職部，高職部以按摩為主，因此如何讓個案的課程可以無縫銜接，就必須邀請相關專家學者及教師前來討論，是安置在高一或高二？個案是罕見疾病（巴德畢德氏症）而導致的視網膜萎縮。而這個罕見疾病對個案不是只有視力上的影響而已，還會影響他的整個身體跟心理，就是發展比較慢，他心理的發育，比較像是小六到國一的程度，到高二，青春期開始出來了，整個外觀和身高其實都開始有變化，他那時候發展就是比較慢，加上其他的醫生診斷他有高功能亞斯伯格症，所以個案不是一個單一障礙類別的孩子，是結合多重的困難。

　　轉安置會議召開時就針對轉安置的原因，如視力退化、期待小班學習；學習特性分析如個案對地球科學很有興趣、用眼過度會退化、他的弱勢科目是在國文、歷史、地理；原校課程與轉安置學校的銜接，如課程課本和個案的期待等；原校特殊需求放大考卷（A4 放到 A3）、教材減量、輔具（擴視機）、人際適應能力；住宿問題等作詳細的分析和討論。至於安置於高一或高二問題，個案的母親認為還是以教師們的專業考量為宜。學校方面顧及到學期的完整性還有延續性，決定從高一下銜接比較適合。

　　視障生國中畢業後可以經由免試升學或十二年教育安置管道進入下一個學習階段，目前臺北市鑑定安置會議，在經過各種評估後，會先依個案所選的三個志願來考量，如普通高中、普通高職或啟明學校高中／職部。

主要是想提供一個適合個案發揮其潛能的學習環境。

(第八節) 視覺障礙者的早期介入

　　Bailey（1994）認為：「早期介入是對障礙兒童及家庭提供教育治療、預防及家庭支持的服務，藉由越早提供這些服務給兒童，來提高兒童未來成功的可能性，並且在兒童成長和家庭調適的重要期間給予支持。」

　　早期介入或稱早期療育，包括提供給從出生到 5 歲的兒童多方面專業領域的服務，以促進兒童健康與福祉，增進潛能的表現，將發展遲緩減至最少，補救已存在或將出現的障礙，預防功能的退化，並提升適應性親職與整體家庭功能。

　　教育部目前將幼稚園和托兒所整合統稱幼兒園，在學前特殊教育普及化的政策下，訂定就讀私立幼兒園所機構之身心障礙幼兒補助辦法；補助各縣市政府新設學前身心障礙特殊教育班之開辦費；落實學前身心障礙幼兒個別化教育計畫；鼓勵私立幼兒園進用特教教師及在職進修特教專業知能；規劃並設置「早期療育資源中心」，擔負早期療育之特殊教育的課程教學資源、專業整合及績效評估等；編製學前特教課程套裝教材乙套，以做推動及落實；推動修法早期療育之特殊教育自 2 歲開始（幼托整合）。

　　學前特殊教育的普遍化有四項任務在執行：辦理學習需求調查、加強學前特教專業團隊服務、落實學前巡迴輔導功能、充實教師助理員支援服務。至於在落實學前特教學生 IEP 方面，有四項工作：落實跨階段轉銜通報與輔導、強化學前鑑定安置功能、強化幼教教師 IEP 專業成長知能、建立訪視輔導與評鑑機制。

　　視障兒童學前教育階段的課程目標，係依據我國教育宗旨、特殊教育法及其施行細則之精神，參酌幼稚園課程標準，並針對學前教育階段視覺障礙幼兒之身心發展狀況而訂。課程以融合教育為導向，身心均衡發展為前提，提供快樂、適性、開放的學習空間，並與家庭教育密切配合，發展視覺障礙（含以視覺障礙為主的多重障礙）幼兒獨立自主的潛能，並能克服障礙為目的。

　　為實現學前特殊教育階段之教育目的，需輔導幼兒達成下列目標：

1. 培養正面積極的自我觀念，擴展與外界接觸的能力並建立自信心。2. 增進情緒的穩定性及培養探索學習的興趣。3. 加強操作能力，增進知覺動作的協調。4. 建立生活常規及團體規範。5. 培養基本生活自理能力，建立良好的習性。6. 建立適當的溝通能力與技巧。7. 增進身體發展及定向行動的能力。8. 養成有效運用殘存感官及培養克服障礙的能力。9. 發展個人、家庭、學校、社區等群己關係，社會適應能力。10. 養成學前基礎能力，為進入國小階段做適應準備。

　　早期介入是一種制度化與連續性的服務，其包含下列的服務流程及工作內容：發現、初篩、通報、轉介、評估、療育安置、轉銜、家庭支持。新北市政府社會局發展遲緩兒童早期療育通報轉介中心的服務範圍算是比較廣泛的，現以該中心為例，臚列其服務內容如下，以供參考：1. 發展遲緩兒童早期療育相關業務規劃與執行。2. 建立通報網絡。3. 諮詢、轉介服務：通報轉介中心接獲特殊幼兒之通報，即與嬰幼兒家長聯絡，介紹早期療育相關資源，並依嬰幼兒之需求，轉介所需之相關福利服務。4. 個案追蹤服務。5. 宣導。6. 早期療育相關資料的蒐集與研究分析。7. 發展遲緩兒童療育補助。

　　學前視多障兒童教學方面，因為視多障兒童兼具生理、心理或感官等不同障礙，所需教育內容與輔導方法也應隨個別差異而有所改變，方能滿足其教育上的需求，以期達到適性的發展。視多障兒童教育最終目標在於培養日常生活自理能力，適應及回歸社會生活與激發其潛能，如此不僅可以減輕家長在養護上的沉重負荷，他們也將活得更有尊嚴，更容易獲得社會的接納，進而奠定其參與社會及職業生活的基礎。

　　視障幼兒教育態度與策略方面，教導視障兒童學習生活自理能力技能時，除了必須具有正確的教養態度，更需要有愛心和耐心，鼓勵與讚美等態度，若教學時能運用下列適當的策略，想必能達到事半功倍的效果。例如：1. 運用常識且適時適地教導新技能。2. 在教學之前，先設想自己是小孩時會怎麼做，或希望別人怎麼教妳。3. 自然的情境下教導。4. 教學方法及對同一事物的稱呼前後應儘量一致。5. 由孩子的背後指導，這樣孩子比較容易感覺到你的動作。6. 給予越來越少的協助。7. 給孩子有幫忙的機會，讓他有被需要的感覺。8. 給予孩子較長的時間去做每一項工作。視多障兒

童教育最終目標在於培養日常生活自理能力，適應及回歸社會生活與激發其潛能。

目前臺北市立啟明學校的學前班除了招收視障幼兒，同時也招收一般視力正常兒童；另外，臺北市視障者家長協會也設立早療教室，招收 0-6 歲（含緩讀）視覺損傷未獲完整早期資源服務之嬰幼兒。

第九節　視覺障礙者轉銜至成人

視覺障礙學生高中職畢業後，高職的畢業生可能選擇按摩行業，他們將加入視障者相關的團體組織，至於高中畢業生大多數都能如願的繼續進入大學就讀，教育部在各大學校院多設有資源教室，輔導他們特殊需求方面的申請及協助，目前 160 所大學中就有 148 所大學設有資源教室，至於視障輔具則由淡江大學所成立的「教育部大專校院視障學生學習輔具中心」，負責如放大鏡、盲用筆電、聽書朗、導盲鼠、Zoomtext 電腦螢幕放大軟體等等之評估與借用。

視覺障礙學生高職畢業後，未進入大學者就必須面臨就業的抉擇，在就業方面，本人於 1990 年以臺北市立啟明學校 120 名畢業生為對象作電話訪問，在 92 位受訪者當中，發現他們繼續深造者占二成五，已就業者占七成，實際未就業者僅占 7.6%；其中有 50 位從事於按摩業，占七成一；其次為演唱（7.14%）、教書（5.71%）、理療（5.71%）、電話接線（4.29%）。在受訪者當中，對於目前工作不滿意者有四成。

萬明美於 1991 年針對從事按摩業之視障者作實地訪視，發現影響按摩師收入的相關因素有教育程度、視力狀況及專業訓練。其生活圈狹小，多數按摩院設在自家內，設備簡陋，採光和衛生條件欠佳；明眼人從事按摩工作，視障按摩師難以競爭；按摩收入不穩定，生活沒保障等等。至於萬明美於 1998 年再度探討大學視覺障礙學生畢業後之生活狀況發現，他們的就業率高達九成一，除了一些尚在謀職中或準備考研究所外，真正失業的僅 3%；視障者所從事的行業依次為各級教師、按摩師、音樂歌唱及點字校對員。此外，也出現一些新興行業，如社會工作助理、行政助理、保育員、廣播節目主持人、保險業務員、電腦程式設計師、觀護人、行政

主管、立法委員等。

張勝成等人於 1995 年對於臺北市視障者作職業現況及其職種開發之可行性研究，發現 20-30 歲的視障者占 36.4%，30-40 歲者占 31.8%，40-50 歲者占 31.8%；受過學校職業訓練者占 65.3%，未受過學校職業訓練者占 34.7%；在 54 位失業和家管中，有六成三具有就業意願；至於參加職業訓練方面，五成五願意參加職業訓練。

杞昭安於 2000 年再度就國內視覺障礙者目前的就業狀況，以及其工作壓力、工作滿意度與就業期望作電話訪問，就臺灣地區視覺障礙團體會員 4,818 名中，以年齡在 20-40 歲之間的會員為對象，進行分層隨機取樣，共抽取 372 名進行電話訪問。所獲得之結論摘述如下：

1. 接受本研究訪談者中男性占 66.1%，女性占 32.5%；其中全盲占 50.0%，低視力占 48.5%；先天失明的占 47.7%，後先失明的占 50.8%；會使用點字者占 57.5%，不會使用點字的占 49.1%；已婚的占 38.6%，未婚的占 54.4%，已離婚的占 2.0%；教育程度在高中職以上的占 68.4%；所從事之行業以按摩業最多（48.5%），其次為電腦文書處理（10.5%）、教書（7.3%），其餘為電話接線（2.6%）、理療（1.2%）、演唱（1.2%）等工作。

2. 視覺障礙者就業者占 73.1%，其中 66.5% 是受僱；而多數是自行應徵占 41.7%，其次為朋友介紹占 35.3%；收入在 15,000-35,000 元之間者占 73%，惟仍有 20.6% 其收入低於 15,000 元；自認不夠或勉強可以維持生活的占 65.0%，但滿意或非常滿意目前工作者占 72.4%，不滿意或非常不滿意的占 27.5%；有意想換工作者占 37.0%，至於目前尚未就業者仍有 25.7%，約占視障人口的四分之一。

3. 視覺障礙者希望從事的行業，依次為藝術方面：如文藝、戲劇、音樂、雜藝（占星、算命）；社會福利方面：如神職宗教工作者、教師；企業事務方面：如總機、打字員、文書雜務；個人服務方面：如接待服務、美容師、顧客服務；銷售方面：如專技銷售、一般銷售、販賣。其中自認為想從事之行業和自己興趣符合的占 66.7%。待遇方面認為在 25,000-45,000 元之間較為合理的占 58.2%；想到年老之後的問題者占 70.5%，想到子女教育問題的占 59.1%；認為老年規劃應自己解決的占 20.5%，應由政府協助解決的占 66.7%，至於子女教育問題應自己解決的占 20.8%，應

由政府協助解決者占 60.8%；303 位求職者中，願意參加勞委會的職前訓練課程的占 70.8%。

2008 年司法院大法官作成第 649 號解釋，認為身心障礙者權益保障法規定，非視覺功能障礙者不得從事按摩業違憲，應自公布之日起至遲於屆滿三年失其效力。因此，視覺障礙者的就業問題又面臨轉型之考驗。

目前有一些視覺障礙者熱愛音樂，有些自行成立工作室或從事街頭藝人表演工作，比較優秀者進入娛樂界，從事歌唱表演。臺北市政府文化局從民國 92 年開始推動街頭藝人從事街頭藝術表演，希望藝術文化能融入臺北市民的生活，並培養民眾付費欣賞藝文活動的習慣。94 年「街頭藝人從事藝文活動許可辦法」正式通過實施後，依辦法之規定，取得活動許可證之街頭藝人，可以在相關法令的範圍下，在本市公共空間從事藝文活動。每年的 4 月及 10 月受理街頭藝人報名，5 月及 11 月辦理街頭藝人審議，目前已有超過 600 組街頭藝人領取證照。

街頭藝人的表演形式包括表演藝術類（鋸琴、薩克斯風、中山琴、弦琴、陶笛、各式樂器、樂團、行動雕像、默劇、魔術、舞蹈、氣球秀等）、視覺藝術類（人像速寫、素描、彩繪等）、創意工藝類（吹糖、捏麵人、造型氣球等）等等。因此，啟明學校高中職學生，在升學和從事按摩業之外，多一種職業選項，學校也積極輔導他們取得街頭藝人活動許可證。

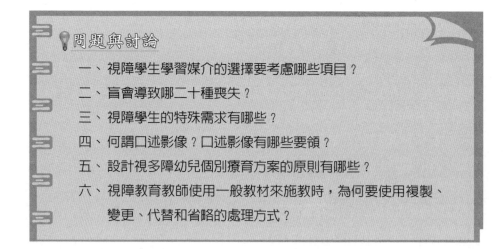

問題與討論

一、視障學生學習媒介的選擇要考慮哪些項目？

二、盲會導致哪二十種喪失？

三、視障學生的特殊需求有哪些？

四、何謂口述影像？口述影像有哪些要領？

五、設計視多障幼兒個別療育方案的原則有哪些？

六、視障教育教師使用一般教材來施教時，為何要使用複製、變更、代替和省略的處理方式？

第五章

聽覺障礙者之教育

林玉霞

第一節　聽覺障礙者的意義與定義

第二節　聽覺障礙者的鑑定與評量

第三節　聽覺障礙者的出現率

第四節　聽覺障礙者的成因

第五節　聽覺障礙者的身心特質

第六節　聽覺障礙者的課程與教學

第七節　聽覺障礙者的助聽輔具

第八節　聽覺障礙者的教育安置

在描繪早年的經驗對我個人生涯發展影響時，我想到非常多的詞彙，但我選擇的是「席勒和克莉狄絲（Between Scylla and Charybdis）」，這個典故來自希臘神話故事。Between Scylla and Charybdis 的意思是指當我們避開一個地獄的時候，卻淪入另一個更可怕的地獄。這個典故中，席勒是個隱喻，用來代表說英語的聽人世界和相關的特質，譬如說主流文化和價值等等。另一方面，克莉狄絲代表了使用美式手語（American Sign Language, ASL）的聾人世界和他們相關的文化價值與訓練系統。

我承認，把美國這樣強制性地區分成使用「口語英語的 v.s. 使用手語的」，或「聽人的世界 v.s. 聾人的世界」是過於簡化了，這樣的二分法裡面，並沒有考慮到介於兩大陣營中的許多次文化；另外一個問題是，我好像把英文的使用只歸於聽人的世界，而把美式手語的使用歸於聾人的世界，這當然是不對的，無論如何，這些林林總總的分類，都是非常普遍而且有代表性的。也都是許多我的學生和許多在聽障領域專業裡面非常熟悉的面相。（Paul, 2002）

第一節　聽覺障礙者的意義與定義

一、聽覺器官的構造與功能

我們經常會用重聽（hard of hearing）、聽力損失（hearing loss）、聾（deaf）、或聽覺障礙（hearing impairment or hearing-impaired）等字眼來形容一個人聽不清楚或聽不見。聽覺障礙是指我們的聽覺器官無法或有困難發揮正常的聽覺功能。聽覺器官是人體最複雜的器官之一，其構造可分為外耳、中耳、內耳、聽神經及聽覺中樞（圖 5-1）。為了解聽覺障礙的性質，有必要進一步認識聽覺器官的基本構造。各主要部位的構造與功能說明如下：

(一) 外耳（outer ear）

1. 耳廓（auricle）
2. 外耳道（external auditory canal）

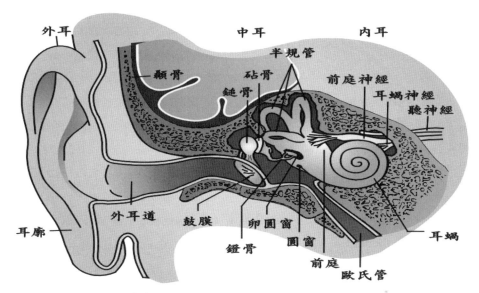

圖 5-1 耳朵的基本構造

外耳（outer ear）包括耳廓（auricle）與外耳道（external auditory canal）。外耳的主要功能在蒐集來自四面八方的聲波、幫助分辨聲音的方向，然後將聲音傳入中耳、內耳。外耳道是一條被上皮層與纖毛所披覆的管道，在此，外耳道會產生耳垢（cerumem），纖毛以波浪似的形式動作將耳垢、灰塵朝外側推出。外耳道的末端與中耳（middle ear）的鼓膜（tympanic membrane）相連。

（二）中耳（middle ear）

1. 鼓膜（tympanic membrane）
2. 鎚骨（malleus）、砧骨（incus）與鐙骨（stapes）
3. 歐氏管（eustachian tube）

鼓膜是一個半透明、呈橢圓狀的薄膜，鼓膜能承受聲波的撞擊而產生振動。緊接著鼓膜之後的就是中耳，中耳是充滿空氣的小空間，主要功能則是擴大音壓，其中有聽小骨鏈（ossicles），依其外形命名為鎚骨（malleus）、砧骨（incus）與鐙骨（stapes）。三塊聽小骨的巧妙連結使聲音有效地傳送到內耳。中耳有鐙骨肌（stapedius）與鼓膜張肌（tensory tympani），影響到中耳的聽覺反射（acoustic reflex）與耳咽管的作用。耳咽管又稱歐氏管（eustachian tube），連接中耳到咽喉（nasopharynx），負責調節中耳與外耳間的壓力平衡。

三 內耳（inner ear）

1. 卵圓窗（oval window）
2. 圓窗（round window）
3. 前庭（vestibule）與三個半規管（semicircular canals）
4. 耳蝸（cochlea）

鐙骨足板（footplate）連接卵圓窗（oval window）的部分是內耳的起點，內耳（inner ear）負責聽覺的部分叫耳蝸（cochlea），耳蝸旋轉約二圈半，耳蝸管內外充滿淋巴液（perilymph 外淋巴液和 enldymph 內淋巴液），其中位於基底膜（Basilar membrane）上的柯蒂氏器（organ of Corti）是人類聽覺感受之始。柯蒂氏器中分布著三至五排約 12,000-15,000 個外毛細胞（outer hair cells）和 3,000 個內毛細胞（inner hair cells），當聲波誘發外毛細胞的振動時，會發出極低頻率的聲音，稱之為耳聲傳射（otoacoustic emissions, OAEs），可作為篩選新生兒聽力的利器。

內耳的前庭（vestibule）與三個半規管（semicircular canals）主司人體的平衡感覺。內耳的主要功能是將聲波轉換為神經脈衝，聽神經則是傳達神經電脈衝至大腦顳葉的聽覺中樞，而產生聽覺作用。聽覺器官的任何一個部位受到損傷，都將影響聽力，造成程度不等的聽覺障礙。

二、聲音的原理

我們可以從不同向度來描述聲波，例如頻率、振幅、週期等。在說明人耳聽力損失的概念時，主要以強度（intensity）與頻率（frequency）表示。用於表示聲音強度的單位是分貝（decibel, dB），人類的聽覺系統可以感受範圍極大的聲音強度，期間的強度差異可達一兆倍，分貝是屬於對數刻度，可將上兆的範圍壓縮為較小的刻度級數。0 分貝不代表沒有聲音，而是指該聲音的音強與振幅的標準參考音（standard reference sound）有著一比一的比例關係。0 分貝代表的是聽力正常者可以聽到的最小音量，稱之

為 0 聽覺分貝（zero hearing level）或聽力圖 0。分貝值愈大，表示音量愈大。下表所列為常見聲音的分貝值（修改自 Durrant and Lovrinic, 1995）。

表 5-1 日常環境中的聲音強度

分貝數	聲　音
0	人耳所能聽到的最小聲音
10	平靜的海浪聲、呢喃耳語
20	風吹樹梢、手錶滴答聲
30	親密的竊竊私語
40	低聲細語、安靜的住宅區
50	安靜的辦公室、百貨公司
60	兩人正常談話聲、洗衣機的運作聲
70	繁忙的交通、一般的關門聲
80	室內音響設備大聲開放的音量
90	街道上車輛來往聲、工廠內部
100	電鋸聲、除草機聲
110	現場之音樂演奏、賽車
120	巨大雷聲、警笛聲
130	開路機的鎚頭敲擊聲、手提電鑽
140	起飛時的引擎聲；此為耳朵感覺刺痛之範圍

　　聲音測量的另一個重要屬性是頻率（frequency），代表單位時間內，聲波的振動次數，以赫茲（hertz, Hz）為測量單位。100 赫茲表示聲波每秒振動一百次（cycle per second）。赫茲是一種客觀的物理量，而音調（pitch）是主觀心理感知的量測值。頻率與音調是有關聯的，聲波振動的快慢，會決定我們聽到的是高音或低音。一般來說，聲波的振動愈快（也就是頻率愈高），我們將聽到較高的聲音（音調）。人類耳朵可以聽到的頻率範圍大約介於 20 至 20,000 赫茲之間，低於這個範圍的頻率，稱為亞

音頻（subsonic），高於這個範圍的頻率，稱為超音頻（supersonic）。人類言語大都分佈在 125-8000 赫茲之間。一般的聽力檢查係以兩耳分別在 500、1000、2000 赫茲三個頻率的聽閾平均值（pure-tone average, PTA）來記錄聽力損失值，聽力檢查結果記錄在聽力圖（audiogram）上，圖中橫座標代表聲音的頻率，縱座標代表聲音的強度；以紅色○的符號劃記表示右耳的聽覺閾值，以藍色 X 的符號表示左耳的聽覺閾值。聽覺閾值表示耳朵所能聽到最小聲音的強度，通常 25 分貝以內的聽力損失對個體不致造成什麼影響。

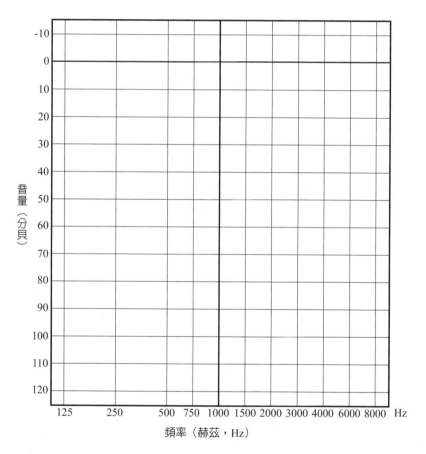

聽覺器官由外觀可以看見的部位只有外耳，因此，我們不易從外表看出一個人是否有聽覺障礙。父母或教師可從孩童的語言發展，以及對聲音的行為反應來發現孩童的聽力問題，一旦發現孩童有疑似聽覺障礙的狀

況，必須到醫療單位接受聽力檢查以及詳細的診斷。

三、聽覺障礙的定義

聽覺障礙是指個體無法有效地以聽覺接受訊息，以致嚴重影響其言語（speech）的接收與表達（Ross, 1990）。聽覺障礙的界定和其他類身心障礙一樣，可以從不同向度來分類。從醫療的觀點，常以聽力損失程度來表示；從教育的觀點則注重兒童能以聽覺訊息處理語言，及對教育表現的影響。

我國於民國 73 年首次頒布之「特殊教育法」第 15 條，將聽覺障礙列為身心障礙的類別之一。隨即在民國 76 年公布「特殊教育法施行細則」（教育部，1987），將聽覺障礙定義為：

本法第十五條第三款所稱聽覺障礙，指聽覺機能永久性缺損，聽力損失在二十五分貝以上者。而聽覺障礙依優耳障礙程度，可分為下列四類：
（一）輕度聽覺障礙：聽力損失在二十五分貝以上未達四十分貝。
（二）中度聽覺障礙：聽力損失在四十分貝以上未達六十分貝。
（三）重度聽覺障礙：聽力損失在六十分貝以上未達九十分貝。
（四）全聾：聽力損失在九十分貝以上。

此後，教育部（1998）所制定之「身心障礙及資賦優異學生鑑定原則鑑定基準」，再度對聽覺障礙的鑑定基準加以界定：

本法第三條第二項第三款所稱聽覺障礙，指由於先天或後天原因，導致聽覺器官之構造缺損，或機能發生部分或全部之障礙，導致對聲音之聽取或辨識有困難者；其鑑定標準如下：
（一）接受自覺性純音聽力檢查後，其優耳語音頻率聽閾達二十五分貝以上者。
（二）無法接受前款自覺性純音聽力檢查時，以他覺性聽力檢查方式測定後認定者。

　　直至民國 101 年修訂「身心障礙及資賦優異學生鑑定辦法」，將聽覺障礙定義為：

　　本法第三條第三款所稱聽覺障礙，指由於聽覺器官之構造缺損或功能異常，致以聽覺參與活動之能力受到限制者。前項所定聽覺障礙，其鑑定基準依下列各款規定之一：
　　一、接受行為式純音聽力檢查後，其優耳之五百赫、一千赫、二千赫聽閾平均值，六歲以下達二十一分貝以上者；七歲以上達二十五分貝以上。
　　二、聽力無法以前款行為式純音聽力測定時，以聽覺電生理檢查方式測定後認定。

　　用聽力損失程度分類，在教育上的意義不大，不能顯現個體真正能聽到聲音的情形，及教育上所需的調整形態為何。從上述立法沿革可看出，我國教育部規範 25 分貝以上為聽覺障礙者。此外，為強調輕度聽力損失對 6 歲以下幼兒在教育表現的影響，六歲以下兒童聽損只要達 21 分貝以上者，即要接受特殊教育服務。
　　另我國內政部為與國際接軌及依據身心障礙者需求提供服務，於民國96 年 7 月 11 日起全面修正「身心障礙者權益保障法」，身心障礙分類方式，改採世界衛生組織（WHO）頒布「國際健康功能與身心障礙分類系統（ICF）」之「八大身心功能障礙類別」。依據民國 97 年修訂公告之身心障礙等級（行政院，2008），將聽覺障礙定義為由於各種原因導致聽覺機能永久性缺損，並將聽覺障礙分為以下三種等級：
　　1. **輕度**：優耳語音聽閾平均聽力損失在 55 至 69 分貝者；
　　2. **中度**：優耳語音聽閾平均聽力損失在 70 至 89 分貝者；
　　3. **重度**：優耳語音聽閾平均聽力損失在 90 分貝以上者。

　　至於美國方面，傾向以功能性的聽力來區辨聽覺障礙的類別。美國聯邦政府在 IDEA'04（Individuals with Disabilities Education Act, 簡稱 IDEA）中描述兩類聽覺障礙者——全聾（deafness）及重聽（hard of hearing, hearing impairment）如下：

　　「聾」（deafness）是指聽力嚴重受損，不管使用助聽器與否，使其處理語言訊息發生困難，嚴重影響其教育表現。

　　「重聽」（hard of hearing, hearing impairment）是指聽力受損，無論永久或暫時，皆嚴重影響到教育表現，但不包括「聾」人。

　　多數特殊教育教師能區辨聾與重聽者的需求是不同的。全聾的兒童，即使配戴助聽器，也因聽力嚴重缺損，無法以聽能處理語言訊息，就算他們還有殘存聽力（residual hearing），也需仰賴視覺作為學習、溝通的主要管道。重聽兒童具有殘存的聽力，可以藉由助聽器的輔助聽取語音，他們或許在語音和語言的發展比較遲緩，終究還有可能經由聽覺管道，發展其基本溝通技能（Heward, 2009）。

　　研究指出，即使只有輕微的聽力損失也可能需要說話、讀話、語言讀寫、以及教育上的專業服務（Paul & Quigley, 1990）。表 5-2 所示為聽覺障礙程度和其對教育的影響。

　　有些聾人並不認同聽力損失是種障礙，覺得「聽覺障礙」這個名詞不恰當，它隱含有缺陷或病理的意味（Lane, 1992；Paul & Jackson, 1993；Reagan, 1990）。正如其他少數民族一樣，聾人族群擁有自己的母語和社群（Dragsow, 1998；Lane, 1992）。他們認為自己是「聾人」（Deaf，強調大寫的 D），是聾人族群（Deaf community）的一份子，並形成聾文化（Deaf Culture），一個有豐富遺產及傳統的文化，傳達出賦權、歸屬及正向樂觀的觀念。

表 5-2　聽覺障礙的程度和其對教育的影響

分　貝	障礙情況	教育的處置
26 分貝以下	正常	普通教育
27-40 分貝	輕度	普通教育；可能需要說話及讀話訓練；可能需要支持性的服務；要注意學業的進展
41-55 分貝	輕度	普通教育；應該要使用助聽器，可能需要說話、讀話和聽能訓練；可能需要額外的支持性服務，使其能勝任學科；必須隨時注意課業上的進展

（續上表）

分　貝	障礙情況	教育的處置
56-70 分貝	中度	安置在普通教育中；最好在純口語溝通的環境中進行訓練（說話，讀話，聽能訓練）；全面的支持性服務是必要的，尤其在英語和讀寫教育上面，應該定期地評量學業上的進展
71-90 分貝	重度	提供全面的支持性服務，才可能在普通教育系統中安置，需要口語溝通模式的全面訓練（說話、讀話、聽能訓練），也許需要一種手語系統或美國手語；必須定期地評量學業成就
91 分貝以上	極重度	進入特殊教育，雖然也可以考慮普通教育；最好在口語和手語的模式之下都接受訓練，全面性的支持服務是必需的，必須定期監控學業進展

資料來源：Paul & Quigley, 1990。

四、聽覺障礙的類別

聽覺障礙除了按上述聽力損失程度分類外，其他分類方式，尚有依聽覺障礙發生的年齡、聽覺障礙發生的部位、及聽覺障礙發生的頻率範圍等變項加以分類。

㈠ 聽覺障礙發生的年齡

聽覺是人類最重要感覺器官之一，兒童若想擁有正常的言語和語言發展，必須先具備正常的聽覺器官及中樞傳導路徑。聽覺障礙發生的年齡對聽覺障礙者往後的語言學習影響很大，聽力障礙可能是先天性的（congenital）（發生於出生時或出生前），或是後天性的（acquired）（出生後才發生）。聽力損失發生的時期愈早，語言上的缺陷就愈大。倘若聽覺障礙發生於出生 1 歲半到 2 歲之前，稱為語言發展前聽覺障礙（prelingual hearing loss）。在語言發展上，語言發展前聽覺障礙的嬰幼兒也會進入喃語期，但是他們聽不到自己和別人的聲音，缺乏充分的聽覺回饋與語言增強（Ross, Brackett, & Maxon, 1991），因此剝奪了他們模仿語言的機會，再加上他們大部分是先天性感覺神經型的聽覺障礙者，其聽力損失狀況通常較為嚴重，這對於他們往後在學習語言和說話方面造成很大的障礙。若聽覺障礙發生於出生 1 歲半到 2 歲之後，則稱為語言發展後聽覺障礙（postlingual hearing loss）。由於這類兒童曾有語言經驗，其教育方案重

點通常以語言的習得與溝通訓練為主。語言發展後，聽覺障礙兒童通常以傳導性聽覺障礙居多，聽力損失狀況較不嚴重，因此在聽覺與語言的學習上比較容易看到具體成效。

㈡ 聽覺障礙發生的部位

聽覺損傷發生的部位及程度會影響到聲音的接收程度，依聽覺障礙發生的部位可分類為「傳導型」、「感覺神經型」與「混合型」聽覺障礙三種，以下簡單介紹其內容，以及發生的原因：

1. **傳導型聽力損失**（conductive hearing loss）：當外耳或中耳的聲音傳導系統發生障礙，個體未能完全接收到周遭的聲音，但由於內耳功能沒有受到損傷，聽力損失未及全聾的程度。只要適當地將聲音放大，或配戴助聽器，亦或經由手術便可減輕其聽力問題。儘管傳導型聽力損失較容易治療，但應及早發現，否則拖延太久，也會影響到兒童的語言學習。

2. **感覺神經型聽力損失**（sensorineural hearing loss）：如果損傷發生在內耳或內耳以上的感覺神經部位，則稱為感覺神經型聽力損失，或稱為感音型聽力損失。由於耳蝸內的毛細胞受損或聽覺神經缺損，阻礙或扭曲聽覺訊息的傳遞，因此聽覺障礙程度較為嚴重，較難藉由手術或醫療獲得改善，即使配戴助聽器，也因為聽覺神經的損傷，無法清楚地聽見聲音，因此對於聲音的理解感到困難。

3. **混合型聽力損失**（mixed hearing loss）：若同時具有傳導型與感覺神經型兩類聽力損失，則稱為混合性聽力損失，此種狀況將會增加個體在聽能訓練與說話訓練的困難度。

上述傳導型、感覺神經型與混合型聽力損失，皆屬周邊聽覺障礙。近二十年來，臨床上逐漸關注聽覺處理障礙（Auditory Processing Disorder, APD）兒童的教育與治療。這類兒童看似有聽力損失的樣子，對於聲音反應不一致，有時有反應，有時聽而不聞，在背景噪音的環境裡有聆聽上的困難，易分心、注意力差，聽音辨位有困難，聽覺記憶廣度和處理序列性的聲音訊息表現較差，難以遵循大人的口頭指令。聽覺處理障礙兒童常與閱讀障礙、學習障礙、及注意力缺陷過動症混淆。他們擁有正常的聽覺閾

值，但在聽覺訊息的處理上有缺損（Jerger & Musiek, 2000）。

(三) 聽覺障礙發生的頻率範圍

聽覺障礙發生的頻率帶不同，亦將影響個體的聽覺感受能力。例如：高頻率帶的聽力損失，將使個體對高音的聽覺產生困難；低頻率帶的聽力損失，將使對低音的聽辨產生困難。倘若個體的聽覺障礙發生的頻率範圍落在語言香蕉區（language banana），可以想像個體的語言學習效果將明顯受限。此外，聽覺障礙發生的頻率範圍亦可依其聽力圖的形態命名，如「平坦型」（flat）、「陡坡型」（sloping）、「山型」（inverted scoop or trough shape）、「谷型」（scoop or through shape）等（Roeser, 1986）。

第二節 聽覺障礙者的鑑定與評量

本節將分成聽能的鑑定與教育心理的評量兩方面來介紹。

聽覺障礙兒童的鑑定可分為篩檢與正式聽力檢查兩階段，在篩檢階段可透過新生兒聽力篩檢及家長與教師的觀察，以檢出聽覺障礙兒童；正式聽力檢查，則委諸專業訓練之聽力師來作鑑定與診斷。

一、聽覺障礙之鑑定

(一) 早期診斷與新生兒聽力篩檢

臺灣近年來的相關研究顯示，新生兒先天性雙側重度聽障的出現率為每 1.3/1000，而單側聽障之比率為 3.8/1000（Lin et al., 2002）。早期診斷聽力障礙可以及早提供家庭關鍵性的訊息，不會錯失早期介入良機。研究指出，重度聽障兒童診斷出來的年齡平均超過一歲，輕、中度聽障兒童則為 4 至 5 歲（Stein, Jabaley, Spitz, Stoakley, & McGee,1990），顯然已錯失語言學習的關鍵期。Yoshinaga-Itano、Sedey、Coulter 與 Mehl（1998）的實證研究顯示，輕、中度之聽損嬰幼兒若能在六個月大以前給予明確的診斷並接受早期療育，其語言表現比六個月後才被鑑定的聽損兒童表現佳。因此，美國國家衛生院（National Institutes of Health, NIH）和美國嬰幼兒聽力聯合委員會（Joint Committee on Infant Hearing, JCIH）分別在 1993 和

1994 年提出「由於正常的聽力，對出生後六個月的兒童，是說話和語言發展的關鍵，所有聽力損失的新生兒都應該在三個月大之前被診斷」。它們提出嬰幼兒聽力篩檢的七條重要準則，並於 2007 年加上第 8 條臚列如下：

1. 所有出生一個月以內的嬰兒都要接受聽力篩檢。
2. 所有沒通過初篩及複檢的嬰兒，都應該在三個月大之前，做適切的聽力與醫學評估，確認聽力損失的出現。
3. 所有被確診為永久性聽損的嬰兒，應盡快接受早期介入，但不得拖到六個月大以後。單純化地進入一個對聽損兒童最理想的早期介入系統。
4. 早期聽力篩檢與早期介入方案要以家庭為中心，保障嬰兒與家人的隱私權、協助問題解決，並遵循各州與聯邦法令所賦予的準則，獲得家長同意實施測驗。家庭成員需能獲得有關早期介入與治療的選項，並接受聽損相關諮詢。
5. 聽損兒童及家庭應立即運用輔助科技設備，包括助聽器、人工電子耳、及其他適用的輔助設備。
6. 所有嬰幼兒，不管是否具備高危險群指標，都應在醫療單位檢查聽力損失。專業人員並持續追蹤評估溝通能力之發展。
7. 對聽損嬰幼兒及家庭，提供合適的跨專業早期介入方案。相關專業人員應具備聽損專業知能，知悉家庭的優勢、傾聽並支持家庭的決定，重視家庭的傳統價值與文化理念。
8. 資訊系統的設計與執行應以電子化圖表介面，評估早期聽力篩檢與早期介入方案在個案、業界、社區、州政府，和聯邦政府層級的服務效能（JCIH, 2007, 900-901 頁）。

目前，國內普遍採用下列指標，作為判斷新生兒發生聽損的高危險因子（雅文兒童聽語文教基金會，2012）：

1. 家族中有成員為先天性或是兒童期發生之永久性聽力損失。
2. 母親懷孕前三個月曾感染過德國麻疹、水痘、梅毒、巨細胞病毒或疱疹。

3. 新生兒有頭頸部先天性畸形，包括耳廓、外耳道之畸形、低髮線等。

4. 新生兒出生體重少於 1,500 公克。

5. 新生兒有需換血治療之新生兒黃疸。

6. 出生後曾接受過耳毒性藥物治療。

7. 曾罹患過細菌性腦膜炎。

8. 出生時曾有嚴重呼吸困難。

9. 曾有需機械性輔助呼吸 5 天以上的情況。

10. 具有常伴隨感音神經性聽力損失之特殊症候群，如瓦登伯格氏症候群。

我國的新生兒聽力篩檢在 1998 年由馬偕紀念醫院開始，2008 年國健局在輔導推廣中心之下設置北（馬偕）、中（彰基）、南（成大）、東（慈濟）四個區域服務中心，到 2012 年已有四十五家區域級以上醫院成為認證之確診醫療機構。目前，國內尚未將新生兒聽力篩檢納入健保，是為自願性聽力篩檢模式，由家長以自費方式執行，並非全面對所有新生兒進行篩檢工作（呂文琬，2005；林鴻清、徐銘燦、張克昌、Bruna，2000；陳小娟，2000）。依據國健局（2004）編製之「嬰幼兒聽力篩檢指引」手冊建議，採兩階段式的篩檢模式，新生兒出院前（約出生後三至七天內）以「耳聲傳射檢查」（otoacoustic emission, OAEs）完成初篩，初篩結果若為需追蹤（需轉介），則在新生兒出院後一個月左右，採用「誘發性腦幹聽力檢查」（auditory brainstem response, ABR）進行第二階段複篩。林鴻清等人（2000）建議這種作法可降低偽陽性的結果，避免家長需帶新生兒到大醫院等待門診或檢查的焦慮，也可以減縮需要做進一步聽力學及醫學檢查的人數，避免醫療資源的浪費（林鴻清、徐銘燦、張克昌、Bruna，2000）。

㈡ 疑似聽覺障礙的問題特徵

重度聽力損失兒童，多能在很早就被發現。不過，輕度或中度聽損兒童卻很容易被忽略。然而，只要家長或教師平日稍加留意觀察，仍能發現孩子的問題特徵。下列為聽覺障礙兒童在嬰幼兒、孩童時期常見的問題症

候，可作為轉介兒童接受正式聽力檢查的參考（何華國，2004）：

1. 嬰幼兒時期

（1）1-3 個月：對於突然而來的巨響毫無反應。

（2）3-6 個月：不會尋找／望向聲音來源。

（3）6-9 個月：不會望向談話中被提及的人或物體。

（4）9-12 個月：無法遵從一個動作的指示，例如：把球拿給我。

（5）12-15 個月：未能說出詞句的第一個單字，例如：爸、媽、燈、車。

（6）15-18 個月：對於鄰房的呼喚無動於衷。

（7）18-24 個月：未能運用兩個字的詞句。

（8）24-30 個月：能說出的字少於 100 個。

（9）30-36 個月：未能運用 4-5 個字的詞句。

2. 孩童時期

（1）上課時常容易分心。

（2）有時可聽見別人說話，有時卻聽不見。

（3）好像明白別人說的話，但行為卻明顯表現出「不明白」。

（4）常常要求別人再說一次。

（5）常側耳傾聽別人說話。

（6）聆聽長時間的口述或演講，容易感到疲倦。

（7）小組討論時，很對跟從他人的言語敘述。

（8）只能跟從一個步驟的指示，對執行多個步驟的指示有困難。

（9）用看的比用聽的更容易瞭解。

（10）常不當的打斷別人的對話。

（11）整體的說話咬字不清晰。

（12）說話的音調缺乏變化。

（13）說話的音量不是過大就是過小。

㈢ 正式聽力檢查方法

幼兒聽力檢查方法可分兩類：主觀性行為聽力檢查和客觀性電氣生理檢查。主觀性行為聽力檢查包括：

1. 嬰幼兒對較大聲響的驚嚇反應與尋找聲音反應：透過觀察嬰幼兒

的反射行為，可以確定他們是否聽到聲音。如：剛出生的嬰兒對較大聲響會出現四肢急速衝擊，兩手作擁抱狀的莫洛反射（Moro reflex），到了四個月大，嬰兒的頭部可以轉向發聲體，眼睛也會注意發聲的所在。

2. 幼兒行為觀察聽力檢查（Behavior Observation Audiometry, BOA）：可用來測試六個月以下或不能制約的嬰幼兒，該測驗是種最少認知要求的聽力檢查，它依靠嬰幼兒對結構脈絡內所呈現的各種頻率聲音之自然反應（引自張世彗、藍瑋琛，2013，第95頁），例如：說話、音樂或醫生的聲音。行為反應包括三種類型：回應性的反應（如驚嚇或大哭）、警覺和激動行為（如呼吸、張眼、眨眼的增加或降低），以及局部化的反應（如定位、看、指向或朝向聲源）。實施幼兒行為觀察聽力檢查時，由音箱施放訊號，觀察上述行為反應的變化。這種檢查不適合用來評估嬰幼兒在特定閾限的敏銳度。

3. 視覺增強行為聽力檢查（Visual Reinforcement Audiometry, VRA）：這是一種操作性制約聽力檢查，在出現聲音的同時，伴隨視覺性的增強物（visual reinforcer），如燈光、絨毛玩具等，以增加嬰兒朝向反應的次數。施測時交替在幼兒左右邊給予聲音刺激，若受測幼兒轉頭尋找聲源，便給予視覺強化刺激（如火車過山洞）。通常要一歲之幼兒才有可能接受此項測驗。

4. 具體增強操作性制約聽力檢查（Tangible Reinforcement Operant Conditioning Audiometry, TROCA）：這也是運用操作增強原理，作為判斷幼兒是否聽到聲音的依據。TROCA要施測兒童在出現聽覺刺激時，按一下按鍵，機器會自動送出一個具體增強物（如糖果或小裝飾物），可使用聲場測量或由耳機發送訊號。

5. 遊戲聽力檢查（Play auriometry）：適合施測2歲到2歲半以上的幼兒。教導幼兒在聽到聲音時去做一件喜愛的遊戲或簡單的工作。例如，將積木玩具疊上去、敲一下鼓。此測驗可與特定頻率的測試相結合，來推估幼兒的聽閾。

6. 純音聽力檢查（pure-tone audiometry）：係由純音聽力測定器發出不同頻率（125、250、500、1000、2000、4000、8000Hz）與強度（-10dB到140dB）的純音。受試兒童戴上耳機（氣導法）或骨導振動器（骨導法），

氣導法檢查的是聲音從外耳，經由中耳傳送到內耳的路徑是否正常。而骨導法檢查則是將骨導振動器（bone oscillator）置於耳後的乳突部或前額中央，聲音的傳導由頭骨直接傳送至內耳。氣導法與骨導法純音聽力檢查的合併使用，可判讀聽覺障礙的類型是傳導性或感覺神經性。兩耳分開施測，要求受測兒童聽到聲音就舉手。這種評量可以找出兒童能聽到各音頻的最低音量，測量結果呈現在聽力圖上，以紅色○的符號劃記表示右耳的聽覺閾值，以藍色 X 的符號表示左耳的聽覺閾值。

7. 語音聽力檢查（speech audiometry）：語音聽力檢查所用的聽力測定器，與純音聽力檢查一樣，但所輸出的聲音不是純音，而是我們日常對話會用到的單音或語詞。此種評量可以知道兒童在不同音頻，能夠辨認50% 對話的最低音量。

客觀性電氣生理檢查包括：

1. 聽力阻抗聽力檢查（Acoustic Impedance Measurement）：檢查受測兒童的中耳狀況，包含鼓室圖（tympanometry）及聽覺反射（acoustic reflex）。聽力阻抗聽力檢查在測量聲波在中耳傳送時與鼓膜、聽小骨鏈、相鄰的關節韌帶、及肌肉的摩擦所產生的阻力狀況。聽阻力檢查對於因中耳異常所造成的聽力缺損極有幫助。

2. 誘發性腦幹聽力檢查（auditory brainstem response, ABR）：藉由受測兒童對聲音所產生的電生理反應預估聽力。聽性腦幹反應檢查方式是由耳機提供聲音刺激，並經由貼在頭部皮膚表層的電極來接收從耳蝸、聽神經、及腦幹所傳出的神經電位反應。因此腦幹聽力檢查所測的不只是周邊聽覺系統，還包括第八對腦神經及聽覺腦幹路徑在內的中樞聽覺系統。

3. 耳聲傳射（Otoacoustic Emission, OAE）：是一種客觀性的新生兒聽力篩檢方法，透過高敏感度的麥克風，將其置放在嬰兒的外耳道內，然後施放刺激音入耳道，看在 5 至 15 毫秒內是否可以在外耳道偵測到一個傳送回來的聲音，並將此聲音的反射波形加以記錄分析，以判斷嬰幼兒的外毛細胞功能是否有受到損害，進而偵測是否有聽力損失。此種評量不需要嬰幼兒做出反應，是屬於非侵入性的檢查，對人體不會造成損傷。耳聲傳射雖然操作簡易、快速，但無法篩檢聽神經病變及聽覺神經放電異常所

造成的先天性聽損。另外，耳聲傳射所測的是從外耳延伸到耳蝸外毛細胞的周邊聽覺系統，較易受新生兒外耳道胎脂及其他因素而影響其篩檢結果。

二、教育與心理評量

聽覺障礙學生接受教育與心理評量會發生在幾個不同的層次（張世彗、藍瑋琛，2013；Venn, 2006）。這些層次包括在轉介、篩選、鑑定分類與安置、學生的個別化教育計畫、及學習成效的評量階段。聽覺障礙者由於聽取能力及溝通能力的受限，教育與心理評量的實施程序必須作必要的調整，方能避免低估其應有的潛能。

對聽覺障礙者進行教育與心理評量，可考慮下列的調整方式（何華國，2004；Case, 2008；Qi & Mitchell, 2012）：

（一）提供測驗前的輔導，先跟受試學生建立良好關係，告知測驗的目的，並減少學生對測驗可能產生的焦慮。

（二）配合學生的語文程度，採用閱讀水準較接近的測驗或非語文測驗。聽覺障礙學生的閱讀能力普遍低落，因此，測驗工具本身的閱讀困難度，是為聽覺障礙選擇測驗工具的重要考量。為解決聽障生閱讀的難題，建議選用閱讀水準較接近的測驗或非語文測驗。如非語文推理測驗即是常用於聽覺障礙學生的智力測驗之一。

（三）選用的測驗工具內容，應考慮是否符合聽覺障礙學生的背景經驗。

（四）以學生能理解的溝通模式表達指導語。為使學生充分理解測驗的執行，指導語的說明，應配合學生慣用的溝通模式（口語、手語或綜合溝通）詳加說明，評量者若不諳手語，應另聘手語翻譯員協助施測。為使受試者徹底瞭解測驗的執行，在打手語的同時，宜另外準備文字書面指導語，並用口語朗誦出來。有些測驗不適用手語翻譯員，如閱讀理解測驗。

（五）正式測驗施測前，應準備測驗作法的示範與練習。有些測驗須由評量者先做示範，再讓受試者做必要的練習，以確保其確實瞭解測驗的反應方式。除了由評量者以身示範外，亦可使用光碟片、隨身碟以影片播放所要示範的內容。提供受試者發問的機會，並適時地補充說明。

（六）依實際需求調整評量的時間。有些測驗可以容許學生用較長的時間回答問題，但有些測驗的性質不宜延長測驗時間，如速度測驗。

（七）允許受試者用他熟悉的溝通模式作答。如將答案用書寫或手語作答。

（八）在對聽覺障礙學生實施教育與心理評量時，如在測驗程序上曾作過與原測驗編製者有所出入的調整措施，都應在測驗報告上有所說明，以免造成閱讀者的誤解。

國內於近年內，亦修定若干適用於聽覺障礙學生的測驗，可作為教育與心理評量工具：1.聽覺中樞功能篩檢測驗（陳小娟，1998）；2.國小聽覺障礙學生柯氏方塊組合能力測驗（林寶貴、張小芬，1988）；3.國小聽覺障礙學生瑞文氏非文字推理測驗（林寶貴、張小芬，1989）；4.聽覺障礙學生非語文智力測驗（蕭金土，1992）；5.聽覺障礙學生高級瑞文氏圖形補充測驗（林寶貴、錡寶香，1989）；6.讀話能力測驗（張蓓莉、蘇芳柳，1993）；7.聽覺障礙學生句型理解能力測驗（張蓓莉、曹秀美、蘇芳柳，1993）；8.學齡前兒童國語語音閾語詞之編製（陳小娟、利文鳳，1999）；9.噪音背景辨識語音測驗（蔡志浩、陳小娟，2002）；10.聽覺障礙學生國語文能力測驗（林寶貴、錡寶香，1989）；11.國小聽覺障礙學生國語文能力測驗（林玉霞、葉芷吟，2007）；12.學齡階段國語文能力測驗（林寶貴、黃玉枝、李如鵬，2009）；13.學齡階段數學能力測驗（林寶貴、李如鵬、黃玉枝，2009）；14.聽覺障礙學生社會—情緒評量表（蕭金土，1987）。

第三節 聽覺障礙者的出現率

世界衛生組織（World Health Organization, WHO）於 2013 年 2 月公布全球聽覺障礙人口有 3 億 6 千萬，其中成人占 91%，兒童占 9%。聽覺障礙和年齡是有關聯的。根據內政部（2013）統計，臺灣地區 65 歲以上成人中，三分之一有聽力問題，占全體聽覺障礙人口比率的六成。十八歲以下青少年所占比例不到 3%。新生兒先天性雙側重度聽障的出現率為每 1,000 位新生兒中有 1-2 位，如果加上中、輕度及單側性聽損，則出現率

高達千分之三，比絕大多數常規新生兒篩檢項目的出現機率還高（行政院，2008）。但它仍是一個出現率低的障礙類別。

根據我國第二次全國特殊兒童普查結果，發現全國學齡階段聽覺障礙兒童共有 2,876 人，占身心障礙學生的 3.81%，在全國 6 至 14 歲學齡兒童總人數中，占 0.081%。從教育部特殊教育通報網（2013）的資料可知，高中以下聽覺障礙學生共有 2,905 人，約占身障學生（97,602 人）的百分之三。

在美國，推估聽力損失人口有 3 千 6 百萬，約占人口比率的 17%（National Institute on Deafness and Other Communication Disorders , 2013）。聽力損失對男性的影響更甚於女性。65 歲以上的成人，超過一半有聽覺障礙，18 歲以下青少年所占比例不到 4%（Mitchell, 2006）。每一千名新生兒中有二至三名出生時即為全聾或重聽（NIDCD, 2013）。

在英國，推估聽覺障礙人口有一千萬。然而較新的調查（Turton & Smith, 2013），從 32,761 人的病歷資料追溯，雙側平均聽損閾值大於 70 分貝以上者為 2,199 人，由此推估重度至極重度聽覺障礙的出現率為 0.7%，Turton 與 Smith 表示這個數值與事實相去甚遠。

要確切知悉聽覺障礙的出現率是有困難的，包括對全聾、重聽及多障的界定不同，有些重度聽覺障礙學生被歸類在其他障礙（如智能障礙、腦性麻痺、盲聾雙障等），因而影響調查結果。美國一項較新的全國性調查指出，重度或極重度聽覺障礙學生占 40%，其中三分之一至二分之一伴隨其他障礙類型（Gallaudet Research Institute, 2011）。此外，對年幼兒童的聽力篩檢常因測驗的偽陽性、偽陰性、篩檢技術的品質、篩檢儀器的有效性等因素影響篩檢的通過率。

第四節　聽覺障礙者的成因

儘管醫學的進步，已知導致聽損問題的因素至少有 400 個，但仍有約 50% 的聽覺障礙成因不明。全美一項較新的全國性調查指出 57.8% 的個案，亦即在 37,848 個的樣本中，超過 20,000 個學生無從考究造成聽力障礙的原因（Gallaudet Research Institute, 2011）。近幾年來，我國衛生署國

民健康局進行大規模的兒童或嬰幼兒聽力篩檢，結果顯示六成以上的聽障病因是可以確認的，其中包括遺傳、胚胎因素及周產期因素等，另有四成的原因不明。

　　以下依出現於外耳、中耳、內耳的重要因素提出說明（Martin & Clark, 2009）。

一、外耳的因素

　　1. 耳廓的缺損（missing）或畸形（malformed）：小耳症（microtia）、大耳症（macrotia）、或副耳（accessory auricle）。

　　2. 外耳道閉鎖（atresia）、狹窄（stenosis）、感染（infection）、耳垢（wax）的積塞、異物堵塞（foreign bodies）。

　　3. Treacher-Collins 氏症候群：是一種下頷顏面骨成骨不全。

二、中耳的因素

　　1. 鼓膜穿孔（perforation）、增厚（thickening）。

　　2. 急性乳突炎（acute mastoiditis）。

　　3. 漿液性中耳炎（serous otitis media）。

　　4. 化膿性中耳炎（suppurative otitis media）。

　　5. 聽小骨鏈斷裂（ossicular chain discontinuity）。

　　6. 耳硬化症（otosclerosis）。

　　7. 中耳的負壓（negative middle-ear pressure）。

　　8. 膽脂瘤（cholesteatoma）。

　　9. 耳咽管暢開症（eustachian tube patent）。

中耳炎是是兒童期常見的中耳感染，往往由上呼吸道感染所引起，病菌經由耳咽管傳染至中耳，通常用抗生素就可以治療。漿液性中耳炎會有耳朵腫脹感、疼痛、發燒，有時會有嘔吐、暈眩之症狀，嚴重時耳膜會破裂，同時會有中耳分泌物排出，不久則呈膿性分泌物。長期、不易治療的

中耳炎會造成中耳積液存留，耳膜內陷導致永久性的傳導性聽損。

三、內耳的因素

又可分為母體懷孕期間、兒童成長期、成人期。

1. **母體懷孕期間的病源有**：缺氧（anoxia）、遺傳（heredity）、母子血液因子不合（Rh factor）、妊娠毒血症（toxemia of pregnancy）、外傷（trauma）、病毒感染（viral infection）。

   大約有 50% 的先天性聽損者疑似有基因缺陷的問題。顯性基因由父母任一方遺傳給子女，倘若父母雙方都是顯性或任一方祖父母是顯性則聽損的發生率更高。90% 的聾童是聽力正常父母所生（Gallaudet Research Institute, 2011），其中家庭成員有聽損者占 30%。多數遺傳性聽損是隱性基因造成，因此，聾人互相結婚所生子女也是聾人的機率相當的低（Moores, Jatho, & Creech, 2001）。

   母親在懷孕初期前三個月感染德國麻疹，則產下的子女有相當高的比例會有全聾、視覺障礙、心臟血管疾病及其他重度發展性障礙。1963 至 1965 年間，曾在美加地區出現德國麻疹大流行。所幸疫苗在 1969 年研發成功，德國麻疹不再成為威脅。

2. **出生至兒童成長期的成因有**：出生時的外傷（birth trauma）、藥物（drug）、頭部創傷（head trauma）、高燒（high fevers）、腎臟感染（kidney infection）、噪音（noise）、中耳炎（otitis media）、早產（prematurity）、外科手術（surgery）、侵入全身的疾病（systemic illness）、性病（venereal disease）、病毒感染（viral infection）。

   耳毒性藥物（ototoxic drugs）會破壞科蒂氏器基底層的毛細胞，造成感覺神經性聽覺障礙。常見的耳毒性藥物有 dihydrostreptomycin、streptomycin、gentamycin、quinine、viomycin 等抗生素，在使用藥物時，常常沒有聽力損失的狀況發生，要等到停藥數天或數週後才出現副作用。

   常見的細菌感染是腦膜炎（meningitis），它是一種中樞神經系統受到細菌或病毒感染的疾病。也是後天性聽覺障礙最普遍的成因，它會破壞內耳對聽覺感受的靈敏度。罹患腦膜炎的兒童通常有極重度感覺神經性聽

損，並伴隨平衡感和其他障礙。

3. 成人期導致聽覺障礙的原因有：內耳的自體免疫疾病（autoimmune inner-ear disease）、內耳迷路炎（labyrinthitis）、梅尼爾氏症（Ménière's disease）、耳硬化（otosclerosis）、老年性耳聾（presbycusis）、腦血管痙攣（vasospasm）。

噪音是造成青少年及成人聽損的因素之一，暴露在致命性的噪音環境是主要元兇。噪音型聽力損失（noise-induced hearing loss; NIHL）也高居職業傷害的第二名（Heward, 2009），剛開始是暫時性失聽（temporary threshold shift），經過多年的暴露，等到發現聽力變糟時，已經變成永久性失聽（permanent threshold shift）。

梅尼爾氏起因於內淋巴液的電解質濃度不足，患者常出現突發性的眩暈、嘔吐、耳鳴及單側的聽力損失。除了聽力損失之外，語音辨別力隨聽閾的提高而變差，有響音重振現象（loudness recruitment）。

65 歲以上的成人中，約有三分之一有老年性重聽。這是聽覺系統退化的現象。老年性重聽的病灶在耳蝸，在耳蝸不同部位的退化，會造成不同型態的老年性重聽。

第五節　聽覺障礙者的身心特質

聽覺障礙對個體最直接的影響是溝通能力。由於語言接收方面的侷限，對語言表達能力的發展也產生相當不利的影響。尤以聽覺障礙時間出現越早，障礙程度越嚴重，所造成的負面影響越明顯。本節將從聽取能力、語言能力、認知能力、學業成就、社會情緒適應等五個向度來說明聽覺障礙者的身心特質。

一、聽取能力

聽覺障礙者之聽取能力與他們的殘存聽力有密切關聯，不同聽力損失程度者其聽取狀況如下（引自張蓓莉，1992，第 4 頁）：

1. 聽力損失介於 26-40 分貝者：對於遠距離、聲音較小或是在較吵雜的環境中，聽取能力較差或沒有反應，但只要靠近音源或擴大音源，即可

聽得清楚聲音。這類的聽覺障礙者不太容易被發現，配戴助聽器將可以獲得改善。

2. 聽力損失介於 41-60 分貝者：大致能聽得到面對面的對話，但如果聲音細微或視線以外的課程討論，就可能會有一半以上漏聽，並可能會有語彙有限及口齒不清的現象，例如：將「謝謝」說成「ㄧㄝˋㄧㄝˋ」，「老虎」說成「ㄌㄠˇㄨˇ」。需配戴合適的助聽器，並經過聽能訓練及說話訓練，聽辨能力與說話能力才會改善。

3. 聽力損失介於 61-90 分貝者：除非聲音很大，否則對日常生活中的聲音，反應相當遲鈍。常有說話和語言的缺陷，如果是語言發展前聽覺障礙者，到了該會說話的年齡，可能還不會說話，或只會說一、兩個字。配戴合適的助聽器，並接受聽能訓練及說話訓練之後，聽辨能力與說話能力才會改善。

4. 聽力損失介於 91 分貝以上者：常被界定為全聾，對聲音幾乎沒有反應，但能知覺一些巨大的聲響。如巨大的雷聲、現場之音樂演奏、機器的攢洞聲或飛機低空飛過的聲音等。一般而言，聾人主要仰賴視覺線索適應社會。對於先天性全聾的兒童，可以藉由聽能訓練及說話訓練，幫助他們學習口語。助聽器對於聽力損失 90 分貝以上者幫助有限，但有利於察覺聲音的存在。

二、認知能力

聽覺障礙者的認知能力一直是個頗受爭論的議題。國內學者的研究發現，聽覺障礙者的認知能力表現低於聽力正常者（林寶貴、張小芬，1988；林寶貴、錡寶香，1989；林寶貴、張小芬，1989；林寶貴、杞昭安，1996；蕭金土，1987）。但學者張蓓莉（1981）的研究卻發現，8 歲以前的聽覺障礙兒童的智力結構與智商，與一般兒童並無明顯差異，甚至在視覺組織與視動協調能力優於一般兒童，但自 8 歲以後，則逐漸落後。

Quigley 與 Kretschmer（1983）指出，聽覺障礙者與聽力正常者在認知圖形的發展並無顯著差異，主要差異在認知發展速度，認知發展速度則受到周遭環境與溝通模式的影響。選用聽障者適用的測驗工具，施測過程確認學生充分理解作答方法，所得到的研究結果顯示，聽覺障礙者之心智

能力與聽力正常者並無明顯差異。他們當中有高智商者、資質平庸者、也有智商較低者（張蓓莉，1992）。一般學者認為，聽覺障礙者智力的表現，主要是受語言溝通能力與後天經驗的影響。即使具有相同聽力損失的聽障者，也會由於個體的智力、學習動機、學習策略的差異而影響認知表現。

三、語言能力

聽覺障礙學生最大的障礙，就是無法與一般人進行深入且有意義的溝通。

由於聽覺障礙學生缺乏聽覺回饋與說話的經驗，使得他們不善處理音質、音調、構音等方面的問題。即使接受口語訓練的學生，其說話能力仍然受限。語音、語法、語句的複雜度、抽象概念、助詞等語言知識的習得和應用，仍是一項艱鉅的任務。聽覺障礙者所使用的溝通途徑主要有手語、口語和綜合溝通法。與聽覺障礙者進行溝通時，要將概念或事件敘述完整，當聽覺障礙兒童聽不懂語句時，可以簡化句型，增加手勢或肢體動作，在聽覺障礙兒童瞭解以後，再將句子敘述一次。

四、學業成就

聽覺障礙學生的學業學習主要受到語言能力的影響（Qi & Mitchell, 2012）。一般而言，聽覺障礙學生的學業成就平均低於同年齡的聽力正常兒童。在閱讀能力方面，由於聽覺障礙者缺乏適當的說話基礎與語言知識，限制他們對文字和語音處理的能力，自然不利於他們對閱讀能力的發展。寫作能力也是一樣，聽覺障礙學生很容易受到手語語法的影響，顯現文章簡短、文句顛倒、抽象詞彙不當使用等問題。在數學科的學習方面，由於語文理解能力的受限，對數學的解題，顯得特別困難。

五、社會情緒適應

人際之間的互動應有能力理解自己的想法及他人的意圖，並能運用此能力來預測他人的行為，表現出具社會能力的行為（Marek, Kerstin, Erland, & Mariantonia, 2007）。陳郁璽（2008）以此心智理論對聽覺障礙學生與一般學生進行研究比較，發現聽障礙生雖然在基本與進階心智能力有

些微落後，但在發展高層次心智能力感到十分困難。聽障生的心智理論發展歷程雖與一般人相似，但在理解與預測他人想法及行為時，容易以自我為中心來解讀社會環境，導致對社會互動線索缺乏敏感度，對他人的感受做出錯誤的推論，但結合社會故事與繪本教學可改善其社會技巧（蔡郡寧，2013）。

　　到目前為止，沒有充份的研究報告顯示聽覺障礙者有特定的人格特質（張蓓莉，1992）。但在歸納相關的研究後發現，聽覺障礙者的溝通能力與周遭親人（尤其父母，教師及其他家人）對聽覺障礙的接納態度是影響人格發展的重要因素。溝通能力缺陷、缺乏愛與關懷的聽覺障礙者容易產生衝動、自私、倔強、多疑與猜忌的人格特質。這些不利於人際關係與適應的特質包括：1.動作過度，開門或關門等聲音太大而不知道吵到別人；2.自我中心、猜疑心重、健忘、不守時、經常獨來獨往；3.較缺乏獨立性、創造性、安全感，經常悶悶不樂；4.對他人要求過多，而自己卻吝於付出，性格倔強且固執；5.興趣狹窄、感情起伏變化大、挫折容忍度低。在心理特質方面可能會出現：1.常會感到自卑、孤獨、寂寞等；2.感情抑鬱、內向、過度憂慮或神經質；3.較難理解抽象的是非、道德標準；4.自我的控制和協調不夠適當；5.缺乏變通性與適應性，人格統整性較差。至於教育安置環境是否影響聽覺障礙者的適應，並沒有一致的研究結論（魏俊華，1998；蘇芳柳，2002）。

第六節　聽覺障礙者的課程與教學

　　國內外相關學者發展出許多教導聽覺障礙者的教育哲學理念和特殊的教學方法。這些教育方法，同時面臨倡導者積極的鼓吹和反對派的強烈批評。事實上，聽覺障礙學生該接受哪一種教育法，已爭論超過百年之久（林寶貴，2006；Drasgow, 1998），這項爭議到現在依然存在。下表列舉了一些西方國家聽障教育史上的關鍵歷史事件（關切西方聾教育史者可參閱李芃娟，1999；林玉霞，2007；胡永崇，2000；Heward, 2009）。

表 5-3　西方聽障教育史（記錄至 1880 年米蘭國際聾教育會議）

年　份	歷　史　事　件
中世紀以前	人們相信「身心障礙」是神的旨意，聾人被視為無法學習，甚至被標記為「智能遲滯」。
十六世紀中	義大利的卡達諾（Girolamo Cardano, 1501-1576）首度提出即使無法言語、無法聽的人仍能學習語言和具備思維能力。
十六世紀末	西班牙聖本篤教會修道士雷昂（Pedro Ponce de Leon, 1520-1584）被認為是第一位創辦學校，實際指導聾童的人。
十七世紀初	巴涅特（Juan Pablo Bonet, 1579-1620）採用指拼法 (fingerspelling) 作為主要語言教學法。
十七世紀初	厚德（William Holder, 1616-1698）和瓦里斯（John Wallis, 1616-1703），在英國首度開辦聾童口語教育。布瑞德烏（Thomas Braidwood, 1715-1806）於 1767 年在愛丁堡創立聾校。
十八世紀	在西班牙、英格蘭、法國、德國、荷蘭、蘇格蘭等地紛紛設立聾人學校。
十八世紀中	雷斐（Charles Michel de l' ÉPée, 1712-1789）於 1755 年在巴黎創立法國第一所聾校，發明了自然式的手語教學法。雷斐的後繼者席卡（Abbé Roch Ambrose Cucurron Sicard, 1742-1822）延續雷斐的手語字典編撰工作，發明文法式手語。
十八世紀中	德國海尼根（Samuel Heinicke, 1727-1790）於 1788 年在萊比錫設立德國第一所公立聾校。
1817 年	湯姆斯·哥老德（Thomas Hopkins Gallaudet, 1787-1851）於 1817 年在美國康乃狄克州（Connecticut）的哈福特市（Hartford）創辦住宿型的聾啞學校（之後更名為美國聾校 American School forthe Deaf）。
十九世紀初	美國各州紛紛成立住宿型的聾校。隨著專業知識的開展，吸引許多高等人才加入啟聰教育，訓練內容也變得豐富多元。美國之啟聰教育教師兵分兩路，在 Gardiner Greene Hubbard 的努力奔走下，1867 年在麻州的北漢普頓（Northampton）成立克拉克聾校（The Clark School for the Deaf），提供後天性失聰學生口語訓練。
1864 年	美國哥老德大學（Gallaudet University）成立。
1880 年	在義大利米蘭召開第二屆國際聾教育研討會，確定口語教學的重要性，自此開始口語與手語的「百年戰爭」。

　　中國大陸的聽覺障礙教育起自美國傳教士 Annette Thompson Mills，於民國前 25 年在中國山東省的登州府所創設之「啟瘖學校」。採用口語教學法，教導聽覺障礙兒童讀唇、發音、指語與筆談。民國 5 年，張季直

先生在中國江蘇省南通設立「盲啞師範」，為中國第一所盲聾學校。民國16 年，南京設立「南京市立盲啞學校」，是中國第一所公立盲聾學校及特殊教育學校。

臺灣地區的聽覺障礙者之教育，則始至臺南啟聰學校前身，日據時代的臺南盲啞學校。民國前 22 年英國傳教士甘為霖（William Campbell）在臺南設立訓盲院。至民國前 12 年，改由臺南慈惠院接辦，增設聾啞教育部，是為臺灣地區聾教育之始。民國 11 年，改稱州立臺南盲啞學校。民國 34 年，臺灣光復後 2 月改為省立臺南盲啞學校。

北部地區有「木村盲啞教育所」，由退休海軍醫官木村謹吾於 1917 年創辦。民國 9 年改為私立臺北盲啞學校，民國 17 年改為臺北州立盲啞學校。臺灣光復後，民國 35 年，與臺南盲啞學校同時改名，改稱省立臺北盲啞學校。民國 49 年，臺灣增設省立豐原盲啞學校，為臺中啟聰學校前身。民國 57 年盲聾才分校。臺南盲啞學校與臺中盲啞學校獨立為啟聰學校，民國 64 年，臺北盲啞學校獨立為臺北啟聰學校。自此，臺灣地區有三所啟聰學校，以手語教學為主流。民國 58 年彰化縣二林國小設立啟聰班。民國 64 年臺北市新興國中成立聽覺障礙資源教室。民國 64 年臺灣省立教育學院（今國立彰化師範大學前身）成立特殊教育系，為我國大學院校培養包括聽覺障礙之特殊教育師資之始。民國 76 年教育部公布「特殊教育教師登記及專業人員進用辦法」，規定擔任啟聰教育教師所需具備的專業訓練。為強化啟聰教育教師的專業知能，教育廳於從民國 73 至 89 年間，委託國立嘉義大學特殊教育中心辦理十四期的「啟聰師資訓練班」。

聽覺障礙教育最主要的重點即語文能力與溝通能力的培養。近年來用來教導聽障生的語言溝通法有口語法、手語法、和綜合溝通法。

一、口語法（oral/aural approach）

口語法強調聽障兒童必須使用口語在聽人的世界裡生活，並盡可能要求學生的口語表達清晰度，聽覺、視覺和觸覺的輸入管道是常用的方法。純口語的教學，不准學生使用任何形式的手勢來溝通。口語法在 1970 年以前相當盛行。但是目前，只有四分之一聽障兒童教育方案認定自己是純口語法，由於只有三成的口語可以經由讀唇理解，因此，口語法的學習成

效也容易受聽障兒童的智力、聽力損失的程度、失聰的年齡、早期介入的時間、聽覺輔具的使用效能、學習動機、父母是否提供良好的語言學習環境等因素之影響。

口語法雖然較難學習，但對於聽障者的語言學習卻有較大的幫助，擁護口語教學法者的人認為，使用口語的聽障生比較容易融入普通班級，將會有較佳的教育機會、工作機會以及社交能力。使用口語法教學的教師，認為教導聾童說話是很困難、費心費力，而且要花掉老師、家長和學生許多時間。雖然聽障兒童學說話很艱辛，但是能使用口語溝通所得到的回饋，會覺得努力是有代價的。事實上，臺灣地區大部分聽障學生都能說話。

聽覺口語法（auditory-verbal approach）便是口語法的一種，強調運用聽覺單一管道學習語言。其訓練過程為以手遮住嘴型進行談話，運用活潑的教材吸引聽障兒童以聽聲音的方式進行口語會話，促使提升其聽音能力與聽覺記憶。口語法主要的教學內容包括聽能訓練、說話訓練、與讀話訓練三方面，以下分別敘述之。

聽能訓練未必對聽障兒童的聽力損失有所改善，但能改善其「聽知覺」能力。根據 Erber（1982）、Ling（1989），聽能訓練至少可分為四個階段（hierarchy of auditory skills），前階段為後階段的基礎。

1. **察覺**（dectection）：能察覺環境聲音、語音的有無。

2. **分辨**（discrimination）：指知覺聲音有所不同的能力，如聲音的大小、高低、長短或語音的不同。

3. **辨認**（identification）：能說出或指出聽到的聲音是什麼名稱，如重述聲音、指認正確的圖卡或字卡。

4. **理解**（comprehension）：能確實瞭解所聽到訊息的意義，從簡單的語詞、短句、複雜句、篇章及連續對話的理解。

此外，Pollack（1985）將聽覺口語法的聽能課程，依序分為十個階段，分別為：1.改變學習環境，2.發展聽覺注意與發聲，3.發展聽覺辨位，4.發聲遊戲，5.開始聽覺辨識，6.聽覺辨識與短期記憶，7.發展聽覺處理，8.隨著聽覺記憶的增加，發展聽覺處理模式，9.入學準備，及10.學科內容融

入聽覺活動。

在進行聽能訓練時須配戴適當的聽覺輔具（助聽器或人工電子耳），大部分的聽障兒童透過系統化的教材、循序漸進的教學、密集的訓練、以及語音環境的配合，將可大幅改善其聽覺效能。

說話訓練旨在訓練聽障者能以說話的方式來達成溝通的目的，屬於口語教學法中最主要的訓練內容，也是聽障者最難學習的部分。聽常者因為有聽覺的回饋，因此可以經由對聲音或語言的模仿與理解而學習說話。然而，聽障者因為缺乏聽覺回饋，使得他們較難模仿出正確的語音、語調或構音，要他們講出如一般人流暢、清楚、正確的話語，對他們而言是件困難的事。儘管如此，絕大部分的聽覺障礙者的說話器官並無缺陷，只要經過適當的訓練，仍然可以學習說話。

說話訓練的內容主要包括呼吸練習、舌頭靈活度練習、吹氣練習、單字發音練習、發音感覺練習、語詞語句的說話練習，為了促進說話訓練的效果，可運用圖示、示範、手勢、符號、或電子儀器，經由視覺和觸覺來感受發音器官的位置，分辨相似的語音或語調，幫助學生揣摩出正確的發音。說話訓練需要長期和密集的訓練過程，並結合聽能訓練、讀話訓練，靈活運用於自然生活情境中，才能真正顯示出口語訓練的成效。

讀話訓練常又被稱為讀唇，是指聽障者經由視覺管道獲取語音訊息的方法。讀話訓練時教導聽障者經由觀看他人說話的嘴形、表情、姿態、肢體動作、或說話情境，判斷與瞭解他人所欲表達的口語訊息。由於說話是一閃而逝的訊息，有些聲音的口型極為相似，而有些聲音無法單從嘴型判斷出來，如果加上光線太暗、距離太遠、沒有面對說話者、說話速度太快、缺乏段落等都將造成讀話的困難度。因此，在訓練讀話的環境，必須要有合適的光線、距離、與角度，讓讀話者清楚地看到說話者肩部以上的部分。在指導讀話時，首先訓練聽障者注意說話者的唇型變化與臉部表情，再由常見、易辨識的話語開始，逐步擴充到不易辨識的說話內容。教師和家長可以運用影片（或錄影帶）的示範教學，讓聽障者反覆觀察各種話語口型和發音上的異同，並鼓勵其將所學的讀話技巧隨時應用在日常生活中。

二、手語法（manual approach）

手語法是運用手部的形態、手部與身體的相對位置，及手部的動作與運動方向，來表示文字的發音、字形與字意。手語常被視為是聾人的母語（Padden, 1998），對聾人來說，手語較易學習，打法迅速，限制也最少。手語法的擁護者認為，重度聽障兒童中能將口語說得很清楚的究竟少數，勉強聽障兒童使用含糊的口語表達，勢必影響其早期對語言、認知與情緒的發展（Nover & Moll, 1997）。

從上一段的歷史發展可知，1880 至 1960 年左右，美國與歐洲地區的聽障兒童大多只被教予口語教學法，手語在課堂上是嚴格禁止使用，手語不被鼓勵也是禁忌，聽人父母通常被告知打手語不利於孩子的學習，手語只是一堆手勢而已（引自陳小娟、邢敏華，2007）。哥老德大學的教授 William Stokoe 於 1960 年出版的《手語結構：美國聾人的視覺溝通系統概述》（*Sign language structure: An outline of visual communication systems of the American deaf*），及 Stokoe 的其他相關研究指出，美國手語和其他語言（如法語、德語）一樣，擁有語言應具備的要素，是一種有句法結構和詞彙特性的語言。

心理語言學家認為語言習得是聽覺與視覺雙重管道的歷程，美國手語的習得年齡很重要，失聰的兒童越早接觸美國手語，提早透過視覺－空間管道習得語言，越有利於認知和語言發展（Corina, 1998），許多使用美國手語的聾校學生閱讀能力超群（Marschark, 1993）。

近十幾年來，雙語雙文化（bilingual-bicultural approach）逐漸受到學界與啟聰教育教師的提倡。在雙語雙文化的架構下，聾生把美國手語作為母語，一般英語作為第二語言。聾只是文化和語言差異，而非障礙。支持雙語雙文化法的實徵性研究顯示，聾童越早接觸美國手語，對手語流暢度的發展以及英文讀寫能力的增進具有高度相關，其學業成就水準和聽力正常同儕是差不多的（Easterbrooks & Baker, 2001；Marschark, 1993）。

臺灣地區最初以手語教學為主流，日本手語在臺灣聾人中普遍流行，

北部地區盛行東京派手語教育方法，中南部則為大阪派手語教育方法。戰後的臺灣，聽障教育大量使用中國手語。由於大陸師資多留在北部，因此臺北啟聰學校使用不少中國手語，臺南啟聰學校與臺中啟聰分校則少受影響。大陸師資來自北京、南京、上海、重慶、杭州等地，所用手語大同小異。另外，陸君歐、姜思農等創立的中國聾啞學校、私立啟英聾啞小學，使用較多南京語系手語（姚俊英，2006）。

臺灣地區手語的使用在北、中、南呈現分歧現象，各地手語方言屢現，教育部於民國 64 年成立手語統一小組，經過兩年的努力，於民國 67 年出版《手語畫冊》（一）（李鈞棫，1978），並於民國 76 年出版《手語畫冊》（二）、《手語歌曲教材》、《日常會話手語指南》（教育部，1987a，1987b）。為提升聽障生之國語文能力，省立臺中啟聰學校成立「手語研發小組」，不僅編製手語教材亦製作教學錄影帶，以作為手語教學之參考，稱為「統一的閱讀文字」（省立臺中啟聰學校，1997）。中華民國聾人協會也在民國 86 年編輯出版《手能生橋》（史文漢、丁立芬，1997）。中華民國啟聰協會於 1999 至 2004 年出版《自然手語教學》三冊，並於 2007 年出版《臺灣自然手語典》。

三、綜合溝通法（total communication approach）

手語法與口語法孰優孰劣存在百年爭論，綜合溝通法便是結合手語、口語以及各種可能的溝通方式（例如指拼法、筆談等），增進聽覺障礙者的溝通效能。亦即，聽障者不侷限以單一的溝通方式做為表達的途徑，而是採用對個人最有利的溝通方式，例如：同時使用說話、手語、手勢、指文字、讀話、筆談或殘存聽力。綜合溝通法強調口語、肢體或符號語言的同時使用，不管任何時候皆可一邊打手語一邊說話，或以其他有效的溝通方式來做輔助。另一種方式便是有時候聽障者以讀唇或口語與人交談，有時候則以手語溝通，有時候使用符號語言（例如筆談）的溝通方式。語調聽覺法（verbo-tonal method）便是屬於綜合溝通法的一種，其教學內容為強化聽障者殘存聽力之聽能訓練、在自然情境下進行的說話訓練、使用特殊的聽覺輔助儀器進行聽覺與說話訓練、聲音振動觸覺的指導、身體律動與語音語調關係的指導等（陳小娟，1991）。綜合溝通法顧及聽障者的個

別差異，以最有利的方式達到最大的溝通效能，目前已是世界各國啟聰教育界主要溝通模式。

四、普通班老師如何幫助聽覺障礙的學生

隨著融合教育政策的落實與推動，聽覺障礙學生逐漸安置於普通班接受教育，為了提供學生優質的學習環境，普通班老師應該如何協助聽障學生呢？以下提出幾點建議，供教師們參考。

(一) 學習環境的調整

1. 教室應安排在校園較安靜處（如遠離馬路），以減少噪音對聽障學生學習時所造成的干擾。

2. 為降低學習環境中的背景噪音，教室可改用具有吸音效果的材質，窗戶上加裝窗簾或百葉窗，並在椅腳裝上網球。

3. 確定教室中的空調系統運轉狀況良好，不會產生過高的噪音。聽障生的座位遠離冷氣、削鉛筆機、電腦、及任何噪音過大的區域。

4. 教室光線充足，且要避免光線直射聽障學生的眼睛或背向光源，以利學生能更方便有效的讀唇。

5. 將聽障生的座位安排在能清楚看到老師表情、清楚聽講為宜。讓優耳面對老師，使他們聽得更清楚。

(二) 教學的調整

1. 教師方面

（1）說話的音量、語調與表情儘量自然，避免過度誇張，說話速度不宜太快或太慢、聲音過大或過小，當學生表現疑惑的表情時，宜放慢說話的速度。

（2）教師說話時，可適時加入手勢或肢體動作，以增進學生對上課內容的理解；但應避免動作遮住嘴型，或背向光源，導致學生看不清楚教師的臉部表情，造成讀話困難。

（3）教師在說話或重點提示前，可先告知聽障學生，使其注意相關的視覺與聽覺線索。

（4）教師上課時，應儘量用完整的句子表達，以利學生理解上課內

容。

（5）板書關鍵字（詞）。遇到難懂、容易混淆的語詞或同音異義字，請把字（詞）寫在黑板上，適時地對學生提問，確定他能明白你所講解的內容。

2. 教學內容

（1）多使用視覺提示輔助聽障學生學習，如運用圖卡、實物、動作示範、故事結構圖、概念圖、語意分析圖、筆記、學習大綱、作業範例、多媒體素材等。

（2）教導聽障學生運用有效的學習策略學習，如製作大綱、畫圖表、畫重點等方式組織學習內容。

（3）因應聽障學生之學習狀況，調整學習內容，如分段學習、減低作業難度、簡化、減少作業份量等。

（4）利用熟悉、具體的物品或例子來解釋抽象難懂的概念。

（5）運用地圖、地球儀及圖表呈現史地學科概念。

（6）利用操作來解釋數學或科學概念。

（7）提供足夠的機會討論與練習。

3. 同儕方面

（1）安排小老師，適時地幫助聽障學生瞭解上課內容或作業範圍。

（2）課程內容加入特殊教育宣導，讓聽力正常學生認識聽覺障礙、瞭解聽覺障礙學生的需求。

（3）指導一般學生基本的相處方法與協助聽障生的技巧，養成正向、積極的態度來面對聽障學生。

（4）輔導班上其他同學接納聽障生語言表達上的障礙，並給予耐心的指導。

（5）教導班上同學和聽障生說話時，站在光線較亮的地方，並且面對聽障生說話。

（6）說話時保持清晰的發音，用一般音量和速度跟他說話，大部分聽障生可透過聲音、表情和肢體動作瞭解他人說話的內容。

（7）如果聽障生讀不懂我們的話，可以利用肢體語言或筆談，不要輕易放棄溝通，才不會傷害其自尊心。

（8）團體討論時，面對聽障生，讓他參與討論，分享討論的樂趣。

4. 聽覺輔助設備的使用

（1）每日檢查聽障學生是否正確使用聽覺輔具（如助聽器、人工電子耳）。

（2）如果發現聽障學生比平常反應遲鈍或不專心，教師可協助學生檢查聽覺輔具是否有問題。

(三) 生活與心理輔導

1. 鼓勵聽障生主動表達自己的想法。

2. 培養聽障生尊重自己也尊重別人，要對別人的協助心存感激。

3. 給予聽障生各種學習機會，如擔任幹部、為班上服務，培養服務的人生觀，並肯定他在各方面的能力。

4. 鼓勵聽障生參加各種團體活動或才藝競賽，增強其榮譽感並建立自信。

5. 幫助聽障生和普通生建立真誠的友情，並指導普通生協助聽障生解決生活上遭遇的困難。

6. 適時糾正聽障學生的偏差行為，並及時增強良好表現，給予公平的獎懲，有助其良好的人格發展。

7. 老師要以平常心對待聽障學生，不必給予特殊待遇（如不用掃地、不用升旗等）。

8. 指導聽障學生良好的生活習慣，如勤勞、整潔、節儉、誠實、注意安全等。

9. 指導聽障學生時間管理技巧。

10.指導聽障學生情緒管理技巧。

11.培養聽障學生問題解決能力。

12.培養聽障學生獨立思考能力。

第七節　聽覺障礙的助聽輔具

幾乎所有聽覺障礙兒童都有殘存聽力可以知覺部分聲音。現代的輔助

性聽覺設備（assistive listening devices）可以幫助重度、極重度聽損兒童有效運用其殘存聽力，更加融入社會。

根據我國 2009 年修訂「特殊教育法」規定，學校應提供身心障礙兒童教育輔助服務，其中第 33 條規定：「學校、幼稚園、托兒所及社會福利機構應依身心障礙學生在校（園、所）學習及生活需求，提供必要的教育輔助器材及相關支持服務；其辦法，由中央主管主管機關定之。」

又，內政部依「身心障礙者權益保障法」（2007）之規定，訂定「身心障礙者輔具費用補助基準表」（2012），補助身心障礙者尚未納入全民健康保險給付範圍內之醫療復健費用及輔助器具。依其補助基準表，適合聽覺障礙者之溝通及資訊輔具包括聽覺相關輔具（含傳真機、行動電話機、影像電話機、助聽器）和警示、指示及信號輔具（含電話擴音器、電話閃光震動器、門鈴閃光器、無線震動警示器、火警閃光警示器）。以下將分成輔助性聽覺設備及生活科技輔具兩部分說明之。

一、輔助性聽覺設備

輔助性聽覺設備有個人助聽器（hearing aid）、團體輔助性聽覺設備（group assistive listening devices）及人工電子耳（cochlear implants）。

(一) 個人助聽器

助聽器實質上是一個聲音擴大器，它可使聲音增幅，讓使用者聽得更清楚。現代的個人助聽器可以區別性地增幅特定音頻，強調配戴者的個人聽力分布狀況。

常見的個人助聽器依其配戴方式分為耳掛型（behind the ear, BTE）、耳內型（in the ear, ITE）、耳道型（in the ear canal, ITC）、深耳道型（completely in the ear canal, CIC）。兒童可單耳配戴或雙耳配戴（monaural or binaural aids）。助聽器的選配需參考聽力師的建議，考量個案聽損程度、聽力圖類型、聽力損失音域範圍、年齡、經濟能力、是否在意外觀、以及是否伴隨其他障礙等因素。為使助聽器能有效地將聲音傳入耳內，配戴者常須訂製耳模（ear mold），助聽器配有麥克風、增幅器及音調音量調整控制。

聽損兒童越早配戴適合的助聽器，越能有效增進其溝通能力及聽覺辨識能力。為使助聽器發揮最大效能，建議聽損兒童宜全天配戴。如果兒童放學後就關掉助聽器或取下助聽器，無法幫助聽損兒童發展有效的殘餘聽力。助聽器是精密的科技產品，應作例行的清潔保養及檢查，蕭雅文（1997）建議依下列步驟進行：

1. 首先看看電池是否裝上了？有沒有裝反？

2. 檢查耳模是否破損裂縫？孔道有沒有被耳垢堵住？耳模連接管是否變黃、變硬、龜裂？

3. 接收器是否破損？

4. 助聽器的接線是否斷裂？及它和助聽器是否銜接緊密？

5. 將助聽器接上助聽器聽診器後，發出「ㄨ、ㄚ、ㄧ、ㄒㄩ、ㄙ」Ling 五音用耳朵聽聽看輸出音的音質音調是否正常？背景噪音是否過多？聲音是否間斷不清？

要兒童在吵雜喧鬧的教室專心學習是很困難的，聽覺障礙兒童尤其需要良好的教室聽覺環境以利聲音聽取與口語理解。個人助聽器對背景噪音及教室回響的控制效果仍然有限。訊噪比（signal-to-noise ratio; SNR）至少要達到 +15 分貝，才能使個人助聽器與殘存聽力發揮最大效能（ASHA, 1995）。

㈡ 團體輔助性聽覺設備

為提高聽覺障礙兒童之學習成效，團體輔助性聽覺設備解決了普通班級上課無法克服的背景噪音（background noise）、距離（distance）及教室回響（reverberation）問題。運用 FM 廣播頻道的原理，直接連結老師與聽覺障礙兒童之間的訊息收發。老師透過夾在衣服上或掛在身上的麥克風與發射器，學生則是藉由連結在他們助聽器上的接收器接收聲音訊息。FM 無線調頻系統，給予老師和學生在教室內自由移動的彈性。

㈢ 人工電子耳

人工電子耳有四個基本部件，分別為外部的麥克風（接收環境中的聲音訊號）、語言處理器（選取並過濾從麥克風接收到的聲音）、植入的接收器和電極體（將語言處理器選配的聲音轉換成電子脈衝）。人工電子耳

的原理是將外界的聲音訊號，由麥克風接收至語言處理器，接收進來的訊號，依不同的訊號處理策略過濾後，轉換成電子脈衝，耳蝸內的電極體繞過受損的內耳毛細胞，將電子脈衝直接刺激仍有功能的聽神經纖維，將聲音傳至大腦。

二、生活科技輔具

拜現代科技之賜，聽覺障礙學生除了助聽器、人工電子耳等聽覺輔具的改良與精進之外，個人電腦的普及，使得聽覺障礙學生可以藉由電子郵件（e-mail）或 MSN 的使用達到溝通的目的，更藉由網際網路的搜尋豐富其見聞經驗。另外，電腦也可以作為教學輔助科技，鮮明的畫面與立即呈現的視覺回饋效果，很容易吸引學生的注意力與學習動機。日常生活中也有許多是便於聽障者所使用的科技輔具，最常見的如將聲音提示轉為視覺畫面、閃光或觸動功能，這些科技設備除了提供聽障者無障礙的生活環境，協助其在溝通、學習、生活、就業等方面的適應，更能增進他們獨立生活能力。以下從訊息溝通輔具與環境輔具兩方面來簡要介紹常見的生活科技輔具：

㈠ 訊息溝通輔具

1. **傳真機**：將訊息以書面資料的方式傳送。

2. **電話擴音器（電話放大器、電話語音處理器）**：裝置在聽筒上，使用個人助聽器者只要設定好功能，便可以讓發話者的聲音直接由電話傳到個人助聽器。

3. **筆談機（WriTalk）**：筆談機是「用書寫的電話」，無論何時何地，相隔兩地的人以筆談機書寫訊息，所寫的文字或圖畫可以即時在對方的筆談機的畫面中出現，也可以同時書寫，就好像雙方在一張紙上同時進行對話。

4. **互動式數位白板**：同時整合觸控銀幕及電子白板，在投影內容直接書寫、註解，發揮整合互動功能。

5. **電子白板**：在大型書寫面板上面書寫文字，再由感應記錄紙把訊息列印出來，原理類似傳真機。

6. **骨導式聽障電話**：利用聽筒上的 Direct Vibe 震動器，聲音藉由震動器透過頭部的骨骼系統，直接傳送聲音至聽覺神經。

7. **手機**：目前手機皆可即時傳送與接收簡訊。

8. **內建式電磁線圈電話系統**：內建高性能的電磁線圈，具強力擴大音量功能，面板可顯示功能，亦可調適音量控制與不同響鈴。

9. **視訊會議系統**。

10.**寬頻影像電話**：電話上端備有攝影機，使用者可以與對方即時影像通訊。

11.**手機即時通、LINE、Facebook**：可從網路下載上述軟體，利用手機即時傳送訊息。

12.**手語翻譯員**：透過手語翻譯員的即時手語翻譯，可同步接收訓練課程、會議研習或電視轉播，解決語言傳遞的問題。

13.**多媒體公用電話機**：這類電話機上端備攝影機，使用者可以與對方做即時的影像通訊。除了具備基本打電話功能外，還可以透過寬頻網路的資料傳送，上網搜尋、收發電子郵件等。

14.**多功能迴路線圈振動警示器**：藉由內建或外接的麥克風可以接收來自鬧鐘、門鈴、電話、煙霧偵測器的訊號。

〔二〕環境輔具

1. 有線電視震動器。
2. 有線（無線）傳真機電燈、振動器、閃光燈。
3. 守衛室閃光燈。
4. 有線門鈴閃光燈。
5. 人員呼叫振動器。
6. 失火探測器、閃光燈、振動器。
7. **偵測器 DETECT**：為無線警報傳輸系統，可偵測到多種警報聲音的來源（如門鈴、電話），協助聽覺障礙者得知這些聲音的警告訊息。
8. **觀測器 OBSERVER**：觀察器有麥克風可接收外來的訊息，例如：聽障父母可以知道小孩的安全，而不需隨時在旁陪伴。
9. **呼叫器 CALL**：可接收由偵測器及觀察器傳輸來之警報訊息，當

呼叫器收到警報時會將訊息轉成可聽見的聲響。

10.振動接收器：可將偵測器警戒發射器所發出的訊息轉換成振動，當周遭有門鈴、電話、煙霧偵測器或嬰兒的哭鬧聲時，便會啟動警戒器，利用振動及燈光來提醒使用者。

（第八節） 聽覺障礙者的教育安置

聽覺障礙學生的教育安置型態，常見的有下列幾種：

一、特殊學校

專為聽覺障礙學生而設立的特殊學校稱為「啟聰學校」，又分為住宿制及通學制兩類。在 2002 年以前，國內設有四所啟聰學校（三所國立，一所私立啟英聾啞小學）。目前，國內計有三所公立啟聰學校，分別是臺北市立啟聰學校、臺中市立啟聰學校、和國立臺南大學附設啟聰學校。

二、特殊班

即在普通國中、小學中，為聽覺障礙學生設立的自足式特教班，稱為「啟聰班」。自足式的啟聰班，教學活動全部或大部分在啟聰班進行，老師會依學生學習狀況，部分課程回歸到普通班上課。

三、資源班

聽覺障礙學生學籍設在普通班，大部分時間在普通班學習，部分時間由啟聰資源班教師依據學生需求，提供必要之一般或特殊課程訓練（如溝通訓練）。

四、巡迴輔導

聽覺障礙學生基本上被安置在普通班級中，學校協助家長申請聽障巡迴輔導，由教育處／局派專業的聽覺障礙教師或輔導員到班、到校，提供聽語專業諮詢或直接教學服務。

五、普通班

聽覺障礙學生在普通班和其他學生一起學習，依照學生的需要提供學習指導、教育或聽覺輔助設備、相關專業服務等支持性服務。

目前，國內為聽覺障礙學生設置的教育學制如下：

階段別	年　齡	一般學校		啓聰學校
幼兒教育	3 4 5 6	幼稚園【學前啓聰班、學前聽（語）障巡迴輔導】		幼稚部
國民教育	7 8 9 10 11 12	國民小學【啓聰班、（啓聰）資源班、巡迴輔導、普通班】		國小部
	13 14 15	國民中學【啓聰班、（啓聰）資源班、巡迴輔導、普通班】		國中部
高級中等教育	16 17 18	高中（職）【巡迴輔導、普通班】	五專	高職部
高等教育	19 20 21	大專校院		

聽覺障礙學生的安置，固應依學生之個別需求作周詳的考慮，但亦應提供連續且具變通性的教育安置型態，以增加選擇的機會。

國民教育階段後的聽覺障礙學生可以參加普通學生的各項升學管道繼續升學或參加聽覺障礙學生升學高中職、大專院校的甄試（其實施要點係逐年公布）。目前國內高中職以上的啟聰教育，以啟聰資源班與巡迴輔導為主。

　　教育部為幫助聽障生順利升學就讀，除減免學雜費外，特別撥款補助各招收聽障學生之大專院校，進行輔導事宜。在大專院校就讀的身心障礙者（包括聽障學生），如果人數超過法定補助人數時，校方可以向教育部申請成立資源教室，提供聽覺障礙類及其他身心障礙學生的各項特殊需求（如口手譯、筆譯、提醒、FM調頻系統等無障礙學習支援性服務）。此外，教育部還訂定辦法每年提供獎學金給優秀身心障礙人士（含聽覺障礙者）出國深造的機會。

　　從教育部特殊教育通報網（2013/3/20）的資料可知，安置在大專院校就讀的聽覺障礙青年共有 1,242 人；就讀一般學校高中職的學生人數為 702 人，一般學校國中小為 1,881 人（國中 687 人，國小 1,194 人）。安置於三所啟聰學校人數分別為臺北市立啟聰學校 85 人，臺中市立啟聰學校 187 人，及國立臺南大學附設啟聰學校 143 人。

問題與討論

一、請如何區別全聾與重聽兒童在學習及溝通的主要優勢感官模式？

二、試說明早期介入對聽損兒童的涵義為何？

三、試說明口語法、手語法及綜合溝通法在教育哲學與教育方法的差異。

四、聽覺障礙學生可使用哪些科技及支持性設備？

五、試說明聽覺障礙對兒童在社會互動可能造成的影響。

第六章

語言障礙者之教育

王淑娟

第一節　語言障礙定義

第二節　語言障礙兒童發生率

第三節　說話──語言障礙學童的學習特徵

第四節　構音障礙

第五節　嗓音異常

第六節　語暢異常

第七節　語言異常

第八節　語言障礙教育與輔導

　　語言是一個人學習之基本工具，平日生活中，藉此能力可傳達意念、思想、意見以及抒發各種情緒。對多數人而言，似乎語言是自然而然隨生理發展就具備的，不需特別多花費心力就可以理解別人究竟在說些什麼，也可以盡情表達自己的想法與意思；然而對一位如果在智力正常但肌肉張力太強或無力的腦性麻痺學生來說，卻是需特別花心力加以學習與練習才能做到的事情。

　　語言最重要的功能是讓人與人之間可以溝通，它包含多種不同的形式。根據 Bloom 與 Lahey 在 1978 年指出，語言是由形式（form）、內容（content）及使用（use）三種向度交集所形成的。在形式方面，包括音韻（phonology）、構詞（morphology）及語法（syntax）；在語言內容方面，則常以語意（semantics）稱之；而在語言使用的層面即為語用（pragmatics），通常則以聽、說、讀、寫四種方式呈現，其中又以前二者的「聽」和「說」最為簡便，也是多數人最經常使用的方式。一個人的語言學習是受個人和環境兩大因素所影響，其中包括生理構造、性別、智能、性格、家居及社區環境、父母態度等因素，每項因素都有或多或少的影響，或互為影響。由於大多數的身心障礙學生，多多少少在語言溝通方面有困難（林寶貴，2004），語言也是學童在閱讀、書寫和聽解能力方面的表現，因此若是有語言方面的障礙，將會對學童造成很大的衝擊。在溝通障礙領域中，現已從原本對學童的言語（speech）障礙問題逐漸轉移對語言（language）障礙問題的重視。因為學校裡的老師經常可以引導學生語言發展方面的學習，所以對於有語言障礙的學生，教師也應責無旁貸擔負起改善學生語言狀況的責任。因此，實有必要對語言與溝通方面作一番瞭解，以能提供適時的協助和輔導。

　　兒童語言的發展大至分為兩個階段，分別為「語言準備期」以「及語言發展期」。語言準備期大約從出生到 12 個月大，著重發展各種不同的聲音如哭叫聲、玩的愉悅聲和喃喃語（babbling）（Owens, 2001）。而當兒童可以說出有意義的單字時，即代表從語言準備期進入語言發展期，一般而言，此時平均年齡約為 1 歲大（Bernstein, 2009）。語音則是指每個字詞的基本音素，音素的發展從嬰兒出生開始，語音系統就快速發展，在 2 個月大時，會咕咕發聲，其中咕咕的聲音與「u」音很類似；3 至 4 個月

大時，開始喃語，在此階段可以分辨出母音和子音。喃語時期很重要，因為清楚的喃語可以提供嬰兒練習不同語音的機會，進而控制說話的肌肉（林寶貴，1991）。音素發展進入語言期以後，1 至 3 歲期間強調的是語音廣度的發展，包括發出不同類型語音的能力；3 歲以後是音素廣度的發展，包含兒童於不同語言情境下正確使用音素的能力；發展到 8 歲時語音發展穩定成熟（卓士傑，2007）。

語言的發展從初期利用各種不同的聲音、手勢、表情或姿勢等來表達情緒，慢慢發展到可以說出單音節的聲音，接著可以說出有意義的單字，這過程需要兒童具備正常的聽力、認知學習能力、口腔動作控制、社會性發展以及充足的語音刺激，才能逐漸發展出正常的語言能力。

第一節 語言障礙定義

依據教育部公告中華民國 100 年 11 月 18 日臺特教字第 1000203332B 號預告修正身心障礙及資賦優異學生鑑定基準，第 9 條中的第 3 項第 4 款，其所稱之語言障礙為下列：

在語言理解或語言表達能力與同年齡者相較，有顯著偏差或低落現象，造成溝通困難，其鑑定基準應符合下列情形：

構音異常：語音有省略、替代、添加、歪曲、聲調錯誤或含糊不清等現象。

嗓音異常：說話之音質、音調、音量或共鳴與個人之性別或年齡不相稱等現象。

語暢異常：說話節律有明顯且不自主之重複、延長、中斷、首語難發或急促不清等現象。

語言異常：語言之語形、語法、語意或語用異常，以致語言理解或語言表達較同年齡者有顯著偏差或低落。

若根據美國聽語學會（American of speed and hearning asciation，簡稱 ASHAASHA ，1982）提出，語言障礙（Language Impairment）指的是口語或書面語言的習得、理解或表達出現障礙，包含語言系統中的音韻、構詞、語意、語法、或語用等層面（引自錡寶香，2009）。

　　另外探討語言障礙時，也常提到特定型語言障礙（Specific Language Impairment），同樣也是表示個體的語言發展較落後或是語言學習困難之缺陷，但其定義特徵特別強調正常的非語文智力。目前對特定型語言障礙的鑑定標準尚無一致的準則，但普遍而言都依循美國兒童失語症學會對特定型語言障礙的定義：「在正常智力、社會情緒功能與聽覺功能以及無明顯神經功能障礙的狀況下，所出現的語言習得遲緩問題」為基礎加以界定（引自錡寶香，2002）。特定型語言障礙特徵包括：1. 語意缺陷：兒童的單字與概念知識有限。2. 文法缺陷：使用文法和造句的能力有限。3. 語音特徵：其特徵類似年紀很小的兒童。4. 結合單字的技巧薄弱：必須學會較多的詞彙時才能組合單字。5. 會話能力的缺陷：連接句子的能力較差，甚至連說出句子都有困難（引自林寶貴，2004）。

　　所以凡是關於語言各方面功能的困難與缺陷都可能造成語言障礙，且這些障礙同時也影響個體的生活與社會功能。

第二節　語言障礙兒童發生率

　　根據統計資料顯示，學齡前幼托園所就讀之兒童，發生語言障礙之機率平均約為 6-8%。根據王天苗、廖鳳瑞、蔡春美、盧明（1999）指出，發展遲緩幼兒在 3 歲以前最常見的發展問題是粗大動作和精細動作，3 歲以後則主要是語言的問題，其次是認知和精細動作的問題。至於學齡兒童發生閱讀障礙之比率約為 17%（方金雅等人，2011），而 1998 年度美國教育部對國會的報告書中推估，6 至 17 歲的學童中，接受說話或語言障礙教育者共占 2.28%（各類身心障礙學生共有 4,977,881 人，出現率推估為 10.78%），比智能障礙者的 1.13% 高出 1 倍多（U.S Department of Education, 1998）。

　　在特殊教育中，說話—語言障礙（specck-language disordev）兒童的出現率高於很多其他障礙類別，然而在臺灣區調查所獲之資料卻明顯低於歐美、日本之發現，究其原因可能是因溝通障礙學童的說話—語言問題嚴重程度不一，難以絕對認定，再加上溝通問題亦是很多其他類別障礙者的顯著困難，因此要明確估計其出現率實非易事。此外，國內缺乏評量工具鑑

定說話—語言障礙學童，亦是可能原因之一。

第三節 說話—語言障礙學童的學習特徵

在美國特殊教育中，說話—語言障礙學童就讀於普通班的比例是所有特殊學童中比例最高的。除了在溝通方面之外，他們在很多特徵與一般學童之間並無明顯之差異。根據 Ysseldyke 與 Algozzine（1995）的說明，說話—語言障礙學童的特徵，可由認知、學業、身體特徵、行為與溝通能力等層面介紹之。

由於語言是認知處理或思考所必須使用的中介符號，因此很多研究者指出說話—語言障礙學生的認知能力或多或少都會受到影響，尤其是語言障礙學童，如：特定型語言障礙（Specific Language Impairment）或語言學習障礙學童（Language Learning Disabilities）。有研究發現，溝通障礙學童在智力測驗上表現較差，尤其是在語文智力測驗方面，而這種現象可能是肇因於其語言問題（Ysseldyke & Algozzine, 1995）。另外，也有可能是因這些學生的說話問題或語言符號應用問題，影響其在智力測驗上的作答，或是施測者無法明確地瞭解其回應的答案，因此造成測驗誤判。但究竟是溝通上的困難造成認知困難，亦或是認知上的困難造成溝通困難，則仍未有最後之結論。但此項特徵在教學上的啟示，則是提醒我們除了在語言結構或溝通功能的教學著墨之外，也應教導他們如何使用語言符號思考，如：組織訊息、提取訊息、比較訊息特徵等等。

語言能力是學習的必要工具。而學校又是充滿口語符號的環境，學業學習極需兒童具備聽話技能、遵循指示、理解語言及口語表達能力。因此很多說話—語言障礙學生常常出現閱讀、書寫的困難，而這些都會造成其在語文科、社會科、自然科及數學科等學科的學習困難，而這種現象在特定型語言障礙學童身上則極為普遍。

語言是人與人之間交流溝通重要的方式之一，想要有一個良好的語言能力，就需要具備有好的口腔運動控制，以及協調、正常的社會性發展與認知學習能力，與外界提供語音模仿刺激，才能逐漸成熟與發展。

（第四節） 構音障礙

一、構音障礙兒童語言的發展

　　一般來說正常的構音為氣流經過胸腔出來，通過聲帶，最後振動後，再經過唇、舌、牙齒、上下顎、咽喉等部位的修正、摩擦或阻礙發出之語音。若在構音的過程中出現問題，如構音的方法、位置、速度、強度或是動作協調的問題，將造成語音改變，即為構音障礙（黃景威，2007）。換而言之，所謂的構音障礙是指兒童先天言語器官的限制（如：唇顎裂），或是對於語音概念的認知偏誤，也有可能在聽覺自我監控有缺失，發出的語音有省略、替代、扭曲和贅加的情形（陳俊凱，2010）。造成構音障礙的原因是很複雜的，包含生理以及心理層面。構音器官問題，如：舌繫帶太短、顎裂；動作協調問題；口腔靈敏度、聽覺功能失常、發展遲緩、其他中樞神經病變；但有一群構音障礙兒童的構音器官是完整的，則可能是因認知／語言能力、心理／社會因素等原因影響構音發展（林寶貴，1995；陳俊凱，2010）。

　　構音是需要許多肌肉整合以及協調控制的，使我們在正確的時間點適時作用以產生正確的發音，因此構音也可視為一種動作協調的表現（陳虹伊，2009），兒童發展至 5 歲時，已經能夠精熟的使用母語，但是大約有4-7% 的兒童可能會產生語言異常的問題，而無法如預期獲得語言和言語的技巧，其中目前最常見的即為構音障礙（Müürsepp, Ereline, Gapeyeva, & Pääsuke, 2009）。目前大致上將構音障礙分類為六種類型，分別為替代音、省略音、歪曲音、添加音、聲調錯誤以及全面性語言不清，以下為各類型之介紹：（林寶貴，1991；黃景威，2007）

　　1. 替代音（substitution）：指的是發音時以另一語音替代標準語音，而造成語音錯誤的情形，例如：「剪刀」說成「ㄐㄧㄢˇㄍㄠ」，「草莓」說成「討莓」，此種錯誤類型是兒童構音最經常出現的錯誤方式。一般而言，兒童通常會以先取得的語音取代較難且尚未學會之語音。且大部分兒童沒有固定於每一替代音，可能在某一詞用ㄈ替代ㄙ，然在另一詞卻沒有

此情形。

　　2. 省略音（omission）：指的是將聲母或是韻母省略，而造成不正確的語音，例如：「謝謝」說成「ㄧㄝˋㄧㄝˋ」，多數情形則出現在年幼兒童身上，然而可隨著年紀的增長可以獲得改善。

　　3. 歪曲音（distortion）：即指把語音發成接近正確的發音，但是聽起來並不完全正確。例如：剪刀的「剪」發音介於ㄐ與ㄗ之間，而令人很難辨識究竟是原語音系統中之何音。

　　4. 添加音（addition）：在正確的語音上有添加的現象。例如：把「鴨子」說成「ㄉㄧㄚˇ」。

　　5. 聲調錯誤：也就是說將國語的四聲發聲運用錯誤，例如：「小鳥」說成「笑鳥」，應是第三聲發成第四聲，有時整體語音讓聽者覺得是一位外國人在講國語的感覺。

　　6. 全面性語言不清：可能是因為一些障礙，例如：腦性麻痺、唇顎裂、聽覺障礙等造成的咬字不清晰，其類型較無法明確的列出如上述一致錯誤類型。

　　構音障礙兒童因為生理或是心理的因素，造成其在語音發展上確實與同儕相較之下較為遲緩或是有損傷，因此與同儕互動時，常因口語表達清晰度不足，而導致溝通出現困難，影響其社交關係的發展。構音障礙是學齡前最普遍的語言障礙，所以有必要早期介入處理以避免其後續所帶來的影響。

二、構音障礙共病情形

　　過去的文獻較少單獨去探討構音障礙的共病情形，而是以一個統稱「發展性言語—語言障礙」來說明語言障礙的共病情形，而構音障礙也包含在發展性言語—語言障礙。研究指出被診斷為發展性言語—語言障礙的兒童，其中多數兒童在許多領域的發展都有損傷的情形，例如：行為問題、認知以及動作（Fernell, Norrelgen, Bozkurt, Hellberg, & Löwing, 2002；Miniscalco, Nygren, Hagberg, Kadesjö & Gillberg, 2006）。其中最普遍出現者為動作方面的問題，高達 50-90% 的兒童共病發展性協調障礙（Müürsepp, Ereline, Gapeyeva & Pääsuke, 2009）。

　　一般而言，構音障礙的矯治內容包含正確語音的建立，與正確語音的類化或認知變化兩部分（林寶貴、錡寶香，2000）。其矯治技巧有聽能辨別訓練、發音訓練與構音擺位、音韻歷程分析與最小差異對偶字，利用視覺、觸覺及口腔輪替運動的輔助，節奏訓練，單字、語詞、句字練習，以及類化至日常生活溝通表達等（楊百嘉、賴湘君、廖文玲，1984；賴湘君，1984；Hutchinson, 1979）。由於學前構音障礙幼童平時都是在融合班級的環境上課，學前教師在教學及互動情境中，可幫助學童練習其正在接受矯治之語音或音韻歷程。Low、Newman 與 Ravesten（1989）研究發現，在治療時若使用溝通式的教學，更能幫助類化效果（引自林寶貴、錡寶香，2000）。

　　構音障礙矯治訓練，除透過語言治療師幫忙建立正確的語音與對正確語音的聽覺認知，日常生活情境之語言類化訓練亦非常重要，與兒童最有機會互動之學校教師，在兒童接受構音障礙矯治訓練時能提供的輔助角色不容忽視。

第五節　嗓音異常

　　所謂嗓音（voice）意指一個人聲音而言，每一聲音可有不同的組合，其中透過不同的音量（volume）、音調（pitch）與共鳴（harmmony）方式，形成不同的聲音。悅耳的聲音人人喜愛，但有些人在音質、音高與音量，任一方面造成有偏異的現象，給人感覺與其年齡、性別與身分不配，或者對溝通造成干擾，這即是嗓音異常。兒童亦可能發生嗓音異常現象，通常為嗓音誤用（misuse）或濫用（abuse），而產生嗓音沙啞或困難出聲。據估計在美國大約有 3% 至 6% 的學齡兒童有嗓音異常的情形（Raming & Verdolini, 1998），而大部分則屬短暫性的，少數屬長期性的，如：腦性麻痺兒童因為呼吸與發聲動作協調不佳，高張力型發聲時喉部肌肉群常會痙攣而使得音量忽大忽小、音調忽高忽低、斷續失聲、音質緊且粗啞不悅耳；低張力型發聲時因喉肌無力而使得音量太小、音調過低且單調少變化。

一、嗓音問題的分類

嗓音問題通常可能展現出以下一種或一種以上的特質，語言治療師也會依據這些特質從聽患者的聲音和儀器檢查來分析患者的嗓音，並進一步分析造成嗓音問題的可能原因，以規劃處遇方案：

1. **音調**：太高或太低；缺乏正常的高低變化；變化太大。
2. **音量**：太大或太小；缺乏正常的大小輕重變化。
3. **音質**：聲音很緊；聲音有氣息聲或氣不足；聲音嘶啞。
4. **共鳴**：鼻音過重；鼻音不足。

二、嗓音問題的原因與輔導

影響嗓音和口腔聲音傳射品質的因素很多，包括生理、心理和環境的因素，處理方法可能也需要從醫療、教育、行為修正、環境改善或心理諮商等方面著手。

學校中最常見的嗓音問題就是學童濫用或誤用聲音引起的嗓音沙啞，但可能因為有這類問題的孩子在班上並沒有其他學習方面的困難，也可能因為老師不確定如何幫助孩子改善問題。因此，嗓音沙啞在學校中容易被忽略，嗓音明顯沙啞的孩子通常可以從行為中發現一些造成的原因，包括：平日生活中大喊大叫、說話過度用力、經常在很吵雜的環境中說話、經常用聲帶擠壓出怪異的聲音等等。當老師注意到孩子嗓音明顯沙啞時，應該先轉介給耳鼻喉科醫師檢查，有些孩子可能會檢查出有聲帶結節，也就是俗稱的長繭（vocal nodule 或 vocal polyes），通常醫生不會對兒童的聲帶結節進行切除手術，因為其治本之道還是必須經由行為的修正才能讓結節逐漸消退。

由於教書是一種要經常利用聲音的職業，以下提供一些針對老師也有幫助的嗓音保健之道，同時亦可幫助學生監控自己發聲行為的策略：

1. 聲帶在身心某種特別狀態下會比較脆弱，例如：空氣乾燥或汙染、女性生理期之前或期中、情緒緊張或激動時、過度勞累，以及感冒，這些時候應該儘量保護嗓音。
2. 避免經常在多灰塵、抽菸的地方，節制菸酒之食用。

3. 避免尖叫，大喊大叫，聲音使用過久或過大聲。

4. 有規律的運動，但是從事體能運動時，避免使用聲音。

5. 避免過度的咳嗽或清喉嚨。

6. 避免經常讓孩子發出模仿動物或機器的怪異叫聲。

7. 喉嚨在口腔開放時應放鬆，才能發出放鬆的聲音，反之亦然。

8. 避免在噪音環境中說話。

9. 上呼吸道感染（如感冒）或喉嚨發炎時，應該讓聲帶休息。

10. 用力的用耳語方式說話可能會增加聲帶肌肉的緊張力，不如自然
讓聲音發出來。

11. 用適當的速度說話。

12. 以口呼吸，尤其是在冷天時，會使呼吸道黏膜乾燥，容易引起傷
害聲帶的清喉嚨和咳嗽行為。

13. 多喝開水，避免喉嚨乾燥。

14. 要改善孩子濫用或誤用聲音的行為，除了在聲音使用的技巧上諮
詢語言治療師的意見之外，更重要的是家長和老師在家庭和學校
的合作。

15. 老師在學校可以利用同儕的關係和行為記錄（如指導學生自己記
錄適當行為），協助學生監控自己聲音的使用。

第六節　語暢異常

　　語暢指說話的重音、語調和節律（rhythm）是屬於超音段（suparseg-ment）的一部分，可以傳達說話者內含的感情，輔助溝通效果。通常兒童在語暢方面的問題，主要為口吃（Stutter; stammer）或迅吃（cluttering）；然腦性麻痺兒童由於呼吸、發聲、構音的肌肉群動作協調差，說話時通常語句很短、片段不連貫，速度太慢或結結巴巴，語調平板單調、缺乏抑揚頓挫，無法發揮超音段的語言溝通功能，則屬運動性語言障礙（motor speech disorder），與口吃或迅吃在病理上大不相同（楊淑蘭，2011）。

一、口吃的定義與特徵

口吃在中文裡所指的意思為說話結巴、中斷不連貫的口語異常現象。主要症狀包含：說話時字與聲音的重複或拉長、破碎的字與片語重複、插入字、修正與放棄等口語上能辨認之特徵。除了口語上的不流暢之外，口吃者在說話時，經常也表現出許多身體動作，包含：眨眼、聳肩、臉部怪異表情、頓足與擺手等動作（楊淑蘭，2011）。

根據 2004 年美國聽語協會（American Speech-Language-Hearing Association, ASHA）的網頁指出，口吃為一種言語流暢障礙，意指說話時的流暢度受到阻礙。其實所有的個體都會出現言語不流暢的情況，但口吃者說話時會具有一些特徵，我們可藉由以下的特徵區分口吃者與正常言語不流暢者（伍瑞瑜、楊淑蘭，2007），口吃患者通常具有下列幾個說話行為特徵：

1. 聲音、音節、部分字、完整的字與片語的重複。
2. 聲音或音節的延長或拉長。
3. 緊張停頓、猶豫不決，或說不出話來。
4. 毫無預警之下突然快速說話。
5. 出現相關行為，即伴隨口吃的反應，例如：嘴唇、下顎以及／或頸部肌肉緊繃，說話時嘴唇、下顎以及／或舌頭顫抖，輕抖腳底，眨眼及轉頭等。
6. 口吃患者會因說話情境、溝通對象或說話任務而有變化，例如：有些口吃者能夠流暢的唱歌，但講電話時卻會口吃。
7. 口吃個體會失去控制的感受，即有些口吃者會害怕某些聲音與字詞，而會以另一字詞代替原來要說的字詞，這些反應大都出現在口吃比較嚴重的階段。

由上可知，口吃的特徵為口語的產出過程受到干擾，造成言語不流暢的情況，大多數的口吃者會出現短暫的不流暢，例如：有些字會重複，或是有些字聽起來像是「嗯」、「啊」之類的發音。其實言語不流暢未必會造成問題，但太多的不流暢便會阻礙溝通的進行。然而，口吃者其溝通的困難可能發生在特定的情況、人物或環境下，例如：打電話或是在職場上。

對大部分的口吃者而言，口吃會影響他們的日常生活，而所影響的層面或程度則因人而異。因為口吃者會在乎他人對其不流暢的口語表現反應，因此，有些口吃者可能會限制自己的活動範圍，又或者隱藏其不流暢的口語，像是重新安排原本要使用於句子中的字詞，也就是換句話說或繞道而行（circumlocution），佯裝忘記剛剛要說的話或是減少要說的話。口吃對口吃者的影響，主要是來自於口吃者本身以及他人對口吃的反應。

一般而言，口吃的發生率約為 4.5%，普遍率為 1%（楊淑蘭，2001）。根據內政部統計處發布人口各年齡層統計人數，至 101 年 4 月底 2 至 6 歲的幼兒人數約為 100 萬人，因此推估臺灣學齡前的口吃兒童人數約為 1 萬人，且男多於女。而口吃的發生通常為漸進性的，較少突發的狀況不多。

一般而言，兒童在 2 歲半到 3 歲時，說話經常會發生不順暢的情況，因為兒童的字彙和句法在此時快速成長，雖然 4 歲的孩子多數的語音和句法已與成人接近，但他們講話的速度仍較成人為慢，句法也還無法像成人那樣複雜，又因認知能力尚未完全成熟，在有時間壓力情況之下描述複雜事件或回答問題，非常容易產生口吃的現象。大約五分之二的口吃兒童，口吃的症狀只會出現一、二個月，進入小學前口吃會自然消失，此為自然現象，稱之為「發展性口吃」。另有五分之二的口吃兒童，口吃的狀況會持續一、二年，稍長後口吃症狀才消失，稱之為「良性口吃」。良性口吃兒童若經輔導正確，則約有八成的兒童口吃症狀會自然消失，真正變成「慢性口吃」而需要治療的患者，約占全國人口的 1%（Cooper & Cooper, 1985；李淑娥，1987）。

二、語暢成因

關於造成口吃的原因，至今有不少的說法，較常被探討的觀點或理論分別為：從器質性觀點（Organic theories）、心理理論觀點（Psychological theories）和語言學觀點（Linguistic theories）。

1. 口吃器質因素理論

（1）半腦優勢理論。

（2）時間次序失調論。

（3）「感覺—運動」協調失調論，聽覺延宕回饋說。

2. 口吃心理學說

（1）行為障礙：學習、模仿或制約。

（2）人格障礙：神經官能症。

（3）因受到驚嚇所造成。

（4）兒童表達內心不滿的表現。

（5）趨避衝突理論。

3. 口吃語言學觀點

（1）由於早期語言發展時之影響。

（2）語言發展遲緩→語彙簡單、詞句簡短。

（3）較少與同儕互動的經驗，並可能缺乏自信心。

　　除了以上的說法外，亦有人從遺傳因素觀點來解釋口吃發生原因，發現口吃患者的家族，往往其中皆有口吃的現象，而認為口吃有可能是遺傳所致。另外亦從雙胞胎的研究調查發現，雙胞胎皆患有口吃之比例相當高而作口吃是因遺傳之推論。另外，有些口吃患者則因神經系統病變之故，而造成日後在口語說話上的不流暢，而形成所謂的口吃或有些則成為迅吃（指說話者一旦開始說話，則毫不自知地越講越快，連續一段時間後則所有的語音皆含糊黏在一起，極為不清晰，令聽者無法理解）。

三、語暢輔導

　　由於每個口吃患者皆有其個人的口吃行為，世界上是找不出任何兩個口吃患者之說話樣式是一模一樣的，因此每一位口吃者之治療方式亦不相同。針對幼兒及學齡兒童口吃之治療，可以採間接治療或直接治療的方式進行。

　　直接治療強調提高孩童對其口吃問題之自我察覺能力，輔導重點則在增強孩童本身說話順暢之技巧。其治療過程包括：

1. 協助自然情境中，對說話問題之自我察覺。

2. 幫助其增加「說話順暢之頻數」。

3. 加強孩童「挫折容忍度」。

4. 控制影響其說話之因素，如：語法及語音。

5. 增加孩童對說話問題的自我接受，協助其建立自我信心。

間接治療的方式最主要乃在避免孩童對說話感到恐懼或對其自己本身口吃問題特別敏感，另外，必須強調對孩童之外在環境加以修正，所以語言治療師會針對父母面對孩童時之反應態度，予以提供良好的說話模式。

美國聽語學會針對兒童之語暢問題，建議身為父母或教師者有十項「可為」及八項「不可為」的原則。

㈠ 可為原則

1. 當發現兒童已察覺自己的語暢問題，或兒童對自己的說話不順暢，產生緊張或挫折感時，請父母務必請教語言病理師或治療師。

2. 注意聆聽兒童說話的內容，而不是刻意注意兒童的表達方式。

3. 放慢您的說話速度：藉此，兒童不僅能以您的說話速度為榜樣，而且，也可給予兒童充足的時間，先瞭解並整理您所傳達的訊息。

4. 提供兒童一些無競爭，或干擾的情境，與您進行溝通。

5. 與兒童溝通時，儘量避免或減少壓力：例如減少問問題的次數；因為問問題，通常意味著馬上要答案。

6. 給予兒童足夠的說話時間，減少時間上的壓力。例如：在您問第二個問題前，給予兒童充足的時間回答第一個問題。

7. 觀察記錄兒童語暢方面的循環性，增加兒童語言流暢的時間及機會。

8. 注意並瞭解語言因素，所造成的語暢問題：例如說話結巴的頻率會因不熟悉或陌生的話題、語句之複雜程度而增加。

9. 注意並瞭解環境因素，所造成的語暢問題：例如說話結巴的頻率會因與人競爭說話、興奮程度、時間上之壓力、新環境和不熟悉之聽者而增加。

10. 重複或重述兒童的話，以確定父母瞭解兒童的話。

㈡ 不可為原則

1. 父母不要刻意告訴兒童，「放輕鬆，慢慢說，別急，想好再說。」

2. 父母不要刻意注意兒童說話的行為。

3. 父母勿將兒童的說話行為，成為眾人注意之焦點。

4. 當您的兒童說話結巴時，父母勿表現沮喪，或不悅。

5. 父母勿稱兒童「口吃」。

6. 父母勿打斷兒童的說話。

7. 父母勿批評或糾正兒童的說話行為。

8. 父母勿替兒童接話。

無可諱言的，兒童學習語言及說話的黃金時間，父母或照顧者是相當重要的角色，全家（所有家人）放慢生活步調和說話的速度，尤其不要催促孩子說話快、動作快，使孩子有良好的說話環境，而且感受到輕鬆愉快安全的感覺。

教師若發現班上有口吃學童時，不要糾正孩子說話不順暢的現象，只需把話再完整說一遍給孩子聽，以免增加他的挫折感。最好能表現出有耐心聆聽的態度，不要因孩童說話的不流暢而中途打斷孩子的說話，使他能充分表達自己的感受和想法，當孩子說話順暢沒有出現口吃現象時，立即給予誇獎和鼓勵，使他有成功的感覺。但是，若觀察記錄兩到三個月時，孩童的口吃頻率和嚴重度並無減少趨勢，甚至增加，則應該建議家長帶孩童到大醫院的語言治療室，進行更仔細的評估與診斷。

第七節　語言異常

兒童若是在語言發展過程中一旦有上面所提之三項說話障礙情況之一，多多少少都會產生與他人溝通的問題；然而，有些兒童的溝通障礙並非是因說話行為所引起的，而是因語言的內容異常導致的。錡寶香（2006）書中將兒童語言障礙類型，大致分類如下：

1. **語言異常**（language deviance）：兒童發展出來的語言技能、類型，與一般兒童有質上的差異。

2. **發展性失語症**（developmental dysphasia/aphasia）：無說話器官缺陷，但其說話表達能力卻無法像同齡兒童一樣。主要是腦傷造成，有神經生理的涵義在內。

3. **特定型語言障礙**（specific language impairment）：兒童在各方面領域發展正常，但語言發展遲緩。其原因並非源自智障缺陷、感官缺陷、嚴

重情緒障礙／行為問題或神經損傷。

4. 語言學習障礙（language learning disabilities）：指語言障礙兒童同時在口語及書面層面的語言障礙。

兒童之所以產生上述語言障礙，其可能原因有來自先天生理疾患或後天意外以及環境因素所致，如：唐氏症（Down's syndrom）因心智能力影響，使其在語言發展上會有遲緩或低落的情形；而因意外腦部受傷的兒童則可能意識恢復後，語言理解或表達受到影響，造成語言障礙。但無論兒童因何種因素而有語言障礙，其日後在學校的學業表現皆可能會有落後的現象，甚至因與同儕的相處及人際社交關係亦受到影響，導致有異常行為或情緒出現。

通常具有語言異常的兒童，其溝通行為經常會有以下幾種狀況出現：

1. 不知其（說話者）所云
2. 雞同鴨講
3. 答非所問
4. 胡言亂語（jargon）
5. 自言自語
6. 鸚鵡式說話（echolalia）
7. 尋字困難
8. 顛三倒四
9. 沉默不語

兒童語言異常形成原因、類型、表現症狀、評量、治療與介入方法皆不盡相同，若要為他們提供適當的教育或輔導，必須先予以適當的語言溝通能力評量，才能對症下藥提供有效的輔導。

一般而言，語言溝通評量範疇包括：

1. 語言理解、表達力、詞彙使用、語法、語音／音韻、聽力理解、語用、閱讀、寫作能力。
2. 包括感官知覺、非口語的認知、溝通、心理、社會性功能、言語機轉、口腔動作、環境支持度等方面的整合評量。
3. 表達自己與反應對話之能力，包括所使用的方式和所用的語言。

4. 與對方語言溝通時兩方交換意見的程度。

5. 溝通策略使用情形。

6. 清晰度。

而進行評量與資料蒐集可有兩種型態：

‧ 間接方式：從父母及其他相關人員處獲取資料，可包括以填答問卷、檢核表方式、訪談、觀察父母與個案互動溝通狀況。

‧ 直接方式：使用結構化／標準化常模測驗或自編非正式的語言溝通評量工具，或是直接面談觀察評量，蒐集語言樣本，以分析其語言在語音、語意、語法、語彙、語用等方面的表現。

第八節　語言障礙教育與輔導

隨著國內特殊教育的發展與進步，對於班級中的語言障礙學童，班級導師除了運用相關輔導策略外，應可向學校反映並申請專業之語言治療師，至校提供諮詢與指導。林寶貴（1995）認為語言治療過程為：

1. 依據個案目前的說話、語言能力水平、年齡、障礙程度、個人溝通需求等設定治療教學目標。

2. 教學目標包括：習得正確的說話和語言結構、增強語言溝通技能、擴展語言使用、加強或強化自發性語言的使用情境。

而班級導師可運用語言、溝通治療教學技巧與策略，例如：模仿示範、延伸、拓展、媽媽式說話方式（motheree）、自然情境營造、掌握機會，其他如：仿說、造句、說故事、角色扮演、問題解決、社交活動安排等融入於平日教學中，以協助語言障礙學童克服語言學習的困難。

若針對自閉症兒童語言方面的教學方法，如：傳統行為教學（Hepting & Goldstein, 1996）、自然情境教學法（Alpet & Kaiser, 1992）、圖畫兌換溝通系統和接受性語言教學等。有學者認為，有語言障礙者應從接受性語言教學開始，在語言學習上，表達性語言比接受性語言的學習困難得多，但因應用表達性語言於互動的情境中，尚牽涉對方語言的理解，對於

自閉症兒童而言困難度較高（黃金源等，2008）。Geraldine Dawson 等人（2010）曾經過兩年半的實驗研究發現，48 位年齡介於 18 到 30 個月的自閉症兒童在接受性語言的使用比表達性語言的效果佳。以圖像兌換溝通系統（Picture exchange communication system）的教學法來說，Yoder 和 Warren（2006）針對 33 位年齡 18 到 60 個月大的非口語或低口語溝通能力的自閉症兒童研究得知，使用圖像兌換溝通系統在非模仿性口語動作的頻率比使用不同的非模仿性單字字數有明顯效果。而自然情境教學法（Milieu Teaching）則在自然的環境中使用社會性與物體的活動，透過頻繁的社會互動、輪流、誘發和自然手勢的塑造形成有意圖性的手勢運用，來達到功能性溝通的目的及變化，特別是要求、評述、啟動、社交遊戲的持續、歡迎、防衛及尋求協助的要求等溝通功能（Yoder & Warren, 2002、2006; Rogers, Hayden, Hepburn, Charlifue-Smith, Hall, Hayes, 2006）。

　　語言障礙的服務依其障礙性質不同可以有不同模式，大致包括以下其中一種或兩種以上的組合：

　　1. **諮詢模式**：由語言治療師提供建議給班級教師，幫助教師根據障礙學生的需求調整學習情境和 / 或教學方式。

　　2. **團隊合作模式**：語言治療師是專業團隊的成員之一（其他成員可能還包括班級教師、學校行政人員、社工師、心理諮商師、職能治療師、物理治療師、家長等），與其他成員針對學生需求建立共同目標，依此規劃教學方案。

　　3. **協同教學**：語言治療師與教師共同分擔教學責任，語言治療師可能只針對一個活動負責全班的教學，也可能由兩個人共同負責一堂課。

　　4. **抽離模式**：學生由班級抽離至另一間教室或治療室上課，可能是個別或小團體方式，這也是傳統的語言治療一直採取的醫療導向模式。

　　5. **自足式語言訓練班**：語言治療師是主要教學者，提供密集的語言訓練。

　　6. **專業模式**：團隊中的成員互相分享自己的專業技能，讓提供服務者也能學到其他領域的一些技能，例如：語言治療師可以接受一些職能治療方面的訓練，在提供語言溝通訓練的同時，也提供職能治療方面的訓練。

　　7. **完全融合**：語言障礙學生所需的各種服務都回歸到班級中提供，此

乃反映融合教育的理念。

目前國內的語言治療師多數分布在醫療機構，一些特殊學校聘有語言治療師，此外，服務對象大多是學齡前和國小兒童的構音問題和語言發展遲緩。整體而言，服務模式主要是採取抽離式教學，只有極少數特殊學校的語言治療師開始嘗試以不同的方式與班級教師合作。在新的特教法公布之後，各縣市陸續成立身心障礙教育專業團隊，希望徵聘相關專業人員，經由轉介、篩檢、評估的流程提供符合學生需求的服務，但是教育系統專任之語言治療人員的短缺，以及團隊合作的模式仍待建立，都使得學校系統中有語言障礙的學生未能獲得充分的服務，目前除了積極培訓能在學校系統工作的專業人員之外，提供班級教師基本知能和處理策略也是當務之急。

抽離式的教室本位模式結合學科內容和教室學習，最能展現語言治療成效，因此語言治療師會經常與教師溝通，或在教室觀察，才能知道老師用些什麼教材、教室中的語言表現的要求、以及學生的表現。個別或小團體的抽離教學方式，其所使用的教材可以運用真正課堂的教材或老師指定的工作，優點是教材可以略為修正以符合學生的能力和需求，也可以提升學生在教室中的表現。

一、班上有語言障礙學生時的教室調適策略

1. 可以教導學童一些先備之模仿技巧。
2. 在教室中增加一些接受性語言的學習。
3. 給學生機會作有促進互動性的遊戲（facilitative）或活動。
4. 引發學生的語言。
5. 使用自然學派觀點的方法與技巧，以及刺激真實生活中的一些活動去增。
6. 學生語言的使用。
7. 透過閱讀故事書鼓勵學生會話。
8. 以音樂和遊戲增加語言能力。
9. 安排有效互動的教室環境氣氛。
10. 對於較高年級的學生可使用一些較具挑戰性的遊戲。

11.改變一些策略以發展學生學習時可使用的工具。

12.與語言病理學家合作。

13.使用說故事和進行寫作。

二、語言溝通治療重要的理念

1.語言溝通之使用必須是雙向的過程，著重有意義的訊息交換。

2.語言之學習要自然、真實與情境有關，由自然活動的組合而成。

3.治療不應只在語言治療室內、教室、資源教室或家中進行而已，而應是在每一個人、每一個地方皆能進行。（全語言）

4.家庭每一成員對語言障礙個體之語言治療均扮演極為重要的角色，其參與十分重要。（親職教育）

5.注意需求與個別差異。

6.運用非口語溝通方式或擴大及替代性溝通輔助系統（Augementative and Alternative Communication devices, AAC）之溝通輔具，如：溝通版之設計等。

總　結

對大多數人認為能使自己具有溝通能力這是一件當然的事，但即使是一個很簡單的互動，但仍可能有溝通的問題。言語和語言都是人類使用溝通時相互關聯的技巧。語言障礙指的是對語言理解和使用受損。在學學生大約 3% 被歸類認定有言語或語言障礙的問題。大部分有言語與語言問題的學生被安置在一般普通班級。構音障礙則是最普遍的言語障礙。學生有顯著的構音問題時，必須要有介入。

嗓音障礙是與音量、音質、音調有關。建立一個正向的教室環境是很重要的一件事。語言障礙同時影響接受性及表達性語言的技巧。語言型式包括語音學、語形學和語法學。教師可以為語言障礙的學生做許多的調整和改變。有些語言問題可能是因學生個人文化不同所造成的。透過應用科技性 AAC 輔助溝通方式，例如：以臉書（facebook）即時傳訊息、溝通板（communication boards）、各類透過高科技電腦設備發出之語音機器、

語音合成器（speech synthesizer），皆能夠大力促進溝通障礙者的言語和語言的能力，亦可以建立自尊與獨立能力，提升語言障礙學童之人際關係和學業表現。

💡問題與討論

1. 何謂兒童語言障礙？其定義為何？
2. 語言異常與說話異常之特質，請簡短敘述之。
3. 如何針對構音障礙學童提供輔導？
4. 針對班上有口吃學生，試舉五項身為教師不可為之事項。
5. 學校老師如何輔導班級中的語言障礙學童？
6. 試說明語言治療理念之精神為何？
7. 何謂 AAC ？其功能與目的何在？
8. 試說明提供給極重度語言溝通障礙學童非口語溝通介入之重要理由。

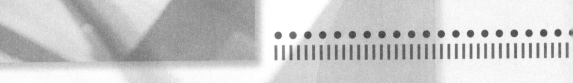

第七章

肢體障礙者之教育

陳政見、吳佳臻

第一節　肢體障礙定義

第二節　肢體障礙類型

第三節　肢體障礙成因

第四節　肢體障礙出現率

第五節　肢體障礙學生身心特質

第六節　肢體障礙學生鑑定與安置

第七節　課程與教學

~鰥寡孤獨廢疾者皆有所養──禮運大同篇~

　　人的生命歷程中可能隨時發生變化，而廢與疾是自身最容易感受到的危險事件。追溯到兩千五百年前的中國教育思想，「廢」以肢體殘缺概論，「疾」者以身體病弱囊括。然其所「養」，以現代終身教育的觀點而言，涵蓋生養與教養的層面，故肢體障礙者教育正是延伸禮運大同篇的理想境界。

第一節　肢體障礙定義

　　個體因肌肉、骨骼、神經系統的病變，致使生理功能之運作損傷，而導致肢體動作的失調，並進一步阻礙個體與環境互動，產生所謂的肢體障礙。肢體障礙的定義可由醫療和教育兩層面的相關法令與函文綜觀全貌，藉由「身心障礙等級肢體障礙類別」與「身心障礙及資賦優異學生鑑定辦法」說明肢體障礙的定義。

一、身心障礙等級與肢體障礙類別

　　過去行政院衛生署所定「身心障礙等級」中所列肢體障礙是指上肢、下肢或軀幹之機能有部分或全部障礙，導致影響正常學習者。而 2008 年最新版行政院衛生署「身心障礙等級肢體障礙類別」所定義之肢體障礙為：係指由於發育遲緩，中樞或周圍神經系統發生病變，外傷或其他先天或後天性骨骼肌肉系統之缺損或疾病，而形成肢體障礙致無法或難以修復者。並將肢體障礙分為上肢、下肢、脊柱、其他神經系統四個類別，分別訂定出障礙程度的標準。

二、身心障礙及資賦優異學生鑑定辦法

　　而特殊教育的界定，過去皆依行政院衛生署所定「身心障礙等級」中所列肢體障礙之標準，依據「身心障礙及資賦優異學生鑑定標準」（2006）第 7 條「本法第 3 條第 2 項第 5 款所稱肢體障礙，指上肢、下肢或軀幹之機能有部分或全部障礙，致影響學習者；其鑑定標準依行政院衛生署所定

『身心障礙等級』中所列肢體障礙之標準。」而當時身心障礙等級所列上下肢障礙是指「一個人的四肢或其中一肢、雙肢（雙上肢或雙下肢）、三肢，有時包括軀幹，失去正常運動機能而言，以致在接受教育時發生一定程度之困難者。」而軀幹障礙是指「由於發育遲緩，中樞或周圍神經系統發生病變，外傷或其他先天或後天性骨骼肌肉系統之缺損或疾病而形成肢體障礙，致使自立生活困難者。」

現行的「身心障礙及資賦優異學生鑑定辦法」（2012）第 7 條提到：

本法第三條第五款所稱肢體障礙，指上肢、下肢或軀幹之機能有部分或全部障礙，致影響參與學習活動者。

前項所定肢體障礙，應由專科醫師診斷；其鑑定基準依下列各款規定之一：

一、先天性肢體功能障礙。

二、疾病或意外導致永久性肢體功能障礙。

依美國 2004 年所頒訂的「障礙者教育促進法」（Individuals with Disabilities Education Improvement Act, 2004）定義之肢體障礙（Orthopedic impairment）為：一種嚴重的肢體障礙，其導因於先天性異常、疾病或其他原因，對孩童的學業能力產生不利的影響。亦即，學齡孩童在肢體上不良於行進而影響到其功能表現及學業學習者，統稱為肢體障礙。在我國，特殊教育對肢體障礙的界定，其精神與美國的障礙者教育促進法相似，是以概念性定義對肢體障礙加以詮釋。

之前「肢體障礙」會以肢體殘缺（crippled）稱呼，充滿鄙視意味，之後又改為殘障（handicapped），雖有改善之意，但均只針對身體的缺陷著想，而忽略學習的障礙，仍未能達到特殊教育的核心意義。在融合以及平等無歧視的意識下，現在均以「能力缺陷」（disability），取代殘缺、殘障，甚至是傷殘（impairment）稱呼，而肢體障礙（physical disability）成為目前最為可接受的名稱。但是在人權至上無歧視的訴求下，中文的寫法似乎沒什麼稱呼上的考量，但在英文用語上卻有非常大的區別。Best、Heller 及 Bigge（2005）在其著作中說：「The child with a physical disability not the physically disabled child！」（p.400），頗值得深省！

　　至於肢體障礙有關認知方面的障礙又是什麼？一般而言，因為導致肢體障礙的原因多而分歧，要如何確認肢體障礙者的教育問題，隨著肢體障礙症狀的不同，在認知功能障礙程度出現不同的差異。在學業表現、心理與社會適應，可能因為認知能力上的障礙程度個別差異也不同，其次，肢體障礙者也可能因肢體受傷而造成發音器官也受到損害，而影響溝通能力（許天威，2000），因此教育的界定很難一以概之。

（第二節） 肢體障礙類型

　　Florian 與 McLaughlin（2008）曾提到障礙類別和分類系統的變化，不僅是隨著時間而改變，也會隨著所應用的場域而改變（disability categories and classification systems are subject to changes not only across time, but also across domains of applications）（p.15）。在國際衛生組織（World Health Organization, WHO）對障礙的類別和分類系統的論述，隨著時代背景的不同、對障礙觀點的不同詮釋，而有不同的分類方法。而各不同的專業領域，依據專業本身的哲學和理論基礎，對於障礙的詮釋和分類亦有百家爭鳴之現象。

　　從早期 WHO 要求所有會員國必須根據「國際疾病傷害及死因分類標準第十版」（International Statistical Classification of Diseases and Related Health Problems 10th Revision, ICD-10）所提供的疾病流行病學進行數據統計，以符合分類調查需求；到了 1980 年代 WHO 修訂了 ICD-10，改版稱為「國際機能損傷、身心功能障礙與殘障分類」（International Classification of Impairments, Disabilities and Handicaps, ICIDH），不過肢體障礙類別並無重大改變；到了 1997 年 WHO 再修訂 ICIDH，並公布修正「國際機能損傷、活動與參與分類」（International Classification of Impairments, Activities and Participation, ICIDH-2）。而現今國際通用的健康分類系統的版本，則是 WHO 綜合 ICIDH 和 ICIDH-2 發展出的「國際健康功能與身心障礙分類」（International Classification of Functioning, Disability, and Health, ICF）（Üstün, Chatterji, Bickenbach, Kostanjsek, & Schneider, 2003）。隨著

時間洪流和世代更迭的推進，對障礙系統的分類哲學，從早期聚焦於疾病本身所帶來的傷害做分類，演變成現今對個體功能性狀態和失能程度進行分類；殘障、缺陷或疾患一詞，已被中性的醫學病因字眼所取代。

疾病的障礙類別和分類系統非常龐雜，王亦榮（2009）對於肢體障礙的分類言之甚詳，包括：1. 障礙發生時間；2. 腦神經受損與否；3. 生理部位缺損；4. 疾病；5. 治療所需時間長短；6. 學習觀點分類；及 7. 肢體障礙部位等。

過去「特殊教育法施行細則」（1987）依障礙程度界定及分類為：1. 輕度肢體障礙：肢體之行動能力及操作能力均接近正常，對學習過程甚少不利影響者。2. 中度肢體障礙：肢體行動能力不良而操作能力接近正常，或肢體行動接近正常，而操作不良，經協助仍可以從事正常學習者。3. 重度肢體障礙：肢體行動能力及操作能力均有嚴重障礙，非經特殊人為及機具協助，即無法從事學習活動者。而根據國內有關特殊教育導論或特殊教育通論或特殊教育新論，對於肢體障礙的類型，約分為以下幾種類型：1. 腦性麻痺；2. 小兒麻痺；3. 先天性畸形；4. 新陳代謝失調；5. 脊髓損傷；6. 外傷性症狀：包括骨折、火傷、肢體切除等；7. 傳染性症狀：如脊椎結核症、骨關節結核症、骨髓炎、非結核性關節炎、肌炎等。

肢體障礙的類型亦可從法令對身心障礙者的定義加以分類，內政部所頒訂的「身心障礙者權益保障法」（2011）對身心障礙的定義，該法第 5 條規定之：本法所稱身心障礙者，指下列各款身體系統構造或功能，有損傷或不全導致顯著偏離或喪失，影響其活動與參與社會生活，經醫事、社會工作、特殊教育與職業輔導評量等相關專業人員組成之專業團隊鑑定及評估，領有身心障礙證明者⋯⋯

為因應內政部 2012 年 7 月 11 日起實施之新制身心障礙鑑定與需求評估制度，政府各部門提出因應政策、制度與說明，衛生署即依照新制身心障礙鑑定與需求評估制度對肢體障礙做出「身心障礙等級肢體障礙類別」新定義。而教育部提出「教育部對身心障礙學生分類與新制分類（ICF）因應說明」（北區大學校院資源教室輔導網，2012）。教育部為利各界瞭解 ICF 與身心障礙學生分類之對照，整理如表 7-1 所列。

表 7-1　ICF 與身心障礙學生分類之對照表

區分	智能障礙	視覺障礙	聽覺障礙	語言障礙	肢體障礙	身體病弱	情緒行為障礙	學習障礙	多重障礙	自閉症	發展遲緩	其他障礙
神經系統構造及精神、心智功能損傷	✓						✓	✓	✓	✓	✓	✓
眼、耳及相關構造與感官功能及疼痛損傷		✓	✓									✓
涉及聲音和言語構造及其功能損傷				✓					✓			
循環、造血、免疫與呼吸系統構造及其功能損傷						✓			✓			✓
消化、新陳代謝與內分泌系統構造及其功能損傷	✓					✓			✓			✓
泌尿與生殖系統構造及其功能損傷						✓			✓			✓
神經、肌肉、骨骼之移動相關構造及其功能損傷					✓				✓			✓
皮膚與相關構造及其功能損傷		✓	✓	✓	✓		✓		✓			✓

　　教育部說明特殊教育法中所定義之肢體障礙，係屬「身心障礙者權益保障法」第 5 條第 7 類所指的「神經、肌肉、骨骼之移動相關構造及其功能」、與第 8 類「皮膚與相關構造及其功能」。依據衛生署「身心障礙等級肢體障礙類別」以及教育部因應說明中「ICF 與身心障礙學生分類之對照表」之肢體障礙，是為肢體障礙類型之考量基準，並參考 ICD-10 對疾病的分類系統說明。本章將肢體障礙分為神經系統障礙、肌肉系統障礙、骨骼系統障礙及皮膚與相關構造障礙四大類型，並依四大類型再將常見的病症細項分別敘述如後：

一、神經系統障礙類型

㈠ 腦性麻痺

在肢體障礙者中，腦性麻痺（Cerebral Palsy, CP）為最常見的現象，在美國 8 歲孩童年齡層中，每千位就有 3.3 位孩童有此病症（Pakula, Van Naarden Braun, Yeargin-Allsopp, 2009）。腦性麻痺的定義亦是隨著時間和應用場域的不同而有所改變，新近的腦性麻痺定義需符合下列組成：1. 是永久性，但非一成不變的；2. 是動作（movement）和姿勢（posture）的疾患（disorder）；3. 導因於未成熟腦部的異常；4. 早期發生（early in life）；5. 非進行性的，在認定的時間點當下的狀態是靜態的（Morris, 2007；Pakula, et al., 2009）。換言之，腦性麻痺是發生在個體年幼時，其尚未成熟的腦部中樞神經系統受到損傷，造成動作及姿勢上的障礙，並導致活動能力受限；障礙狀態的表現是永久性、非進行性、靜態的。

腦性麻痺可能在生產前後或過程中腦部損傷而形成，影響層面最主要在動作系統，常見表徵有：肌肉張力異常（過高）、自主動作、肌肉控制受影響或共濟失調（指在大動作與精細動作上的控制困難），在平衡、姿勢等動作協調顯得吃力，剪刀腳或以腳尖走路是腦性麻痺患者行走時常見的特徵；亦常伴隨感覺、知覺、認知、溝通、行為、癲癇和續發性肌肉骨骼疾患（secondary musculoskeletal problems）。早期美國腦性麻痺科學院（American Academy of Cerebral Palsy，亦即 American Academy for Cerebral Palsy and Developmental Medicine 前身），將腦性麻痺分為：

1. 痙攣型（spastic）

腦性麻痺有 80% 是屬於此類型，又依影響到的肢體部位區分為單側癱瘓（hemiplegic）、雙側癱瘓（double hemiplegic）、下肢癱瘓（diplegic）三種次級類型。單側癱瘓即為同側上肢和下肢之肢體受到影響，雙側癱瘓即為四肢之肢體皆受到影響，其中有一側比另一側嚴重，下肢癱瘓即為上肢的影響較下肢為少，以下肢受到影響較多者屬之。

2. 張力不全型（dystonic）

此類型主要特徵是指彎曲與伸張關節的肌肉不協調，伴隨不自主的收

縮，而造成扭曲及重複動作或異常的姿勢。

3. 舞蹈指痙症（choreoathetoid）

腦性麻痺類型中有 10% 是屬於此類型，形成原因來自於基底核（basal ganglia）受到損傷，因而影響到臉部、手臂和肢體之自主性協調控制能力，而出現震顫（tremors）、忽快忽慢（unsteadiness）、缺乏協調（lack of coordination）和動作變動（constant movement）的現象。

此類型學童其口語表達、進食、手部抓握、協調性動作等能力皆有受限，故難以維持坐姿平衡和行走能力。當此類型學童欲執行自主性動作時，動作震顫表現會加遽，但此症狀在睡眠、安全和舒服的狀態則會消失。

4. 運動失調型（ataxic）

此類型的腦性麻痺最少見，其肌肉張力低且動作協調性不佳為主要特徵，因為平衡能力和深度知覺（depth perception）能力受到影響，此類個案常表現出異常的步伐穩定姿勢（兩腳張的很開），也會錯過應當指出的目標物；以及缺乏順序性肌肉協調能力（orderly muscular coordination），因此動作表現常有不正常的力道、韻律和正確性，而表現出自主性震顫慢動作。

5. 失張力型（atonic）

肌肉張力低，對刺激皆無反應。

6. 混合型（mixed）

混合形式為前述多種類型的混合，例如：痙攣型伴隨運動失調型，依據臨床症狀表現予以分類之。

腦性麻痺主要影響層面是在動作系統，因為異常的神經動作控制，如：反射異常、張力異常、協調能力異常，進而影響動作模式、動作穩定度、平衡能力、動作協調能力。所影響的層面除了精細動作和粗大動作外，亦可能導致患者在感覺和知覺整合能力異常而有身體形象不佳、左右區辨能力不足、空間位置感不佳、視覺和知覺能力不足等，以及構音困難導致語言問題。Pakula 等人（2009）綜合腦性麻痺族群的調查研究指出：腦性麻痺常伴隨有認知、行為、感覺損傷和癲癇（epilepsy），有 31-65% 的腦性麻痺伴隨智能障礙（IQ<70）、20-46% 伴隨癲癇、2-6% 伴隨聽覺障礙、

2-19% 伴隨視覺障礙、28-43% 伴隨有語言問題。

不過，我國特殊教育法在 102 年元月再度修訂，已將腦性麻痺單獨列為一類，有關這方面的課程設計、教學措施需有專章介紹。

(二) 脊髓灰白質炎

脊髓灰白質炎（Poliomyelitis）也稱為小兒麻痺（infantile paralysis），是由脊髓灰質炎病毒引起的，臨床特徵主要有發熱、咽喉疼痛和肢體疼痛，部分可發生遲緩性麻痺。該症主要病變處在於脊髓灰質，嚴重性患者可能導致完全癱瘓的後遺症。而該症病毒的傳染途徑是由口傳染，在咽部和腸道的淋巴組織中繁殖增生，然後穿過腸壁隨著血液留至全身，大部分的人感染後沒有特殊症狀，僅有幾天發燒與腸胃不適即可痊癒。因濾過性病毒侵襲脊髓灰白質前角細胞，導致無法控制下肢肌肉的收縮，進而造成肌肉萎縮或脊柱側彎。不過，該症病患的心智功能通常是正常的。

(三) 脊髓損傷

脊髓損傷（Spinal Cord Injury）顧名思義是指脊髓（spinal cord）受到急性外傷性或疾病導致的脊髓神經傷害。起因包括：脊柱、脊髓病變（如腫瘤、畸形、炎症等），或者因高處墜落、車禍、重物砸傷、運動損傷等外力撞擊致使脊柱移位或骨折。臨床性呈現症狀視所傷害的神經節不同而有所不同，脊髓損傷後，受損水平以下的運動、感覺、反射和自主神經功能均發生功能障礙，導致各種的併發症，如泌尿生殖和消化系統多重併發症、痙攣、骨質疏鬆、異位骨化、下肢深靜脈血栓、體位性低血壓、神經病理性痛、自主神經反射亢進、體溫調節障礙等，另因長期的固定姿勢而有壓瘡的產生。

脊髓損傷分為完全（complete）和不完全（incomplete）兩類型，而「美國脊髓損傷學會（American Spinal Injury Association）」又對損傷程度將兩種類型分為五級：

1. **完全性損傷**：尾椎 4-5 節段無感覺和運動功能保留；

2. **不完全性損傷**（A）：在神經平面以下包括尾椎 4-5 節段保留感覺功能，但無運動功能；

3. **不完全性損傷**（B）：在神經平面以下保留運動功能，且神經平面

以下至少一半關鍵肌之肌力小於 3 級；

　　4. 不完全性損傷（C）：在神經平面以下保留運動功能，且神經平面以下至少一半關鍵肌之肌力大於或等於 3 級；

　　5. 功能正常系統損傷：感覺和運動功能正常。

二、肌肉系統障礙類型

　　肌肉系統障礙類型又依據發生原因及部位，主要以肌肉萎縮症（Muscular Dystrophy）為主，它是一種 X 染色體「性聯隱性遺傳」的進行性肌肉萎縮症。此症發生在男性居多，以杜氏持續性肌肉萎縮症（Duchenne Muscular Dystrophy）為最常見。初期病徵大約發生在 3-7 歲時，患童會走路蹣跚、脊柱前突、經常跌倒、腓腸肌（Gastrocnemius muscle）假性肥大的現象。因為肌肉無力因而從地板上站立和攀登樓梯時出現困難，當患童跌倒時，需用雙手先按在伸展的膝部，然後再按在大腿上慢慢由腿部「爬」上來，以取得直立的站立姿勢，此過程稱為「高爾移動」（Gower manoeuvre）；到了 10-12 歲時大多數患者開始喪失獨立行走能力，通常已需要坐輪椅，而有少部分患者可能會合併心肌病變；約在 25~35 歲時因呼吸道感染或心跳衰竭而死亡。約有 25% 的患者會有明顯的智能不足特徵。

三、骨骼系統障礙類型

㈠ 截肢

　　因為事故傷害、疾病造成肢體或身體的一部分病變，而需藉由手術將患部予以切除，以去除病變的組織或減緩疼痛。一般造成截肢（Amputation）的原因有：

　　1. 意外傷害：如車禍、機器壓碎傷等；

　　2. 血管障礙：如糖尿病、血管阻塞等；

　　3. 腫瘤及其他：如肢體惡性腫瘤、神經病變、畸形。

　　患者在術後易有幻肢感（phantom limb）與幻肢痛（phantom limb pain）的現象，幻肢感即為截肢者本身仍感覺到截除的肢體仍存在的感覺，

幻肢痛即為對截除的肢體仍感到有疼痛的感覺，此現象可藉由術後的復健而消失。

(二) 脊柱側彎

脊柱側彎（Scoliosis）是指患者的脊椎向一側或兩側彎曲，通常是三度空間的變形，會伴隨有旋轉現象。通常以 cobb's angle 的分級來定義嚴重性，其測量方法是由最上面、最傾斜的脊椎體畫出一條垂直線，再將下面最傾斜的脊椎體畫出一條水平線，兩者交叉之角度即為脊椎側彎之角度。在醫學上，大於 10 至 20 度之間，稱為輕度側彎，建議接受復健治療；20 至 40 度之間，稱為中度側彎，建議接受復健或穿背架矯正；大於 40 度者，稱為嚴重側彎，建議接受手術治療。若脊柱側彎的角度大於 70 度以上時，脊柱及胸腔會變形而影響心肺功能。

(三) 脊柱裂

脊柱裂（Spina Bifida）是一種先天性脊柱發育缺陷的疾病，由於在胚胎發育的 28 天時神經管（neural tube）的發育不全所致，原因尚無法確定，但一般認為環境和遺傳因子都同時扮演著某種角色。臨床症狀的表現係根據脊柱閉合包覆脊髓的程度不同而有所不同，可分為三種不同形式與嚴重程度：

1. 隱性脊柱裂（spina bifida occulta）：最輕微的脊柱裂，在一個或多個脊椎（骨）有開口，脊髓無明顯損傷；

2. 脊膜膨出（meningocele）：脊髓周圍的腦脊膜，通過脊椎（骨）上的開口形成包囊；

3. 脊髓脊膜突出（myelomeningocele）：脊柱裂最嚴重的形式，脊髓的一段從脊椎（骨）後部突出。患者可能有自主神經系統功能障礙，及從缺陷的脊椎骨以下喪失感覺。脊髓脊膜突出約 80%-85% 發生於腰薦椎，患童常伴隨水腦症（hydrocephalus），亦即有腦積水，有水腦症病史的兒童可能會有學習方面的困難，他們很難集中注意力，有些患童有語言障礙，閱讀和數學都很困難，在行動上通常需要助行器、枴杖、輪椅協助。

㈣ 成骨不全

成骨不全（Osteogenesis Imperfecta）又稱脆骨症，因骨骼承受外力的能力非常差，稍微輕微的碰撞也會引起嚴重的骨折，罹患此症的孩童會被稱之為玻璃娃娃，是先天遺傳缺陷引起的疾病。軟骨發育不全症是引起人類短肢侏儒症最常見的原因，是一種基因疾病，發生率約為萬分之一以下，在新生兒時即可診斷出，在臺灣，每2萬至3萬人就有一名玻璃娃娃，全臺灣約有60人罹患此症。

㈤ 骨關節炎

骨關節炎（Osteoarthritis）因為關節中的軟骨退化或變薄，導致骨骼的末端沒有受到緩衝與保護，而影響到動作的流暢度。此病症主要影響45歲以上的人士，但也可能影響較年輕的患者，大多好發在承重的大關節處，如：膝關節和髖關節，臨床症狀為關節疼痛，和睡醒後關節感到僵硬（morning stiffness），進而影響到日常生活的活動。

㈥ 關節攣縮

關節攣縮（Arthrogryposis）又名先天性多發性關節攣縮（Arthrogryposis multiplex congenita, AMC），是一種罕見的先天性疾病，致病原因尚未定論，因關節囊、韌帶和肌肉纖維化而造成全身多重關節僵直，臨床上常見影響到四肢的關節，容易併發脊柱側彎、肺臟發育不全（pulmonary hypoplasia）、呼吸問題、發展遲緩、臉頰畸形、腹部疝氣。此症最常見的亞型稱為先天性肌發育不全（amyoplasia congenita），患者在肩關節的內轉、手肘伸直、手腕水平外移的能力都有困難，且下肢的髖關節和膝關節移位，和有畸形足（club feet）的外觀。

四、皮膚與相關構造障礙類型

㈠ 掌蹠角皮症

掌蹠角皮症（Palmoplantar Keratoderma, PPK）是由於結構性蛋白（如角質蛋白、細胞橋小體蛋白、結合質蛋白）之基因突變造成，特徵是在手掌和腳底出現過度角質化。依據手掌和腳底的角質化狀況，分為瀰漫型

（diffuse）、局部病灶型（focal）和點狀（punctuate）三型；單純型的皮膚過度角質化症（Simple keratodermas），其角質化的表現僅出現在掌蹠皮膚上，而複雜型的皮膚過度角質化症（Complexs keratodermas），則會在非掌蹠皮膚、頭髮、牙齒、指甲或汗腺等處出現角質化現象（疾病資料庫，2012）。因為皮膚角質的異常增生，而限制到關節活動度，進而對肢體移動能力產生影響，造成相關的活動執行能力無法運作。

(二) 燒燙傷

燒燙傷（Burn）是後天受到外在因素導致皮膚創傷，依受傷的原因可分為五種類型：1. 熱液燙傷，如：沸水、熱油、洗澡水等；2. 火焰燒傷，如：瓦斯爆炸、火災等；3. 化學灼傷，如：接觸硫酸、硝酸、強鹼，或工廠中的化學藥品等；4. 電灼傷，如：接觸高壓電、電插頭等；5. 吸入性呼吸道傷害，在火災現場吸入高溫氣體傷及呼吸道。依據皮膚解剖構造傷害程度分成輕度、中度和重度三級，深度的皮膚損傷後會造成肥厚性疤痕，進而影響到關節活動度，進一步影響移動能力。

第三節 肢體障礙成因

肢體障礙的類型有密切的關聯性，然大致上分為先天因素和後天因素（何華國，2012）。

一、先天因素

先天性是指從懷孕到出生所造成障礙的因素而言，在懷孕期間所導致的原因，包括：母體生病、受細菌或病毒感染、接觸過量放射線、營養不良、缺氧、母親酗酒、濫用藥物。

二、後天因素

後天性是指胎兒離開母體至就學階段所造成的因素，例如感染疾病、意外事故、身體器官受傷無法發揮正常功能者。而造成肢體障礙的重要因素與類型為：腦性麻痺、小兒麻痺、肌肉萎縮為最大主因之前三者。

第四節 肢體障礙出現率

　　肢體障礙的出現率有多少？這個問題將涉及到肢體障礙界定及調查的年代之差異而有所區別。根據內政部統計處「101 年第 34 週內政統計通報（101 年上半年身心障礙者福利統計）」（2012）資料顯示：101 年 6 月底領有身心障礙手冊者達 111 萬人，身心障礙者占總人口比率為 4.8%；全體身心障礙人口中，以肢體障礙者 38 萬 5,148 人占 34.69% 最多。

　　Turnbulls、Turnbulls 與 Wehmeyer（2007）指出：肢體障礙學生的出現率在美國是全部特教學生的 1.3%，但美國在估計肢體障礙通常將涵蓋身體病弱及創傷性腦傷合併為一類，因此合併計算出現率為 6.7%，而身體病弱則占了 5.1% 之多（p.64）。直到 2009-2010 年間，依據美國全國教育統計中心（National Center for Education Statistics）（Aud, et al., 2012）數據顯示：3-21 歲所有學生中，有 650 萬名之孩童接受特殊教育服務，占 3-21 歲學齡所有孩童的 13.1%；而肢體障礙在 3-21 歲學齡所有孩童的出現率是 .01%，占 3-21 歲接受特殊教育服務之特教學生的 1%。

　　我國肢體障礙兒童的出現率，以教育部所做的第二次全國特殊兒童普查結果為依據，發現在 6-14 歲學齡兒童中，共有肢體障礙兒童 3,456 人，約占學齡兒童母群體的 0.097%，占特殊兒童 4.57%（教育部特殊兒童普查執行小組，1992）。根據教育部（2012）101 年度特殊教育統計年報數據顯示：高級中等以下各教育階段之肢體障礙學生共 5,095 人，占全體身心障礙學生 4.91%。

第五節 肢體障礙學生身心特質

　　肢體障礙對學齡孩童所影響的層面極為廣泛，其身心特質分為一般性特徵和心理特徵加以說明。

一、一般性特徵

　　肢體障礙學生的共同特徵，常因損傷而造成肢體外觀上的殘缺、變

形，或者是因為先天的畸形，而導致日常生活功能的缺陷，例如：個人生活自理像如廁動作，進食時使用碗筷湯匙器具，雙手提起物品及行走等動作有困難，而站立或坐在椅子上的姿勢會有歪曲彆扭的現象。

另外，肢體外觀並無明顯缺陷，但可能受到神經控制不良或是肌肉明顯萎縮無力，同樣也會導致進食、提物、如廁、坐立及行走等動作，出現抖動與抽搐的異常現象。肢體方面，肢體障礙學生的外觀通常與一般人不同，其行動受到限制，需要使用輔助設施並長期接受復健治療，因此較難勝任過重或過久的工作。在學業學習上，具有下列特徵：

(一) 動作技能不足

因為手部、手臂能力不足和移動（Mobility）能力受限，在拿筆、翻書、移動身體等動作受限，而在課堂學習以及參與需要實驗操作的課程均受到限制，且需要移位的學習活動也有可能受到限制。

(二) 生活經驗的不足

因為肢體活動能力受限，在生活中探索環境的能力受限，較難在生活中去體驗自然的知識和經驗，進而影響到對一般環境和一般事物的瞭解。此外在文章閱讀的理解方面，較為困難。

二、心理特徵

肢體障礙學生的心理特徵可從智能發展、語言發展、學習發展以及社會情緒發展等面向（facets）分析討論。

(一) 智能發展

基本上，肢體障礙學生的智力發展狀況應與一般學生沒什麼差別。除非肢體障礙學生，出現腦傷問題或伴隨有智能障礙與學習障礙的情形。若認知和學習相關的心理能力受到影響也會影響到學習，有些肢體障礙學生在學習動機低落或存在負面情緒（如：沮喪），或者是對自我概念、自我擁護能力的不足，皆會影響到學習。

(二) 語言發展

除了腦傷之外，其他身體的傷殘不致直接產生語言缺陷的問題。肢體

障礙若影響到說話能力，肢體障礙學生在發問和表達自己的想法方面也會受到影響，致使無法向老師釐清課程的問題，對需要與同學討論的課程也會受到影響。

(三) 學業發展

身體傷殘學生在學業方面的表現，與其同年齡與智能水準的一般學生不相上下。

(四) 社會與情緒發展

由於肢體障礙學生行動較不自由，其心理需求常受阻礙，加上他人歧視產生自卑心理，而往往造成情緒與社會適應的困難。另外，部分肢體障礙學生比普通學生對自己的缺陷或有關身體缺陷的事物，顯示有強烈恐懼感與罪惡感。

(五) 價值調整與自我接受

此與父母親的教養態度關係很大。傷殘學生適應的關鍵，在於他們是否能接受其肢體殘障狀態。這種生產力的養成也是人格尊嚴的養成，更是人格尊嚴的基礎。在心理上，可藉工作獲得自我滿足與自我肯定，加強其獨立自主的自信心，奠定將來在社會做事的基石。有些學校教育人員對於肢體障礙學生的期望相當低的話，亦將學生歸類到無法學習，或學習結果必定失敗的框架中。

肢體障礙幼兒因為行動上的不方便以及他人的好奇、注視和不合宜的同情，常會在心理上處於緊張的狀態，而專注於偽裝、防衛，有較大的不安全感，也較不能接納自己。肢體障礙學生因個人的障礙表現，如：疼痛、不舒服、疲勞、持續不足、藥物等因素，影響到其學習效果。

第六節 肢體障礙學生鑑定與安置

特教學生評量基本上可分成四階段：篩選、診斷、安置及評鑑，篩選是找出同儕之間的差異點；診斷是找出特教學生接受特殊教育服務的合法資格，並讓家長瞭解為何決定安置特教服務；至於安置的重點強調特

教學生教育方案擬定與課程規劃；最後所提到的評鑑包括：教學期間的教學評量（evaluation）以及整個教育方案的成效評量（Friend & Bursuck, 2006）。Friend 與 Bursuck（2006）同時也對篩選與診斷部分提到心理測驗常會存有偏見，因此主張在篩選與診斷的過程中，應同時使用團體施測及個別施測的標準化測驗。此外，更重視向度多樣性（dimensions of diversity），包括變通性評量（alternative assessment）及具有公平性的評量（Fair assessment）。

　　肢體障礙學生之鑑定與安置流程與其他障礙類型之鑑定流程大同小異，國內實際運作上，包括篩選、鑑定及教育安置等流程。以下分別說明之。

一、篩選

　　早期通報早期療育，因此學齡前之篩選有助於治療與教育，而此階段家長或幼稚園教師便扮演極重要的角色，在此階段對於幼兒具有下列特徵者，應及早檢核與通報：

　　1. 身體顯現協調性困難者，例如：走路無法走直線有偏斜現象。

　　2. 各項動作出現笨拙現象，例如：排隊總是比同儕慢半拍。

　　3. 吸吮吞嚥有困難者，例如：吃點心時間出現經常噎到或嗆到的情形。用湯匙就是遲鈍。

　　4. 經常有骨關節疼痛現象者。如果小朋友在上課學習活動中常有喊痛的情形出現者。

　　5. 身體很虛弱，走起路來弱不禁風的樣子。

　　6. 經常出現痙攣或抽筋現象，如在唱遊或體育性活動中常發生前述狀況者。

　　至於到了小學階段，也有可能感染細菌或病毒或其他傳染性疾病，而有發生肢體障礙的新生案例。學校教師或行政人員如組長等，可根據校內或班上學生臉色或膚色蒼白、身體羸弱、動作笨拙、經常跌倒、身體活動協調性不好、四肢無法伸直、關節、肌肉或身體某部位隱隱作痛、嘴唇與指甲常呈青紫色、常發燒不退、常出血與發炎等等狀況，予以轉介醫學單位診斷檢查。

二、鑑定

教育部「因應新制分類（ICF）說明」中提到：……將協調衛生署（內政部）提供身心障礙鑑定報告，請各主管機關督導鑑輔會依身心障礙鑑定報告所列身體系統構造或功能，有損傷或不全導致顯著偏離或喪失，評估影響學習活動與參與校園生活情形，提供適性特殊教育及相關支持服務，爰 ICF 分類能與現行特殊教育法之身心障礙學生分類能密切結合，爰不須修正特殊教育法之身心障礙學生分類。

目前國內各縣市對於肢體障礙之鑑定，皆以衛生單位之理學檢查、肢體功能評估及儀器檢查為主，而這些檢查係由醫師擔任主要鑑定角色。衛生署在 2006 年所頒布的身心障礙等級之附件「身心障礙鑑定人員之資格條件、鑑定方法及鑑定工具」，提供鑑定肢體障礙的鑑定向度、人員資格、鑑定方法和鑑定工具的準則，內容如下表所示：

類　別	鑑定向度	鑑定人員資格條件	鑑定方法			鑑定工具
			理學檢查	基本檢查	特殊檢查	
七、神經、肌肉、骨骼之移動相關構造及其功能	關節移動的功能	骨科、神經科、復健科、神經外科或整形外科等專科醫師及具有內科專科醫師資格之風濕次專科醫師，小兒專科可由具兒科專科醫師資格之小兒神經次專科醫師	理學檢查	1. 肢體基本結構檢查 2. 關節活動度測量 3. 徒手肌力檢查 4. 肢體活動功能檢查 5. 目視步態檢查	1. 放射線檢查 2. 肌電圖檢查 3. 肌肉切片檢查 4. 等速肌力檢查	無
	肌肉力量功能					
	肌肉張力功能					
	不隨意動作功能					
	上肢結構					
	下肢結構					
	軀幹					
八、皮膚與相關構造及其功能	皮膚保護功能	皮膚科、病理科、整形外科、耳鼻喉科、口腔外科及復健科專科醫師	理學檢查	無	1. 正、仰、側面照片 2. 頭顏部 X 光攝影	1. X光 2. 一般照片
	皮膚的其他功能					
	皮膚區域結構					

通常肢體障礙鑑定人員由骨科、復健科、整形外科及神經內科與神經外科的醫師為主，但也可能涉及皮膚科、精神科、一般內科等醫師之會診。Friend 及 Bursuck（2006）指出，肢體障礙者的鑑定評量是多元而非單一的生理檢查或鑑定，他們也以腦性麻痺學生為例，說明腦性麻痺學生的鑑定內容應包括認知能力、語言溝通能力，其中包含高頻率的手語字數（或字型）及說話溝通板的應用能力，以及動作缺陷部位的診斷，並同時評估輪椅使用適合程度。顯然鑑定並非只是告訴家長小孩是障礙者而已，更重要是診斷其需求。

一般而言，損傷程度的鑑定依據其所影響的肢體部位鑑定之，輕度肢體障礙的孩童（使用或無須使用枴杖、助行器或其他義肢），通常細動作能力受到限制，但能利用手臂，並具備足夠的溝通能力來表達自己的需求，他們需要多一點的工作時間或調整，即可達到一般孩童大部分能完成的工作。中度肢體障礙的孩童在移位需要特別的協助，相較於同儕在自我協助（self-help）和溝通技巧，亦需較多的協助。至於重度肢體障礙的孩童，需要藉由輪椅才能移動，而在自我協助和溝通能力方面是有相當的限制（Deiner, 2013）。在衛生署所頒布的身心障礙等級對障礙程度的界定已有詳細的界定標準，教育工作者可參閱其內容瞭解各等級之界定標準，即可對肢體障礙損傷之程度有清楚的概念，應用在後續的教育安置和教學計畫的擬定與執行中。

三、教育安置

肢體障礙學生的安置場所，包括：普通班、特殊教育班、特殊教育學校及其他適宜場所如：1. 醫療或社會福利機構附設之特殊教育班，2. 在家教育，3. 巡迴教育。而大部分肢體障礙學生的安置措施，在兒童經證實或猜測是為肢體障礙者時，就應依照其障礙程度適當的給予安置。

1. 輕度肢體障礙或身體病弱者，安置於一般學校的普通班就學。

2. 中度肢體障礙者，可安置於一般學校的普通班或特殊班就讀。

3. 重度肢體障礙者，可安置在特殊學校、醫療及社會福利機構附設之特殊班就學，或在家教育（許天威，1999）。

第七節　課程與教學

　　肢體障礙之教育課程係根據特殊學生的身心特質、認知功能、生活需要等方面之普遍狀況與特殊情形，並著重融合教育的演進趨勢來設計，以達發展身心潛能、陶冶健全人格、增進服務社會的知能之教育目標，其終極目標為具體實踐融合教育。課程與教學息息相關，茲就肢體障礙課程綱要、肢體障礙教學原則、肢體障礙教學策略、肢體障礙教學資源、肢體障礙適應體育加以說明。

一、肢體障礙課程綱要

　　一般而言，肢障兒的教育課程應注意下列原則（郭為藩，1993）：

1. 充實生活經驗；
2. 培養基本生活習慣；
3. 重視職業生活的指導；
4. 指導休閒生活的應用。

　　新近的肢體障礙之課程綱要為教育部（2000）制定「特殊教育學校（班）國民教育階段」與「特殊教育學校（班）高中職教育階段」之肢體障礙類課程綱要，與 2008 年「高級中等以下學校特殊教育課程發展共同原則及課程綱要」（教育部，2008）。

　　2000 年所制定之國教階段課程綱要比照教育部公布國民教育九年一貫制課程綱要之規定，但為符合肢體障礙學生在身心復健方面的需要，增列「生活與適應」領域及提供「復健服務」兩領域，而高中職教育階段之課程綱要係參照教育部所公布高級職業學校課程綱要之相關規定，並考量我國肢體障礙類特殊教育學校之實際設施，訂定「實用技能職業類科」之課程。

　　2008 年所制定之課程綱要，將肢體障礙（無伴隨認知缺損）之學生歸類至「認知功能無缺損之學生」，其課程應遵循九年一貫課程之規劃，課程之安排需與普通學生相同為原則，惟學校需依學生之個別需要，提供其學習困難領域之課程調整與補救教學、學習優異領域之充實教學，以及

學習輔具、環境調整與支援服務等協助，並可依據學生之個別化教育計畫彈性開設特殊需求領域課程。但若肢體障礙之學生伴隨有輕微認知障礙，建議提供其學習困難領域之全部抽離或外加式之補救教學；但若伴隨嚴重認知缺損之學生，其課程內容則應以功能性為主要調整依據。肢體障礙之學生的課程依據，不論是否伴隨認知能力的缺損，皆是以普通教育課程為基準，視其伴隨其他障礙之程度，調整課程節數以及增加特殊需求領域之課程。

二、肢體障礙教學原則

㈠ 一般性教學原則

在實施教學前，教師需注意下列事項：

1. 瞭解個別需要

需瞭解肢體障礙學生在醫療方面、行動方面、肢體擺位的轉換、溝通方面、自我照顧方面、身體姿勢方面之個別需求。

2. 調整體育活動

體適能活動方面依據肢體障礙學生之能力稍做調整，便可提高肢障學生的復健功能或運動的樂趣。如：坐輪椅投籃、以枴杖打「滾地壘球」、將羽毛球用線固定讓學生打擊標的物，或其他特別設計的運動。

3. 消除行動障礙

協助去除建築、設備上的行動障礙，或是增加設備提升肢障學生的行動能力，落實環境上的無障礙設施，如：鋪設斜坡道、設置電梯和扶手。

4. 提供適當輔具

提供肢體障礙學生適當的學習輔具可提高對學習環境的掌控感，增加學生的自信心和建立正向的自我概念，且可減少照顧者的負擔，進而增加就學的獨立性、提高學習效能。

「教育部大專院校及高中職肢障學生學習輔具中心」網站（網址：http://eduassistech.org/center.php），將肢體障礙學生常用的輔具分為五大類：（1）書寫輔具：如：粗柄握筆、輔助握筆套及翻書器等。（2）電腦輔具：包括替代性鍵盤、軌跡球與嘴控滑鼠／頭控滑鼠／紅外線滑鼠等。

（3）溝通輔具：溝通板是常見用於肢體障礙學生伴隨口語能力缺損者。

（4）坐姿擺位輔具：包括適型坐墊、人體工學背靠等。（5）行動輔具：包括手動輪椅／運動型輪椅、助行器、以及電動站立輪椅含特殊操縱介面等。教學者可以上網參考查詢與運用。

5. 交通規劃與安全

肢體障礙學生交通上，除了家長能支援上下學者外，教學需配合行政單位調查交通車需求，並且安排適當行車路線。其次，若有需要上下車行動輔助器，則應透過正常程序協助申請；此外，學生在候車時間必須有教師或生活輔導員予以輔助。

6. 配合醫療專業復健

正確的姿勢與適當的擺位有助正常教學，教師需向專業人員習得正確的肢體擺位位置與更換擺位姿勢的原則。且與輔具團隊聯絡，取得專業正確的行動輔具之使用方式，協助檢查和調整肢體障礙學生所使用之助行器、枴杖、輪椅，以確保行的安全與順暢。

7. 強化心理建設

一般而言，認知無缺損之肢體障礙學生，透過學校輔導課程可達到自我瞭解、自我接納、自我實現的理解。而心理建設需多方面進行不限於本人，包括學生家長與家人、學校其他師生，皆須瞭解其特性和需求，協助肢體障礙兒童減少孤立感、自我的貶值、憂慮未來的前途等負向困擾，使其身心更健全的成長。

〔二〕掌握教學重點

肢體障礙兒童的課程除了著重一般醫療保健與機能訓練外，與一般兒童的教育課程並無顯著差異，其教學應把握下列四項要點（教育部特殊教育工作執行小組，2006）：

1. 充實生活經驗

肢體障礙學生由於行動能力與作業能力的障礙，生活經驗領域不免受到限制；因此教師在教材的編選上，應考量如何擴展其生活經驗，增加實地觀察、參觀、欣賞的機會，充分利用視聽、多媒體教材、重視以生活為中心的完整經驗。

2. 培養基本生活習慣

肢體障礙兒童，有時因醫療、復健上的需要，需長期居住醫療、復健機構，或因家長對於孩子的愧疚、放縱和疏忽，致使肢體障礙兒童缺乏日常起居、衣著儀容、飲食、整潔、個人衛生以及社交等基本技能，導致嚴重影響肢體障礙兒童日後的社會適應。因此，教育上需就平日所需的生活技能加以指導及訓練。

3. 重視職業生活的指導

肢體障礙兒童無論其是否升學，職業技能的訓練與工作態度的培養都非常重要。因此，在教育上需讓肢體障礙兒童認識各種職業的類型及所需具備的基本能力；養成更多的工作技巧，讓學生有更多的準備面對未來的工作及挑戰。

4. 休閒生活的指導

休閒生活的指導對於肢體障礙學生而言特別重要，肢體障礙的學童雖有其生理上的障礙，但對於多數的兒童而言，其創造力和想像力並無窒礙。在教育的過程當中，應培養其休閒技能及多方面的興趣，使其能體驗充實而有意義的生活，促進其人格的健全發展，提高其生活品質。

三、肢體障礙教學策略

(一) 肢體障礙教學通則

建議肢體障礙教學、教師宜掌握下列基本原則：（王亦榮，2003）

1. 設計適合兒童障礙程度、學習能力的教材，教材以實用為主，讓兒童學習之後能立即應用於日常生活中。

2. 應用工作分析的技術，分析教材內容，使之能循序漸進，達成教學目標。

3. 需參酌學生的障礙程度及情形，酌減各科教學內容。

4. 因病或醫療上的需要而缺課，必須給予補救教學，以免進度遲緩。

5. 考量兒童的障礙情形，在指派工作或考試時，給予較多的時間完成，或是減少其作業量。

6. 若是兒童無法書寫，允許其以打字、錄音或口述來替代。

7. 若是閱讀或翻頁有困難，提供有聲教材，讓兒童由聽覺管道學習。

8. 彈性應用各種教學評量的方法，教學中注重形成性評量。

9. 妥善運用教學評量的結果，以作為改進教材、教學方法、及學習輔導之依據。

10. 分析、診斷未達學習目標的原因，並實施補救教學。

(二) 教學注意事項

肢體障礙學生的教學須根據其學習特徵而發展其個別需要，知覺動作、日常生活技能、人際溝通、社區適應、休閒娛樂等技能之教學，包括生理方面、認知功能方面、心理社會適應方面和溝通能力方面的教學策略。

1. **生理方面**：藉著日常生活方式的鍛鍊以及教學與體育方面的良好措施，肢體障礙者的肌力、身體耐力、協調作用、手指靈活度、體態與步態等，都可做明顯的矯治與有效的改進。

2. **認知功能方面**：不同的肢體障礙者在認知方面，往往有不同的功能層次與缺陷程度。

肢體障礙學生往往為了病痛，行動不便，需要撥空接受復健治療，交通壅塞，或其他情緒上的因素如同儕互動，不合理的個別競爭，教師無意間造成的歧視動作等，都可能使肢障者告假缺席，因而損失了學習的機會。也有一些學業表現的障礙是由動作障礙引起的，例如：自然科學的實驗成績，電腦的操作成績，團體活動的參加與表現，都可能因動作不方便而衍生若干限制。

3. **心理社會適應方面**：個體肢體動作上的方便，乃是社會與情緒行為發展上的一項要素，能夠行動自如比較享有較多的機會來習得獨立能力與參與社會互動。鄰居的友伴或者學校裡的同學都興趣盎然地玩起追趕跑跳碰。自我概念（self-concept）的發展會受到其身體形象（body image）的不利影響。肢障有時候會產生長期性的痛楚，例如關節僵直，肌肉震顫，小便失禁等情事，那麼自然會存著對痛楚的情緒反應和處理死亡的焦慮。

4. **溝通能力方面**：肢體障礙者在溝通能力方面的一般特徵實在不容易，因為有不少肢障者僅止於行動不自由，並無語言能力發展上的困難，

至於常被視為肢體障礙之代表的腦麻痺者，也不見得都有語言能力缺陷，可是確實也有些腦麻痺者併有語言與語文能力上的發展障礙，他們在口語表達、文字與文章書寫，或者語言文字的理解等能力的表現上，值得注意與需要特殊的輔助。

對於那些發音器官的構造或功能有損傷的肢障者，語言矯治是十分重要的教學工作，有時還得靠科技輔助的原理與設計，提供語言與文字學習上的支持措施。例如：依據肢障個體的手部動作障礙的情況，必須設計特殊的書寫工具、改裝的個人電腦、特製的鉛筆都必須派上用場。又如替代語言溝通方式的非語言溝通（non-verbal communication）上的訓練，也必須有計畫地推動。不論是語言溝通或非語言溝通，我們都會相信具備溝通能力將是肢障者學習生活上的一項重要課題，有了良好的溝通能力，即可促進學業與職業適應，也有利於社會行為的發展。肢障兒族群差異性大，其教育課程有別於一般兒童，此外，教學上因應的措施，更是教學的重心。

四、肢體障礙教學資源

㈠ 一般輔具設備

「輔助性的科技」是指「可改進一個人學習、競爭、工作和與他人互動能力的科技」。目前國內已有許多電腦輔具可以協助肢體障礙者操作電腦，但大多數都是針對某一種特殊需求而設計的，較適合輕度肢體障礙使用者。至於重度肢體障礙使用者，必須同時具備不同的輔具才能順利地操作電腦。

國立和美實驗學校（2012）配合該校肢體障礙學生特質，發展出一套整合式替代性鍵盤，利用單晶片微電腦來控制觸控式螢幕，以達成輸入和顯示的功能。該工具主要是提供一個簡單且方便操作的介面來做英文、注音和倉頡等輸入法與作業系統常用之快速鍵的切換及輸入。此鍵盤的輸入方式包含：觸控、掃描和摩斯碼三種，讓不同需求的肢體障礙使用者可以選擇適合自己的輸入方式。

另外，針對無法順利使用組合鍵的使用者，相黏鍵和常用快速功能鍵的功能，可以幫助他們完成複雜的輸入動作。期望重度肢體障礙者在使

用電腦時，透過這項整合式鍵盤能夠輕鬆順利地完成資料輸入（曾健智，2002）。像和美實驗學校所使用的可調式課桌、可調式支持系統微電腦語音溝通板、攜帶型青鳥二代（Blue Bird II）就是整合式鍵盤的充分利用。

(二) 電腦輔具

肢體障礙者若有嚴重手功能障礙時，可能表現出肌力弱、關節活動度不足、肌肉張力異常……等等問題，導致動作表現不佳，因而於控制滑鼠與鍵盤輸入時產生困難，影響電腦使用效率。故適當地電腦輔具介入，可協助學生建立無障礙的電腦使用環境，因應學習、就業、休閒、與生活上的個別需求（國立和美實驗學校，2012）。常見用於教學上之電腦輔具包括：智慧型電腦鍵盤及滑鼠、掃描式螢幕鍵盤及滑鼠軟體、軌跡球、搖桿滑鼠、臂壓式滑鼠、手觸式平板電腦溝通系統、溝通板暨可調式固定支持系統。

(三) 肢體障礙教學影片

國立教育資料館製作許多與特殊教育有關的影片，其中與肢體障礙教學相關的影片，包括：學習有成、創業成功等殘障成功人士的奮鬥歷程之介紹。

1. **學習有成類**：如「比別人更多」之鄭誠功是骨科生物力學博士，從事醫學工程有關骨科、復健、生物力學等相關研究；蕭宇超是語言學博士；徐中雄罹患小兒麻痺，出國深造研究殘障福利，成為我國第一位殘障福利哲學博士，而且當選多屆立委；張和全是臺大法律系畢業，任職書記官及地檢署觀護人，是屬於在認知學方面學有成就之學者型代表。

2. **術業有成類**：例如在運動、雕刻方面表現突出的林淑娟小姐；參與國內外演唱，主持廣播節目曾入選十大傑出殘障青年的劉銘先生；陶藝創作的陶藝家郭鎮彬先生；從小罹患小兒麻痺症，父母親離異，從雕刻創作找到生命的雕刻家范康龍；因發生電擊致雙手截肢的殘障志工陳啟良先生；從事日語教學有成的蔡干姬小姐；自己開店從事美容護膚而走出一條屬於自己的路的劉晏汝小姐。

3. **成家立業類**：例如「愛在陽光下，千山不獨行」中黃金島、吳鈴的故事，探尋生命勇氣的多重意義，克服身體的病痛，努力的生活，以樂觀的心情面對這一切；愛在陽光下——三代情，介紹均為肢體障礙者李仁彬

夫婦兩人，共同經營修鞋生意成功案例。

五、肢體障礙適應體育

適應體育教學（Adapted Physical Education）是針對個別需要所設計的體育教學課程，強調在一般的教育情境當中，做適當的修正與調整，經由評估瞭解學生的個別差異與需求，進而調整體育教學活動與內容設計，以確保學生能夠學習到適應性的動作表現，並透過學習達到功能性的目的，進而感受身體活動方面的成功經驗與樂趣；適應體育教學更應兼具矯正性（corrective）、發展性（developmental）及修正性（modified）三大功能（汪宜霈、鈕文英，2005）。體育課程與肢體動作的控制息息相關，對於肢體控制不良的肢體障礙學生格外是種挑戰，在其教學中也需要教育工作者煞費心思的。

㈠ 課程模式

闕月清、游添燈（1998）提到美國較常用的兩種適應體育課程模式為：以成就為基礎的課程模式（Achievement Based Curriculum Model，簡稱 ABC 模式）和兒童動作發展課程（Body Skills: A Motor Development Curriculum for Children），前者適用於設計特定的適應體育課程，後者則適用在學前和國小的學童身上，以下分別介紹兩種的課程模式。

1. 以成就為基礎的課程模式

ABC 模式的基本步驟為計畫、評估、處方、教學、評量與修正六個步驟。

各步驟的實施方式為：

（1）計畫：首先需界定課程之目標，根據學校的需求與學生的興趣，設計發展一個執行課程的發展程序，以達到所訂定之目標。

（2）評估：評估是一個連續的過程，亦即在課程實施前、中、後持續的評估學生動作技能的表現。通常，評估可採用效標參照模式或常模參照模式來執行，效標參照模式可測量學生的動作技能程度記錄進步情形，而常模參照模式則可用來比較特殊學生和其他特定年齡或性別學生之間的動作表現能力或健康體適能。

（3）處方：教師依據分析後之評估結果，為學生選擇適當的教學內容或改變教學內容、活動歷程、學習環境、評量方式與標準，並為學生撰寫個別化教學方案（IEP），在 IEP 中載明欲使用的教材、教法，以確保學生達到最大的教學效果。

（4）教學：教師須根據處方來進行適性的教學。有效的教學策略需考量學生學習動機、教室管理、行為管理、有效教學時間與教師回饋等，皆為教師在教學時所要考量的要點，並且應用適當的教學方法，如：直接教學、同儕學習等。

（5）評量：評量的結果是為能讓教師瞭解學生學習的進度。教師可從評量的結果判斷教材教法是否適當，學生是否有達到預期的目標。

（6）修正：最後的一個步驟就是根據分析出來的評量結果修正教學活動，藉以改進教材與教法，使學生能夠更有效的學習動作技能。

2. 兒童動作發展課程模式

此課程為綜合性的課程，乃根據 2 至 12 歲兒童一般動作發展順序的模式設計而成，此課程亦提供評估、計畫與教學的系統化方法，課程內容包括身體管理、移動性動作、體適能、操縱性動作與細動作技能五向度，其包含了三十一種粗大動作與精細動作，各向度所包含之動作如下表所示：

組　合	身體管理	移動性動作	體適能	操縱性動作	細動作
動作技能	身體—空間認知 動態平衡 靜態平衡 身體滾翻 敏捷性	爬 走 向上跳 向前跳 跑 單腳踏躍 飛跑跳 併足側跳	手肩柔軟度 身體柔軟度 有氧能力 腹部肌力 腳—臀柔軟度 腳臀肌力 手肩肌力	踢 彈 按 肩上投擲 打擊 肩下投擲 肩下滾	細物體控制 握力 手肌力 視動控制

此課程有提供教學活動設計和小班制的教學，尤其是個別化教學。所設計的活動中隨附修正活動的建議與各種不同的教學進行方式，以便使用的教師有更多的選擇。課程活動設計中也融入許多個別練習，為教師提供不少修正課程以配合學生個別差異的教學策略。

㈡ 教學原則

　　肢體障礙學生通常安置在最少限制的環境，在融合教育的環境中，設計適當的適應體育課程實為一門學問，參考潘正宸（2011）之所述，建議一般學校之特教教師與普通教師可依循下列六大步驟設計適應體育之活動。

1. 熟悉學生特質與能力及體育課程

　　不論特教教師或普通教師，在設計課程前，需先進行體適能測驗或其他相關教學目標的測驗。而其他有關教學目標的測驗是根據先前體適能評估結果，再加以編製成相關的課程實施目標測驗。充分瞭解肢障學生的身心特質和能力現況，包含：障礙所導致的動作能力限制、學生偏好、特殊生理疾病（如：癲癇）、體適能等，作為設計適應體育課程之依據。

　　目前特殊教育課程綱要係以普通教育課程為基準，特教教師應充分瞭解普通教育體育課程之能力指標，對普通學生的體育課程知其意涵，方可調整設計適合生理年齡的體育活動。普通教師教導體育課程者，在課前需對肢體障礙者之疾病發生原因、疾病特徵、疾病所導致與環境互動的障礙為何、肢障學生的教學原則等，必要時可尋求特教教師或相關專業人員的諮詢，具備肢體障礙學生其醫學和特殊教育學的理論基礎，面對教導肢障學生和設計課程時，必能駕輕就熟。

2. 檢視目前普通體育課程

　　檢視目前從事的活動是否符合學生需求或能力，如果課程活動符合學生需求及能力，即代表環境資源的支持充足，例如：體育器材的完善度、適切的教學方法、充分的同儕支持等，其多寡則是會影響到整體課程的順利進行。

　　若目前從事的活動未能符合學生需求或能力，修正部分不符合學生能力的活動，可嘗試轉換活動型態等調整活動的方式，考量該如何保留其重要性，但同時能符合學生的能力。

　　如果無法有效改變，必要時，仍須剔除活動，或是使用「平行性課程」、「重疊式課程」來進行課程，意謂其他非障礙的同儕進行原定的課程進度，特殊生則進行有關課程目標的其他技能。

3. 確認課程調整的方式

課程調整或指導方式的改變，例如：圖卡的使用，調整的方式可顯著提升教學成效，那運用至體育課程內亦是必要的策略。一種方式的調整或許只能協助 60 ％的學習情境，可考慮使用輔具來給予支持，例如：枴杖、輪椅，也許可以更加改善教學情境。在教學方式的調整，包含在教學法、課程設計、架構、提示方式……的調整，也可改善技能上的學習，在教具上的調整，亦可增加學生成功的機會。

4. 課程前準備

在進行課程前，宜針對下列方向進行準備：（1）對學生身心特質是否已充分的瞭解？（2）學校環境、課堂安排能否配合目前的活動？（3）體育活動是否適合參與的普通學生和肢體障礙學生？（4）課程規劃與資源支持是否充分符合肢障學生？

5. 讓同儕認識肢體障礙

讓普通學生接納肢體障礙學生，其具體作法可從三個面向著手：（1）培養同理心，解答同儕對身心障礙的疑惑；（2）邀請身心障礙的講者進行演講；（3）教師和班上非障礙同學共同討論如何提供特殊生合適的服務。

6. 尋求相關專業人員的協助

肢體障礙學生因其個別生理或心理上的障礙，則需靠其他專業人員（如物理治療師、校護……等等）提供該生在體育課程中特別需留意的狀況。如有教師助理員或家長的協同參與，提醒不要過度保護肢障學生，間接減少和其他同儕互動的機會，給予獨立參與活動和處理與同儕互動的機會，並適時指導同儕如何協助、如何溝通，這才是促進融合教育真正的精神。也需注意增加和家長間的互動連結，才能將在校所學的技能學習社區化，同時家長應提供肢障學生參與社區中的生態環境之訊息給學校，並鼓勵家長帶孩子參與特奧活動或是社區中心運動的團體，相關表現可提供給設計適應體育的參考。

㈢ 教學策略

在教學前教師對活動需參考每一位肢體障礙學生目前的能力先進行活動分析，調整活動。以下幾點設計提供教師參考：

1. 修正活動競賽規則，使之成為公平的比賽，如：普通生跑步的距離較肢體障礙學生長。容許同儕替換分擔，如：棒球比賽中，請普通學生代跑壘。

2. 減少負責區域，可立即滿足對場地的控制感，如：縮短守備範圍。

3. 分配適當的運動位置，如：肢體障礙學生守內野區域，普通學生守外野區域。

4. 修正運動規則，如：網球可以容許落地二次再回擊、增加參與排球比賽的人數，減少運動複雜性。

5. 修正運動器材，如：用較輕的球棒或球拍、用握柄較短的球拍、降低球網／球框、把球加上一條線，可以減少肢體障礙學生撿球的勞累。

6. 允許使用個人的輔具，如：推輪椅賽跑、柺杖踢足球。

7. 限制普通學生的動作，配合肢障學生，如：坐著打乒乓球。

問題與討論

1. 試說明衛生福利和教育對肢體障礙的界定有何異同？
2. 特殊教育法已將腦性麻痺單獨列為身心障礙學生之一型，對此您有何特殊看法或見解？
3. 如果您面對一位就讀國小三年級的學生，學期中發生車禍意外，經治療後家長發現已嚴重影響學習，您如何協助該家長幫該生進行肢體障礙學生之申請與鑑定？
4. 試說明肢體障礙學生教學設計的通則與特殊原則。
5. 請為國小三年級全部學生設計一份「肢體障礙體驗活動方案」。

第八章

身體病弱者之教育

王明泉

第一節　定義說明

第二節　鑑定與評量

第三節　身心特徵

第四節　出現率

第五節　成因

第六節　各類疾病病徵

第七節　課程與教學

第八節　教育安置

第九節　相關議題之探討

　　本章從國內外相關學術觀點與相關法律演進規範，就身體病弱者定義作詳盡說明；並就身體病弱者的鑑定與評量之程序與內涵，配合時代潮流與法規修正方向，做明確分析與陳述；亦在身體病弱者之身心特質，如生理上特徵、心理上特徵及學習上特徵，清楚明確的論述；而身體病弱者之出現率、成因、相關疾病特徵，亦作整合描述分析；其後在身體病弱者之課程教學、教育安置及相關議題上，歸納整理析論其可行之策略與思慮可用之方式；綜合以上諸多論述與探討，期盼能促發對身體病弱者多方面與多層次的理解，對其能正面接納同理與積極融入互動接納，並協助其能完全融入社會主流。

第一節　定義說明

　　郭為藩（2002）指出身體病弱係指罹患慢性疾病或其體質上呈現虛弱狀態，需特定醫療照顧之提供與衛生環境之加強，並且提供相關學業學習指導的學生；其相關要素及內涵包括下列三項：1. 罹患慢性疾病，其醫療期間具連續性且維持相當久的時間，如維持兩個月以上，或是間斷性治療中、持續延長醫療時間，例如：每一次治療療程需予以停課一週以上的情形，或一年期間必須接受五至六次以上治療療程之事實。2. 體質虛弱的學生，在療養的期間，其無法承擔課業壓力與負荷時，須對其學習課程作彈性化之調整及適性化之協助。3. 身體病弱學生需要提供特定的學習環境，以幫助其恢復身體健康及增進醫療療效。盧台華（2012）對身體病弱學生定義內涵之說明，係指其由於染患慢性疾病或體質上呈現虛弱的狀態，需要提供特殊的醫療保護及衛生環境，而又能接受適當的學業指導之障礙學生，通常可分為三類：1. 由於身體內某特定器官的病變而需要長期療養者，如肺結核、先天性心臟病、肺炎、腎炎及糖尿病等。2. 由於身體羸弱，營養吸收有困難或罹患先天性疾病，而需要予以嚴密醫療照護者，如嚴重貧血、發育不全、筋骨脆弱、或先天性代謝失調、血友病、氣喘者皆屬之。3. 罹患短期不易治療的疾病，如癌症、癲癇症、愛滋病、嚴重燒灼傷，皆屬此範圍。

　　1997 年，美國「身心障礙教育法」（Individual with Disabilities Education Act, IDEA）對身體病弱（other health impairment）之定義是指學生體力虛弱（limited strength）、缺乏活力（limited vitality），及對周遭環境刺激欠缺適度機警力（limited alertness），導致其教育學習情境之學習上，未能產生適度敏銳及知覺；其不利狀況係由以下二項條件形成：

1. 是由於下述慢性或急性健康問題所影響，例如：哮喘、注意力缺陷症或注意力缺陷伴隨過動症、糖尿病、癲癇、心臟血管疾病、血友病、鉛中毒、白血病、腎炎、風濕病、鐮狀細胞貧血和妥瑞氏症等。

2. 對學生教育成就表現造成不利的影響（National Dissemination Center for Children With Disabilities, 2012）。

Boreson（2009）針對身體病弱中體力虛弱（limited strength）、缺乏活力（limited vitality）、機警力不足（limited alertness）三項名詞，進一步加以說明之：體力虛弱（limited strength）指的是體力欠缺及肌力不足，例如：在學校參與各項學習活動所需之持續力及體力不夠，容易疲倦，常因身體疾病之問題及狀況，而導致經常性及長期性曠課；因應學校活動之進行，學生或坐、或站立均可能呈現體力不支現象，學生握拿鉛筆或使用教室內常用工具，亦同樣有肌力不夠之狀況；另外常因身體健康問題，學生需要頻繁的休息及睡眠。缺乏活力（limited vitality）是指生命力及活動力不夠，例如：某位學生可能有些許力量或能坐著、或能握拿筆，卻無力完成指定的書寫作業。機警力不足（limited alertness）是指學生對於周遭環境人、事、物及正在進行之活動，能對其展現之機警、敏捷、專注、察覺、觀察、機靈等能力不足，更因其心智敏銳度（mental acuity）不夠，而直接影響到其對學校課程內容及學習活動的參與及投入。

我國101年9月28日所公布「身心障礙及資賦優異學生鑑定辦法」中，第8條指出身體病弱，是指罹患疾病，體能衰弱，需要長期療養，且影響學習活動者，其鑑定由醫生診斷後認定之。

黃文慧與林幸台（2007）研究分析指出，為了能跳脫傳統上將障礙狀況置入疾病結果的論調，轉而從環境與個體互動的角度切入，以整合身體結構、身體功能、活動、參與等概念，與環境、個人等脈絡因素之限制，開展障礙的意義與分類系統之運作。民國100年6月29日所公布身心障礙者權益保障法，係採國際功能、疾病與健康分類系統（ICF）對身心障

礙者予於定義與分類，其中第 5 條對身心障礙者之法定定義，係指身體系統構造及功能，有損傷或不全導致顯著偏離或喪失，影響其活動及參與社會生活，經醫事、社會工作、特殊教育與職業輔導評量等相關專業人員組成之專業團隊鑑定及評估，發給之身心障礙證明者計分為八大類：

1. 神經系統構造及精神、心智功能。
2. 眼、耳及相關構造與感官功能及疼痛。
3. 涉及聲音與言語構造及其功能。
4. 循環、造血、免疫與呼吸系統構造及其功能。
5. 消化、新陳代謝與內分泌系統相關構造及其功能。
6. 泌尿與生殖系統相關構造及其功能。
7. 神經、肌肉、骨骼之移動相關構造及其功能。
8. 皮膚與相關構造及其功能。

我國教育部（2012）對身心障礙學生分類與身心障礙者權益保障法新制（ICF）因應說明中，就特殊教育法之精神，身心障礙學生分類及其鑑定，係以教育需求為主要考量。目前身心障礙學生之鑑定及輔導，依其障礙類、健康功能缺損及教育需求，適性安置，提供特殊教育及服務。特教法中的身體病弱係與身心障礙者權益保障法新制分類（ICF）中循環、造血、免疫與呼吸系統構造及其功能；消化、新陳代謝與內分泌系統相關構造及其功能；泌尿與生殖系統相關構造及其功能三大類對照配應之。

亦即從國內二法之整合分析中可以看出，特殊教育法對身體病弱之定義是從教育立場出發，其因其疾病及身體虛弱等因素，而提供長期醫療及照護之需求，此等狀況直接對學業學習產生不利影響；教育部因應身心障礙者權益保障法新制分類（ICF），明確對照身體病弱其疾病分類為 4. 循環、造血、免疫與呼吸系統構造及其功能；5. 消化、新陳代謝與內分泌系統相關構造及其功能；6. 泌尿與生殖系統相關構造及其功能等三大類之構造損傷或功能不全。上述相關學者、美國身心障礙教育法及國內特殊教育法對身心病弱學生定義內涵中，可以歸納整理分析，身體病弱學生其原因係罹患慢性或急性之相關疾病，或其本身因先天或後天原因導致體能虛

弱，其過程需要長期或間歇且持續醫藥治療服務及休養調理，且對身體病弱學生的學習成果及學業成就，造成相當程度之不利影響。

第二節　鑑定與評量

為了確保學生接受免費且適當的公共教育權利，轉介前介入的實施與進行，能對申請特殊需求鑑定之學生做適當之篩選，確認確實有必要接受特殊教育評估的學生，以符應每個學生個別的學習需求（Ionia County Intermediate School District, 2009）。而轉介前介入（prereferral intervention）主要目的在於：對普通班學生提供適度學習協助，減緩特殊教育直接服務需求（Garden, Casey, & Christension, 1985）；降低身心障礙學生過度鑑定問題之產生（Garden, Casey, & Christension, 1985）；促進身心障礙學生完全融入普通教育環境，進行良性學習互動（Evan, 1990）；降低標記作用對學生負面效應影響之產生（胡永崇，1996）。

轉介前介入模式，經相關研究文獻分析，可依下述各種模式分析說明之：

一、教師協助團隊模式（teacher assistance team）

本模式由 Chalfant、Pysh 和 Moultrie（1976）所提出，主要運作方式是教師同儕組成問題解決小組，對提出轉介申請教師，提出相關專業協助；Chalfant 和其研究同仁以此模式在 7 所學校進行專業處理，203 位提出轉介申請者，經教師協助團隊（TAT）進行專業互動後，其中 129 位提出轉介申請者，轉介問題獲得解決，降低轉介特殊教育的人數。

二、轉介前教學介入模式（prereferral intervention mode）

本模式由 Graden、Casey 和 Christenson（1985）所提出，其運作方式乃由諮詢專家對提出轉介申請教師提供專業諮詢、進行班級觀察，及召開會議充分討論分析，規劃轉介前教學介入方案。其歷程計分六個階段：1. 諮詢申請（request of consultation），轉介申請教師提出問題以求獲得解決之道，以及教學專業協助資源之提供。2. 諮詢（consultation），確定所提

問題內涵及其範圍，並探索可能採行的教學介入處理方案內涵、實施方式和成效評估。3. 觀察（observation），詢諮顧問到班進行班級觀察，蒐集學生行為表現和學習方面資訊，以作為轉介前教學介入方案設計之基礎。4. 會議（conference），召開會議並針對之前所蒐集到的資訊，進行充分討論，然後整合教學專業人力與規劃教學介入重點。5. 正式轉介（formal referral），在此階段依相關法規及法定程序，將轉介學生進行正式鑑定評量階段。6. 正式方案會議（formal program meeting），召開正式會議，以確認特教學生法定資格之合法性，及特殊教育服務提供內涵之適切性。

三、教師資源團隊模式（teacher resource team）

本模式由 Maher 所提出（Nelson & Smith, 1991），聘請校外專業諮詢顧問來指導普通班教師，另外聘三位特殊教育專家，為普通班教師對相關問題提供諮詢服務、相關專業技術提供協助，及持續在職訓練；其成果效益是降低了正式評量施測之轉介人數。

四、回歸主流協助團隊模式（mainstream assistance team）

本模式由 Fuchs 和 Fuchs（1989）所提出，計分為三類融入要素漸增模組，第一類是單獨由諮詢專家和提出轉介申請教師共同合作，對所提問題之內涵範圍進行確認及系統分析；第二類是諮詢專家和提出轉介申請教師，除對所提問題之內涵範圍進行確認及系統分析確定，諮詢專家並到班進行專業觀察記錄及分析，其後諮詢專家依前列資料蒐集及判斷分析結果，對班級教師作專業建議意見之提供；第三類是由諮詢專家及專業團隊，除共同對所提問題之內涵範圍進行確認及系統分析確定，並到班進行專業觀察記錄及分析，其後依前列資料蒐集及判斷分析結果，對班級教師作專業建議意見之提供，且作後續效益評估之進行；相關成效顯示，第二、三類融入要素之處理效益較第一類為佳。

五、教師同儕問題解決模式（peer problem solving）

本模式由 Pugach 和 Johnson（1989）所提出，學校指派具特教專業教師對提出轉介申請教師予以專業協助，其內容計有：班級問題之澄清及確

定、教學介入方案內涵之設計以及對教學介入方案效益評估之進行。相關成效顯示，普通班教師對不同認知能力學生之教導接納度增大，而教學介入方案之設計及執行，確能促進預期目標行為之達成。

六、學校諮詢委員會模式（school consultation committee）

本模式由 McGolothlin（1981）所提出，其運作方式是由普通班教師和特教教師共同組成團隊，以協助班級教師進行教學介方案內涵之設計、執行及評估；相關成效顯示，轉介學生人數明顯下降 50%。

七、轉介前介入執行模式

本模式由陳淑麗、洪儷瑜和曾世杰（2007）所提出，其歷程計分為五個階段：1. 對低成就學生進行篩選，2. 轉介前教學介入方案之提供，3. 轉介前教學介入方案成效之評估，4. 依據轉介前教學介入方案成效之評估結果，決定後續服務內容之提供，5. 學習障礙之正式鑑定。本模式具篩選功能、成本低、效益高、學習障礙偽陰性比率降低。

有關身體病弱學生轉介前介入內涵、功能及運作模式之整合分析，可以瞭解到其在學習表現和行為互動上，一旦發生任何問題，可透過預防式教學介入及早進行適當教學處理，以免於形成無法挽救地步，而能即時增進其學習效能，減少經費及人力之空擲。

身體病弱學生之鑑定工作及相關評量之進行流程，依特殊教育法中身心障礙學生鑑定辦法之規定主要係由醫生診斷認定之；然身體病弱學生之認知、智力、語言、知覺動作、情緒行為、性向、人格、學習成就、適應行為等相關能力向度之評量工作，則須經由心理評量教師、特教教師及相關專業人員組成教育與心理評量團隊，依學生個別學習能力向度，進行標準化評量及非正式評量，進而對其建構完整評量資料內容，以利分析個別學生優劣勢能力，進而對其學習安排及教育安置做謹慎之建議。張世彗、藍瑋深（2011）指出，特殊教育學生之鑑定，是由各直轄市、縣（市）政府「特殊教育學生鑑定及就學輔導會」（簡稱鑑輔會）負責相關事宜，而鑑定之工作進行，應採多元評量之原則，依學生個別狀況，採取標準化評量、直接觀察、晤談、醫學檢查或身心障礙手冊或證明等方式蒐集個案資

料，綜合研判之。

張蓓莉（1999）說明身體病弱學生鑑定原則、鑑定基準為：1. 身體病弱主要所指身體器官，包括心臟循環系統、呼吸系統、消化系統、內分泌系統、泌尿系統及骨髓造血系統。2. 各器官系統之功能障礙確認應於治療告一段落，確定短期內無法矯正其身體功能有障礙者。3. 進行性之疾病應依規定及鑑定醫師之判定，定期重新鑑定。

Kirk Gallagher 與 Anastasion （1998）說明身體病弱學生之鑑定基準係由醫師予以診斷後，透過醫學專業論斷而予以確認是否有罹患下列疾病：心臟血管方面的疾病，如先天性心臟病、風濕性心臟病；呼吸系統方面的疾病，如糖尿病、甲狀腺失調；腎臟方面的疾病，如腎炎、腎瘤；血液方面的疾病，如貧血、血友症等。

趙文崇（2011）提及身體病弱學生鑑定與評量重點，依其所罹患之疾病類別，進行活動評估、醫療評估及學習評估等三大項之分析。

(一) 活動評估（計有活動功能及活動分類）

1. 活動功能

（1）功能良好無症狀

（2）重度活動才有徵狀

（3）中度活動就有徵狀

（4）輕微活動就有徵狀

（5）嚴格禁止活動

2. 活動分類

（1）活動不限制

（2）限制劇烈運動

（3）只限輕微活動

（4）限制易受傷的活動

（5）在家或臥床治療

(二) 醫療評估（計有醫療狀況及醫療需求）

1. 醫療狀況

（1）平常生理狀況

（2）慢性病需長期治療

（3）慢性病需短期治療

（4）慢性病無須治療

（5）偶爾嚴重需要治療

2. 醫療需求

（1）不需要醫療追蹤

（2）定期醫療追蹤

（3）不定期醫療追蹤

（4）須做適當隔離

（5）需醫療急救設備

(三) 學習評估（計有學習狀況及安置需求）

1. 學習狀況

（1）平常學習狀況

（2）病弱認知正常

（3）病弱認知低下

（4）病弱認知障礙

（5）病弱認知不定

2. 安置需求

（1）普通班

（2）資源班

（3）特教巡迴老師

（4）特殊班

（5）在家教育

從上述三大評估重點及六大向度之評估分析，針對身體病弱學生罹患疾病屬性，作各向度之整合及各角度的對應比較分析，瞭解身體病弱及體質虛弱的主軸下，在此六大面向之側面細步分析，歸結出身體病弱最優質的醫療照護、最適切的學習環境等相互間的鑑定研判結果。

國內身心障礙權益保障法，自民國 101 年 7 月 11 日開始實施身心障礙鑑定及需求評估新制（ICF），其主要精神是由醫事、社工、特殊教育

與職業輔導評量等專業人員組成專業團隊進行鑑定及評估，對於合於規定者核發身心障礙證明，並依需求評估結果提供更適切的服務。在此法明確界定身心障礙證明有效使用期限最長為五年；重新鑑定年限仍須由醫師依每位個體身心狀況不同予以判定，而永久免重新鑑定者，該法亦指出未來仍會繼續保留，但身心障礙證明，則需至少每五年換發一次。依新制 ICF精神，進行需求評估所獲結果，續辦理法定福利服務。需求評估進行係採輕鬆自然的談話方式進行，主要在瞭解身心障礙者平時生活狀況（如溝通、行動、自我照顧、人際互動、休閒娛樂等面向）、家庭狀況（如主要照顧者、照顧情形、家庭關係）、就學狀況、就業狀況及福利使用現況等平常生活狀況的瞭解，而後續相關的福利服務提供項目如下所述：

一、個人照顧

1. 居家照顧
2. 生活重建
3. 心理重建
4. 社區居住
5. 婚姻及生育輔導
6. 日間及住宿式照顧
7. 課後照顧
8. 自主生活支持服務
9. 其他有關身心障礙者個人照顧之服務

二、家庭支持及服務

1. 臨時及短期照顧
2. 照顧者支持
3. 家庭托顧
4. 照顧者訓練及研習
5. 家庭關懷訪視及服務
6. 其他有助於提升家庭照顧者耐力及其生活品質之服務
另外依據身心障礙鑑定作業第 10 條規定，若符合下列條件之申請人

得申請到宅鑑定，由醫師及鑑定專業人員到身心障礙者居住所中進行鑑定作業：

1. 全癱無法自行下來
2. 需 24 小時使用呼吸器或維生設備
3. 長期重度昏迷
4. 其他特殊困難，經所在地直轄市、縣（市）衛生主要機關公告者

教育部（2012）對身心障礙學生分類與新制分類（ICF）因應說明中，明確確定循環、造血、免疫和呼吸系統構造及其功能損傷、消化、新陳代謝與內分泌系統構造及其功能損傷、泌尿與生殖系統構造及其功能損傷三大類歸屬身體病弱之類別。而內政部（2012）提出新制（八大類）與舊制（十六類）身心障礙類別及代碼對應表，新制第四類循環、造血、免疫與呼吸系統構造及其功能，對照舊制重要器官失去功能者——心臟、造血系統、呼吸器官；新制第五類消化、新陳代謝與內分泌系統相關構造及其功能，對照舊制重要器官失去功能者——吞嚥機能、胃、腸道、肝臟；新制第六類泌尿系統與生殖系統相關構造及其功能，對照舊制重要器官失去功能——腎臟、膀胱。而舊制經中央衛生主要機關認定，因罕見疾病而致使身心功能障礙者及其他經中央衛生主要機關認定之障礙者（染色體異常、先天性代謝異常、先天缺陷），依身心障礙狀況予以適切對照；上述若符合特殊教育法中身體病弱學生定義內涵，亦同屬之。

現舉例臺北市 101 學年度國中升高中／高職三年級重大傷病學生申請身體病弱鑑定實施計畫中，需提出持有健保局核發之重大傷病證明（未領有身心障礙手冊）以參加身體病弱學生之鑑定，其中書面資料包含有傷病狀況（病名、診斷時間、傷病情形、醫療狀況、生活適應狀況）、學習狀況（因傷病或治療對上課缺席之影響、在校期間參與學習活動力受到之影響）、特殊教育需求、缺勤紀錄表、診斷證明書、病歷影本、成績單。備齊相關資料後，送交特殊教育學生鑑定及就學輔導會之會議中予以審議之。

Grice（2002）提及身體病弱學生之鑑定工作，必須符合下列四個條件，方具備身體病弱學生之合法資格：1. 學生必須罹患有慢性或急性方面之疾病。2. 學生健康問題及狀況，形成其體力虛弱、缺乏活力，並對周遭

環境刺激欠缺適度機警力，導致其教育學習情境之學習上，未能產生適度
敏銳及知覺。3. 學生健康問題及狀況，對孩子的教育表現產生不利影響效
應。4. 學生在特殊教育及相關服務上，有高度之需求性。

The Minnesota Department of Education（2007）說明身體病弱學生是在
與同年齡同儕學生之比較下，其健康狀況對學業學習具有不利影響，下述
八項指標至少須有三（含）個以上符合者：

1. 因健康狀況（如住院、藥物治療、手術或疾病）而造成過多的缺曠
課之情形。

2. 每天在校期間均須接受特殊的健康護理程序（例如：插管、灌食、
支氣管引流、 藥物治療、氣管切開護理等）。

3. 因癲癇藥物之服用、放射線治療及化學治療，產生對學習力、理解
力、記憶力、注意力等功能之不利影響，或導致疲倦嗜睡。

4. 體力虛弱導致在學校各項學習活動的參與及進行，均展現明顯困
難。

5. 因身體的急慢性疼痛不利，且影響在學校的學習表現。

6. 因應周遭環境人事物，不同程度機警力之應用不當，致使學習能力
降低。（例如：對周遭環境刺激的掌握與理解、專注力之應用、努力態度
的維持、學習正確度之達成）。

7. 學習材料處理和組織能力，以及在規定時間內，隨堂作業的完成能
力明顯降低。

8. 教師教學指示，展開並完成學習作業的能力明顯下降。

綜合上述可瞭解到身體病弱學生的鑑定與評量，對照分析特殊教育
法與身心障礙者權益保障法等立法內涵，其均考慮到身體器官功能損傷程
度，然特殊教育法則深一層思索其對學習成就影響的程度。身心障礙鑑定
辦法雖明文確定鑑定人員主要由醫師判斷認定，然有關之教育成就及心理
能力等評量資料之蒐集，仍需由心評專業團隊來主導運作，以獲得客觀、
明確及精準的評量資料，之後由各縣市之鑑輔會依其相關教育心理之評量
資料，配對身體器官功能損傷程度對學業學習成就之不利影響程度，進行
審慎之綜合研判，以保障身體病弱學生的法定福利及學習權益。

第三節 身心特徵

教育部特殊兒童普查執行小組（1993）針對國內第二次特殊兒童普查報告書中提及到，身體病弱學生是因其身體病弱狀況等問題，有其必要接受長期住院，以利進行醫學治療之療程，或需要長時間在家進行休養治療，因長時間住在醫院或在家休養，造成其未能定期按時到校接受教育與學習；當醫學治療或身體休養調適，達到一定程度的健康恢復，回到學校後，卻因學校之課程學習中斷而銜接不利，直接影響到在校學習成就之表現；另外家長則常會以過度保護與溺愛方式，教導照顧身體病弱孩子，其行為及人格之發展容易造成偏差，故致使其在校與同儕之社會互動及人際關係不順暢，降低了學校生活適應力；學校教師又對身體病弱學生其所罹患疾病類型及其身體狀況不甚清楚，而消極限制其在諸多活動的參與，因而降低對學習成就水準之應然要求。由此可知，身體病弱學生在生理、心理、情緒及社會互動之特徵，確實受醫學治療療程、疾病本身狀況、家庭教養等因素，產生不利的影響效果。

Turnbull、Turnbull、Shank、Smith 與 Sean（2004）指出，身體病弱學生常見的身心整體性問題及其特徵為：缺乏生活重心的掌握、對身體狀況及病情資訊瞭解不多、恐懼、擔憂、焦慮、壓力、氣憤、內疚、家庭動態氛圍改變、隔離感、常未遵守醫療囑咐、無聊、抑鬱、產生疼痛、自尊感低、負面身體形象、影響自我認同及學校同儕社會互動、易產生疲勞倦怠、行動上常需提供協助、注意力有問題、動作協調有困難、肌肉無力、經常缺曠課或遲到、體力虛弱、無法長時間進行專心學習等。

而下列分別說明身體病弱學生常出現的生理、心理及學習等特徵：

一、生理上特徵

郭美滿（2006）提到身體病弱學生因罹患疾病的因素，必須定期服用藥物及接受必要的醫療療程，其生理上常見的特徵為：

1. 體力虛弱、精神狀況不佳、易於疲倦。
2. 胃口不好、食慾差。

3. 須忍受身體疾病或醫藥治療所引發的疼痛。

4. 罹患疾病常導致身體外表出現某些明顯特徵，如因接受某項醫學治療，產生身體外貌上的改變，如身體出現浮腫、臉腫脹如月亮、容易掉落頭髮……等。

5. 因罹患疾病所產生之疼痛或接受某些醫學治療等因素，身體產生特殊及異常體味。

傅秀娟（2002）指出身體病弱學生在生理特徵上，因長期染病、體能體力不佳，且經常請假缺課，例行的生活作息大大受到影響及干擾；亦因經常請假之緣故，致使其缺課直接影響到學校學習成就。

黃美涓（2002）亦針對身體病弱學生在生理特徵上，提出下列諸點：

1. 長期罹患疾病又經常請假缺課，或因醫學治療所需，需長期且連續請假缺席。

2. 身體出現異常肥胖或瘦弱、發育情形不佳、或肢體活動上產生障礙。

3. 身體經常感到明顯虛弱無力，一不注意更易於摔倒或跌倒。

4. 只要稍微運動其心跳即會加速，呼吸產生困難，甚至臉色發紫。

二、心理上特徵

黃志成、王麗美與高嘉惠（2008）說明身體病弱學生在心理上特徵如下：

1. **依賴**：因身體罹患疾病、體力虛弱並伴隨有某些病痛，身體病弱學生的父母，因愛護子女心切，隨時提供支援及協助，短期雖能迅速解決孩子某些不便，然長期及時提供的支援及幫助，易形成其事事依賴的心理表現。

2. **憂傷**：身體病弱學生常憂思自己的疾病能否痊癒，或憐憫自己病體及體弱，對一般健康同儕心生羨慕，而產生憂傷的心理。

3. **放縱**：父母常因心疼身體病弱孩子罹患疾病之苦，每每以包容及補償心態對待之，更不忍指責或糾正不當行為，久而久之，易造成身體病弱孩子放縱的心理。

4. 暴躁：因身體病弱孩子需長期臥病，諸多正常生活作息及飲食起居，均明顯深受影響及形成限制，轉而形成暴躁心理。

5. 恐懼：特別是罹患重症學生，隨時因面對死亡而產生恐懼心理；有時候病情因醫藥處理控制稍微適切，且呈現穩定狀態，然卻擔心及恐懼病情突然加速惡化，因此時而產生恐懼心理。

6. 退化：常因身體耗弱、罹患疾病等因素，使得身體病弱學生所表現出來的行為，常常是比同年齡層之同儕的表現為差，似乎以退化行為來獲得重要成人或父母的注意及關心。

三、學習上特徵

身體病弱學生因身體罹患疾病，須長期與疾病奮戰，而時時面對挫折、心理壓力及心理調適的挑戰，致使其在學習動機明顯降低，功課上的學習表現亦因常常請假缺課，而未能銜接上學習進度，相對影響到其學習動機與努力意願，且缺乏學習耐挫力與堅持力（傅秀媚，2002）。應婉怡（2012）列出身體病弱學生在學習特徵有下列幾點：

1. 因接受某些藥物治療，或造成某部分神經方面之損傷，因而降低長短期記憶能力、訊息處理能力或問題解決等能力。

2. 心智處理速度呈現緩慢，空間定位及順序概念能力亦下降。

3. 身體病弱方面之治療與課業學習之投入無法兼顧，因而造成學習動機降低，進而畏懼到學校上課及學習。

第四節 出現率

許天威、徐享良與張勝成（2011）說明出現率（ prevalence ）的內涵，是指在某一特定時間存有新舊特殊個案的總數，或其占有某年齡群人口的百分比。何華國（2001）提出出現率的瞭解及掌握，有助於提供身體病弱學生適切的特殊教育服務之預估與準備。然身體病弱學生之出現率不易精確推估，郭美滿（2006）說明其可能原因如下：

1. 受醫療技術進步，或使疾病發生率逐漸降低之可能影響。

2. 某些疾病的發生時間非限定於某一特定年齡層。

3. 身體病弱鑑定之標準，因隨法規修改而有所改變。

4. 罹患疾病的發生，非直接必須有特殊教育及相關服務之需求。

5. 其他障礙之合併（如多重障礙、智能障礙等），易被歸類至其他障礙的類別屬性。

根據 2004 年美國教育部第 26 屆年度報告身體病弱學生出現率之說明，6 至 21 歲的所有美國學生中被確定為身體病弱共計有 449,093 位，約占全體學生之 7.5 %（National Association of Special Education Teachers, 2007）。

我國在民國 65 年進行第一次普查結果，身體病弱學生人數為 1,185 人，占身心障礙兒童百分比為 3.82%，占學齡兒童母群體百分比為 0.043%。民國 81 年第二次特殊兒童普查結果，身體病弱學生人數為 2,111 人，占身心障礙兒童百分比為 2.79%，占學齡兒童母群體百分比為 0.059%（王文科，2000）。

依據近幾年來教育部在「特殊教育統計年報」之統計資料，高級中學以下學校身體病弱學生的總人數逐年有增加趨勢，其占身心障礙學生總人數的比例由民國 89 年的 1.89% 至民國 96、97 年的 4.13% 為最高（見表 8-1），而到民國 100 年為 3.84%，開始漸趨緩降趨勢，直至民國 101 年的 3.57%。

表 8-1 89-101 年高級中等以下學校身體病弱學生總人數統計

年　度	身體病弱學生人數	身心障礙學生總人數	占身心障礙學生比例
89	1,216	64,050	1.89%
90	1,419	67,355	2.11%
91	1,526	68,834	2.22%
92	2,357	72,107	3.26%
93	2,722	70,799	3.84%
94	3,107	79,264	3.97%
95	3,418	83,113	4.11%

（續上表）

年　度	身體病弱學生人數	身心障礙學生總人數	占身心障礙學生比例
96	3,548	85,947	4.13%
97	3,716	89,900	4.13%
98	3,826	93,352	4.10%
99	3,899	96,608	4.04%
100	3,873	100,871	3.84%
101	3,709	103,864	3.57%

第五節 成因

　　身體病弱形成條件與影響狀況，視其病因不同而有所差別，例如因感染導致疾病、遺傳因素、環境因素、生產前、出生過程及生產後等相關因素，均有可能對身體造成不同程度上的影響（National Association of Special Education Teachers, 2007）。

　　黃志成、王麗美與高嘉惠（2008）提及身體病弱產生的原因，可能因不同疾病而有所不同，大致可分為先天及後天二方面的狀況。

一、先天方面

　　1. 遺傳：即由父母本身內在疾病基因直接遺傳給子女。

　　2. 懷孕期母親罹患慢性病或濫用藥物、病毒感染、接受過量放射線照射、酗酒、抽菸等因素，影響胎兒發育。

　　3. 胎兒營養不良，或氧氣不足而造成疾病。

二、後天方面

　　1. 疾病：因某種原因如體質、營養、成長環境因素，致使罹患急性或慢性疾病。

　　2. 身體器官無法發揮預定功能，而造成身體病弱。

第六節　各類疾病病徵

一、兒童心臟病

　　鄭敬楓（2008）指出，兒童心臟病大致可分為「先天性」與「後天性」二種，先天性心臟病是胎兒心臟病及大血管在母體懷孕第 3-8 週發育受到阻礙，或失常所造成的心臟缺損。後天性心臟病乃是非先天性心臟病的統稱，如嬰幼兒在發展過程中，遭受病毒、細菌的感染或不明原因的心血管發炎，使心臟的瓣膜、肌肉層、心包膜、冠狀動脈受損。患有先天性心臟病兒童，易生長不良、食慾不振、夜間乾咳、心跳較快、呼吸喘、易疲倦、出冷汗、易患感冒或細支氣管炎。醫學處理常應用內科治療，如使用藥物控制；心衰竭症狀或藉由心導管方式放置閉合器；外科治療，如配合孩子狀況，接受手術處理。有心臟病兒童飲食須均衡，多吃低鈉高鉀食物，並鼓勵以正向自我概念，積極面對疾病。

　　兒童心臟基金會（2012）對兒童心臟病之料理及照顧，提出下列注意事項：

1. 清楚瞭解兒童的心臟病相關資訊

　　家長及教師要瞭解孩子心臟病的病情，如因其他身體問題需要到醫院接受其他科別之診治，應告知診治醫生有關孩子本身心臟病之相關資訊，以方便其作出相互搭配的處方及治療建議。

2. 留意心臟病病情的進展情形

　　需要細心觀察兒童是否有心臟衰竭和紫紺的現象，如發覺有趨於嚴重的跡象，應及時到醫院接受醫師複診，評估是否需要調整藥物成分份量，或提早安排手術處理。

3. 藥物之定時服用

　　藥物治療大都具有暫時及輔助性的處理功能，家長需注意及確認藥物分量是否準確，並督促病童定時服用之，家長要清楚瞭解藥物的相關作用及其副作用，若有問題或疑問要及時請教醫師或藥師。若心臟病兒童有罹患其他疾病時，須儘快請教原診治醫生，確認是否需要重新調整心臟病方

面的藥物。

4. 飲食營養上的照顧

在飲食方面，心臟病兒童不必對食物做特別管制或限制，最重要是心臟病兒童能有充足且均衡營養補充，以促進身體發育及手術後身體之痊癒。假若有氣喘引致心臟病兒童飲食上困難，家長更需多花時間及耐心處理其相關事宜。

5. 適度運動的考量

運動對兒童身心發展與成長具有重要影響，適量的運動可增強心臟病兒童的心肺功能，家長或教師依照醫生對心臟病情狀況所建構的合適運動量來進行。輕微的病情則傾向於無須作出過多限制，病童的運動量大多與一般正常兒童無差別。但若有較嚴重的病情如心臟衰竭或紫紺，心臟病兒童之運動量會建議比一般正常兒童來得少，且不宜進行過度劇烈的運動。有部分心臟病兒童的運動量是需要嚴加限制，如其主動脈心瓣狹窄，此病症會因劇烈運動而引致突然死亡。 服食薄血藥 （抗凝血劑）的心臟病兒童亦不宜做太過劇烈的運動，可能會因意外受傷導致傷口流血不止，甚至造成內出血現象。

6. 常保持口腔牙齒的清潔與健康

保持口腔及牙齒清潔與健康，能避免細菌進入人體血液，引致心內膜發炎，心臟病兒童如需要接受牙科治療時，必須告知牙醫其患有心臟病，以便牙醫採取適當的預防措施，給予小孩服用抗生素藥物，防範心內膜發炎的發生。

7. 預防疫苗的接種

心臟病兒童應該與一般正常兒童一樣的接受疫苗注射，更須在醫生醫囑指導下，某些部分病童可能需要增加接種某些疫苗，以增強身體抵抗力。

二、癲癇

癲癇（臺大醫院神經精神科癲癇研究小組，1984）主要的原因是腦細胞不正常的放電，影響正常腦細胞中訊息的傳遞和接受，導致腦部訊息傳

遞的混亂；一般正常個體放電200次／秒，而癲癇患者放電200-900次/秒。病因可分為先天和後天，先天原因有腦發育異常、代謝性疾病、先天性感染；後天原因有生產傷害、腦膜炎、頭部外傷、腦瘤、腦膿腫、腦中風、癡呆症、電解質不平衡、低血糖……等。

臺灣兒童伊比力斯協會（2005）指出，過去癲癇病友常被稱呼為「羊癲瘋」或「豬母癲」，為避免其負面汙名化，乃推動「正名」運動，以英文譯音「伊比力斯症」取代癲癇，期盼改變社會對其存有異樣之目光。而當癲癇兒童有大發作時的處置建議為：避免癲癇兒童發作受傷，在其跌倒之時，以柔軟物品協助癲癇兒童躺下，最好能側式躺臥。若欲移動其身體時，勿硬拉其手臂，代之以推滾方式移動軀體，以免造成肩膀關節脫臼。若穿著緊貼的衣物需解開之。另外拿柔軟物品墊枕其頭部，並把周遭傢俱或其他擺設物品移開。不可以強壓癲癇兒童，因為其發作會很快結束，如果強壓著癲癇兒童，可能會造成身體的傷害，亦不可以強塞任何東西進入癲癇兒童嘴巴，任何強迫硬撬啟癲癇兒童嘴巴的動作，所造成的損傷，遠超過於癲癇兒童本身所引起的傷害。

臺灣兒童伊比力斯協會則指出，癲癇常見的治療方式大約如下：

1. 藥物治療

三分之二的癲癇兒童其發作情況可藉著藥物服用而受到控制，持續服藥，癲癇不會發作；治療的過程中最忌諱其自行停藥。自行停藥時會使癲癇復發，而復發狀況會造成癲癇症狀的嚴重化。約有一半的癲癇病患經過二至五年的藥物治療，可以將藥物逐漸減少，最後終能完全停藥。

2. 手術治療

例如進行胼胝體切開術，胼胝體是連接左右大腦半球的一大束神經纖維，將胼胝體切開之後，左右大腦半球癲癇病灶的異常放電便無法由一側的大腦傳遞到另一側，致使癲癇的發作機會減緩。假若癲癇的發作是由腦的某一部分引發的，如腦顳葉是癲癇放電的病灶，那麼將顳葉進行局部切除，癲癇就不會再發作。另外是先天性單側巨腦症或相當嚴重的 Sturge-Weber 症候群，其大腦半球均失去功能而是癲癇的病灶，則適合進大腦半球切除術。綜上可知，手術治療似乎是能有效處理癲癇問題，然因牽涉腦部某些重要部分之切除，其影響範圍及後續副作用須與醫療團隊，進行周

詳及慎重的諮詢，謹慎思考最大利益的醫療決策。

　　3. 生酮飲食治療

　　即利用脂肪作為熱量來源的飲食治療，促使產生「酮體」，當血中的酮體進入腦細胞後，並被腦細胞所利用，以抑制癲癇病灶所造成的異常放電，從而達到阻絕癲癇發作的效果。

三、海洋性貧血

　　傅秀娟（2002）指出，海洋性貧血是因為第一對及第十六對染色體異常之基因產生突變，是屬於遺傳性疾病，每 100 個新生兒約有 6-7 人可能罹患有海洋性貧血基因。謝天傑（2005）說明血中血色素的濃度，會影響到基因遺傳缺陷程度的輕重，因此就臨床觀點可分為重度、中度、輕度等程度，例如 α 海洋性貧血部分，輕度狀況為輕微貧血及外在無明顯症狀，重度狀況為外表蒼白、脾臟腫大。β 海洋性貧血部分，輕度狀況為輕微貧血、外在無明顯症狀，中度狀況為骨頭有畸形產生，肝脾臟腫大，偶爾需輸血治療。重度狀況為生長遲緩、骨頭畸形，肝脾臟腫大、黃疸、腺功能低下需常輸血治療，且易引起血中鐵質沉著，導致心肌病變、肝臟持續腫大、內分泌失調。謝天傑亦指出建議治療方式，輕度的海洋性貧血帶因者可由：1. 輸血治療：由於變形後的紅血球會不斷遭受破壞，所以重型病患必須倚賴終身定期輸血，以維持血紅素的濃度。2. 排鐵劑治療：輸血的同時亦會輸入過剩的鐵質，這些鐵質到處散布，沉積到胰臟等各處，造成糖尿病、肝臟硬化等現象。3. 骨髓移植：若想要永遠解決重症患者的困擾，唯一的方法就是骨髓移植，不過骨髓移植則面臨醫療費用昂貴、適當的骨髓捐贈者難覓、感染機率會提高、成功率低的問題。

四、白血病

　　郭美滿（2006）說明白血病是因為白血球惡化，異常增生所致，俗稱血癌，此乃血液系統之惡性疾病，由於造血細胞不受控制而增生，造成病人骨髓內充斥不正常血癌細胞，使得正常造血細胞受到抑制。施麗雲（2002）指出白血病的症狀，初期症狀可能僅僅食慾減退、容易疲倦，常常發燒或出血瘀斑等現象。此後便逐漸出現下列各種症狀：

1. 食慾不振、感覺疲累、體重減輕，漸漸消瘦。

2. 發燒、發汗：由於不正常白血球的增生，放出致熱物質，或因正常的白血球減少，易造成感染。

3. 貧血：因為紅血球減少，血紅素降低。

4. 骨頭或關節疼痛：主要是因為骨髓內血癌細胞增生之故。

5. 皮膚出現瘀斑或出血點，乃因血小板減少的緣故。

6. 膚色泛黃：因貧血之故，少數病患有阻塞性黃疸。

7. 流鼻血、口腔流血，偶而會有黑色大便或血尿。

8. 淋巴結腫大，但大多不會覺得疼痛或壓痛，通常發生於頸部、腋窩或鼠蹊部。

9. 肝脾臟腫大、腹脹、腹痛。

10. 睪丸腫大：少數病人血癌細胞侵入睪丸部位。

11. 扁桃腺腫大、口腔、氣管因周圍淋巴組織腫脹而影響呼吸。

12. 腦壓增高引發頭痛、嘔吐等，少數病人因血癌細胞侵入中樞神經，更少數病患因血小板低發生顱內出血。

施麗雲亦提及在面對抗血癌的艱辛過程中，病人除接受化學治療之外，更需要父母與親人細心的照顧，下列的護理照顧，能促進照護者給血癌病童適當的照護：1. 定期服藥，不可擅自停藥：當病人出院時，會攜帶居家口服藥物返家，照顧者應瞭解這些藥物的服用方法及用途與副作用。且需依照醫師指示定時服藥，切勿自行停止藥物，否則易造成嚴重後果及疾病再度復發。2. 預防感染：維持良好的衛生習慣，尤其是廚房、廁所應維持清潔。注意皮膚的保護，避免蚊蟲的叮咬及受傷。避免出入公共場所，有事外出時需戴口罩。避免接觸感冒、傳染病患者。避免接觸長水痘患者。

五、囊腫纖維症

呂旭峰（2004）指出本疾病屬於一種慢性、進行性、遺傳性、外分泌腺之疾病，亦是白種人最常見致使壽命縮短的遺傳疾病。該病症所缺陷的基因會造成身體產生過多的黏液，尤其對呼吸系統與消化道之影響最嚴重。陳明及李美慧（2006）說明分泌的黏液會阻塞胰臟，致使胰臟分泌到

腸道的脂肪分解酵素減少而難以消化食物，故病童只能進食低脂類的食物且須服用藥物來幫助消化，所以病童大多伴隨有吸收不佳，與營養不良之現象，病童的熱量需要適量增加，但是此病有許多副作用，造成病童很難達到足量進食的目標；其影響進食及營養素儲存的因素包括：呼吸短促、咳嗽、咳嗽導致嘔吐、胃腸不舒服、在感染期間產生厭食現象、嗅覺不良及尿糖現象。

六、兒童腎病

劉家宏（2011）指出此疾病常見於 2-6 歲，腎病症候群指腎臟功能不佳引起蛋白由小便中流失，而產生一系列症狀，如水腫、體重增加、高膽固醇血症及血中蛋白低下。其成因有腎臟本身疾病、系統性疾病、藥物、家族過敏史。曾月英及王一帆（2003）對其治療與飲食上需注意的事項，包括：1. 每日測量體重及腹圍並記錄；2. 使用類固醇藥物以壓抑體內不正常的免疫功能，而達到控制尿蛋白的效果。在使用類固醇期間免疫力會稍微降低，故需儘量避免出入公共場所，以防感染；3. 假若尿量減少而出現嚴重的浮腫，必須臥床休息，並搭配利尿劑之注射，及白蛋白之施打；4. 為了防止浮腫和高血壓，飲食要均衡，蛋白質適量即可，不需刻意提高蛋白質攝取，多食用低脂食物並且避免油炸食物，以免增加腎臟的負荷量；5. 急性水腫嚴重時應限制鹽分、水分之攝取，此時儘量採低鹽飲食方式；6. 對於有長期持續性蛋白尿或飲食不平衡者，宜補充維生素；7. 依醫師指示服藥，勿中斷藥物並定期返院檢查。

七、氣喘

王牧群、吳中興、周宇光與楊朝輝（2008）說明氣喘是一種慢性呼吸道發炎，對免疫性和非免疫性的刺激物質存在有過敏反應，因而造成可逆或部分可逆的呼吸阻塞性疾病，症狀有咳嗽（如夜咳、運動後咳）、胸悶、呼吸困難、喘鳴發作。

臺灣氣喘諮詢協會（2010）對於氣喘病童相關照護注意事項為：1. 依照醫師醫藥處方定期服用，以確保其氣喘症狀得以控制。若在呼吸功能良好的情況下，氣喘病童應儘量鼓勵參與正常運動與遊戲。2. 瞭解氣喘病

童的狀況，在氣喘控制良好的狀況下，儘量讓其參加校外教學、體育課程、與同學一起遊戲，共同生活。3. 父母除了自己照顧管理孩子的氣喘，也應讓孩子學會自己對自己負責，尤其是某些藥物吸藥技巧之正確性會直接影響到藥物的處理效果。4. 與學校老師及校護的配合：就學的氣喘病童整日大約有八小時是在學校度過的，老師與校護要能充分瞭解氣喘病童的狀況並與其父母配合，對孩子在學校正常生活作息是相當重要的。5. 家人是最重要的支持來源，父母雙方應與氣喘病童一起共同面對氣喘，彼此支持與互相協助。

八、糖尿病

行政院衛生署國民健康局（2006）指出，由於胰臟分泌的胰島素不足或無法發揮適當功能，血液中的葡萄糖無法充分進入細胞內，導致血中存留的葡萄糖濃度升高，同時可能有部分的葡萄糖排入尿中，即所謂的糖尿病。第一型糖尿病有很高的比例發生在孩童或青少年的身上，發病原因是胰臟無法分泌足夠的胰島素，是屬於一種自體免疫系統的疾病。身體的免疫系統製造了某些物質對抗胰臟分泌的胰島素細胞，這些細胞被破壞後，就無法正常分泌胰島素。

蔡明燕（2007）說明糖尿病童可以參加校外活動，事前須與學校保持良好的溝通，瞭解行程、活動內容及用餐方式，可以幫助家長和糖尿病童預估胰島素劑量的調整及可能面臨的狀況。家長會擔心孩童在外過夜是否安全，在決定是否參加戶外活動時，家長可以和孩童訂定契約，例如：讓好朋友知道身體狀況，可以協助督促及照顧，學習自我注射胰島素、自我監測血糖的次數、飲食的控制及與家長保持電話聯繫等。

九、愛滋病（AIDS）

行政院衛生署疾病管制局（2009）指出，本疾病全名為後天免疫不全症候群，是由人類免疫不全病毒感染所致，它減弱人體的免疫系統，是經由血液與體液的接觸而傳遞，包括雜交、靜脈注射、輸血，及生產過程中母親傳遞給嬰兒。對愛滋病童的照護原則有：1. 按時服藥：學童如在治療計畫中，應主動與家長配合治療計畫。當學童有因為藥物治療而產生一

些不舒服之副作用時，教師應該主動協助孩童處理或就醫治療。因為孩童往往會忘記服用藥物或是因為擔心同學異樣的眼光而不敢服用藥物，教師應該主動關心並和孩童一起找出合適的服藥方式，以利疾病的控制。2. 心理支持：學童常會因為自己必須長期服藥而有與其他同學不一樣的自卑感受，此時教師應該主動關懷，並協助其在同儕之間正向的面對自己的疾病，及照顧自己的健康。建議學校的輔導老師及校護一同加入整個照護計畫。3. 如何維持學生健康：所有的孩童跟成人都應該瞭解，接觸食物、吃東西前及上完廁所後必須洗手，無論是否為血液傳染病個案。若是家中或校園內有養寵物或小動物，記得提醒孩童在與動物玩耍後必須要洗手。個人的衛生用品，包括牙刷、刮鬍刀等不要共用。這些基本的個人衛生習慣將可以防止許多的細菌感染。月經期間，汙物應密封丟棄處理，處理月經後，雙手要充分洗淨。

十、惡性腫瘤

黃志成、王麗美、高嘉惠（2008）指出，惡性腫瘤的病因是由於遺傳基因、環境因素、病毒感染和免疫系統缺陷所引起，可能病人體重減輕、發燒、倦怠、生長緩慢或骨癌。中華民國兒童癌症基金會（2007）提及，癌症病童的呼吸道、腸胃道與泌尿道因為與外界相通，例如：口、鼻、尿道、肛門等，所以容易經由此路徑受感染，所以個人衛生的重點是要注意這些地方的清潔。皮膚則是保護身體的第一道防線，要適當清潔、避免外傷及過度陽光曝晒。而其飲食原則有：禁吃生食，如菜、生魚片、未煮熟的海鮮及肉類都不可以吃，以免病菌感染。食物須清洗乾淨，煮熟並保持新鮮。癌症病童只能食用當次準備的餐飲，避免隔餐的食物。多食用有益健康的食物，另外在魚、肉、豆、蛋、奶、青菜等食物營養要均衡攝取。儘量選擇可剝皮或削皮的新鮮水果。不嚼骨頭及硬、尖銳或粗糙的食物，避免傷害口腔黏膜。少吃刺激性食物（辣椒、咖啡或太酸、太辣的東西）。類固醇是化學治療的重要藥物，服用類固醇的小孩會有食慾大增的情形，即使吃飽飯才過了一、兩個小時，就又想再吃東西。所以應注意少量多餐，儘量吃高纖及易飽足感的食物、減少高油脂的食物及高糖份的飲料。

十一、血友病

沈銘鏡（2002）指出血友病是人類最常見的先天性出血性血液凝固異常疾病，是血液中缺乏能夠讓血液凝固的一種蛋白質，叫做凝血因子，造成出血時血液不容易凝固。較常缺乏的凝血因子是第八或第九凝血因子，患者出血的嚴重程度因人而異，重度患者的出血頻率較高，並有自發性出血的現象。當孩童活動力強時，身體各處會有受傷出血不止或出現血腫塊的情形，常見的出血部位為肌肉及關節系統。邱慧芳（2011）提及在照顧血友病病童時，其注意事項有：1. 父母最好能學會為孩子注射，以期減輕孩子痛苦；2. 注意營養均衡，保持口腔衛生，適度運動鍛鍊肌肉可減少出血，游泳是一項不錯的運動選項；3. 給予情緒上的支持，讓孩子勇敢面對自己的疾病，接受並學習能自我照顧；4. 服用藥物時應避免接觸到易出血的藥物，如阿斯匹靈等退燒止痛劑；5. 鼓勵孩子多與人接觸，減少孤立寂寞感，老師及班上同學應尊重孩子的個人病情隱私；6. 此病為遺傳疾病，透過遺傳諮詢可避免傷害至下一代；7. 應定期做一次血液、骨科等檢查，以防肢體變形或產生其他併發症。

第七節　課程與教學

黃俊瑋、羅豐苓、王碧霞、黃永森（2003）提及到，身體病弱學生之課程內容設計應包括有五個面向：

1. **自我照顧**：讓身體病弱的學生對自己疾病要能有正確的認知，並學習如何自我照顧。

2. **休閒教育**：培養身體病弱學生規劃適當的休閒活動，如樂器的彈奏、音樂欣賞或書籍閱讀。

3. **情緒課程**：可加強身體病弱學生情緒警覺與管理能力，培養與其他同儕互動交流互動能力與機會。

4. **持續復健活動**：鼓勵身體病弱學生持續進行復健活動，如按摩、翻身、肌耐力、耐力、柔軟力之訓練。

5. **生命教育課程**：讓身體病弱學生瞭解生命的變化，並察覺生命的價

值性。

而在班級內融合活動中，李錫瑋（2001）針對普通班宣導活動內容包括如下：

1. 身體病弱學生自罹病後，健保卡會依病情狀況核發重大傷病卡，持有此卡者，在醫療費用上享有優惠，有些身體病弱學生會因醫藥治療，而造成失明、失聰或截肢，因而可能領有身心障礙手冊或證明。

2. 身體病弱學生雖然可以回到學校上課，但是可能還需要持續治療及追蹤。

3. 身體病弱學生目前身體狀況雖暫時維持穩定，但亦可能再復發，而曾在醫院認識的病友去世的經驗，會影響其情緒的起伏。

4. 常有些身體病弱學生須接受化療，其抵抗力會比較弱，因擔心被感染，所以常配戴口罩，平時要保持室內空氣的流通。

5. 身體病弱學生儘量避免有外傷，因為某些疾病，其凝血功能差，擔心受傷後會流不停。

6. 身體病弱學生體力較差，上下樓梯有困難，如果有無障礙廁所或設施對他們如廁和行動較為方便。

7. 身體病弱學生常請病假（經常回診），服務儀容請彈性處理，座位請安排在通風處；相關實施方式，協助其作個別化的調整。

8. 身體病弱學生在治療期間的外貌，因醫學治療而有所改變，如化療，或服用類固醇，會變成水牛肩、月亮臉、體毛多；然其療程過後，依然會回復原貌。

9. 身體病弱學生雖請假在醫院或在家中調養，仍想瞭解學校的情形，因此多轉告知他有關學校的活動。特別是其所喜受的社團活動狀況。

10. 身體病弱學生有時需要住院治療，在治療期間，若其精神狀況許可，可安排同學輪流到醫院探視，陪身體病弱學生打電動、下棋、聊天或致送小卡片表達關切之情。

在教學原則上，有下列諸項建議作為參照：

1. 教學調整方式的運用

張英鵬（2001）提到在普通班為身心障礙學生進行的教學調整方式，為尊重個別差異、建構適切的學習環境、有效教學的運作，教材的呈現可作適度簡化、減量或多元呈現的方式、分組活動的應用、學習評量方式的調整、學習材料的調整及教學策略的調整。

2. 應用正向導向的輔導方式

對身體病弱學生實施正向導向輔導策略，增進生活獨立功能，及降低社會參與的限制與阻隔，並輔以相關輔具器具的使用，除有預防傷害功能，亦讓生活更為便利與輕鬆（毛慧芬等，2010）。

3. 提供完善的健康照護服務

提供有效的個別化醫療管理系統，不論身體病弱學生的疾病是慢性或急性，須與校內相關醫護人員整合出個別化醫療管理系統，且須由校內教師、職員、營養師、物理治療師、校醫、父母共同參與，為身體病弱學生擬定個別化健康照護計畫，及個別化書面緊急處理程序；當身體病弱學生發生病情緊急狀況，啟動緊急送醫機制，整合鄰近醫療機構資源，即時因應身體病弱學生病情突發的緊急應變（陳麗琳，2008）。

4. 實施遠距教學，銜接及彌補身體病弱學生學習需求

身體病弱學生若接受在家中或在醫院的醫療處理，可應用遠距教學方式，讓學生和教師在不同的空間，應用網路科技將教學內容做科技式、跨空間的互動。遠距教學的使用，可結合學生學習需求與醫學治療的接受，減少學生因疾病治療過程而中斷學習的進行（李淑玲，2010）。

5. 臨終及生命教育的運作

有些身體病弱學生，因其疾病而來不及長大，在漸漸接近生命終點時，協助身體病弱學生能有尊嚴且能平靜地走完人生最後的路（黃志成、王麗美、高嘉惠，2008）。

第八節　教育安置

根據教育部在民國 81 年「語言障礙、身體病弱、性格異常、學習障

礙暨多重障礙生鑑定標準及就業輔導原則要點」規定，身體病弱學生輔導可分為三類（教育部，1992）：

1. 病弱程度輕微仍可照常上課者，於一般學校之普通班就學並實施個別輔導，或於一般學校設立之特殊教育班就學。

2. 病弱程度經醫師診斷後需六個月以上長期療養而無須住院者，於特殊班或特殊學校就讀。其必須在家長期療養而無法上學者，於住家接受地方教育主管認定為可行特殊教育措施。

3. 病弱程度經醫師診斷後需六個月以上長期住院治療或隔離治療，於醫院或社會福利機構附設之特殊教育班就學，或接受便於治療之特殊教育法。

國內對身體病弱學生的教育安置方式，有下列幾種安置方式：（黃美涓，2000；郭美滿，2006）

1. **普通班**：大部分身體病弱學生均安置於普通班中，和一般學生共同上課，接受普通課程領域內容。

2. **資源班**：身體病弱學生常因接受治療或休息療養，因而常在學習上有所中斷，而因體質虛弱致使形成學習問題或困難，學習表現不佳，可於資源班接受教學輔導。

3. **床邊與居家巡迴輔導**：床邊與居家巡迴輔導提供給住院醫療復健及在家休養病弱學生的教育服務方式。醫療院所則為身體病弱學生實施床邊教學，而身體病弱學生在家中休養則實施居家巡迴輔導方式。

4. **醫院或福利機構附設特殊班**：身體病弱學生在醫院或機構需要較長的住院及療養時間，因此直接在醫院或福利機構因應身體病弱學生的身體狀況，安排適切的教學輔導，期與醫學方面治療相互搭配運作。

5. **特殊學校**：若身體病弱學生有合併其他障礙條件，如視障、聽障、智障、肢障，安置於特殊學校則為適切。國內特殊學校可分為住宿制與通學制二種類型。

6. **在家教育**：有些身體病弱學生為因應所罹患疾病，或因應病情嚴重惡化程度，學校相關設施未能符合其教育需求，則可採取在家教育方式，且接受在家教育巡迴輔導教師之教學輔導。

第九節 相關議題之探討

一、無障礙生活環境之落實

　　身體病弱學生其體質虛弱，罹患慢性或急性疾病，在各種生活環境之移動與轉換，常因各平面道路、走道之間銜接不適切，造成行動不利；而國內不少住戶常霸占騎樓且占為己用，因此身體病弱學生或自行行走，或藉由輪椅輔具，在行動移動及轉換，常遇到障礙與阻隔，因此要落實無障礙生活環境的實質意義。

二、身體病弱鑑定標準不一，影響法定教育資格的獲得

　　目前各縣市均設置有鑑輔會，作為各類身心障礙學生法定資格之取得及確認，然而在身體病弱學生之鑑定主導者在於醫師，鑑輔會成員是跨專業團隊成員所組成，由特教學者、行政人員、醫師、專業人員、法律公正人士、身心團體協會之代表……等所組成，因此各縣市在對身體病弱學生之鑑定標準解讀不一，常影響身體病弱教育及其升學考試加分之權益。建議教育部規範身體病弱學生明確的鑑定指標，以作整合及精準之專業研判。

三、相關福利資訊連結與宣傳，能深入民心

　　國內有關社會福利法之立法及相關行政命令之修改調整，均能配合時代潮流與時俱進，然其在與民眾生活資訊的連結與宣傳尚待加強深入；雖然大多數國民家中或有電腦上網設備，或個人擁有智慧手機，可以隨時接收相關資訊；然某些中低收入家庭，對相關福利資訊興革之掌握，則有所限制，建請落實鄉里長、幹事、社工、志工，主動做相關社會福利相關資訊之宣傳與傳達之實質結合。

四、建構身體病弱者在升學與就業轉銜之支持系統

　　身體病弱者在就業轉銜上，因其個人體質虛弱，病情動態變化、需長

期就醫及交通接送，因此在升學與就業轉銜則面臨諸多困境，建請針對身體病弱個體培訓有關轉銜階段之專業服務人員，形塑動態性及持續性支持系統，協助其在升學或就業方面能順利及成功的銜接。

五、建請普通班教師多參與有關課程、教學及考試調整等在職研習

大多數身體病弱學生是安置於普通班，因此普通班老師在進行相關課程領域之教學，若能兼具有關課程、教學及考試調整之專業能力，對於班上有身體病弱學生之課程、教學、考試之調整，必能符合其個別化學習需求，精進其學習成就。

六、人性化、績效化與科學化專業早療團隊服務之建置

身體病弱幼童在醫學治療的投入相當多，然而若能同時針對其個別發展狀況，經由專業團隊成員以人性化的服務，與家長作更縝密互動與聯繫，發現身體病弱幼童有任何發展遲緩現象，則採取即時有效早期介入與輔導，除降低可能惡化的發展狀況，亦能把握發展關鍵階段，期能獲得高品質的早療成果及成效。

七、即時提供身體病弱學生家庭諮詢之專業支持與協助

每當家庭有身體病弱孩子，均會形成諸多適應上的問題，如家庭經濟負擔，夫婦之間情感調適、問題解決、衝突協調等，均會影響整個家庭凝聚力之運作；因此社工人員及有關家庭諮詢專業人員，若獲知家庭有因身體病弱孩子，造成家庭氣氛、親子互動等問題，能即時對其家庭提供專業諮詢、支持與適切協助。

八、普通班身體病弱學生融合爭議

某些具爭議的身體病弱學生，如因母體直接感染的愛滋寶寶，欲安置在普通班，可能因愛滋病汙名化，阻力重重，而排拒抵抗，因此對有關病情知識與資訊之宣傳，相關替代方案之建構，須結合行政與教學間的合作，成為完全接納、積極互動的學習與社會互動的深化融合。

結　語

　　本文嘗試從學術相關文獻上及其相關法規來探討身體病弱之定義內涵，並對身體病弱學生之身心特徵、成因、出現率、課程與教學、教育安置、及相關議題進行綜合論述，盼能從其中對身體病弱學生加以分析說明，透過理解，期能產生自然接納、正向互動，深化融合教育的自然性。特殊教育不僅需要愛心、耐力、毅力等特質，亦需有正確知識與行動作為方案執行的平臺，以建構高績效與積極肯定的學習環境，促發每一位學生潛能之開發與展現。

💡問題與討論

一、請說明身體障礙者之定義內涵與鑑定評量程序。

二、請說明身體病弱者之身心特徵與出現率。

三、請說明身體病弱者之相關疾病病癥。

四、請論述身體病弱者在課程與教學及教育安置之注意事項。

五、請整合探討身體病弱者在社會、教育、福利與醫療上之相關議題。

第九章

情緒行為障礙者之教育

侯禎塘

第一節　情緒行為障礙的定義（含分類）

第二節　情緒行為障礙的特徵與出現率

第三節　情緒行為障礙的成因

第四節　情緒行為障礙的鑑定與評量

第五節　情緒行為障礙學生的教育安置

第六節　情緒行為障礙的教育與輔導

第七節　情緒行為障礙的早期介入

第八節　各類情緒行為障礙的輔導與治療

　　情緒行為障礙指學生的行為或情緒顯著異於其同年齡或社會文化之常態，導致在學業、社會、人際、生活等適應有顯著困難，且經評估後確定一般教育所提供之輔導無顯著成效，亦得參考精神科醫師之診斷認定之。情緒行為障礙問題的產生常是環境、遺傳及其交互影響的多元因素所造成，成因包括來自於生物、家庭、學校及社會文化等因素，依身心障礙及資賦優異學生鑑定辦法，其症狀區分為五類型：精神性疾患、情感性疾患、畏懼性疾患、焦慮性疾患、注意力缺陷過動症、或有其他持續性之情緒或行為問題。鑑定流程包括：轉介、轉介前介入、篩選和鑑定，情緒行為障礙學生通常安置於融合教育環境，但也因應障礙程度及服務需求的不同，而提供多元安置環境。情緒行為障礙的輔導工作，分為初級預防、次級預防和三級預防的模式，並著重於進行問題行為的功能性評量及功能分析，據以設計正向行為支持策略的計畫，並加以執行、評量和追蹤輔導。

第一節　情緒行為障礙的定義（含分類）

一、情緒行為障礙的術語

　　情緒和行為的問題，不論是焦慮、憂鬱、衝動、過動、違規或攻擊等行為，常是個人、家庭、學校和社會大眾關心的議題。情緒和行為問題的相關用詞相當分歧，例如：嚴重情緒障礙、情緒或行為障礙、情緒困擾、行為異常、偏差行為、挑戰行為或社會不適應等。美國學界在 1990 年代因應融合教育的潮流，以「兒童具有情緒或行為障礙」（children with emotional or behavioral disorders）取代「情緒或行為障礙」（emotional or behavioral disorders）（National Mental Health and Special Education Coalition, 1911），美國官方則使用嚴重情緒困擾（seriously emotionally disturbed）。英國特殊教育領域使用情緒或行為困難（emotional or behavioural difficulties）與兒童具有情緒或行為困難（children with emotional or behavioral difficulties）等較溫和的術語。我國的特殊教育領域曾使用的術語，如行為異常、性格異常（民國 73 年頒布特殊教育法）、性格及行為異常（民國 81 年第二次全國特殊兒童普查）、嚴重情緒障礙（民國 86 年修訂特殊教育

法）與情緒障礙等，這些術語的多元性，正也反映這類情緒和行為問題的多變性和複雜性（侯禎塘，2002；Kauffman, 1993, 2005），民國98年修訂的「特殊教育法」使用「情緒行為障礙」。

二、情緒行為障礙的定義

美國1975年的94-142公法參考Eli Bower的定義，提出對情緒困擾（seriously emotionally disturbed）的定義，指兒童情緒或行為問題的嚴重性，具有下列情形者（李姿瑩等譯，Kauffman, 2005）：

1. 長期且明顯地表現下列一種或多種特質，並妨礙兒童的學習活動，對教育成果造成不利的影響：

（1）無法學習，而這種情形無法由智力、感官或健康的因素解釋，或以文化不利因素來說明。

（2）無法和同儕及教師建立與維持滿意的人際關係。

（3）在正常情境下，出現不適當形式的行為或感覺。

（4）普遍的不快樂情感或憂鬱。

（5）傾向於因個人或學校有關的問題而發展成生理症狀或恐懼。

2. 情緒困擾也包括精神分裂症，但不包括社會不適應者，除非此社會不適是因情緒困擾所造成。

美國全國心理健康和特殊教育聯合會（National Mental Health and Special Education Coalition）組成跨專業的小組委員會，研擬情緒或行為障礙的定義如下（李姿瑩等譯，Kauffman, 2005）：

1. 情緒或行為障礙意指在學校教育中的行為或情緒反應，明顯不同於同齡、文化或種族的常態，以致妨礙包括學業、社交、職業或個人技能的教育表現，並具有下列情形：

（1）非環境中壓力事件所導致暫時性的預期性行為反應。

（2）一致性的呈現在兩種不同場合，且至少有一種是在學校有關的情境發生。

（3）在教育方案中雖施以個別輔導介入，但問題持續存在，除非團隊依據兒童及青少年的歷史經驗判斷這些介入不會有效果。

2. 這類兒童或青少年包括精神分裂異常、情感性疾患、焦慮性疾患或持續性的違規行為或適應困擾，以致妨礙教育表現，並且符合第一項所列情形。

　　美國 1997 年的 105-17 公法修訂案，再提出對情緒行為障礙的修訂內容，如：俇供免費適當之公共教育，包含休／退學的情緒行為障礙學生；必要時學校可要求情緒行為障礙學生在一定期限內，到暫時性的變通教育機構；學生被轉介到暫時性的變通教育機構之前，應先進行問題行為的功能分析及行為介入；在暫時性的教育機構仍可依個別化教育計畫內容，繼續施予普通教育課程及行為處理的適性服務；重要決定需經個別化教育計畫團隊評估與確認；未被鑑定為特殊需求之學生，得在家長要求與證實學生需要的情況下，提供特殊教育服務；當情緒行為障礙學生有犯罪行為，應把特殊教育和行為處理之記錄也隨案附上，提供給適當的單位審查（洪儷瑜，1998b）。

三、我國的定義

　　情緒行為障礙泛指兒童或青少年持續性的表現外向性的攻擊、反抗、衝動、過動等行為；內向性的退縮、畏懼、焦慮、憂鬱等行為，或其他精神疾病等問題，以致造成個人在生活、學業、人際關係和工作等方面的顯著困難，而需提供特殊教育與相關服務者。教育部於民國 81 年首次正式提出「性格異常」與「行為異常」之定義如下：性格異常指青少年或兒童時期由於體質、生理、心理或長期外在因素之影響，造成人格發展之缺陷，導致其生活內容、思考方式或行為表現僵滯或偏差者，此種現象通常持續到成年。行為異常則指在生活中表現之行為，顯著異於生活常規或年齡發展常態，並妨害其學習表現、情緒、人際關係、或妨害他人學習者（洪麗瑜，2000）。

　　依據教育部於民國 101 年 9 月 28 日修正發布的「身心障礙及資賦優異學生鑑定辦法」第 9 條，對情緒行為障礙的定義如下：

　　情緒行為障礙指長期情緒或行為表現顯著異常，嚴重影響學校適應

者；其障礙非因智能、感官或健康等因素直接造成之結果。

前項情緒行為障礙之症狀，包括精神性疾患、情感性疾患、畏懼性疾患、焦慮性疾患、注意力缺陷過動症、或有其他持續性之情緒或行為問題者。

第一項所定情緒行為障礙，其鑑定基準依下列各款規定：

一、情緒或行為表現顯著異於其同年齡或社會文化之常態者，得參考精神科醫師之診斷認定之。

二、除學校外，在家庭、社區、社會或任一情境中顯現適應困難。

三、在學業、社會、人際、生活等適應有顯著困難，且經評估後確定一般教育所提供之介入，仍難獲得有效改善。

四、情緒行為障礙的分類

情緒行為障礙涵蓋情緒及行為等多方面的困難問題，就情緒行為的表現特徵，大略可分為：1. 內向行為問題，如害羞、退怯、自卑、焦慮、恐懼、哀傷、憂鬱、冷漠及過度敏感等；2. 外向行為問題，如對立反抗、攻擊、破壞、過動、衝動、暴躁、侵犯財物及違規行為等問題（coleman, 1996 ; Kauffman, 1993, 2005）。

教育部於第二次全國特殊兒童普查時，區分情緒行為問題包括下列五類（林幸台，1992）：1. 人際關係問題：無法與同學或教師建立並維持良好的人際關係，經常與同學打架、發生口角、攻擊老師、濫發脾氣、不與同學來往、任意指責或批評同學等。2. 行為規範問題：違規犯過或反社會的行為，如無故遲到、缺席、逃學、說謊、偷竊、易怒、破壞行為、考試作弊、不守規定或傷害別人等。3. 憂鬱情緒問題：經常出現不快樂或沮喪的情緒，如對活動不感興趣、傷害自己、愁眉苦臉、悲觀、對自己的事漠不關心、情緒低潮或畏縮等。4. 焦慮情緒問題：因過度焦慮而導致身體明顯的不適應症狀、恐懼反應或強迫性行為，如容易緊張、亂動、易因焦慮引起生理反應（嘔吐、頭昏）、坐立不安、重複同一動作、情緒激動、動作過度誇張、過度恐懼反應等。5. 偏畸習癖：如經常吸吮姆指、咬指甲、作異性打扮、沉迷色情書刊影片、吸食藥物、強力膠、嗜異味物品、菸癮

或過分偏食等。

民國 87 年教育部頒布的「身心障礙及資賦優異學生鑑定原則鑑定基準」及 101 年發布修正的「身心障礙及資賦優異學生鑑定辦法」，依情緒行為障礙之症狀，區分為五類型：精神性疾患、情感性疾患、畏懼性疾患、焦慮性疾患、注意力缺陷過動症、或有其他持續性之情緒或行為問題。這些情緒行為問題的類型，在同一個人身上也可能併發二種或以上的情緒或行為問題。實務較常提到的類型如：精神分裂症、情感性疾患、焦慮性疾患、恐懼性疾患、違規行為障礙、注意力缺陷過動症和藥物濫用等。

第二節　情緒行為障礙的特徵與出現率

一、情緒行為障礙的特徵

有情緒行為障礙困難者常因無法用社會所期待或允許的方法來解決困難，就容易情緒緊張、焦慮或憂鬱，有的變得退縮、害羞、不合群、拒絕上學，有些則產生生理上的症狀，如頭痛、頭暈、昏倒與胃痛等；另外有些人會採用反抗、逃學、打架或說謊等行為。由於心理與社會功能已發生障礙，常常會在行為和情緒上出現下列的一些訊號，例如：不誠實、懶散、退縮、疲乏、缺席、過度表現及依賴成人、過度表現及依賴團體、不尊重權威、破壞公物、殘酷、情緒不成熟、社交的困難、過度的不滿足、不能面對現實、學習困難、不專注與過動等（林幸台，1992）。

欲瞭解兒童或青少年的情緒或行為問題，是否為情緒行為障礙，應蒐集跨專業的觀察、評量、醫療診斷和學校與家庭的各項資料，綜合研判學生的情緒與行為表現是否具有下列特徵（侯禎塘，1999；Kirk, Gallagher, & Anastasion, 1997）：

1. **脫離常態**：情緒或行為反應與同儕或身處的社會文化比較，明顯的不同，脫離了常軌。

2. **持續性的發生**：情緒或行為問題，不斷地一再發生，例如：長達半年以上。

3. 發生在兩種以上的場合：除在學校或學校安排的學習環境情境中發生外，亦在工作、家庭或社區等生活情境中發生。

4. 妨礙學習和日常適應功能：情緒與行為的反應，嚴重干擾正常課業學習活動，人際交往衝突或不良，社會與生活適應有明顯的困難。

5. 普通教育的輔導未見具體成效：經由學校專業輔導人員的團體或個別輔導後，其問題仍然持續存在，無明顯改善成效。

6. 排除因素：學生的情緒與行為障礙非肇因於智能、感官或健康因素所直接造成，亦非因壓力環境或壓力事件所引起的暫時性情緒與行為困難。

二、情緒行為障礙的出現率

情緒與行為問題的複雜性較高，評量的變異性也較大，因此學者專家與政府部門的出現率調查估計也有差異，依美國學者估計約有 10% 的學齡兒童和青少年有情緒行為障礙的問題（Bower, 1981, 1982）。美國心理衛生單位的調查研究發現，介於 17%-22% 的兒童和青少年需要情緒與行為困難的處理。保守估計也有 12% 的 18 歲以下兒童和青少年有此問題，而其中情況較嚴重者亦占了約 12% 的半數人數。相關研究數據推估，需要接受特殊教育服務的情緒行為障礙學生約在 6%-10% 之間（侯禎塘，1999；Coleman, 1996; National Institute of Mental Health, 1990）。

美國官方保守估計 1955-1980 年，具有嚴重情緒困擾的學生約有 2%，其後修訂為約 1.2%-2%（U.S. Department of Education, 1993）。美國人口調查的資料估計有情緒行為障礙的學生人數約占 3%-6%，綜合多數研究認為情緒或行為障礙的學生需要給予特殊教育和相關專業服務的比率大約3%-6%（Kauffman, 1993）。

我國於民國 65 實施第一次特殊兒童普查時，未對性格或行為異常者的出現率進行調查，但推估其出現率約在 0.8%（郭為藩，2002）。民國81 年實施第二次特殊兒童普查時，調查國內 6-15 歲身心障礙學生的結果，顯示性格及行為異常兒童出現率占學齡學生的 0.199%，占身心障礙學生的 9.38%。根據 100 學年度特殊教育年報數據顯示，國內 6-15 歲的情緒行為障礙學生出現率占學齡學生的 0.18%，占國民教育階段接受特教服務的

身心障礙學生總人數的 6.2%（教育部，2012）。

在性別比率與差異方面，情緒行為障礙者的性別比率，呈現男生多於女生的傾向，情緒行為障礙的男女比率約在 6：1 至 9：1 之間（Coleman,1996），我國 100 學年度的資料也顯示男女比例接近 6：1（教育部，2012）。由兒童進入青少年階段的情緒行為障礙男生，較傾向於發生違規行為或不成熟的問題，然而女生則傾向於發生退怯或焦慮徵狀的問題（Clarizio and McCoy, 1976）。

第三節 情緒行為障礙的成因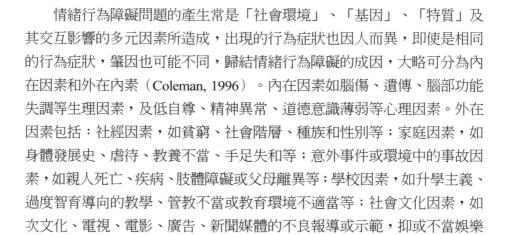

情緒行為障礙問題的產生常是「社會環境」、「基因」、「特質」及其交互影響的多元因素所造成，出現的行為症狀也因人而異，即使是相同的行為症狀，肇因也可能不同，歸結情緒行為障礙的成因，大略可分為內在因素和外在內素（Coleman, 1996）。內在因素如腦傷、遺傳、腦部功能失調等生理因素，及低自尊、精神異常、道德意識薄弱等心理因素。外在因素包括：社經因素，如貧窮、社會階層、種族和性別等；家庭因素，如身體發展史、虐待、教養不當、手足失和等；意外事件或環境中的事故因素，如親人死亡、疾病、肢體障礙或父母離異等；學校因素，如升學主義、過度智育導向的教學、管教不當或教育環境不適當等；社會文化因素，如次文化、電視、電影、廣告、新聞媒體的不良報導或示範，抑或不當娛樂場所的影響等。若進一步分析成因，可從生物因素、家庭因素、學校因素及社會文化等因素探討（Kauffman, 2005），分別說明如下：

一、生物因素

生物的遺傳、染色體異常、腦傷或腦功能失常、生理疾病、營養不良及氣質等因素，影響情緒行為的發展。兒童本身的許多特質係遺傳自父母家族，基因越相近（如孿生者）受到遺傳基因影響的比率就越高。有關雙胞胎的攻擊行為比較研究，發現有相同基因背景兒童（同卵雙胞胎）所發生的攻擊行為，即使是在不同的教養環境中長大，也較之異卵雙胞胎在相同環境中長大者，較有可能產生攻擊行為（Cantwell, 1982; Gershon,

Hanovit & Guroff, 1983; Kirk, Gallagher, Anastasiow, 2000; Plomin & McClearn, 1993）。同卵雙胞胎且同時出現注意力缺陷的問題比異卵雙胞胎同時出現的機率高，此外，有注意力缺陷過動症的父母，子女也有注意力缺陷過動症的比率比一般兒童高（洪麗瑜，2000）。此外，性聯染色體的遺傳，可能使一些男女生的情緒行為表現有所差異，嬰幼兒自閉症（infantile au-tirsm）、過動、酗酒和反社會行為等行為障礙，男生發生率比女生發生率高出 4 至 8 倍。憂鬱和社會性的恐懼症，女生發生比率高於男生 2 至 3 倍。男女比率的差異，雖然一部分是由社會上對男女生的期待和教養方式不同所造成，但相關研究也顯示性別的基因產生了影響效果（Kirk, Gallagher, Anastasiow, 2000; McClearn, 1993）。

二、家庭因素

父母是兒童的主要照顧者，家庭中父母的行為模式，對子女未來的情緒行為表現具有深遠的影響。家庭的影響因素如低社經地位、破碎家庭、管教態度不一致、過度嚴苛、放縱、家庭暴力或虐待兒童等，均易導致兒童的情緒行為問題。研究發現有反社會行為的兒童居於缺乏結構和負面境環的家庭，教養方式處於嚴苛和不一致的管教方式，這些教養因素對兒童的社會化產生不利影響（Ramsey & Walker,1988）。另如，家庭暴力及受虐兒童容易導致兒童年紀較大後，也對較弱勢者施暴。受虐的兒童可能源自於曾受虐的父母，並導致其後續的惡性循環狀況（Kirk, Gallagher, Anas-tasiow, 2000; McClearn, 1993），這些現象顯示對有情緒行為障礙兒童的介入，宜包括對整體家庭的協助。

三、學校因素

學校中與情緒行為困擾有關的因素，如學業成績低落、學習跟不上同儕、智力表現低於平均值等。學校過度強調智育導向的升學主義，而忽略其他方面的教育價值，均會直接或間接地影響學生的情緒行為問題。學生在學校的主要任務是課業學習，但是過重的課業和考試壓力卻成為學生很大的心理困擾來源。有情緒行為問題的學生，通用用於課業學習的時間較不足，因而影響其學業表現，如果學校無法有效幫助學生達到學業上所需

的能力與表現，就會更加助長學生的情緒行為問題。校園內的暴力行為、
濫用藥物和幫派行為，逐漸成為校園內情緒行為問題的挑戰，美國國家教
育統計中心分別於 1989 年及 1995 年抽樣調查發現，校園內涉及非法的行
為問題，如暴力威脅、藥物濫用和街頭幫派均有增加的趨勢，頗值得學
校和社會加以持續的關注（Chandler, Chapman, Rand, & Taylor, 1998；kauff-
man, 1997, 2005; Kirk, Gallagher, Anastasiow, 2000）。此外，教師的管教方
式不當，對學生的期待不合理，也容易讓學生與學校間產生隔閡，成為與
學校有關的情緒行為困擾。

四、社會文化因素

　　社會文化價值衝突、次文化、社會幫派入侵校園、種族歧視、倫理
觀、道德意識淡薄及大眾傳播媒體的不良報導等因素，均會影響兒童及青
少年的情緒行為表現。特別是長時間觀看暴力攻擊行為有關的電視節目與
影片，會對兒童的行為產生負面的影響。此外，社會幫派入侵校園或學校
附近充斥著色情行業和電動玩具店，也讓兒童在耳濡目染的情況下受到不
良的影響（侯禎塘，2002；羅湘敏，2008；Bronfenbrenner, 1979; Kauffman,
1997）。整體社會環境對家庭的支持度，也影響家庭對孩子的支持度。因
此，我們不僅要問情緒行為障礙的孩子出了什麼問題？也要問孩子所處的
社會系統出了什麼問題？（Bronfenbrenner, 1979）

　　一項以學生處於高風險家庭的居住社區調查發現，中產社經地位的
鄰居，可以提供高風險家庭小孩較多的保護，能減少社區高風險家庭孩子
的攻擊行為。相對於居住在低社經地位的鄰居，則會使情緒行為困擾的孩
子，產生較多的攻擊行為，社區的影響力不容忽略。對居住於文化不利的
低社經社區的孩子而言，當孩子在校學習失敗，導致中輟或離校時，既不
能得到來自於學校的學習資源，又得不到良好鄰居的支持，處境更為困難
（Kirk, Gallagher, Anastasiow, 2000；Kupersmidt, Griesler, Derosier, Paterson, &
Davis, 1995）。此時，青少年犯罪行為或引發問題行為的因素，就會趁虛
而入。

　　綜合言之，情緒行為障礙的發生受到個體的生物因素和環境因素的
影響，且各種因素彼此之間，也是交互影響。例如：父母的教養方式影響

兒童的問題行為；反之，兒童的問題行為也引發父母以不適當的方式對待兒童，使得彼此情況更加惡劣。雖然自閉症者的行為特質，受到基因的影響十分深遠，而適切的行為處理方案，也可以有效的改善其症狀。又如注意力缺陷過動症所衍生的人際衝突或攻擊性行為，雖然受到基因因素的影響，但透過環境中的行為學習經驗及利他能（Ritalin）等藥物協助，亦可對這些行為產生教導、控制和改善的效果，進而減輕注意力缺陷過動症兒童可能引發的問題行為（Kirk, Gallagher, Anastasiow, 2000；Rutter, Bailey, Bolton & LeCouteur, 1993），且當問題行為減輕時，也會改變家人對此兒童的態度和行為，產生正向的親子互動關係。再者，正向或負向的對待兒童的行為表現也會影響藥物的介入效果（Grisso, 1996）。總之，家庭與學校教育如能因材施教，積極性的預防、輔導與介入，個體發生情緒行為障礙的機率就會降低。反之，若是不良的生物條件加上不當環境因素的助長，則會加劇情緒行為問題的產生。

第四節 情緒行為障礙的鑑定與評量

　　情緒與行為的反應，受個人生理與心理特質和外在情境因素的交互作用影響，常呈現多變動性與高複雜性，故在進行篩檢及鑑定情緒行為障礙學生的過程，容易發生假性情緒行為障礙（偽陽性）的誤判，造成對非真正情障的學生，而給予負向標記或不適當安置，抑或發生漏失真正情緒行為障礙學生（偽陰性），未能即時給予適切的特殊教育服務。因此，在情緒行為障礙學生的篩檢與鑑定過程中，應運用系統化流程和團隊合作的程序，以提高鑑定評量的正確性。

　　情緒行為障礙鑑定的團隊合作模式，其參與人員包括特殊教育教師、普通班教師、行政人員、社會工作人員、輔導人員、心理治療及精神醫療專業人員、父母或監護人和其他相關專業人員等，並應廣泛蒐集多種來源的學生資料，包括生理及心理檢查、人格測驗、行為檢核表、直接觀察、父母晤談、學生晤談、軼事記錄和訓輔記錄等多項資料，加以綜合研判及鑑定，再進一步提供特殊教育及相關服務。

　　情緒行為障礙的鑑定須符合下列三項條件：1. 行為或情緒顯著異於其

同年齡或社會文化之常態者,得參考精神科醫師之診斷認定之;2. 除在學校外,至少在其他一個情境中顯現適應困難者;3. 在學業、社會、人際、生活等適應有顯著困難,且經評估後確定一般教育所提供之輔導無顯著成效者。其鑑定流程包括下列(教育部,1999):

一、轉介

轉介包括兩個主要來源,一是由全校性的篩選中發現,二是由教師或家長因為學生出現情緒行為適應問題而提出轉介。

二、轉介前的介入

除了部分較明顯的行為問題由家長或教師直接轉介到篩選階段外,其他轉介的學生都應先接受轉介前的介入。由教師、特殊教育教師、輔導人員、心理師或醫師,針對學生的問題設計教育輔導策略,如學生經一段時間的輔導後,在學校的適應問題已有改善,功能表現逐漸恢復,表示該學生只需要一般的教育與心理輔導服務,如果輔導策略介入後仍然無法改善或有效控制問題,則需要更多的服務,才繼續轉介到下一個階段的流程。

三、篩選

針對轉介來的學生進行篩選。篩選的工作主要有兩個重點,一是客觀瞭解問題的類型與嚴重程度,可利用檢核表或簡式評量工具進行評量;二是利用訪問或資料審查等方式,進行評估及可能干擾因素的排除,例如:情緒行為問題是否長期持續、是否跨情境、是否有適應困難或是否有其他因素導致行為問題等,以確認可能具有情緒行為障礙的問題,才進行下一階段的鑑定程序。

四、鑑定

經過篩選流程所選出的疑似情緒行為障礙學生,再進行個別化的評量與診斷,以蒐集更多元且具體的詳細資料,包括教師、家長、同儕及專家觀察與評量等資料。特殊教育行政與學校系統的個別化心理評量與專業團隊的評估是本階段須進行的工作,亦宜蒐集相關醫療評估與疾患診斷資

料，以提供作為綜合研判、鑑定、安置與教育輔導之依據。情緒行為障礙學生的教育安置可依其鑑定結果與特殊需求狀況，分別安置在普通班（接受諮詢服務）、巡迴輔導班、資源教室、自足式特殊班、特殊學校、少年矯治機構或醫療院所等環境，因此鑑定工作中除了瞭解學生情緒行為問題的嚴重程度之外，也需要瞭解學生的適應功能，專業團隊可以建議情緒行為障礙學生的適當安置，以及所需要的特殊教育服務和相關專業服務（教育部，1999）。

第五節　情緒行為障礙學生的教育安置

　　情緒行為障礙學生以安置於融合教育環境為優先考量原則，並參酌特殊教育多元連續安置的模式，依情緒行為障礙的輕重程度及特殊教育需求的不同，可分別安置在下列的教育環境再定期評估及調整安置：

　　1. **普通班（接受諮詢服務）**：安置情緒行為障礙學生於普通班的融合教育環境中接受教育，並提供教師有關情緒行為障礙教育的諮詢服務。

　　2. **資源班**：情緒行為障礙學生多數時間於普通班上課，且依學生需求每週固定時段到資源班接受情緒行為的個別化教育與輔導服務。

　　3. **巡迴輔導**：由熟悉情緒行為障礙教育的巡迴輔導教師，定期到各學校提供情緒行為障礙學生的特殊教育服務與諮詢。

　　4. **自足式特殊班**：提供較嚴重的情緒行為障礙學生全時小班制的學習環境，由固定的教師安排課程與學習活動，較缺乏與普通學生密切互動的機會。

　　5. **特殊學校（住宿式或通勤式）**：安置情緒行為障礙學生於特殊學校的住宿或日間制教育服務，並由學校安排結構化教育環境及專業團隊合作的療育服務。若為住宿式的學校則應規劃能夠貫穿日間活動與住宿生活的學習計畫。此一安置會與普通學生隔離，回歸普通學校較為困難。

　　6. **醫院**：嚴重的情緒行為障礙者必要時，需住醫院治療及在醫院接受特殊教育與相關服務。其優點是能提供安全保護的環境，及提供持續的醫療、支持和即時性的危機處理，但其缺點是被隔離，喪失個人自由及缺乏與普通學生互動的機會。

依美國 IDEA 法案的實施報告，顯示情緒行為障礙學生被隔離安置的情況，比其他身心障礙類學生的比率為高，約有 20% 的情緒行為障礙學生安置在特殊學校、住宿式機構或醫院，但研究也顯示這些學生可以回歸到較少限制的環境，但需要相當的努力，並給予高度的關注和一對一的教育輔導，才易成功（Kauffman, 1993; Sack, Mason, & Collins, 1987）。目前國內情緒行為障礙的學生大都安置在普通班，再接受資源班或巡迴輔導的服務，嚴重者需要接受醫院治療。少年階段若其行為觸犯少年法令，經司法裁定後，亦可能需要接受矯治處遇或安置於矯治學校。安置在普通班的情緒行為障礙學生，如未提供適宜的特殊教育及輔導服務，學生容易成為休學生或中輟生。若設置中途學校，安置情緒行為障礙學生可作為隔離環境與普通環境之間的連續性教育安置轉換站，協助休學生或中輟生就學的困難。

情緒行為障礙學生的初期問題較容易被忽略，常等到明顯感受痛苦和難以忍受時，才被正式重視。因此，情緒行為障礙學生得到安置或處理時的年紀常較大，問題呈現也較嚴重，較容易被排斥，因此中途輟學的比率高於其他障礙類別學生（Kauffman, 1993, 2005; National Mental Health Association, 1986; Peacock Hill Working Group, 1991）。

第六節 情緒行爲障礙的教育與輔導

1960 至 1970 年代運用行為原理、結構化環境和結構化教室理念，教導情緒行為障礙的兒童，將教室經營結構化，有計畫的建構環境，設定明確的教育目標、學習主題和時間，建立階層化的細步教育工作，實施以活動為中心的教學及運用增強物和增強系統，引發學生的動機，期以達致有效的教學效果。此外，亦採用生態理念策略，主張欲使兒童的教育與治療發揮效果，必須把兒童所處的社會系統納入計畫考量，同時處理家庭、學校和社會的因素與機制，協助兒童發展學科能力和成功經驗，並培養兒童適應性的行為，以類化到環境中（Coleman, 1996; Hobbs, 1966）。

1880 至 1990 年代的特殊教育學者重視機構間的合作，美國許多州採用機構間合作的理念模式，推行兒童和青少年服務系統計畫，強調兒童中

心（child-center）和社區本位（community-base）的服務型態，各個地區可依其社區內的資源結合教育、社會、司法矯治和心理健康機構，提供這些兒童及其日常相處的人，有效的教育與相關服務，教師需要密切與兒童父母和社區內的系統合作，以增進教育與矯治效果（Coleman, 1996）。

當前的情緒行為障礙教育，著重正向行為支持的理念策略，其基本理念認為個體所從事的行為均有其原因、目的和功能，當個體表現出來的問題行為能得到想要的事物，或能逃避不想要的事物，該項行為就容易被強化而再度發生。因此，處理問題行為之前，先要對問題行為進行功能性行為評量（Functional Behavioral Assessment，簡稱 FBA）或功能分析（Functional Analysis）。1997 年美國公法的 IDEA 修訂案（Individuals with Disabilities Education Act Amendments of 1997），明定為維護情緒行為障礙學生的基本受教育權，期望讓情緒行為障礙學生在受教過程中，學校確實仔細評量學生問題行為發生原因與功能，並設法在原班級中實施介入方案。換言之，要實施介入方案以改善問題行為之前，需從個人生理、社會、情緒及環境各層面來檢視與評估問題行為的可能遠因及近因，找出問題行為的原因、目的和功能，再透過替代性的良好行為訓練、調整環境與行為後果策略，以改善不適當的問題行為（侯禎塘，2002； Alberto & Troutman, 2009; Kauffman, 2005），其主要理念與做法，如下：

一、問題行為的功能

學生出現問題行為的可能功能，如下：

1. 學生出現問題行為的可能作用為獲得的功能，是由環境中正增強作用所強化的行為，包括：（1）欲獲得別人注意（可能原因是社會需求未滿足及別人給不適當的注意）；（2）欲獲得想要事物（可能原因是基本需求未滿足，學得不適當的溝通方法）；（3）欲獲得感官刺激（可能原因是無聊，尋求感官刺激及快感）。

2. 學生出現問題行為可能作用為逃避的功能，是由環境中負增強作用所強化的問題行為，包括：（1）欲逃避別人注意（可能的原因是害怕被責罵或嘲笑，不知如何與人相處，人際互動技能不足）；（2）欲逃避不想要的事物（可能的原因是工作太難、工作太容易或太單調、環境突然的

變更、外界的事故與吵雜刺激或不適應的教導方式）；（3）逃避感官刺激（可能的原因是身體不適或生理基本需求缺乏）。

　　3. 學生出現問題行為可能作用為多重因素，問題行為兼具有上述獲得和逃避的功能。

二、功能評量與功能分析

　　功能評量的假設是個人的問題行為對行為者本身都有特定意義與功能，若能找出行為問題的功能，就能夠發展另一個具有相同功能的行為，並將問題行為取而代之（施顯銓，1996）。功能評量方法有：1. 直接評量，直接觀察學生在日常生活情境中發生的問題，並做有系統的觀察記錄，可使用的評量工具如用軼事報告分析、A-B-C描述分析和散狀圖分析等；2. 間接評量，透過訪談教師、父母或熟識當事人的第三者，敘述問題行為發生的情形，以蒐集資料，可使用的評量工具如功能評量晤談、動機評量表及問題行為問卷等；3. 功能分析，係透過系統化操作可能導致問題行為發生的情境，並觀察何種情境因素，對問題行為具有較明顯的影響力，以找出問題行為功能（侯禎塘，2002；Alberto & Troutman, 2009）。

三、正向行為支持策略

　　情緒行為問題經由長期醞釀形成，處理時非一蹴可幾，應妥善規劃整體的處理流程，包括蒐集個案史資料、選擇與界定目標行為、進行功能性行為評量及功能分析、設計處理計畫、實施處理計畫、評量執行成效和追蹤輔導等（侯禎塘，2002；Alberto & Troutman, 2009; Kauffman, 2005）。

　　問題行為的處理不僅要處理行為的本身或控制行為的後果，也要從環境調整和預防問題行為的發生著手，更要積極培養學生的良好正向行為，而有效的正向行為處理，需要先實施功能評量及功能分析，再由下列三方面介入：1. 調整環境與預防行為問題的發生；2. 降低或消除不良行為；3. 增進與培養良好行為或替代行為。較完善的行為處理計畫，宜規劃包括短期處理、危機處理、中期處理和長期處理，綜合說明各階段的處理策略（侯禎塘，1999、2002；紐文英，2009；施顯烃，1996）如下：

　　1. **短期處理策略**：短期的處理策略有「前事控制策略」、「行為教導

策略」和「後果處理策略」，說明如下：

（1）前事控制策略：可調整情境因素或工作有關因素，如：調整教室座位、人員、例行工作、作業單、分組、時間安排、教學和管理方式，以預防問題行為的發生。此外，亦可採用效果緩和及反應中斷策略，如做些放鬆活動、暖身活動、愉悅互動、口語暗示、協助溝通、表達關切、轉移注意、感覺消弱、刺激厭膩和保護措施等。前事控制策略著重預防措施及調整環境中誘發問題行為發生的因素。

（2）行為教導策略：教導替代問題行為的良好行為，可運用示範、工作分析、行為塑造、連鎖、提示、行為演練、回饋、褪除、行為契約、社會技巧教學和自我管理訓練等方法，教導良好行為。

（3）後果處理策略：運用區別性增強策略，如區別性增強其他行為（DRO）、區別性增強低頻率行為（DRL）、區別性增強替代行為（DRA）及區別性增強不相容行為（DRI）等，以強化良好行為，並用消弱、溫和隔離、反應代價、恢復原狀、過度矯正和重新指令等方法，以減少或停止不良行為。

2. **危機處理策略**：避免問題行為可能引發的危急情境或傷害，可使用環境控制、隔離技術、自我保護和建立危機處理系統等因應方式。

3. **中期處理策略**：在強化學生社會情緒適應力與學科技能，實施社會技能訓練、問題解決能力訓練、生氣與衝動控制訓練、自我管理、情緒輔導與教育及學科知能的個別化教學等。

4. **長期處理策略**：著重長期的預防措施，提供支持的環境，改變周遭人們的態度與個體生活型態，建立良好社會關係，提供選擇與活動參與機會，培養學生的自信心，增進自我概念、生涯技能和生活品質。

第七節 情緒行為障礙的早期介入

情緒行為問題的初期常易被忽略或因為家長擔心被標記，而延遲處理，使得問題日益嚴重之後，才被加以重視，往往耽誤早期介入的時機。因幼兒的行為問題對日後的學習具有相當重要的預測力，適當的介入能夠避免日後嚴重的適應問題。學校與家庭應在兒童情緒與行為出現一些早期

的問題訊號時，即加以篩檢。對於有反社會行為問題者的追蹤研究也發現，處遇的重心應在早期發現與預防，特別是當早期出現經常打架或違抗行為時，就是值得注意的警訊，需要早期發現與預防處理，避免發展為嚴重的情緒行為問題（Kauffman, 2005; Kingery & Walker, 2002; Loeber & Farrington, 1998）。

情緒行為障礙兒童早期介入的任務在於「初級預防」：家長和教師以有效的行為管理技術，預防幼兒情緒障礙與行為問題的發生；及「次級預防」：家長和教師以有效的行為管理技術預防幼兒情緒障礙與行為問題的惡化（楊坤堂，2000）。早期介入的模式有：1. 家庭中心的療育模式：療育從業者應具備敏感、友善及家庭導向的相關知能，提供家庭中照顧者具有行為管理和教導兒童社會互動之方法，以增進家庭照顧者的信心與知能。2. 兒童中心的模式：安排融合教育及團隊合作的情境，改善情緒行為障礙兒童的社交技能，促進兒童社交與情緒之發展。3. 情緒發展的療育模式：針對發展性的行為困難和具有退縮行為的高危險群學齡前兒童，擬定了社會情緒預防方案，包括建立關係、情緒理解、情緒調節和解決社交問題等療育（楊碧珠，2009）。

情緒行為障礙兒童的早期介入，強調「預防」性，長期性的規劃及處理兒童的情緒行為問題，同時也要重視家庭功能，透過親師間密切合作，妥善規劃學習環境，並施予適切的輔導與教學，以協助兒童克服情緒與行為方面的困境。

第八節　各類情緒行為障礙的輔導與治療

一、精神分裂症

精神分裂症（schizophrenia）係指患者在思考、知覺、情感、動作等多方面，發生持續性的廣泛性障礙，使得自我感與現實感失調，行為表現明顯脫離現實，而呈現人格分裂的精神症狀，生活適應顯著退化。主要特徵有妄想（奇異內容的幻想）、幻覺（批評性或對談性的聽幻覺）、錯亂言語（語言無組織、語無倫次、脫離現實）、錯亂行為或僵直行動（思

考紊亂、行為怪異）和負向徵狀（缺乏情感、無法邏輯思考或做決定及生活退縮等）（曾文星、徐靜，1998；羅湘敏，2008），導致社會生活障礙，工作及人際關係明顯且長期性的退化。

　　兒童精神分裂症患者會有幻聽，聽到有人指使他、要傷害他或談話。視覺或觸覺的幻覺比較少，但還是會發生。兒童患者較少有妄想，但有些會妄想別人要陷害他、身體疼痛或幻想自己是偉人、英雄、神仙等。兒童患者的思考混亂、談話顛三倒四、情感缺乏表情、適應能力障礙、功課退步、生活秩序受阻、社會交流停頓，兒童和青少年的患者也常有性或宗教內容的幻覺發生（施顯烇、洪儷瑜，1996；羅湘敏，2008；Kauffman, 2005）。

　　精神分裂症需精神科醫師診斷與治療，藥物治療主要以抗精神病藥物為主，亦應實施個別與團體心理治療（劉智民，2011），如支持性心理治療、復健治療、家庭治療、環境治療、行為治療和社會技能訓練等，協助病人的日常生活照顧，提升現實感及適應社區環境的社會生活能力（施顯烇、洪儷瑜，1996；曾文星、徐靜，1998；劉智民，2011）。家庭的成員，也應接受諮詢，以減少相互批評指責的不利生活方式，使彼此和諧相處、傾聽、讚美和建立良好的溝通模式。精神分裂症學生的教育介入變異頗大，學校應提供個別化教育計畫（羅湘敏，2008；Kauffman, 2005），實施課業的補救教學，培養日常生活的基本能力，善用行為改變的原理，矯治怪異不得體的行為問題，並透過講解、示範、逐步養成、角色扮演訓練學生的社會技能，協助學生擴大生活社交領域，建立較良好的同儕友誼與人際關係。

二、情感性疾患

　　情感性疾患（affective disorders），係指患者的情感持續呈現過度低落的鬱症狀態或過度高昂的躁症狀態。當躁症發作時，患者會持續至少一週的呈現情緒升高（包括高興、興奮、急躁易怒），內在趨力增加（如精力充沛、食慾增加、睡眠減少）、思考變快（意念飛躍、聯想多）、話多（好吹噓、喜爭辯、滔滔不絕）、自信大增（自認有超乎常人的能力、地位或財富）、慷慨大方（浪費金錢、亂買東西送人）、好動與好冒險（魯

莽投資或放縱行為）、興趣增加、注意力分散等行為，嚴重者會有易怒、暴力攻擊或幻聽、妄想等現象（黃宗正，2011）。

當鬱症發作時，患者會持續至少兩週以上的可能情緒極度低落狀態，呈現憂鬱情緒，失去興趣和快樂感，內在趨力降低（活力減退、疲倦感、食慾降低、睡眠障礙）、話量變少、行動緩慢（有些嚴重到僵直狀態）、注意力減低、自尊與自信減少，覺得自己無價值與無用，對未來感到無望，對世界一切覺得悲觀。此外，也可能懷有罪惡感，嚴重時會產生罪惡妄想，覺得做錯了事，對不起人，或有虛無妄想，認為自己腹內空無一物，財產全無了（黃宗正，2011）。有些患者會因悲觀、罪惡等感覺，而產生自殺的念頭，甚至於付諸實行。

情感性疾患的特徵是極端的情感失調，情感搖擺在極端低（憂鬱狀態）或極端高（狂躁狀態），大略可分為憂鬱症（depressive disorder）及雙向情感障礙症或稱雙極性情感障礙（bipolar affective disorder）兩大類。憂鬱症患者只有鬱症發作而沒有躁症發作，雙向情感障礙症會出現躁症發作與鬱症發作之混合症狀，或躁鬱症狀迅速交替的現象，出現躁期者，常會週期性呈現躁期和鬱期（黃宗正，2011；潘正德，2004）。憂鬱症為情感性疾患出現率較高的疾病，其核心症狀為嚴重憂愁，伴隨心情低落，憂鬱的想法，嚴重者出現生物症狀（如食慾不症、體重減輕和性慾下降）。輕度憂鬱症患者會感到情緒低落、缺乏活力和興趣以及失眠等，較嚴重時會出現生物症狀（食慾不症、體重減輕和性慾下降）。中度憂鬱症患者會出現對現在、未來和過去有悲觀意念（心中存有失敗感、無助感或罪惡感），無法集中注意力和記憶變差、外觀遲滯和語言動作緩慢。重度憂鬱症患者會出現妄想（如慮病妄想、窮困妄想、虛無妄想或被害妄想）、知覺障礙（如聽覺幻覺或視覺幻覺）、自殺念頭或實際自殺的企圖（吳光顯、何志仁，2011；施顯烶、洪儷瑜，1996）。

情感性疾患的處理宜經醫療的評估診斷，視症狀採取需要的心理治療與藥物治療。輕度憂鬱症可以不用藥，而給予完整的心理治療，如人際取向心理治療和認知行為治療；中度或重度憂鬱症應該考慮使用抗鬱藥的藥物治療及人際治療和認知行為治療。急性躁症發作時需要住院治療，雙向情感障礙症的個案常有許多人際、家庭、學業和工作等方面的困擾，因此

需要藥物治療、心理治療和人際支持（黃宗正，2011）。學校對於接受藥物治療的學生，教師需要審慎觀察學生的行為變化與學習效果，並與醫療合作，適度實施環境調整、心理輔導、社會技能和自我控制訓練等，俾能有益於患者逐漸恢復正常（曾文星、徐靜，1998；施顯烃，1996；Coleman, 1996; Kauffman, 2005）。嚴重憂鬱症學生會有自殺的念頭或傾向，需加以防範以避免導致無法彌補的結果，特別要留意與處理學生自殺行為的預測徵兆，例如：出現一些突然的行為改變，學業、社交和管教的問題，父母離異、分居與兒童受虐的家庭問題，失戀或同儕的人際關係問題，失眠、喪失食慾與體重改變的健康問題，放棄個人所有物，出現自殺念頭或計畫，或有懷孕、墮胎、失業與家人親友亡故等危機情況時，就應特別加以注意防範（Kauffman, 2005）。

三、焦慮性疾患與恐懼性疾患

焦慮（anxiety）通常意指一種面對不確定未來的內在不安與恐慌，常伴隨有過度不合理的擔憂思考，是個人因心理挫折或壓力，內心想像可能會遭遇危險或困難時的焦慮反應。恐懼（phobia）則是針對某種已知情境或物體所產生的害怕感覺，乃因直接面對外在實際情境的人事物，所產生的心理害怕反應（林朝誠，2011；Kauffman, 2005）。焦慮與恐懼疾患的症狀有焦慮症、強迫症、恐懼症和恐慌症等。

焦慮症的患者經常呈現內心的不安、焦慮、緊張、惡夢、失眠，好像有些可怕的事情隨時會發生，其身體也常會出現頭痛、胃痛、心跳加速、口乾、呼吸困難、出汗、肌肉緊張或發抖的症狀，嚴重時尚會感到四肢乏力、疲憊及腰酸背痛和記憶力減退的症狀。強迫症患者會產生強迫性的念頭、強迫性的衝動和強迫性的行為，雖然本人明知為不必要，但仍無法除去，總是被這種強迫思想及擔憂或強迫行為所干擾。患者自己知道患了這種毛病，也嘗試用一些方法抵抗這種強迫思想／行為，但也會因抑制、抵抗過度而產生焦慮症狀（曾文星、徐靜，1998；施顯烃、洪儷瑜，1996）。

恐懼症係針對外界某些特定的，而且不具立即真實危險性場合或物體而發生的害怕感覺，患者會呈現心跳、呼吸短促、臉色發白、出冷汗、

四肢發抖等恐懼的生理反應，內心亦十分的焦慮、不安或緊張。患者會企圖避開引發焦慮的情境，當未來可能遇到這些情境時也會產生預期性焦慮（林朝誠，2011；Kauffman, 2005），甚至約束自己的活動範圍，而影響正常的生活功能。有社交恐懼症患者，害怕當眾人面前講話、表演或他人接近，唯恐被嘲笑，因而躲避與人接觸或往來。恐慌症是一種不限定於特殊情境或場合，患者會重複發作，頻率每週一次到數次不等（林朝誠，2011）。患者會突然性的產生極端焦慮或不安的恐慌狀態，因而會擔憂恐慌發作而企圖去防患恐慌的發生，導致在恐慌沒發作時就緊張不安，害怕到公眾場所或特定情境。

焦慮症、恐懼症與恐慌症的處理與治療，需要醫療與專業人員評量診斷，針對個案需要實施藥物治療和心理治療，如認知行為治療、心理動力治療、支持性心理治療、家族治療、遊戲治療與藝術治療等（侯禎塘，2002、2011；曾文星、徐靜，1998；Kauffman, 2005）。學校與教師的角色應建立接納學生的學習環境，減少壓力的來源，增強學生的信心與獲得成就感，協助建立良好的同儕人際關係，實施個別或小團體的輔導與諮詢，並觀察與記錄學生的表現，與家長保持聯繫及實施親職教育，配合專業人員實施心理或藥物治療。

四、行為規範障礙

行為規範障礙（conduct disorders）是指重複和持續的侵犯別人基本權利或違反其年齡層應遵守的社會規範行為，包括外顯性的攻擊行為：如常欺負、威脅、恐嚇他人、挑起打架、嚴重傷害別人、虐待別人和虐待動物、搶奪、性強暴，以及破壞財物行為，如故意縱火、故意毀損他人財物等；也包括內隱性的欺騙或偷竊行為：如破壞侵入他人房子、建築物、汽車，騙取東西及喜愛物或以說謊逃避責任，偷取貴重東西等。此外，如常逃家、逃學或不顧父母的禁止，夜晚在外逗留等嚴重犯規行為，均會使人無法忍受或為法律規範所不容（美國心理疾病診斷及統計手冊 DSM-IV；Kauffman, 2005），上述行為將導致個人在社會、學業、職業功能上的顯著障礙。當少年階段的違規行為嚴重到觸犯少年法或刑法法令時，則須接受司法的審理，成為少年虞犯或少年犯罪，需要接受矯治處遇。

學生行為規範障礙的導因複雜，常是個人與環境中的各項不利因素相互影響所產生，因此有效的預防和處理，需要孩子本身、家庭、學校和社區的相關機構與專業人員相互結合，提供多元資源的服務，才能達到良好效果。行為規範障礙學生的處置模式多元，可以孩子本位的處理、家庭本位的處理、學校本位的處理、社區本位的處理或住宿式安置的矯治處理，有效的反社會行為介入應著重預防工作，包括初級預防（使問題不出現）、次級預防（補救與改善問題）和三級預防（調節與緩和問題的負面效果），學校教育更要積極教導學生社會技能與學業適應能力，並善用正向行為支持策略及機構專業人員間的相互合作，才能產生較佳的預防與處理效果（Alberto & Troutman, 2009; Kauffman, 2005）。

五、藥物濫用

藥物濫用（drug abuse）的肇因複雜而多變，生理、心理與社會等因素都有關聯，更隨著濫用的物品增加，現象更趨複雜，相關名詞也以物質濫用（substance abuse）取代藥物濫用。藥物濫用或物質濫用是過度不當的使用酒精、安非他命、咖啡因、古柯鹼、大麻、幻覺劑、吸入劑、煙品尼古丁、鴉片類及鎮靜安眠藥類等，因而導致依賴成癮及身心痛苦或傷害。上述物質的不當使用會影響個人的中樞神經，產生抑制、興奮或幻覺等作用（宋維村、蔡文哲，2011），不但影響個人的思考、情緒和行為，也容易產生危險情況，如酒醉駕車及意外事故等行為，因而導致健康、學業、人際關係和工作的障礙。

藥物濫用的預防與治療，首重預防勝於治療，防範藥物濫用是最好策略。在預防的措施方面，包括強化家庭組織及功能，強化親職教育，加強學校輔導工作，運用社區資源，淨化人心，消除犯罪滋生地等。此外，更要教導孩子接受內外在的挑戰和壓力，學習人際社交技能、問題解決能力、應付困境的技能，並建立正確價值觀和健康的生活型態（蔡德輝、楊士隆，1994）。孩子一旦染上藥癮，治療工作的第一步是解毒，包括急性中毒治療與戒斷症狀處理，通常需要住院處理及心理社會的支持，治療併發症及協助病人度過最困難的時期，並建立持久的治療關係；治療的第二步是復健及預防再發，透過互助團體、家庭支持、社會支持及專業協助的

通力合作（宋維村、蔡文哲，2011），或再經由慈善、宗教團體的協助，增強其社會適應能力，以期得到較好的復健及預防再發效果。

六、注意力缺陷過動症

注意力缺陷過動症（Attention deficit hyperactivity disorder, ADHD）的行為特徵是：注意力不足、過動和衝動三個方面。注意力不足方面，常常出現分心、健忘、粗心大意、丟東西、無法遵守規定、不能專心聽課或按時完成作業、逃避稍有困難或須注意細節的工作及活動。過動行為方面，明顯出現過度活動行為，如常常爬上爬下或跑來跑去、坐不住、即使坐著也是手腳不停扭動、多話又不易聽人講話、很難安靜玩耍、或無法持續做完一件事而經常更換正在進行的活動或工作。衝動行為方面，呈現自我控制能力較弱，常會有搶說話、插話，干擾或打斷別人談話，侵犯他人正在進行的活動。在團體活動或遊戲中，不能耐心等候，搶先插隊而不易自我克制。此外，ADHD 患童的學業表現起伏很大，人際關係不佳，較會有學校適應障礙與親子衝突（宋維村、侯育銘，1996；侯禎塘，2001；洪儷瑜，1998a；高淑芬，2011），導致個人在社會、學業、人際或工作上的功能受挫或障礙。

注意力缺陷過動症兒童除出現上述的主要行為徵候外，有些學生可能伴隨有行為規範障礙、學習障礙、情緒障礙、動作協調障礙、習慣性抽搐或睡眠困難等問題（宋維村、侯育銘，1996）。注意力缺陷過動症兒童的處理，須先作綜合的評量分析，再設計教育輔導方案和結合專業的醫療服務。常見的處理策略，如下：

㈠藥物治療

注意力缺陷過動症源自腦神經功能失常和化學因素的不平衡，經專業醫療評估後，如有需要運用利他能（Retalin）等藥物，則可協助控制注意力、衝動和過動行為，約有 70% 的注意力缺陷過動症兒童因服用藥物的協助，而使行為症狀獲得改善（Barkley, 1990）。在國內亦約有 80% 的注意力缺陷過動症兒童，可以因服用這類藥物，獲得症狀的改善（宋維村、侯育銘，1996；洪儷瑜，1998a）。是否使用藥物治療，應請有經驗的兒

童心智科醫師加以評估診療與用藥療效的規劃。

(二)行為管理與社會技巧訓練

1. 行為管理

注意力缺陷過動症兒童的行為管理重點，包括如：（1）調整環境與座位安排，減少導致過動分心的外在干擾因素；（2）善用明顯的提示讓學生知道環境的要求；（3）利用貼紙、圖章或畫記等代幣增強策略，提供良好行為表現的立即增強與回饋；（4）對於出現的不適當行為，可使用反應代價、過度矯正或溫和隔離技術等，來適切的約束與規範；（5）運用逐步養成和連鎖策略：將要建立的行為規範，細分成一連串的細小步驟，再配合示範和增強策略，逐步教導完成；（6）透過自我評量、自我評鑑、自我紀錄和自我增強的自我管理策略，訓練控制自己的衝動和專注力。衝動控制的訓練，可利用內在語言，如訓練在衝動時或做事之前，採取「停、心中默數一到十」、「想、我可以怎麼做？結果會是如何？」等步驟，亦可透過角色扮演的模擬情境或隨機情境演練（洪儷瑜，1998a；侯禎塘，2001；Coleman, 1996）。

2. 社會技巧訓練

社會技巧是個人與他人建立和維持正向人際關係所需的條件，能表現讓他人接納或歡迎的行為，以增進個人與他人的較佳關係，社會技巧可經由行為原理的社會增強及負增強而習得。社會技巧訓練的一般課程內容分類為：教室技能、基本互動技能、相處技能、交朋友和因應技能等，或分類為：會話與建立友誼技能、與人相處技能和解決問題技能。社會技巧的教學大致包括：引起動機、教導新技巧、練習與類化（洪儷瑜，2002），詳細的訓練技巧步驟如：（1）教導：告訴學生哪些是所期望的行為；（2）回饋：教導完一組行為後，立即評估學生行為表現的改變，並給予直接的回饋；（3）示範：用真人實事或錄影帶示範；（4）行為演練：利用角色扮演模擬實際情況，來練習適當的行為表現；（5）社會增強：學生的行為反應適當時，即加以口頭讚揚；（6）家庭作業：把新學得的行為模式，運用到日常生活的人際情境中，並加以記錄和評估執行效果（侯禎塘，2001）。針對注意力缺陷過動症學童的社會技巧訓練課程規劃，可分為社

會技巧與專注力訓練兩大部分，透過團體訓練，以短劇、說故事和不斷演練，教導兒童學習傾聽、做出適當反應、專心做事、適當的時地說話、適當地加入遊戲、情緒教育與憤怒處理等內容（蔡淑妃、黃慈愛，2002）。

(三) 學業輔導

針對注意力缺陷過動症的個別特質與能力，在進行課業輔導或補救教學時，宜重視：1. 提供一對一或小組教學的個別化學習情境；2. 設計規律性學習活動與結構化的學習環境；3. 適度調整環境，減少導致分心的外在干擾因素，座位安排在較不被干擾與接近教學者的位置；4. 調整教學流程與節奏，因應學生之注意力長度，設計學習活動；5. 傳達訊息應清楚明確，交代作業要再次確認學生是否已瞭解；6. 提供適性課程和替代學習，容許作業或考試有變通性的調整；7. 善用圖示，協助安排規律化作息表，包括有課業學習、體力活動、放鬆情緒等作息活動；8. 教導組織能力，規劃處事的優先順序，努力完成工作或作品；9. 以直接指導，教導要做什麼？取代經常的批評與苛責；10. 發掘學生優點及長處，發展優勢能力，以建立成就感和自信心。（洪儷瑜，1998；侯禎塘，2001；楊坤堂，1999；Coleman, 1996）

(四) 心理治療與相關輔導

注意力缺陷過動症兒童在與環境的互動下，容易產生挫折感、低自尊或違規行為等問題。因此，需要實施心理輔導，如安排小團體輔導、遊戲治療或藝術治療等方式，引導兒童培養正向的行為，逐步建立自信心和培養問題解決能力。也應實施親職教育，提供家長學習行為管理的技巧，建立良好親子關係，讓兒童有較佳的家庭教養環境。

💡問題與討論

1. 如何判斷學生出現的行為問題是否符合情緒行為障礙的指標？
2. 情緒行為障礙的主要類型有哪些？
3. 請說明影響情緒行為障礙的生物因素、家庭因素、學校因素和

社會文化因素？

4. 如何減少情緒行為障礙鑑定流程中，可能出現的偽陽性與偽陰性現象？

5. 請舉例說明您認同的情緒行為障礙學生之教育安置方式？

6. 正向行為支持策略理念與做法為何？

7. 情緒行為障礙兒童需要早期介入的理由為何？

8. 如何規劃情緒行為障礙學生的教育與輔導？

9. 注意力缺陷過動症兒童的行為特徵有哪些？教育與輔導的原則為何？

第十章

學習障礙者之教育

胡永崇

第一節　學習障礙的定義

第二節　學習障礙者的出現率

第三節　學習障礙的成因

第四節　學習障礙者的特徵

第五節　學習障礙者的鑑定

第六節　學習障礙者的教學

　　在各主要障礙類別中，學習障礙（learning disabilities, LD）屬於較新興之障礙類別，但也是定義及鑑定標準爭議最多，學生人數也最多之障礙類別。由於學習障礙者具有正常之智力及一般之社會適應能力，因此，此類學生之障礙常易被忽略或誤解。

　　學習障礙學生可能出現之學業困難領域為聽、說、讀、寫、算等日常生活適應及從事其他學習所必要之基本學業技能，因此，此類障礙學生若未接受適當之特殊教育介入，即可能造成社會適應之困難。此外，學習障礙學生之輔導，除重視基本學業技能之教學介入外，亦需注意社會情緒及社會技巧之輔導，以及提供學習環境支持與評量方式之調整。

　　本章內容屬於導論性質，其主要目的在於使讀者對「學習障礙」有一概括性之瞭解。本章包括以下各節：第一節「學習障礙的定義」；第二節「學習障礙者的出現率」；第三節「學習障礙的成因」；第四節「學習障礙者的特徵」；第五節「學習障礙者的鑑定」；第六節「學習障礙者的教學」。由於教學輔導仍是整體學習障礙者教育之核心，因此，本章第六節之內容篇幅亦多於其他各節。

＊　＊　＊

　　每個人在其各自教育階段的學習歷程中，或許都有某些科目或某些學習內容，是自己深感學習困難或產生學習挫折的。不過，一般人遭遇困難之學科通常是自己的非優勢學科，或是較為進階之學科內容，而非基本學業知能，因此，即使有學習挫折卻也不影響其日常生活適應。學習障礙學生（students with learning disabilities, LD）也同樣具有學習困難，但其困難領域卻出現於聽、說、讀、寫、算等適應日常生活及從事其他學科學習所必備之基本學業技能。

　　學習障礙者之學習失敗經常被視為非預期之低成就（unexpected underachievement），亦即具有正常或接近正常之智力，但某些基本學業技能之學習卻具有明顯困難。此外，學習障礙者通常不會出現普遍性之社會適應能力低下，一般人亦難由其外表瞭解其障礙之存在，因此其缺陷也常被稱為「看不出來的障礙」或「隱性的障礙」（invisible/hidden disabilities）（洪儷瑜，1996；LDA, 2012）。此外，此一障礙類別也因被歸為輕度障礙（mild disabilities），加上如新加坡前總理李光耀、影星湯姆克魯

斯（Tom Cruise）等許多學習障礙名人常被提及，而使人易忽略學習障礙學生所遭遇之學習與適應的問題。

在特殊學生的類別中，自 1963 年 Samuel Kirk 首先使用學習障礙（learning disabilities）一詞後，此一障礙類別開始受到特殊教育學者的重視。不過此一新興類別卻也是近年來發展極為迅速，在美國障礙學生人數最多，定義與鑑定標準也一直存有爭議的障礙類別。

第一節 學習障礙的定義

學習的歷程及其影響因素極為複雜，因此，要明確界定學習障礙亦非易事。截至目前為止，尚無一個受到一致性肯定的定義。美國有關學習障礙的定義，以聯邦政府 IDEA 法案（Individuals with Disabilities Education Act, IDEA）所訂之定義及「學習障礙全國聯合委員會」（National Joint Committee for Learning Disabilities, NJCLD）所作的定義最受重視。我國則以教育部（2012）所訂之定義為依據，以下分別說明之。

一、美國 IDEA 法案之定義

美國 IDEA 法案自 1975 至 2004 年雖經數次修訂，且 2004 年加入新的學習障礙鑑定標準，但對學習障礙之定義，基本上皆無太大變化。2004 年該法案對學習障礙的定義如下（U.S. Department of Education, 2004）：

1. **基本定義**：特殊學習障礙（specific learning disability）意指具有瞭解與使用語言、口語及書寫之一個或一個以上的基本心理歷程之缺陷，且此項缺陷可能表現於傾聽、思考、說話、閱讀、書寫、拼字或數學計算等能力的障礙。

2. **包括的障礙**：學習障礙包括知覺障礙、腦傷、輕微腦功能失常、失讀症及發展性失語症等狀況。

3. **不包括的障礙**：學習障礙不包括基本上因視覺、聽覺、動作等障礙，或因智能障礙、情緒障礙，或因環境、文化、社經不利等因素所導致之學習問題。

IDEA 法案的定義具有以下幾項重要概念：1. 強調「特殊學習障礙」，以有別於其他障礙情況所造成之學習問題，及用以區分與一般低成就或其他各種內外在因素導致之學習困難的差別。此外，亦代表此類學生為特定學習能力之缺陷，而非普遍性學習能力低下；2. 強調學習障礙主要的問題在於瞭解與使用語言、說話及書寫等方面的障礙；3. 強調學習障礙起因於語言發展與學習的基本心理歷程之缺陷；4. 將學習障礙所表現之學業缺陷設定於傾聽、思考、說話、閱讀、書寫、拼字或數學計算等基本學業領域之學習困難；5. 列述學習障礙可能包括的障礙狀況；6. 排除非學習障礙的狀況。

二、美國學習障礙全國聯合委員會的定義

除 IDEA 法案之定義外，美國「學習障礙全國聯合委員會」（NJCLD）亦提出另一重要之學習障礙定義：

「學習障礙（learning disabilities）是一個概括的名詞，指的是在傾聽、說話、閱讀、書寫、推理、或數學能力的習得與使用，具有明顯困難的異質障礙團體。學習障礙是個人內在因素，推測是由中樞神經系統功能失常所致，它可能出現於一生中的各個階段。學習障礙可能具有自我調適行為、社會知覺及社會互動等方面的問題，但這些問題本身卻不會導致學習障礙。雖然學習障礙可能同時具有其他的障礙情況（例如：感官缺陷、智能障礙、嚴重的情緒困擾），或受其他外在因素的影響（例如：文化差異、不足與不當的教學），但卻非這些情況或影響所造成的結果」（引自 Heward, 2009, p.174）。

NJCLD 的定義具有以下幾項重要概念：1. 強調學習障礙是異質團體；2. 列出學習障礙可能的缺陷學科領域，但去除「拼字」，加入「推理」；3. 學習障礙起因於內在因素，「推測」是由於中樞神經系統功能失常所致；4. 學習障礙可能發生於任何年齡，因此，除學齡學生外，亦重視學前及成人之學習障礙者；5. 學習障礙可能與其他障礙情況並存，甚至可能與智能障礙（mental retardation）並存，但學習障礙者之學習問題卻非這些障礙情況所造成的結果；6. 學習障礙者可能具有自我調適及社會互動技能的問題，引發教育人員對學習障礙者社會情緒此一領域之教育輔導的重視；7. 排除

導致學習困難之外在因素，但強調學習障礙可能仍受這些狀況之影響。

三、我國對學習障礙的定義

　　我國於民國 73 年所頒布的「特殊教育法」雖然將學習障礙列為身心障礙的類別之一，但隨後教育部於民國 76 年所發布的「特殊教育法施行細則」，仍僅將學習障礙者的教育設施訂名為「啟學」，並未對學習障礙加以定義。直至民國 81 年，教育部（1992）才正式對學習障礙作出定義。教育部（2012）對學習障礙之定義如下：

　　「學習障礙統稱神經心理功能異常，而顯現出注意、記憶、理解、知覺、知覺動作、推理等能力有問題，致在聽、說、讀、寫或算等學習上有顯著困難者；其障礙並非因感官、智能、情緒等障礙因素或文化刺激不足、教學不當等環境因素所直接造成之結果。」

　　教育部此一定義，具有以下重要概念：1.「統稱」一詞意指學習障礙是一種異質障礙團體；2. 將學習障礙的最初始原因設定為神經心理功能異常；3. 指出學習障礙者具有注意、記憶、知覺、知覺動作、推理能力等基本認知能力之缺陷；4. 指出學習障礙者之缺陷學科領域為聽、說、讀、寫、算等五個領域；5. 將學習障礙的因果關係定為：神經心理功能異常造成基本認知能力的問題，基本認知能力的問題，則造成基本學業學習的顯著困難；6. 排除其他障礙與文化、教學等環境因素所直接造成之學習困難。

　　總之，「學習困難」是各項學習障礙定義所一致肯定的條件。學習障礙一詞指的是訊息處理歷程或學習歷程中，某一或某些特定學習能力之缺陷以致造成學習之障礙。歸納而言，學習障礙的概念包括以下幾項要點（參見 Lerner & Johns, 2012）：1. 推測其起因於中樞神經系統功能失常；2. 基本心理歷程或基本認知能力之缺陷；3. 學習潛能與學習成就之間，存有明顯差距；4. 各種學業表現、各項認知能力之間可能存有發展不一致的現象；5. 至少具有一個或一個以上之基本學業領域的困難；6. 可能具有社會技巧方面的問題；7. 可能伴隨其他障礙或不利情況，但需排除其他障礙或環境因素所直接造成的學習困難；8. 普通教育的輔導成效有限，需特殊教育之介入輔導。

第二節 學習障礙者的出現率

學習障礙由於定義與鑑定標準的差異,不同的調查結果常難以直接比較。鑑定標準較寬者,可能包括一般之學業低成就學生,鑑定標準嚴格者,則可能僅以具有明顯神經功能缺陷者為對象。Haring 及 McCormick (1990) 的推估指出,若包括輕、中、重度的學習障礙者,則出現率約為 4%-5%,若僅考慮重度的學習障礙者,則出現率將降為 1.5%。性別因素方面,男生之出現率通常高於女生,男女比例至少 2：1,較可能之比例為 3-4：1 (Friend, 2011)。若以接受特殊教育服務之學生數為依據,則學習障礙學生一直是美國近年來出現率最高的身心障礙類別。依據美國教育部的統計 (Data Accountability Center, 2013),2005 到 2011 年度,美國 50 州之 6 至 21 歲的所有障礙學生出現率、學習障礙學生出現率、學習障礙學生占所有身心障礙學生之比例,如表 10-1 所示。由表中資料可知,美國近年來身心障礙及學習障礙之出現率皆有下降之趨勢。整體而言,美國學習障礙學生之出現率約在 3%-5% 之間。此外,各州學習障礙之出現率也有若干差異,以 2011 年度為例,出現率最少的州僅 1.5%,出現率最高的州則為 7.26% (Data Accountability Center, 2013)。

表 10-1　美國近年 6-21 歲身心障礙與學習障礙之出現率

年　度	2005	2006	2007	2008	2009	2010	2011
所有障礙出現率	9.15%	9.07%	8.96%	8.80%	8.68%*	8.46%	8.43%
學習障礙出現率	4.14%	4.02%	3.89%	3.77%	3.72%*	3.51%	3.43%
學障／身障之比例	45.30%	44.34%	43.36%	42.87%	42.25%	41.47%	40.70%

說明：＊網站缺此年度資料,故由 2008 年度資料推估。

一般認為,學習障礙之高出現率可能與以下因素有關 (Lerner, 2003, 2006):1. 政府及學者之積極推動,促使教育人員及家長重視此類學生之教育權益;2. 學習障礙具有智力正常之意涵,其概念較能為家長、教師及

相關人員所接受；3. 有些以往被視為輕度智能障礙、情緒困擾者或無法適當歸類的學習困難者，可能改被鑑定為學習障礙者；4. 即使是環境因素或教學因素所導致的學習問題，為使其具有接受補救教學的機會，亦可能被鑑定為學習障礙者。Hallahan（1992）則認為，社會變遷以致許多兒童更易處於不利之家庭與社會環境，也可能是學習障礙學生人數增加的原因之一。

　　不過，美國學習障礙之高出現率也引發以下檢討：1. 鑑定標準可能不夠明確或過寬；2. 可能過度將各種屬於其他障礙或困難之低成就者皆納為學習障礙者；3. 可能未先經過普通教育之系統化輔導，即判定為學習障礙；4. 普通班教師可能未先檢討及調整自己的教學，當這些調整無明顯輔導成效後才推薦學生接受鑑定；5. 普通教育環境應作檢討，以避免許多學生產生學習失敗；6. 學習障礙學生人數過多可能影響整個特殊教育資源之分配。

　　學習障礙也是目前我國高出現率之障礙類別。民國 65 年教育部所完成的第一次臺灣地區 6 至 12 歲特殊學生普查，由於當時學習障礙並不是法定的特殊教育對象，因此並未列為普查對象。民國 81 年所完成的第二次全國 6 到 15 歲特殊兒童普查，則發現學習障礙兒童有 15,512 人（其中男生 10,647，占 68.6%；女生 4,865 人，占 31.4%），占全部就學兒童的 0.436%，占普查結果之障礙學生總數的 20.53%，為僅次於智能障礙，出現率第二高的障礙類別（教育部第二次全國特殊兒童普查工作執行小組，1992）。

　　依據我國教育部（2012）「特殊教育通報網」之統計，101 年度（截止日期為 2012 年 10 月 22 日），臺灣地區學習障礙學生人數，國民小學為 9,610 人，占所有身心障礙之 24%，占所有學生之 0.66%；國民中學為 7,861 人，占所有身心障礙之 33%，占所有學生之 0.90%。國民教育階段，男女之比例為 2.25：1。就國小學生而言，智能障礙之出現率為 0.79%，略高於學習障礙之出現率；就國中學生而言，智能障礙之出現率為 0.87%，略低於學習障礙之出現率。可見就國小身心障礙學生而言，人數最多的障礙類別為智能障礙，次多的障礙類別為學習障礙；就國中身心障礙學生而言，人數最多的障礙類別為學習障礙，次多的障礙類別為智能障礙。不過，

各縣市學習障礙學生數占該縣市所有身心障礙學生之比例,則互有差異,國民教育階段,比例最高之縣市學習障礙占 45%,比例最低縣市學習障礙占 5.76%。

學習障礙雖也是我國高出現率之障礙類別,但相對於美國,我國學習障礙學生之出現率及其占所有身心障礙學生之比例,仍低於美國。造成我國學習障礙學生出現率較低,或許與幾個因素有關:1. 一般教師及家長可能對學習障礙之認識不足,仍視之為不用功所致,或不認為學習障礙是一種障礙;2. 多數學校學習障礙篩選皆由普通班教師推薦,若普通班教師對學習障礙之認識不足,則易先排除許多其主觀認定的非學習障礙學生;3. 學習障礙學生外表及基本生活適應大都正常,因此,家長對標記作用(labeling)更顯排斥,不願其子女接受鑑定及安置;4. 有些縣市資源班之班級數較少,學校亦未作較全面性之篩選;5. 有些縣市對學習障礙之鑑定可能設定較多排除之標準或較嚴格之標準,以致通過鑑定之學生人數較少。

(第三節) 學習障礙的成因

截至目前,學習障礙的確切成因仍不甚明確,實徵研究也尚無定論,且多數學習障礙也不是單一因素所致。不過,一般而言,學習障礙的成因,仍不外機體、生化、遺傳、環境等幾個彼此間可能互有關聯之因素。

一、機體因素

學習障礙之研究奠基於早期醫生或生理學家以腦傷病患為對象所作之大腦功能研究。例如:P. Broca 發現若大腦左半球的特定區域傷害,則患者將失去說話的能力;C. Wernick 發現若大腦顳臚頁(the temporal lobe)的特定部分傷害,患者將失去聽覺理解的能力。J. Hinshelwood 發現大腦的角腦回(the angulargyrus)之特定區域的傷害,將使患者成為即使視力正常卻無法識字的「字盲」(word blindness)。K. Goldstein 及 A. Strauss 亦分別以腦傷士兵及腦傷兒童為研究對象,發現腦傷與形象背景混淆、分心、固著等知覺異常之間的關係。史特勞斯症候群(Strauss syndrome)及輕微腦功能失常(minimal brain dysfunction)也常是早期文獻對學習障礙

之替代用詞（以上引自 Lerner, 2006）。許多學習障礙兒童也可能出現與腦傷者相似之分心、過動、語言發展問題、知覺困難等行為特徵。

孕婦之酗酒、物質濫用、藥物影響、營養不良，及遺傳與兒童成長過程之環境有毒物質、腦部疾病或傷害、早期嚴重之環境剝奪等，則都可能是導致兒童中樞神經系統的機體傷害或功能失常之因素。

近年來，神經心理學（neuropsychology）的研究及磁震造影技術（magnetic resonance image, MRI）的應用亦顯示，腦部特定區域的功能與個體心理與行為之間的關係（Miller, Sanchez, & Hynd, 2003）。而前述美國及我國對學習障礙的定義，亦皆認為所有學習障礙皆應導因於不同形式的個體內在之中樞神經系統功能的失常。功能失常（dysfunction）雖未必代表機體組織的傷害，但至少亦屬於機體因素所致。事實上，多數學習障礙者皆屬於神經系統「功能」之失常，而未具有大腦組織受傷（tissue damage）之臨床證據（Smith, 2006）。此外，研究顯示，經由系統且密集之教學介入，不但有助於改善學習障礙者之閱讀困難，亦可減少其與一般閱讀者之大腦神經功能運作的差異（Rourke, 2005）。

雖然學習障礙與大腦功能失常有關，但直到目前為止，大腦研究對學習障礙之診斷及教學之實務應用仍不足（Hallahan, Lloyd, Kauffman, Weiss, & Martinez, 2005; Heward, 2009）。學習障礙之鑑定及教學設計，主要仍依學生之認知能力表現、學業表現，而非神經功能系統之檢查結果。

二、生化因素

學習障礙及其伴隨的行為問題也可能與個體的生化平衡因素有關。例如：Feingold（1976）指出，人工色素與人工香料對兒童的生化平衡不利，若能控制這些人工添加物，則可降低神經傷害且可減少兒童 30%-50% 之活動過多行為。Cot（1972）亦提出對學習障礙者採取強化維生素治療（megavitamin therapy）的主張。雖然這些改善生化平衡的食物療法，並未獲得實徵研究的充分支持（Arnold, Christopher, Huestis, & Smeltzer, 1978; Spring & Sandoval, 1976），不過現有研究卻也無法否定諸如血清素（serotonin）、多巴胺（dopamine）、正腎上腺素（norepinephrine）、乙醯膽鹼（Acetylcholine）等生化物質與學習障礙者的若干學習或行為特質

具有相關的可能性（Mercer & Pullen, 2009）。事實上，尤其對伴隨注意力缺陷動過症（Attention Deficit Hyperactivity Disorder, ADHD）者而言，大多數 ADHD 學生只要經由正確之診斷處方，藥物對其行為與學習皆具有明顯之助益，不過，若能藥物與行為處理二者並用，則皆較僅作單一處理方法更具效果（Kauffman & Landrum, 2009）。雖然學習障礙或其伴隨之不當行為，可能與生化因素有關，但除 ADHD 之醫療外，絕大多數之學障學生其行為問題輔導及學業補救教學，主要仍依教學或輔導之介入，而非依靠生化措施或藥物治療。

三、遺傳因素

DeFries 及 Decker（1981）以125個閱讀障礙兒童及其父母、兄弟姊妹，與正常的對照組家庭成員為研究對象，發現閱讀障礙者家人，許多認知測驗內容的表現（例如空間知覺與推理、符號辨識與處理速度等），皆不如正常家庭的成員。相關的研究也發現，閱讀障礙、口語及語言障礙、數學障礙等，同卵雙胞胎同時具有同一障礙之比例明顯高於異卵雙胞胎（引自 Hallahan, Kauffman, & Pullen, 2012），Schulte-Korne 等人（2006）的研究也指出，閱讀障礙者、拼字障礙者、口語障礙者、語言障礙者，其一等親之父母或兄弟姊妹中亦有 35%-45% 之比例具有同一障礙，而父母雙方若皆具有閱讀障礙，則其子女亦出現閱讀障礙之比例即高於此一數值。不過，DeFries、Fulker 及 LuBuda（1987）則發現，同卵雙胞胎的閱讀問題只有 30% 來自遺傳因素，其餘應屬於共同之環境因素的影響。因此，Hallahan 等人（2012）指出，學習障礙遺傳因素之研究，不可忽略家族共同環境因素（例如父母物質濫用）及相同的家庭教養環境或教養方法之影響。

四、環境因素

導致學習障礙的環境因素，主要包括教學不當或不足、早年經驗剝奪、文化差異等。事實上，家庭社經地位低落、貧窮，即可能與營養、教養、懷孕前後之健康照護、青少年懷孕、藥物濫用等諸多可能造成兒童神經生理發展危機的因素有關（Hallahan et al., 2005）。雖然就前述美國學習

障礙之定義而言，外在環境因素所導致的學習困難，不屬於定義中的學習障礙，不過，環境因素與學習障礙之間的因果關係並不易確認。例如我們不易確定兒童之學習困難是因幼年教育刺激不足，或因兒童在幼年時即顯現學習困難，以致父母亦未提供其適當之教育啟發。無論如何，環境因素不當，將造成學習困難或使學習問題益形惡化。不過，對大部分的學習障礙者而言，持續性的、個別化的教學及適當的環境支持與調整，皆有助於其學習與行為表現的增進；反之，不當的教學與環境因素，則將使學生之學習及行為問題更加嚴重。

第四節　學習障礙者的特徵

　　Kirk、Gallagher、Anastasiow 及 Coleman（2006）曾將學習障礙分為神經／發展性學習障礙（neuropsychological/developmental LD）、學業／成就性學習障礙（academic/achievement LD）及社會性學習障礙（social LD）三類，並認為神經／發展性障礙為學業性障礙之因，長期的學業挫折則可能造成社會情緒之困擾。事實上，其所列之三個互有關係的類別，也是學習障礙學生主要的困難領域。不過，學習障礙是異質之障礙團體，因此，探討學習障礙之特徵亦需注意不同障礙類型者，其特徵亦可能不同，同一障礙者未必出現所有特徵，各項特徵彼此之間可能互有關係，有時各特徵之間的因果關係也不易確定。有些負向特徵隨著教學及輔導，亦可能症狀減輕或甚至消失。此外，為使特徵敘述與教育措施產生連結，教育人員描述學習障礙者之特徵時，最好也能作更具體之敘述，否則僅作一般性概述（例如：記憶力不佳），仍難以瞭解學生確切之困難性質及據以發展個別化教育計畫。

　　整體而言，學習障礙者可能具有以下幾方面之心理與行為特徵：各項能力發展不一致、知覺與知覺動作協調的問題、注意力與活動過多的問題、記憶與認知思考的問題、社會─情緒的問題、動機信念的問題、學業學習的問題。以下分別說明之。

一、各項能力發展不一致

學習障礙者通常具有較明顯的個別內差異（intraindividual varia-tion），亦即各項能力發展不一致。例如：學生可能具有正常或接近正常的智力，但基本學業表現卻明顯低下；具有正常或接近正常之非語文智力，但語文智力卻明顯低下；具有正常或接近正常的語文科表現，但數學科之表現卻明顯低下；具有正常或接近正常之口語表達能力，但書寫表達卻有明顯困難。

各項能力發展不一致是學習障礙者可能的特徵之一，可作為教師設計教學方案以因應學生特殊需求的依據，但若將此一特徵作為鑑定標準，卻可能產生若干問題。如果採用智力與學業表現之差距作為鑑定標準，則可能排除智力較低之學習困難學生；如果採用各認知能力或各學科領域發展不一致作為鑑定標準之一，則可能排除各學科或各項認知能力普遍較低之學習困難學生。而這些被排除的學生，其學習困難程度可能更大、更普遍、更需特殊教育之協助，但卻因未符合「發展不一致」之特徵，其接受特殊教育之機會即被排除。

二、知覺與知覺動作協調的問題

知覺與知覺動作協調的問題，亦經常被視為學習障礙者屬於輕微腦功能失常的重要徵候之一。知覺歷程代表個體對輸入之訊息的確認、分辨與解釋。與學習最具密切關係的知覺歷程為視知覺與聽知覺。知覺動作協調問題則代表個體精細動作的整體協調能力。知覺與知覺動作協調的問題，可能表現於以下幾方面的學習困難：對類似刺激的分辨（例如：對「96」與「69」、「ㄢ」與「ㄤ」音、二聲與三聲的聲調、「的」與「得」等相似刺激的混淆）、空間知覺、方向感、知覺速度、形象背景的分辨能力、知覺完形（perceptual closure）（看到或聽到部分刺激，即可據以推測整體刺激，例如：看到圖示的一部分為象腿，即可指出該完整圖示應為大象）、身體形象（body image）（身體運動與動作的協調及定向感）。

視聽知覺之困難可能使學生對視覺或聽覺之相似字形、符號、語音等等刺激產生混淆，知動協調則可能影響學生書寫之工整性及流暢度。知覺

與知動協調之問題是學習障礙學生之特徵，但教育人員因應學生此方面之學習特徵，應針對其產生區辨困難之具體學習刺激（例如：數字、注音符號、形音義相似字），作直接之區辨方法的指導，而非從事知覺或知動協調能力之訓練。單純的知覺與知動能力之訓練，其最大問題即此類與學科無直接關係之知覺能力訓練，其效果難以類化到學科學習。

三、注意力與活動過多的問題

注意力缺陷過動症（ADHD）是學習障礙者常見的並存問題之一。一般學校中，約有 3%-5% 的學生具有 ADHD（Mercer & Pullen, 2009）。美國疾病管制與預防中心（Centers for Disease Control and Prevention, CDC）則指出，單純學習障礙、單純 ADHD 之出現率，各約為 5%，同時具有學習障礙與 ADHD，則出現率約為 4%（CDC, 2013）。事實上，不同的研究，對於學習障礙者之中有多少學生同時具 ADHD 的估計比例也不同。有的學者推估，約有 10%-25% 的學習障礙學生伴有 ADHD（Hallahan et al., 2012）；有的學者則推估學習障礙者約有 25%-40% 同時伴隨 ADHD，而 ADHD 則約 30%-65% 同時伴隨學習障礙（Lerner & Johns, 2012）。美國一項針對中小學學習障礙學生家長的調查研究則發現，28% 之家長指出，其子女伴有 ADHD（引自 Heward, 2009）。Mayes、Calhoun 及 Crowell（2000）分析 119 位接受診療的個案後發現，70% 之 ADHD 同時具有學習障礙。國內的相關研究亦顯示，「不專心」為鑑定出來之數學障礙與閱讀障礙學生的最普遍特徵（周台傑、林秀柔，1991；周台傑、林國花，1991）。學習障礙代表學習能力之缺陷，ADHD 則代表學習參與之限制，如果同時存有二種缺陷，則更增加學習之困難。Al Otaiba 及 Fuchs（2006）的研究即發現，問題行為與無法專注（inattentiveness）是造成閱讀補救教學介入成效受限最重要的因素。

四、記憶與認知思考的問題

學習障礙者的記憶問題主要來自以下幾方面：1. 由於特定大腦神經功能失常，而影響記憶能力，尤其是抽象形音之記憶；2. 工作記憶（working memory）缺陷，以致難以同時處理多重語音或視覺空間之訊息而影響記

憶；3. 由於注意力與動機信念的問題，影響對學習材料的選擇性專注與記憶；4. 對於學習材料難以理解，以致難以將之轉化為有意義之訊息而影響記憶表現；5. 缺乏主動使用學習策略的能力，而影響對學習材料的記憶。

學習障礙者的認知思考問題，最受重視的則為後設認知的缺陷（metacognitive deficits）。後設認知包括三個主要內容：1. 學習者對於進行有效學習所需之學習技巧、學習策略、可用資源的瞭解（awareness）；2. 對學習歷程自我監控（self-monitoring）的能力；3. 應用自我調適（self-regulation）的能力。簡言之，即學習者對自我學習條件與學習情境的瞭解，並選取適合的學習方法，學習歷程中則能監控自己是否朝有效之學習方向前進，若發現其學習成效不佳或選取之學習方法效果不佳，則會主動調整或改變學習方法，使學習以較有效的方式達成預定之目標。後設認知代表學習者對學習歷程的主動瞭解、計畫、執行、監控與調整，因此，有時也被稱為學習歷程的執行控制功能（executive control function）。

有效的學習者除必須瞭解自身條件及學習工作之要求外，尚需擁有適當的學習策略，且需瞭解何處（where）、何事（what）、何時（when）該使用此項策略，及為何（why）、如何（how）使用此項策略。許多研究皆指出（Butler, 1998; Swanson, 2001），學習障礙者具有後設認知的缺陷，因而導致學習效能的低下。他們常對學習或解決問題缺乏主動精神。其學習上則除了不知道使用有效的學習策略外，也常無法監控及調整學習策略的有效運作。因此，學習障礙者也常被稱為被動學習者（inactive learners）、無效率學習者（inefficient learners），不過，給予適當的教學指導，多數學習障礙者皆能有效增進其學習效能。

五、社會—情緒的問題

學習障礙者的社會—情緒行為問題可能包括以下幾方面：1. 社會技巧（social skills）的缺陷；2. 情緒問題；3. 行為異常。社會技巧即人際互動技巧或人際關係的建立與維持之能力。Kavale 及 Forness（1996）綜合 152 個不同研究後指出，75% 的學習障礙者具有不同程度的社會技巧問題。Lerner 及 Johns（2012）則指出，約三分之一的學習障礙學生具有社會技巧之問題，且認為社會技巧的問題，其影響的範圍及嚴重性，皆大於學業

學習的問題。

學習障礙者的社會技巧缺陷包括以下層面：1. 缺乏社會理解技巧：無法對社會線索及他人之表情、肢體語言、情感或情緒具有適當的敏感性及理解，因而經常作出令人不悅或與情境不合的行動、對話；2. 缺乏社會判斷能力：缺乏對人際或社會情境作正確之理解、預測、結果比較，使其對人際或社會情境經常誤判，也常難以即時作出必要之決定。例如：無法由他人表情判斷對方真實情緒反應，或無法判斷他人言談內容之真偽，皆可能影響其後續之行為決定；3. 缺乏角色扮演的技巧：無法對他人的情感或情緒，或對自己的言行對他人之影響，作出同理心的理解；4. 人際技巧及社會問題的解決技巧之缺陷：缺乏人際間適當的語言理解與表達能力，缺乏建立與維持人際關係、與人合作、尋求協助及解決人際衝突的適當技巧；5. 自我控制能力不足：人際互動過程中，經常缺乏適當的自信、意志力、挫折容忍力，或難以控制自己的衝動、情緒等。

學習障礙者的情緒行為問題包括：1. 因學習及人際關係之挫折所導致的自我概念低下、退卻畏縮或沮喪抑鬱；2. 因缺乏社會技巧所導致的人際衝突；3. 因衝動行為所導致的人際衝突；4. 因學習挫折所導致的行為問題。根據美國「全國州際法庭中心」（The National Center for State Courts）的統計，受拘禁的青少年中，有 36% 為學習障礙者，而學習障礙者的犯罪率則為一般人的 2 倍以上（引自 Brier, 1989）。Blaunstein 及 Lyon（2006）依據相關研究結果亦指出，60% 之青少年犯罪者、60% 之物質濫用者（substance abuse），具有閱讀困難。此外，學習障礙者的憂鬱感、沮喪、自殺意念、孤獨感、缺乏彈性變通等，及遭受同儕拒絕排斥、不當差遣、欺負、霸凌（bullying）等不當對待，也可能高於非學習障礙者（Al-Yagon, 2007; Faye, 2003; Mercer & Pullen, 2009）。

不過，也有學者認為學習障礙與行為問題之因果關係仍不易確定，事實上，並非每位學習障礙者皆具有社會情緒行為的問題，學習障礙者的社會情緒行為問題也可能是其所處之負向環境氣氛及未受師生接納所致，而非學習障礙者必然的特徵之一（Heward, 2009）。此外，學習障礙者的性別、家庭、社經地位等較不利因素，也可能是導致此類學生具有較高比例之行為問題的原因。Malmgren、Abbott 及 Hawkins（1999）的研究即曾發

現，控制人口變項後，學習障礙與青少年犯罪間即無直接關聯。

六、動機信念的問題

學習障礙者的動機信念問題包括幾個互有關係的層面：1. 外控的制握信念（external locus of control）；2. 消極的成敗歸因（negative attribution）；3. 習得的無助感（learned helplessness）；4. 被動的學習者（passive/inactive learners）。雖然動機信念與學習失敗之間的因果關係不易確認，但不當的動機信念卻可能使學習問題惡化，形成惡性循環。

一般對學習障礙者動機信念問題的研究，約有以下發現（胡永崇，1988；Hallahan et al., 2012; Smith, 2006, 2007）：1. 較為外控、依賴外在資源與協助、缺乏獨立學習意願、缺乏接受挑戰性工作之意願、學習的堅持度不足等；2. 長期的學業失敗，使其易於產生習得的無助感（learned helplessness），及對於失敗產生較高的期待，亦較難體會學習之樂趣或成就感；3. 易將某些中性事件（neutral events）的挫折，視為個人之失敗或歸咎於自我；4. 易將失敗視為個人的能力不足，而將成功視為運氣，或其他外在因素所致。因此，失敗本就易於損害其自我概念，但偶而的成功對其自尊感卻也無所助益；5. 雖經努力卻仍常遭失敗，使其易形成自我防衛心理而不願再作努力，以免自尊受傷；6. 以往的挫折經驗，導致較高之失敗預期，因而易於放棄學習，以致益增學習失敗，進而更不利於下次之學習，形成惡性循環。

七、學業學習的問題

並非所有學業低成就者皆屬於學習障礙者，唯有出現基本學業學習的問題才符合學習障礙之定義。就我國教育部（2012）對學習障礙的定義而言，此類學生可能遭遇聽、說、讀、寫、算等基本學業學習的困難。就美國 IDEA 法案對學習障礙的定義而言，即認為學習障礙主要原因來自瞭解及使用語言之困難，且可能表現於傾聽、思考、說話、閱讀、書寫、拼字或數學計算等能力的障礙。事實上，口語的理解及表達能力不足，不但是許多學習障礙者的特徵，且其與文字之閱讀及書寫表達之間，亦具有密切關係。學前教育階段具有語言發展問題者，其未來小學、中學階段，具有

讀寫困難的可能性亦較高。據估計，口語障礙與學習障礙二者並存之比例高於 90%（Smith, 2007），75.5% 的語言治療師亦皆曾服務過學習障礙學生（Mercer & Pullen, 2009）。

　　閱讀方面的問題，則更是學習障礙者的明顯特徵。估計學習障礙者之中，至少有 80%（Lerner & Johns, 2012; Mercer & Pullen, 2009）或 90%（Bender, 2008; Heward, 2009）具有明顯之閱讀困難。Lyon（1995）之長期追蹤研究指出，三年級具有閱讀困難者，74% 至九年級仍有此問題，因此，Mercer 及 Pullen（2009）指出，若能在三年級之前即進行閱讀補救之教學介入，則其成效將大於晚於此一年齡才接受補救教學介入者。

　　嚴重的閱讀障礙者又被稱為失讀症（dyslexia）。閱讀障礙者最基本的困難在於「識字」方面之問題，而識字困難則又與文字的語音處理能力缺陷有關。此外，難以顯現教學成效之閱讀障礙者亦可能與其唸名速度（naming speed）的缺陷有關。唸名速度問題指學習者對於視覺呈現之刺激（例如：字母、數字、物品等），即使已瞭解其名稱，但卻無法快速憶取與認讀。雙重缺陷假說（double deficit hypothesis），即指閱讀障礙者可能同時具有語音處理及唸名速度之缺陷（Heward, 2009）。「理解」則是學習障礙者另一閱讀問題。閱讀始於識字，終於理解，可惜許多學習障礙者即使具備適當之識字能力，卻未必自動具備閱讀理解能力。除識字能力低下外，知識背景、語言知識、專注力、動機、推理能力、閱讀策略之不足，也都是導致學習障礙者閱讀理解能力低下的重要因素。

　　書寫障礙方面，書寫是整體語言能力中發展順序最後者，其認知歷程也是各語言成分中最複雜者。書寫能力與口語能力及閱讀能力息息相關，具有後二項語言能力缺陷者，很可能亦具有書寫之困難（Lerner & Johns, 2012）。書寫方面的問題主要表現於抄寫、聽寫、書寫表達等三方面。學習障礙學生這三方面皆可能低於一般學生之表現（Mercer & Pullen, 2009）。

　　雖然多數的學習障礙學生皆具有閱讀或語文學習之困難，但有些學習障礙學生主要之困難學科卻不在語文而在數學，此類學生常被稱為非語文學習障礙者（nonverbal learning disabilities, NLD）。非語文學習障礙可能為右腦功能失常者，其主要缺陷除數學之外，尚包括社會技巧或人際互

動、視覺空間思考、方向感、觸覺能力、自我調適（self-regulation）、組織能力等方面的問題。此類學生亦較難理解人際互動或訊息之隱喻意涵，較易於遭受拒絕孤立、情緒抑鬱沮喪，甚至可能有較高之自殺意念（Hallahan et al., 2012; Rourke, 2005）。

在數學學習障礙方面，普通班級中約 6% 的學生具有明顯之數學學習困難，約 26% 的學習障礙學生具有數學障礙，超過 50% 的身心障礙學生其個別化教育計畫包含數學之補救教學目標（Lerner & Johns, 2012）。小學之數學學習困難者，中學大都仍有此問題。數學能力的缺陷不僅影響其學習，且亦將影響未來之成人生活適應。Smith（2007）則認為，50% 的學習障礙學生具有數學學習之困難，且數學困難通常都是整體學業學習困難之一，極少學習障礙學生僅有數學學習困難而無其他學科學習困難者。至於數學障礙者的主要困難則可能與幾方面的缺陷有關：基本認知歷程（包括注意、視覺空間能力、聽覺處理能力、記憶與提取、處理速度、動作問題等）、語言與閱讀、社會情緒或數學焦慮、策略與後設認知能力等（Lerner & Johns, 2012; Mercer & Pullen, 2009）。

整體而言，學習障礙學生在學業學習上可能具有以下一項或一項以上之特徵：1. 注音符號的讀寫、快速拼音或拼音自動化、聲調方面具有困難；2. 認字能力低，能正確讀寫的字很少；3. 形音義近似的字易混淆；4. 寫字困難，寫字像畫圖、速度慢、部件位置錯誤、字體比例不當、筆畫凌亂、多一或少一部件；5. 朗讀不流暢，速度慢，斷斷續續，斷詞斷句錯誤多，且常有落字、添加字、替代字或字序倒置的現象；6. 閱讀理解能力低；7. 書寫表達或寫作有困難；8. 數字概念及數學概念不足；9. 計算困難，且速度緩慢、心算能力低；10. 對數學應用問題的理解及解題有困難；11. 對小數、分數、比例、時間、單位等概念之學習有困難；12. 學習動機低、排斥學習；13. 在沒有人協助下很難獨立完成作業。

第五節 學習障礙者的鑑定

學習障礙之鑑定大都經由學習者之行為觀察、教育及心理的評量，難以透過醫學之客觀檢查診斷認定之。由於許多理論與專業領域皆與學習障礙的研究有關，且學習障礙的性質仍不甚明確，因此，學習障礙者亦經常被視為受到過多診斷的障礙類別。學習障礙者的鑑定，其主要目的為根據相關的法令，鑑別學生是否符合接受特殊教育的法定標準。不過法定標準常缺乏明確之操作型定義，因此，即使依據相同之法定標準，不同地區或縣市對學習障礙之確切判定標準，仍可能具有一些差異。

學習障礙者的鑑定一直存有若干爭議。美國 2004 年修訂之 IDEA 法案，納入教學介入反應（Response to Intervention, RTI）之鑑定模式，但並未取消差距模式之鑑定方式。以下分別說明美國與我國對學習障礙之鑑定。

一、美國 IDEA 法案的差距模式之鑑定標準

美國 IDEA 法案在 2004 年修訂以前，一直採用差距標準（discrepancy criteria）作為學習障礙的主要鑑定方式。差距標準主要包含三項鑑定標準（Heward, 2009）：

1. 潛能與實際成就之間的明顯差距

美國於 1977 年所修訂之 IDEA 法案將學業成就與智力間的明顯差距，列為鑑定學習障礙的標準之一，因此，根據 Mercer、King-Sears 及 Mercer（1990）的調查，美國當時有 86% 的州以此種差距標準，作為學習障礙學生鑑定的要件之一。Reschly 及 Hosp（2004）之調查亦發現，在 50 州中仍有 48 州採用差距模式作為學習障礙鑑定的要件之一。至於差距程度的確認，通常採標準分數法（standardized scores）與迴歸公式法（regression formula）。一般而言，前者之鑑定標準為智力測驗的標準分數與成就測驗的標準分數，相差 1.5 個標準差（standard deviation）以上；後者之鑑定標準則為依學生之智商作預測，其實際之學業成就低於預測學業成就 1.5 個估計標準誤（standard error of estimate）以上（周台傑，1992）。

　　非預期之低成就被視為推測學生具有學習障礙的重要證據之一，因此，學業表現明顯低於依其智力水準應有之成就表現，亦被廣泛作為學習障礙者的鑑定要件之一，不過「差距標準」的鑑定模式卻也引發以下爭議（參見 Fletcher, Lyon, Fuchs, & Barnes, 2007; Lerner & Johns, 2012）：（1）智力測驗實際測得的，大都屬於學生過去的學習成就而非先天潛能。由於學習障礙者具有學習困難，尤其是語言與文字方面的學習困難，因此，以其過去學習結果代表其潛能，則其潛能易被低估；（2）智商並非預測學生之識字等基本學業技巧之有效指標；（3）學習障礙者不當的學習特徵（例如：較低的注意力、動機、堅忍度等），可能不利於其智力測驗表現，從而低估學生的真正潛能，自然亦難以使潛能與成就之間產生明顯的差距；（4）潛能與實際成就之間的明顯差距，其差距的計算方式及鑑定標準之設定，仍有爭論；（5）學齡前的幼兒、初入學者，尚未正式接受學科教學，無法施以基本學業測驗；（6）等到學生的成就表現惡化至與智力測驗結果產生明顯差距時，才符合鑑定標準，無異等待失敗（wait-to-fail），往往使學生無法即時接受補救教學；（7）非學習障礙學生（例如：動機不足、環境因素不當等）也可能具有智能與學業成就間明顯差距的問題；（8）智商與學業成就是否具有明顯差距，並非判斷學生是否具有特殊教育需求之重要指標；是否符合差距標準，其與低成就學生之教學介入方式與教學成效，亦無明顯關係；（9）易將學習障礙之鑑定簡化為差距分數之認定，而忽略對學生學習缺陷及特殊教育需求之綜合研判。

　　雖然差距模式受到許多批評，但因其具有明確客觀之特點，可由分數差距作出「是、否」之較快速判斷，且最新修訂之 IDEA 法案並未禁止使用，因此，仍被美國許多教育單位作為學習障礙鑑定的要件之一（Smith, 2006, 2007）。

2. 排除由外在因素或其他障礙所引起的學習困難

　　學習障礙基本上是由內在的，推測是中樞神經系統功能失常所導致的，因此，學習障礙的鑑定亦需排除由感官、情緒、智能、環境、教學、社經等障礙或不利因素所導致的學習困難。不過此項排除標準（exclusion criteria）亦可能具有以下限制：（1）學習障礙者可能因智力潛能的低估，使其達智能障礙或智商較低的程度，而被排除於學習障礙的資格認定之

外；（2）個體的動機與情緒困擾亦可能由其學習障礙所引起，若將情緒與動機問題所導致的學習困難排除於學習障礙的資格認定之外，可能會排除許多真正的學習障礙者；（3）感官障礙者、情緒障礙者與智商較低者，亦可能兼有學習障礙，若排除之則無異否定此類學生可能並存學習障礙之事實；（4）學習困難與相關因素之間的因果關係不易確認（例如：輟學與學習困難之間的因果關係即不易確認）；（5）許多學習障礙學生可能來自文化刺激不足、社經地位不利之家庭，若將之排除，則可能排除許多真正之學習障礙者；（6）有些臨界鑑定標準的學生，若被排除則將失去接受較有效之特殊教育補救教學的機會。

3. 特殊教育的標準

特殊教育的標準（special education criteria），其主要目的一方面在於排除普通教育即能提供服務的學習困難者，另一方面則在於確保學習障礙者的特殊教育權益。因此，除非學生之學習困難非接受特殊教育不足以改善，否則即不應被鑑定為學習障礙者。不過如何判斷學生已接受適當的普通教育輔導、如何判斷普通教育之輔導成效不明顯等，並非易事，因此，學習表現低下學生是否需接受特殊教育自然亦不易確認。

二、我國教育部的鑑定標準

我國教育部（2012）所訂「身心障礙及資賦優異學生鑑定辦法」，列出以下學習障礙之鑑定標準：

1. 智力正常或在正常程度以上。

2. 個人內在能力有顯著差異。

3. 聽覺理解、口語表達、識字、閱讀理解、書寫、數學運算等學習表現有顯著困難，且經確定一般教育所提供之介入，仍難有效改善。

此項鑑定標準具有以下重點：1. 強調智力需正常；2. 將「潛能與成就之間顯著差距」的概念擴大為「個人內在能力有顯著差異」；3. 具有一項或一項以上基本學業表現之顯著困難；4. 需確定一般教育之輔導成效不明顯，才可將學生納入接受特殊教育之對象。

以下說明就我國教育部（2012）所訂的鑑定標準，學習障礙鑑定的進

行方式及其檢討：

(一) 確定智力正常

　　一般認為學習障礙與智能障礙之最大差別在於，學習障礙者具有正常之智力。不過，由於教育部於鑑定標準中，對於「智力正常」並未訂出操作性定義，因此，國內學習障礙鑑定要件之一的「智力正常」之認定標準一直存有爭議。周台傑（1999）曾建議採標準化個別智力測驗全量表智商在平均數負二個標準差以上，作為智力正常之認定標準。若採排除「智障」（即智商高於負二個標準差）之認定標準，則主要基於以下觀點：1. 依前述教育部（2012）對學習障礙定義之部分內容，「學習障礙並非因智能之障礙因素所直接造成的結果」，因此，所謂之智力正常應指排除智能障礙而不是排除非智障之較低智商者；2. 臨界智障或智商較低者，其對特殊教育之需求不會低於智商較高者；3. 具有明顯基本學業困難之較低智商者，若未納入特殊教育對象，將造成其對普通班級的學習及未來社會生活適應之困難；4. 多數學習障礙者由於不利之學習特徵，智商被低估的可能性頗大；5. 教師對學習障礙學生之教學，重視的是學生的實際學業表現，而非其智力高低或智力與學業成就間差距之大小。

　　不過，採用「排除智障」作為智力正常之認定標準，也可能產生以下限制：1. 學生之學業表現與智力潛能缺乏明顯差距，與一般以「非預期性低成就」推測學生具有障礙的做法不符；2. 較低智商的學生之學業表現符合或接近其潛能，因此，接受補救教學之進步空間有限；3. 若智力與學業成就之關係密切，理論上低智商者學業表現亦低，因此，可能鑑別出許多智力較低之學業低成就學生，並增加學習障礙之學生人數。

(二) 個人內在能力有顯著差異

　　內在能力顯著差異是對智力潛能與學業表現之差距概念的擴充，意指學習障礙者具有明顯之個別內差異或具有各種能力發展不一致之現象。內在能力差異可能表現於以下幾方面（柯華葳、邱上真、洪儷瑜，2000）：1. 能力與成就之間的差距，亦即智力與成就間的明顯差距；2. 能力間之差距，亦即注意、記憶、理解、知覺等不同心智能力間的明顯差距，或智力測驗各分項智商、分測驗之間的明顯差距；3. 學科間之差距，即不同學科之間

的明顯差距，例如：語文表現正常，但數學表現卻明顯低下；4. 學科內之差距，亦即同一學科內，不同領域間的差距。例如：聽理解能力正常，但閱讀理解卻具有明顯之困難；5. 評量方式間之差距，即不同評量方式其表現具有明顯差異。例如：以教師口述試題的方式施測，表現正常，但以學生自己閱讀試題的方式施測，則表現明顯低下。

個人內在能力有顯著差異，固然是學習障礙者可能的重要特徵之一，但將之列為鑑定標準之一，卻也可能引發若干問題：1. 各項能力普遍低下者，雖不符合此一標準，但此類學生對特殊教育的需求卻非但不低於甚至更高於各項內在能力有顯著差異者；2. 學生各項優弱勢能力，適合作為實施補救教學之依據，但不應作為排除學生接受特教之鑑定標準；3. 各項學習能力或學業表現之間往往具有相關性，使得許多學障學生易形成普遍性學習表現低下之現象；4. 內在能力有顯著差異，缺乏明確之界定與標準。

(三) 一項或一項以上基本學業領域之顯著困難

學生需在聽覺理解、口語表達、識字、閱讀理解、書寫、數學運算等六項能力中，至少其中一項具有顯著困難。基本學業學習困難，是學習障礙學生最主要的特徵，也是最重要的鑑定標準。事實上，學習障礙者與一般學業低成就者皆具有學業學習表現低下的問題，但一般學業低成就學生，其適應日常生活所需之前述六項基本學業並無明顯困難，其問題主要出現於較進階之國文、數學、英文、自然、社會等主要學科領域之學習；但學習障礙卻於適應日常生活所需之前述六項基本學業領域即具有明顯困難，因此，此類學生若未接受特殊教育服務，將影響其社會生活適應。

不過，由於教育部（2012）對六項基本學業能力、測驗工具、確切之鑑定標準等，皆未作明確定義，因此，可能造成不同縣市、不同鑑定委員之間，對於六項基本學業能力之「顯著困難」的鑑定標準亦略有差異。

(四) 確認一般教育所提供之介入，仍難有效改善

此一鑑定標準符合教學介入反應（RTI）或轉介前介入之概念。如果學生的學習問題經由普通教育之輔導即能有效改善，則代表該生並非真正之學習障礙者，亦無接受特殊教育之需求。不過，教育部（2012）對此一鑑定標準只作概念性敘述並未作明確定義，因此，實際進行鑑定作業時，

「一般教育」、「介入」、「有效改善」之判斷依據，不同委員之間仍可能存有不同見解。

(五) 排除其他障礙及環境因素

除以上四項鑑定標準外，就前述教育部（2012）之定義而言，尚需排除因感官、智能、情緒等障礙因素或文化刺激不足、教學不當等環境因素所直接造成之結果。其中排除感官、智能、情緒等障礙因素，較易執行，但排除文化刺激不足、教學不當等環境因素，則因這些因素與學習問題之間的因果關係不易確定，而較難有明確之排除標準。較適當之方式為給予此類學生適當之補救教學後，依其學習問題之有效改善情形，決定該生是否符合此一排除標準。

三、美國 IDEA 法案所訂之教學介入反應的鑑定標準

由於差距模式一直具有爭議，美國 IDEA 法案於 2004 年修訂時，雖然對學習障礙之定義並未修改，但其鑑定標準則除保留原來之差距標準外，並加入教學介入反應（RTI）之鑑定模式。IDEA 法案對 RTI 列出以下規範（U.S. Department of Education, 2012）：

1. 不可規定教育單位須以智力與成就間之顯著差距，作為決定是否為學習障礙之依據。

2. 必須允許教育單位使用兒童對具有科學的、研究依據的教學介入之反應情形，作為決定是否為學習障礙之依據。

3. 得允許教育單位使用其他替代性但具有研究依據的過程，作為決定兒童是否具有學習障礙之依據。

RTI 之鑑定模式具有以下優點（Lerner & Johns, 2012）：1. 學習困難學生可較早獲得甄別與教學介入，不必等待學習問題嚴重化，對障礙具有預防作用；2. 可以減少因教學因素而被推薦去接受特殊教育的學生數；3. 降低因文化不利因素而被鑑定為學習障礙的人數；4. 增加普通教育及普通班教師對學生教學輔導的績效責任；5. 增加普通教育教師與特殊教育教師之合作與共同負責；6. 可以使需要教學輔導的各類學生接受即時之教學介入服務；7. 有助於發展具有科學及研究為基礎的教材教法，並可讓學生在

普通班級中接受到高品質之教學。

不過，RTI 也引發幾項疑慮：1. 普通教育與特殊教育執行 RTI 之權責如何劃分；2. 普通班教師在專業知識不足及班級經營壓力下，能否有效執行 RTI；3. 執行 RTI 可能使真正的學習障礙學生延遲接受特殊教育；4. 執行 RTI 所需之人力、物力可能高於差距模式之鑑定方式；5. 所謂科學的、研究為基礎的教學，其明確定義為何；6. 所謂對教學具有反應，其明確之定義及標準為何；7. RTI 的明確實施過程為何。

至於 RTI 鑑定模式之應用，則以 Fuchs 及 Fuchs（2007）所提三階層模式（three-tiered model）（圖 10-1）較受重視。此一模式將教學介入分為三個階層：1. 階層一：初級預防（primary prevention）：此階層以普通班教師為主體，普通班教師採用具有研究基礎的、高品質的核心教學內容與教學策略（例如：識字、音韻處理之教學）於普通班級中，並對學習成效不佳者採用課程本位測量（curriculum-based measurement, CBM）監控其進步情形。每週至少評量一次，至少持續評量五週後，若學生之 CBM 評量結果仍無明顯進步，則代表其學習具有危機（at-risk），該生即進入第二階層；2. 階層二：二級預防（secondary prevention）：此階層由普通班教師與特殊教育教師進行諮詢合作，但仍由普通班教師或受過訓練之教師助理員為教學主體，由其採用具有研究基礎之教學策略，進行每週三至四次之更密集的小組教學，持續約 10 至 20 週，再以雙重差距（dual discrepancy）方式，選取進步曲線不明顯而且最終學習結果之團體相對地位亦低下者為符合「對教學無反應」的對象，且進入第三階層；3. 階層三：三級預防（tertiary prevention）：進入此一階層的學生即被視為可能具有非預期之學習失敗（unexpected failure）。此一階層需提供多重專業之評估，且分析第一層預防及第二層預防之學習失敗原因，並由特殊教育教師作每日一至二小時之更密集及更小組化或個別化之教學，若 CBM 之資料顯示仍無明顯成效，且經多重專業人員評估確認，該生可進入學習障礙之特殊教育系統，並為其擬定個別教育計畫；反之，三層預防有明顯進步者，則重回第二層或甚至第一層預防。

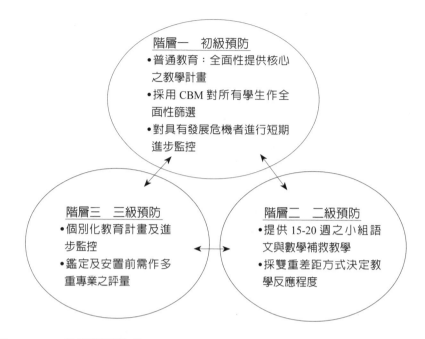

圖 10-1 RTI 的三階層模式（資料來源：Fuchs & Fuchs, 2007, p.15）

第六節　學習障礙者的教學

　　學習障礙者的教學可分成補救式取向（remedial approach）及補償式取向（compensatory approach）。前者主要目標為直接針對學生的缺陷能力或學業學習困難的項目施以補救教學；後者則採取替代或彈性調整方式，避開（bypass）或因應學習障礙學生的缺陷能力。以下分別說明之。

一、基本歷程的能力訓練

　　基本歷程的能力訓練（process training）之基本假定為，學習受基本認知歷程的能力之影響，而學習障礙者既然具有基本認知歷程之缺陷，若能針對這些基本能力加以訓練，則應有助於學習能力及學習表現的提升。因此，該項教學取向即主張針對學習歷程中的知覺、注意、記憶、心理語言能力（psycolinguistic abilities）、知動協調等能力加以訓練。諸如伊利諾心理語言能力測驗（Illinois Test of Psycholinguistic Ability, ITPA）、

Frostig 視知覺發展測驗（Frostig Test of Visual Perception, FTVP）、Kephart（1967）的知覺動作理論（perceptual-motor theory）、Ayres（1981）的感覺統合理論（sensory integration theory），皆為基本歷程的評量與訓練取向。感覺統合理論強調藉由前庭系統（vestibule system，平衡感）、觸覺系統（tactile system，觸摸與皮膚的刺激知覺）、本體感受知覺（proprioceptive system）（運動感的知覺）的統整訓練，以提升兒童有利於學習的基礎能力。

基本歷程的能力訓練取向，或其他強調大腦再訓練（retrain the brain）或治療（cure）學習障礙的方法，雖然曾受到正式或非正式之倡導，但卻未得到實徵研究的充分支持（Friend, 2011），感覺統合能力訓練亦被特殊教育學者視為效果較不明顯之教學方式（Kavale & Mattison, 1983; Smith, 2006）。此類基本能力訓練模式，最大的問題在於訓練效果無法類化至實際的學科學習，換言之，即使所訓練的基本能力已有提升，但仍無法增進實際的學科學習成效。例如：即使經由知覺能力訓練，學習障礙者已能有效辨識「b」與「d」之差別，但卻可能仍易混淆「辨」與「辦」或仍易將「陳」字之部首寫在「東」之右邊。事實上，學業學習的問題仍需由學業補救教學著手，而非進行認知歷程之基本能力的訓練。因此，美國雖然有 92% 的州將基本歷程的能力要素列入學習障礙的定義之中，但其中僅 27% 的州將之作為學習障礙的鑑定標準（Mercer, King-Sears, & Mercer, 1990）。美國學習障礙學會（Council for Learning Disabilities, CLD）（1987）亦曾建議特殊教育人員，除非基於研究，否則最好停止使用知覺（perception）及知覺動作（perceptual-motor）之測驗及其訓練。Hallahan 等人（2005）就以往對學習障礙的研究所作之統合分析（meta-analysis）亦發現，知覺動作訓練（perceptual-motor training）是其中效果最低的教學取向。

二、多重感官取向

多重感官取向（multisensory approach）強調藉由訊息輸入管道的多元化，增進學習效果。例如：Fernald（1988）採用 VAKT 法指導學習障礙者作字彙的辨識。要求學生看著字母（視覺，visual, V），一邊聽指導者唸、一邊自己唸字母（聽覺，auditory, A），並觸寫字母（動作覺及觸覺，

kinesthetic, K and tactile, T）。字母辨識後，再進一步指導其對字彙的辨認，並將所學的字彙應用於實際的學習情境中。不過，此項教學模式的成效，似乎仍缺乏實徵研究的充分支持。Fletcher 等人（2007）根據相關文獻指出，若以嚴謹之實驗設計檢討，有否採用 VAKT 之多重感官識字教學模式，其學習效果並無明顯差異，因此，他們認為或許此一教學模式之效果來自密集、系統及因應學生個別差異之教學，而非來自 VAKT 之多重感官教學模式本身。

雖然 VAKT 之教學模式，其成效或許有其限制，不過，採用視聽媒體、電腦輔助教學、實際參觀、文字及口述並用、視覺圖表或影像輔助等視聽學習，及因應學生優弱勢之學習能力與學習方式之個別差異，應用各種適當之輔助或調整措施，仍是學習障礙學生教學之重要原則（Bender, 2008; Heward, 2009）。

三、基本學業領域之輔導原則

美國 IDEA 法案列出以下學習障礙者可能的學業缺陷領域：口語表達、聽覺理解、書寫表達、基本閱讀技巧（識字）、閱讀流暢技巧、閱讀理解、數學計算、數學解題等。我國教育部（2012）亦列出以下學習障礙者可能的學業缺陷領域：聽覺理解、口語表達、識字、閱讀理解、書寫、數學運算等。事實上，由於各基本學業領域彼此間皆具有相關性，因此，僅具有單一特定學習領域之困難者並不多見。學習障礙者即因這些社會適應所必要之基本學業技能具有一個或一個以上領域之明顯困難，才會被視為具有障礙。這些基本學業領域，除是學習障礙鑑定的重要鑑定標準之一，也是教師進行補救教學的優先考量。

學習障礙學生優先之基本學業補救教學，應包含聽覺理解、口語表達、識字、閱讀理解、基本數學概念、基本數學計算、基本數學解題等。此外，注音符號由於具有輔助閱讀與寫作，及作為電腦或行動通訊的文字輸入之依據，也應列為補救教學項目。在補救教學的基本學業領域中，口語理解與表達，可能因缺乏明確的教材及評量方式，加上多數學習障礙學生具有基本之對話能力，而使口語領域之補救教學易受教師之忽略（Lerner & Johns, 2012）。事實上，口語之聽說能力不但是社會適應極為重要的能

力，也是閱讀及書寫的基礎，其補救教學值得教師重視。

就補救教學的實施方式而言，資源班教師與普通班教師之合作輔導，是學習障礙學生較適合的特殊教育服務模式。學校可經由個別化教育計畫會議及特殊教育推行委員會，討論學生抽離或外加之學科，及每週接受資源班服務之時數。

此外，學習障礙學生之補救教學，亦應注意以下原則：1. 採取明確教學（explicit teaching），教材教法應具體而明確，複雜之學習任務可採工作分析（task analysis），逐步進行指導；2. 鷹架式教學（scaffolded instruction），即由具體而抽象，由簡易而複雜，由支持協助而促其獨立學習；3. 先在教師示範監督下作引導練習（guided practice），再讓學生獨立練習；4. 教過之內容需作累積式複習（cumulative review）；5. 指導學生學習策略或學習方法；6. 培養學生自我管理或自我監控；7. 善用增強，讓學生獲得學習成就感。

四、學習策略指導與基本學業補救教學

學習效果與學習者對其認知歷程的認識與監控，及對學習策略的主動使用有關。學習策略與後設認知能力的訓練，主要方法有學習策略的指導、自我監控的指導、歸因信念的再指導等。教師可依特定學科有關的學習策略及其應用步驟，對學習障礙者作明確的指導及給予充分的練習，並指導學生以自問自答或內隱對話（covert dialogue）的方式，監控自己的學習活動。例如：閱讀理解（reading comprehension）即可依閱讀歷程作以下的策略指導：1. 確認閱讀目的，調整閱讀方法（例如：閱讀目的為休閒或應考，則閱讀方式亦將有所不同）；2. 瀏覽全文大要（例如：目錄、標題）；3. 確認文章重點（例如：根據標題、粗體字、文章主旨等）；4. 將文章重點畫線或作特別標示（例如：畫星號）；5. 遇到不能立即理解之處，放慢閱讀速度、重行閱讀；6. 應用上下文的關係，推測字彙或文句意義；7. 引發先前知識以幫助理解文意；8. 長篇文章讀完一段，短篇文章讀完全文，回想大意，或寫下重點、摘要；9. 標記無法理解之處，尋求澄清；10. 確認或掌握文章架構（例如：根據目錄、段落、主題等方式回憶文章內容）；11. 確認文意是否有不合理之處；12. 推論文章的引申涵義；13. 自問自答，

以確認是否理解文意；14. 監控自己是否專注於閱讀活動；15. 監控自己對學習策略的應用成效，並作適度之修正。

此外，Palinscar 及 Brown（1984）所提出之交互教學（reciprocal teaching），也常被應用於學習障礙學生之閱讀理解教學。此一教學模式主要包括四項學習策略之指導：預測（predicting）、提問（asking questions）、澄清（clarifying）、摘要（summarizing）等。指導時，亦應注意策略之應用責任需由教師引導逐漸轉為學生之主動承擔。故事結構（story structure, story grammar, story map）之教學，則是另一常用之閱讀或寫作教學策略。故事結構教學主要教學過程為指導學生藉由認識故事之主要結構要素，理解及憶取故事內容，或作故事文體之書寫表達。一般而言，故事包含以下主要結構要素：主角、情境、主要問題、經過或解決問題的經過、結局、主角反應等。針對多數閱讀困難學生常有之閱讀流暢度（reading fluency）的問題，則可採用重複閱讀（repeated reading）之教學方式。進行之初，教師可先示範如何作流暢性之朗讀，接著讓學生跟著教師讀，最後讓學生自己朗讀。學生經過練習後，再利用重複閱讀一次或一次以上之方式，增進閱讀之流暢度。具備流暢度，則有助於對文章內容之理解。

寫作或書寫表達（written expression），重視的是意念之表達與溝通，而非寫作格式之固守。寫作策略教學以自我調適策略發展（self-regulated strategy development, SRSD）最受重視（Harris, Graham, & Mason, 2003）。自我調適的寫作策略，並非具有特定教學成分的寫作策略，而是一項重視指導學生對寫作歷程採取主動的瞭解、計畫、執行與監控的寫作教學取向。TOWER 即為其中之一，此一教學策略即指導學生面對寫作，能夠依寫作歷程採取以下寫作策略：思考（Think, T）寫作內容、將主題句及其細節加以組織（Order, D）、撰寫初稿（Write, W）、避免或找出可能的錯誤（Errors, E）、修改或重寫（Revise/Rewrite, R）（Mercer & Mercer, 2009）。Harris、Graham 與 Mason（2003）亦以故事體文章為例，提出「POW+WWW, What=2, H=2」之寫作教學策略。POW 即指導學生選出（Pick, P）寫作意念，組織（Organize, O）寫作內容，撰寫（Write, W）且多說些或細節說得更充足。WWW 即指導學生寫作時需注意主角是誰（Who, W），故事發生在什麼時候（When, W），故事發生在什麼地方

（Where, W）。What=2 即指導學生注意主角做了什麼（What, W），然後發生了什麼（What, W）。H=2 即指導學生注意故事的結局如何或故事如何結束（How, H），主角反應為何或主角如何感受（How, H）。

記憶策略（mnemonic strategies）也是另一個深具應用效果的學習策略。Hallahan 等人（2005）所作的文獻統合分析，發現學習障礙者的相關教學研究中，記憶策略是其中應用效果最佳之教學策略。Wolgemuth、Cobb 及 Alwell（2008）分析二十個相關研究也發現，研究結果強烈支持（strongly support）記憶策略之應用效果。記憶策略之應用即教師應用教材編輯及作記憶方法之指導，增進學生之記憶表現，例如：反覆練習法、諧音法、心像法、大綱法、關鍵字法、列舉法等等（邱上真，2002）。

識字教學方面，英文為拼音系統，因此，英文之識字補救教學強調音韻覺識（phonological awareness）之訓練，但中文並非拼音系統，漢字識字補救教學即需考量中文特色。漢字的主要教學策略包括：1. 部首表義：例如言部的字（例如說、論）通常與言語有關；2. 聲旁表音：例如將同韻的形聲字歸類指導（例如清、晴、情），並指導學生以聲旁協助辨識字音；3. 組字規則：例如「竹」此一部件通常位於字的上端；4. 部件分析：即將結構較為複雜之文字作部件之分解，使學生易於瞭解文字結構，例如將「魏」字分析為「禾、女、鬼」等部件；5. 基本字帶字：即先指導某一基本字，再由此基本字帶出具有相同基本字的一組字作同時指導，例如「輛、輸、輕」皆具有「車」之基本字；6. 文字意義化：例如「瞎：目（眼睛）已害」，或應用造字六書原理，指導學生「明」即「日月」之光、「休」即「人靠木」狀等。實際教學時，教師即可兼採這些有助於記憶之教學方法。注音符號之教學，亦可採用意義化之教學法，例如「ㄇ」、「ㄩ」即呈現一幅與該注音符號形音有關之帽子、魚缸圖片，協助學生記住這二個注音符號之形與音。

數學解題方面，則可指導學生以下之解題過程（Mercer & Pullen, 2009）：1. 以理解監控或自問自答方式，閱讀題目、理解題意、確認解題之關鍵詞彙；2. 以自問自答方式或進一步以畫出圖解的方式，確認解題目標及題目各變項間的關係；3. 思考可行的解題方式及列出解題算式；4. 以自問自答方式監控自身之解題歷程的專注性、題意理解程度及解題方式之

適當性；5. 檢驗解題結果是否符合題旨。

除學科學習的策略教學之外，許多學習障礙學生也常有考試技巧不佳的問題，因此，教師除提供適當之評量調整外，亦需進行考試技巧之輔導。通常指導內容包含以下幾項：1. 考前方面：例如注意考試舉行之資訊（如考試之日期、科目、範圍、題型等）、考前充分復習及澄清學習內容之疑慮、依據相關資訊確認重點內容、依不同考試題型調整讀書方法、自我監控考前準備情形等；2. 考試中：例如注意考試起訖時間、適當分配作答時間、仔細閱讀試題、注意作答說明、先行略過較難試題、刪除不可能的答案、檢查有否漏答、檢查答案等；3. 考試後：例如查閱或尋求解答、複習尚未習得之學習內容、由考試中獲得啟示等。

許多學習障礙學生也易將學習失敗歸因於自己之能力不足或學習任務太難，以致不願投注心力於學習工作，因此，除認知或學業學習之策略教學外，亦應進行歸因再訓練（attribution retraining）。教師需指導學生將其學習失敗歸因於努力不足與策略不當。若學生能將學習表現歸因於策略及努力，則將有助於增強其學習動機及對學習策略的主動使用。

學習策略與後設認知能力的訓練，對學習特定內容雖具有明顯助益，但訓練結果卻不易類化（Reid & Lienemann, 2006），因此，教師最好針對實際之學習內容作學習策略之指導，而非力圖訓練一項可普遍應用於各種學習內容之學習策略。

五、行為原理之應用

行為學派（behaviorism）所提倡之行為原理，其主要的應用範圍有增強原理、環境控制、直接教學等。增強原理即以「正、負增強」、「處罰」、「消弱」、「工作分析」、「相互抵制」、「社會學習」等原理，應用於學生學業學習與行為的輔導。環境控制則強調對影響學習的教學環境之分析與控制。例如：將書桌以三面隔板隔絕外界的干擾刺激，並將桌面的無關物品排除，或使兒童坐於教師易於觸及的座位，以控制其過動或分心之行為。另外，也可採用行為功能評量（function assessment），分析影響學生某一不當行為之環境、行為特質與行為後果等三項因素，再以環境調整或採正向行為介入及支持之方式（positive behavior interventions and supports），指導學生以正向行為取代其不當行為。

直接教學（direct instruction）也是行為原理的應用。所謂直接教學具有以下涵義：1. 直接針對學業學習內容作教學，而非實施與課程無直接關係的基本歷程能力訓練；2. 著重於兒童能力優劣之因應，及有效教學原理之應用，而不重視兒童的病因、標記（labeling）或分類（classification）；3. 教學歷程中，教師立於主導地位，而非僅是從旁協助而已；4. 對於希望學生習得之內容，需明確而直接的對學生加以逐步指導，並提供明確的正反實例與學習回饋，及給予引導練習，且促其熟練與獨立應用。

六、注意力缺陷過動症的治療與輔導

許多學習障礙學生伴有 ADHD 之問題，教育的方法固然是 ADHD 重要的輔導方式之一，但對於嚴重的過動行為，則藥物仍為有效的處理方式。最常使用的藥物為短效型的 Ritalin（利他能，一天服用二次）或長效型的 Conterta（專司達，一天服用一次）等，其成分為甲基芬尼特（methylphenidate），屬於中樞神經系統興奮劑（psychostimulants）或神經刺激藥劑（stimulant medications）（連文宏、洪儷瑜，2011）。

藥物治療亦需注意幾個原則：1. 藥物應於教育措施與環境調整無明顯效果之後使用；2. 使用藥物應經專業醫師的診斷與處方，且應避免非患者嘗試此一藥物；3. 藥物使用應為醫師、教師、家長、學生本人之共同討論與合作；4. 藥物應與教育處理、環境調整等合併使用；5. 教師、家長及學生本人，皆不應將所有行為問題歸因於藥物。即使服藥，學生本人、教師與家長對行為問題，仍分別負有自我控制與指導的責任；6. 藥物只能控制兒童的過動行為，讓兒童處於較有利於學習的條件，但它並無法代替教學。不當行為受到控制後，仍應積極從事教學，才可能提高學生之學業成就。

許多家長經常對 ADHD 之藥物治療有疑慮，不過，研究顯示，只要經由適當之診斷處方，Ritalin、Conterta 等藥劑治療對多數 ADHD 仍是安全有效的方法。不同研究，對藥物治療效果的推估，也略有差異。其推估分別為 70%-80%（CDC, 2013）、70%-85%（Rosenberg, Westling, & McLeskey, 2011）、80%-90%（連文宏、洪儷瑜，2011）或 90%（Taylor, Smiley, & Richards, 2009）的 ADHD 學生服藥後，對其核心症狀、作業完成及一

般品行，具有積極作用，但各研究亦大都發現，單純之藥物治療對於提升學業成就，效果較不明顯。就對學生行為管理產生的效果而言，結合藥物與行為管理二項處理方法，效果最佳，其次為單獨使用藥物，而單獨使用行為管理的方法，則效果明顯低於前二種處理方式。此外，服藥後之失眠、食慾減低、頭痛、體重降低、情緒不穩等副作用，也常在調整劑量後可獲改善。因此，就副作用及其效用之比較而言，藥物治療仍是對 ADHD 學生值得採行的重要處遇方式之一（CDC, 2013; Connor, 2006; Hallahan et al., 2012; Heward, 2009）。

Barkley（2006）認為，ADHD 的主要問題在於行為抑制（behavioral inhibition）與執行控制（executive function）等二個互有關係的行為自我處理機制。前者即難以自我抑制，使其得以控制衝動及延後反應、中斷不當行為、不受其他干擾刺激的吸引；後者即代表行為的自我管理或自我調適，亦即對不當行為之自我抑制與對目標導向之正向行為（goal-directed behavior）的自我調適。因此，除藥物治療外，自我監控（self-monitoring）或自我管理（self-management）即成為有效的教育介入措施之一（Reid, Trout, & Schartz, 2005），此一策略即訓練學生對自己的行為加以分析、調適、監控、記錄、自我增強等。

七、情意與社會技巧的教學

學習障礙學生之教學介入，其重點除基本學業能力之培養外，亦不可忽視情意與社會技巧之指導。一般而言，社會技巧包括幾個互有關係的主要內容：1. 對自我的瞭解與調適：例如自我優弱勢的瞭解與自我接納、適當的獨立性與自我概念、負責與自信、情緒與壓力的處理、自我權益的主張、問題解決與計畫能力等；2. 人際互動技巧：例如建立與維持人際關係的技巧、他人情緒與想法的同理及判斷、尊重他人、對他人之讚美與批評的接受及表達、人際衝突的處理等；3. 做事方法與環境適應：例如做事的計畫與方法、團體規範遵守、團體生活的適應、時間管理方法等。

社會技巧的訓練則可採用具體敘述方式，明確說明某一社會技巧之應用情境與應用方式，再配合教師、同儕或影片之示範，然後進行復習，讓學生以口述方式復習應用某一社會技巧之過程，並讓學生實際演練。學

生口述及演練時，教師則針對其表現給予具體之回饋，以增進其對此一技巧之正確應用。最後則需讓學生在實際生活情境中加以應用，並由教師給予再指導（Mercer & Pullen, 2009）。若能配合班級同儕之共同指導，及採用同儕中介或協助之教學（peer-mediated or assisted instruction），則更有助於學習障礙學生之社會技巧發展與同儕接納（Prater, Serna, & Nakamura, 1999；Smith, 2007）。

情緒及信念之輔導方面，則可由以下途徑增進之：1. 協助教師、家長、同儕對學習障礙的認識與接納；2. 協助學生瞭解自身之學習障礙性質與自我接納；3. 提供適當之教材教法使學生具有學習成就感，並經常獲得教師之鼓勵；4. 協助學生建立人際關係及同儕歸屬感，且避免學生受同儕之排斥或嘲笑；5. 發展學生之優勢才能，增進其自信；6. 轉介學生接受較專業之心理諮商輔導，以協助其發展出正向的情緒信念。

八、親職教育

家長與學習障礙學生接觸的時間比學校教師更多，亦負有更多孩子教養的責任，因此，也可能產生比學校教師更多的學習障礙兒童之教養困擾。此外，由於學習障礙較屬隱性障礙，家長可能不易查覺其子女之障礙而將學習失敗責任過度歸咎其子女。因此，將家長視為整體教育團隊之一員，也是學習障礙兒童教育的重要趨勢之一。學習障礙者親職教育包括以下重點（Lerner & Johns, 2012; Mercer & Mercer, 2009）：1. 促進家長對其子女之學習障礙性質的瞭解與接納；2. 讓家長瞭解協助其子女適當發展的家庭措施及教養方法；3. 提供家長各種學習障礙的相關資訊；4. 協助家長參加各種家長團體或專業組織；5. 協助家長瞭解及爭取依法其擁有之相關權益；6. 促進家長主動參與其子女的學校教育；7. 促使家長成為教師的教育合作夥伴。

九、幼兒與成人之學習障礙者的輔導

雖然正式的學習障礙幼兒早期介入方案不多，但早期介入對學習障礙教育仍具有以下重要意義（Lerner & Johns, 2012）：1. 促進幼兒全面性發展（認知、語言、知動技巧、社會情緒、社會適應等）；2. 預防或降低續

發性之問題；3. 減少家庭教養壓力；4. 減少未來對療育機構之依賴；5. 減低幼兒將來對特殊教育的需求；6. 減少政府對幼兒未來的健康照護及教育之支出。

雖然學習障礙幼兒的鑑定不易，不過，一般而言，口語理解與表達能力不足（例如：接受性與表達性的詞彙量很少；對各種指示的理解能力不足；缺乏說話之抑揚頓挫；主動溝通表達能力不足；語法能力不足等）、早期的讀寫技巧不佳（例如：文字、數字或符號辨識能力低；缺乏物品名稱或顏色名稱快速命名的能力；對印刷物不感興趣等）、知覺動作技巧發展遲緩（例如：粗大或精細動作協調不足；著色、仿繪、描繪能力不足等），是學習障礙幼兒之重要徵候（Hallahan et al., 2012; Lerner & Johns, 2012）。

除強調早期介入外，學習障礙成人之輔導亦受重視。研究顯示，多數學習障礙者升學大專校院的比例較低，大都從事部分工時之工作、工作職等較低、薪水較少（Friend, 2011）。因此，教育人員應重視成人學習障礙者之升學與就業轉銜輔導。成人學習障礙之輔導包括以下重點：1. 升學的轉銜輔導；2. 就業的轉銜輔導；3. 職業能力與就業知能之促進；4. 培養人際溝通及社會適應能力；5. 實用性讀寫及學業能力之強化；6. 學習策略教導；7. 大學及各種證照考試之調整措施；8. 培養獨立生活及自我管理能力；9. 家庭及婚姻生活的因應；10. 自我權益的爭取與維護等。

Hallahan 等人（2012）指出，智商與學業成就，是預測學習障礙成人其成功與否最重要的指標。此外，下列各項也是區分學習障礙成人能否成功之重要指標：1. 堅忍；2. 設定適當的自我努力目標；3. 發展自己的優勢，且接納自己的劣勢；4. 獲得朋友及家人強烈的支持；5. 曾接受密集及長期之教育介入措施；6. 接受高品質之職前及在職訓練；7. 獲得環境的充分支持；8. 不受學習障礙束縛，擁有生命主控權。

十、替代或彈性調整措施

學習障礙學生的缺陷學科或能力，固然應加以補救，但有些能力缺陷即使施以各種補救教學，仍難以有效改善，則可採取替代或調整的方式，或補救式與補償式二種方式同時進行。以下說明幾項主要的補償式取向之

應用。

㈠ 調整評量方式

接受標準化測驗或一般紙筆測驗,通常需具備專注力、動機、口語理解與表達、閱讀理解、書寫表達等先備能力,但許多學習障礙者卻常缺乏這些先備能力,因此,若未作適當的評量調整(assessment accommodation),則極易低估其測驗表現。主要的評量調整包含幾方面(胡永崇,2005;Lerner & Johns, 2012):1. 評量內容的調整:針對學習能力明顯低下者,若教學內容已作調整,則評量內容亦需調整;2. 評量時間的調整:例如延長評量時間、採取分段評量方式、選擇學生較具專注或動機的時間等;3. 評量情境的調整:例如減少環境干擾、採個別或小組評量方式、提供評量過程的協助等;4. 呈現方式的調整:例如改採教師口述試題內容、加大試題之字體與間距、標示或加強試題關鍵字詞等;5. 反應方式的調整:例如改採學生口述答案方式、允許學生使用電腦輸入作答、錯別字不扣分等;6. 輔具使用:例如數學解題允許學生使用計算機、允許學生查字典、允許學生查閱九九乘法表或查閱注音符號表、提供放大或照明設備、提供錄音或播音設備等。

評量調整對學習障礙學生固然極其重要,但亦需避免影響測驗之效度,亦即該測驗所要測量的能力,即不可為避開學生此一能力之缺陷而採取評量調整,例如若測驗之目的即在於評量學生之識字能力,則不可採用教師對測驗字詞加以口述之方式,否則學生在該測驗之表現即可能被錯誤性高估。此外,評量亦需避免造成測驗之不公平。一般而言,若普通學生接受此一評量調整後,測驗表現並無提高,但學習障礙學生接受此一評量調整後測驗表現提高,則此一評量調整即未違反公平性;反之,若普通學生接受此一評量調整後,測驗表現亦明顯增加,則此一調整方式即可能已影響測驗公平性了。

㈡ 彈性變通的教學

面對學習障礙學生之能力缺陷,除評量調整外,尚需配合教學調整。例如計算能力缺陷的學生,數學解題之教學過程即可允許學生使用計算機;傳統指針式時鐘認讀有困難者,則可指導學生數字型電子錶;解題困

難學生之教學需配合實例、圖示及解題策略之指導;閱讀有困難的學生,可以增加其聽錄音帶或看(聽)錄影帶的機會,以豐富其知識或常識,教師之板書內容亦需注意因應學生之識字問題;對於寫字困難的學生,減少其作業抄寫、延長其寫作業時間,或將作業簿的格子增大,便於書寫,或允許使用電腦打字,或其他之作業內容與方式的調整;對於注意力不集中的學生,上課過程中常給予提醒及縮短學生需持續專注的時距;易遺忘應帶物品者,指導學生以備忘冊或檢核表的方式自我提醒。

㈢ 優勢能力的重視

學習障礙學生常具有明顯之個別內差異現象,因此,有些學生某一學科具有學習困難,但其他學科或其他才能卻可能具有較佳或甚至優異表現。教師可參考多元智能理論(multiple intelligence)或多元才能之觀點,對於學習障礙學生之弱勢學習能力固然應採取補救或補償之各種方法加以強化或因應,但對於學生優勢能力之發掘及培養也不應忽略。也許不是每位學習障礙者皆可成為媒體常報導之「學障名人」,但優勢能力之培養及多元價值觀點的建立,卻有助於提升學生之自信心及生涯規劃。

💡問題與討論

1. 學習障礙的定義及鑑定標準,具有哪些爭議?並請討論各人對這些爭議的看法。

2. 學習障礙與一般之學業低成就,其性質有何差別?其教育內容有何差別?

3. 討論 RTI 對學習障礙者鑑定的實施方式,及如何應用於國內之學習障礙者的鑑定。

4. 學習障礙常有各種奇異或爭議性的治療方法,討論這些爭議性之治療方法及評估其治療成效。

5. 後設認知策略是學習障礙者教育極受重視之教學策略。請就閱讀理解、書寫表達、數學解題等領域討論其應用實例。

第十一章

多重障礙者之教育

李淑玲

第一節　定義

第二節　鑑定與評量

第三節　特徵

第四節　發生率

第五節　成因

第六節　課程與教學

第七節　教育安置

第八節　早期介入

第九節　轉銜至成人

　　本章主要說明多重障礙的定義；全方位的鑑定與評量；多重障礙者的學習特徵、友誼與人際關係與生理特徵；多重障礙者的發生率與成因；多重障礙者的課程與教學、教學安置以及早期介入、轉銜至成人。

第一節　定義

　　Algozzine 與 Ysseleyke（2006）指出，多重障礙類別為一種主要障礙或兩種類別以上多種類別的身心障礙，含有一種主要障礙與其他次級障礙情況者，目前的定義為伴隨損傷（如智能障礙與盲、智能障礙與外科整形損傷等等）引起顯著教育嚴重問題，一個孩子有超過一種障礙，可能包含生理、認知、溝通、感官、或情緒困難，而淪為所有的或某些障礙類別。Mednick （2007）將多重障礙定義為有一種以上的障礙，可能包括感官（Sensory）、肢體（Physical）、心智（Intellectual）、溝通（Communication）與情緒／心理（Emotional and psychological）上的困難，總稱 SPICE。Orelove 與 Sobsey（1996）指出多重障礙與需要密集的支持，其中智能障礙與一種或多種以上明顯動作或感官損傷與 / 或特殊健康照顧需求的孩子有關，通常會和重度障礙者有關聯，結合生理、醫療、教育與社會 / 情緒等多方面的需求，專家對多重障礙孩子的教育責任也呈現極大的挑戰。換句話說，多障者就是需要多方面支持與服務，例如：移動、溝通、自我照顧與學習上多方面的支持，來進行生活活動達到獨立生活、職業與自我實現（Meyer, Peck, & Brown, 1991）。

　　目前，ICF 模式對我國特殊教育最大的影響，就是特殊教育相關法規修正時的參考準則，進而影響我國特殊教育障別的定義與鑑定基準。最直接影響的，就是「身心障礙者權益保障法」的修訂，鑑於對身心障礙者的照顧和保障，我國對於身心障礙者之分級與鑑定標準自民國 69 年「殘障福利法」開始，訂定法律條文，明定條文列出身心障礙者的類別範圍與其相關的福利與保障。隨著時代潮流的發展，對此立法一共經歷三次大改革之過程，從 69 年的「殘障福利法」到 86 年「身心障礙者保護法」，最新的立法則為 96 年「身心障礙者權益保障法」。對於多重障礙的定義也從舊法「身心障礙及資賦優異學生鑑定標準」改為民國 101 年 9 月 28 日新

修訂之「身心障礙及資賦優異學生鑑定辦法」（見表 11-1）。

表 11-1　多重障礙定義在新舊法的異同

身心障礙及資賦優異學生鑑定標準 （舊法）	身心障礙及資賦優異學生鑑定辦法 （新法）
第十一條　本法第三條第二項第九款所稱多重障礙，指具兩種以上不具連帶關係且非源於同一原因造成之障礙而影響學習者。多重障礙之鑑定，應參照本標準其他各類障礙之鑑定標準。	第十四條　本法第三條第九款所稱多重障礙，指含兩種以上不具衍生性關係之顯著障礙而影響學習者；其鑑定應參照其他各類障礙之鑑定基準。

　　總而言之，早期係以腦性麻痺、聽覺障礙、視覺障礙、智能障礙等四種障礙為主的多障，近年來，學者認為任何有關多障的定義必定是很廣泛的，因為它包含非常異質性族群，例如：精神異常、盲聾、與合併健康、動作與認知損傷。多障者就是需要多方面支持與服務來進行生活與學習活動，達到獨立生活、職業與自我實現。

第二節　鑑定與評量

　　障礙類別與障礙程度的影響越大，對評估多障孩子的能力可能就更具挑戰性，評估多障孩子的個別技能必須對孩子與家庭的需求適性，還必須考量到文化與語言。Thompson、Johnstone 和 Thurlow（2002）依據全方位設計的概念，提出「全方位設計評量」，包含全體學生均可參與的評量，精確的評量構念，試題是容易接近、沒有偏見的，容易進行調整，施測說明和實施程序簡單、清楚，並且能夠憑直覺操作，容易閱讀和理解，清楚易讀等七個元素。目前 Salvia、Ysseldyke 與 Bolt （2007）為特殊兒童發展出全方位設計評量，將全方位設計功能用在評估中，可能會變得更加容易地評估多重障礙兒童。但在那之前，多重障礙兒童教育評估仍然是一項複雜而艱鉅的任務，這些挑戰包括評估的管理和評估結果的解釋。

　　首先就評量管理的議題上，根據多重障礙的具體影響，評估需要做調適讓孩子能參與，調適以適應學生的多種障礙，並確保我們獲得他或她的

能力和需求準確的狀況，調適可能包括測驗的教材或過程讓學生參與，以至於可以評量他們的「能力」而非他們「不能」的部分（Salvia, Ysseldyke, & Bolt, 2007）。以下四種方式為多重障礙學生在評量上的調適（Mednick, 2007）：

1. 多元的呈現：重複的指示；報讀者、筆譯、口譯；大字體、點字等。

2. 多元的回應：圈出、指出或連連看表達出答案、用電腦、按按鈕或其他科技輔具、口述回答等。

3. 安置：輪椅近用或為其他肢體需求的調適、特殊的採光、獨立的房間或研究室等。

4. 時間／流程：允許延長時間或隔一段時間休息一下，以免太勞累等。

以上多重障礙學生所需的特殊調適需列在 IEP 中，並且應於此生所有的評量中適用，同時也要小心地解釋這些評量結果。另一項議題就是解釋多障生的評量結果是非常特殊的挑戰，主要的困難是參與常模參照測驗，這些測驗是以普通孩子群組的標準化評量，為了讓我們比較個別孩子的分數與其他同齡孩子的典型分數，對多重障礙者使用常模參照的困難是常模參照孩子的群組是一般孩子很少包含身障孩子，所以下結論多重障礙者與一般孩子比較可能會導致錯誤假設（Mednick, 2007）。Mednick（2007）指出如果我們要評估腦麻孩子的認知能力，我們用的常模中沒有像腦性麻痺孩子般動作困難經驗的智力測驗，而測驗中需要動作操作的教材，需計時的肢體動作回應，或甚至抽象的回應，例如：呈現典型物件的圖與要求孩子估算一個以上的重量，以常模中的孩子來比對腦麻孩子有極大的不利，因為這些不利，測驗對此生是無效且低估孩子的認知能力。

Stump（1995）提出廣泛脈絡性評量，透過各種脈絡背景與因素蒐集學生的經驗、技能與能力等資料，並據以解決各項評量的問題，以學生為中心向外擴展後的學生生活、工作、學校與在家庭、學校與社區的遊戲行為表現的資料，透過以下的方法蒐集資料：

一、從現有的紀錄中尋找資訊

在評估之前盡可能蒐集以下的資料：

1. 一般的肢體能力與動作損傷。

2. 醫學史與醫藥管理。

3. 總體的溝通與認知的功能。

4. 一天當中清醒的層次：因為當孩子昏昏欲睡時去評估他是無意義的，應該在適合孩子個別的動機下能在環境中反應。

5. 喜愛的環境狀況：在舒適的環境中進行評量過程，需要冷靜與放鬆，需要促使他們起而採取行動。

6. 記住什麼可以引起孩子的動機與他所喜愛的：在環境中的擺位可以引導學習，選擇可以降低平衡姿勢控制與頭部控制等問題的擺位，評量目的（例如：測試視覺或聽覺）是靠孩子的擺位。

7. 多重障礙學生過去的 IEP 可以作為參考的資料。

8. 多重障礙學生過去嘗試要完成的目標，不管他們是否有達成。

二、晤談家長決定教育目標

1. 與家長約定一個他們方便的場地，通常是學校或家中。

2. 試著瞭解並尊重各個家庭在文化上的價值。

3. 為了增進家長參與的機會，在會議中盡可能安排看護來提供照顧。

4. 避免使用術語與高傲的姿態，展現對家長的尊重並對於家長的看法保持接受的態度。傾聽多於說話。

5. 準時到達排定的會議，會議通常不超過一個小時。

三、使用適應行為量表

適應行為量表提供一個檢視學生在日常生活領域技能的機會，這些典型的項目包括日常生活技能、社區技能，還有特定領域的功能（例如：適當的社會行為、溝通、動作能力與基本的學業技能）。常見的適應行為量表的種類，例如：文蘭氏適性行為量表或林麗英（2005）編製的極重度多重障礙個案照護與療育課程評量指導手冊、徐享良（2002）的中華適應行為量表。

雖然使用這些量表不需經過嚴格的正式訓練，但是在使用時仍然必須非常的小心。雖然適應行為量表並非總是指出最重要所必須被教導的技

能，但是他們的意義在於提供關於瞭解一個重度障礙學生的能力向度。許多適應行為量表提供了各個領域的高低曲線來表現學生的優弱勢能力。使用適應行為量表的注意事項如下：

1. 這個量表應與不同的情境有關。

2. 表列出應該可以理解的行為。

3. 應該要有與教學活動連結的項目。

4. 應詳細列出表列的向度，以便教師決定初步的教學計畫。

5. 教學指引的方式應能指示出各個領域的內容。

四、生態評量

生態介入一直是描述學生與其所生活的環境之間互動的關係，教師透過生活環境的資料分析，可以瞭解學生在其生活領域方面的能力。為了獲取相關的資料，教師家長與其他專業團隊的人員必須先描繪出學生所學習的環境，學生功能性能力考量的向度如下：

1. 學生在生態過程當中的主環境與次環境的表現情形？

2. 學生在休閒時間所從事的活動？陪他從事活動的對象？

3. 學生如何在不同的環境與不同的人當中表達自我？

4. 學生與其他非障礙同儕之間的關係？關係如何？當中是否存在適當的社交活動？是否存在友誼？

5. 學生是否有關於生理或感覺能力方面的限制？學生是否可以下床或不能走動？學生是否需要矯正的設備？

6. 學生是否存在不合適的行為（例如：自傷或攻擊性行為）？是否發生在特定的情境當中？這些不合適的行為是否與溝通的表達或特定情緒的表達有關？

五、評量相關的技能

有關多重障礙學生評量的相關技能，包括溝通技能、動作技能、自我抉擇技能、社會技能與傳統學業技能。

六、學生表現的檔案評量

卷宗評量不是直接測量學生的行為表現，而是在一段時間內，蒐集能反映學生進步與學習情形的資料，對於學生的表現，提供一個綜合廣泛的觀點。適切的檔案評量應包括：學生的寫作作品、學生製作的完整活動紀錄、學生作品的照片或實際樣品、學生發表意見與想法的紀錄、學生在不同活動的軼事紀錄、學生參與某些活動的錄影帶、學生完成的檢核表（諸如某些課程或適應行為量表）、教師的筆記或軼事紀錄、顯示學生進步情形等資料。

七、專業團隊方式合作原則

由於多重障礙是涵蓋兩種以上障礙的身心障礙者，需不同專業的互動與合作，專業團隊方式三種常見的團隊模式：多專業模式、專業間模式、跨專業模式，其中跨專業團隊對提供給多障學生服務來說是最有效的（Orelove & Sobsey, 1996; Rainforth & York, 1997）。

㈠ 評估和計畫

檢視環境對學生的影響為何（此稱作生態環境需求評估），然後決定哪些需要修正、調整，或是在這些環境中所需的技能有哪些；接著觀察學生在目標性的環境中之表現，來決定需學習的重要技能。教師和其他的團隊成員彼此分享他們所作的觀察，以找到下列問題的答案（Campbell, 1987）：

1. 哪些技能會被選作為目標？
2. 有哪些合適的設備、材料能幫助執行技能？
3. 哪些策略能用來教導某些技能？
4. 何時何地能執行教學？且由誰執行？
5. 教學的效果將如何測量與反思？

㈡ 提供整合性的治療

提供整合性的治療方式是跨專業模式中很重要的部分（Rainforth & York, 1997），學生有許多自然的機會去運用必要的技能，以促進生理及

溝通功能的發展。治療師能在該情境中對其必備的技能提供直接的治療，讓學生也能同時參與不同的學習活動。所有的活動應該合併功能的目標與治療的目標。

(三) 專業人員的角色釋放

跨專業模式的另一個重要特徵為角色釋放，讓傳統上不同的專業人員所提供的某些服務由其他的專業人員來提供。角色釋放要能成功的話，專業人員必須彼此分享資訊，且說明某些程序如何進行（Lyon & Lyon, 1980）。三種治療方式能適用在跨專業的團隊模式中（Dunn, 1991）：

1. **直接服務**：最傳統的介入方式，由治療師提供給學生，且通常是採抽離的方式；雖然在自然的情境中提供治療的方式是比較好的，但有些情況是治療師必須單獨與學生在不受干擾的環境中進行；然而，治療的目標應與學生的教育需求相關，且可能的話，必須轉變至自然的學習情境中實行。

2. **督導**：治療師參與一開始的評估、計畫，以及指教老師及其他人如何在自然環境中執行這項計畫，治療師與教師保持定期的接觸（通常一個月至少兩次），決定在介入過程中有任何需要改變的地方。從治療的觀點來看，在某些情況下督導是合適的 （Dunn, 1988）。

3. **諮詢**：能用來提供給個別的學生之個案諮詢，或是其他專業人員需求的同儕諮詢，或是學校系統一般需求的系統諮詢。很明顯地，在跨專業模式中，諮詢是治療師參與的最佳方式，當所有的治療師主要都以諮詢的角色參與的話，就有機會將不同的專家見解融合應用在學生的需求上。

(四) 跨專業團隊的有效合作

為了讓跨專業團隊有效地發揮功能，團隊成員必須承擔某些角色及職責。對於很多專業人員來說，要參與跨專業團隊是不容易的，必須要懂得分享見解、角色釋放、共同商議，這會帶來很多好處，但團隊成員的個人特質可能有時候會帶來阻礙。Pugach 和 Johnson （1995）提供幾項有效的團隊功能的建議，如下所述：

1. **團隊精神**：團隊成員若能化解衝突、清楚地溝通、保持穩定及開放、願意冒險的話，將會是最有效的團隊，且這些個人的特質將對團隊成

員有很大的幫助。

2. 與會的時間及地點：行政人員應允許有充分時間，每週至少有一次的會議，在上課前或放學後，以及舒適且適合作團體討論的適當地點舉行會議。

3. 團體的促進者：雖然所有的成員應共同合作，但必須分派一人當作此團隊的促進者，此人可能是行政人員或在融合情境裡提供學生支持的特教教師。促進者應對相關的議題博學多聞，並能夠在會議中維持正向且合作的氣氛；能夠清楚地溝通是一項非常重要的能力，能化解成員的衝突，並提升團隊的和諧一致。

4. 安排：應透過計畫主題的議程來安排會議，例如：在議程中討論學生的情形、表達教學上的問題或需求。

5. 目標設定：假如團隊成員對他們的目標達成共識的話，他們將會合作愉快；清楚地陳述團隊的目標是什麼的話，他們將能更有效地合作。有時候促進者必須讓團隊保持最佳狀態，透過團隊成員的共識達成目標；目標的設定應該要實際可行，且成員對目標的設定應特別地注意，避免造成學生家長及家庭有過重的負擔。

6. 化解衝突：團隊應能透過調解來化解衝突。如果能對造成衝突的議題有清楚的瞭解、透過協商及達成共識的話，衝突就能化解；必要的話，亦可透過成員來表決。

總之，有效教師往往會妥善地記錄學生的評量過程，因為這有助於瞭解學生的持續進步情形，並不斷地改進，而這也正是特殊教育之中，相當重要的一環。除此之外，當前教育的趨勢乃為「真實評量」，也就是說，不管受試者是正常或是障礙學生，都要在真實的世界與社會環境中，表現他所學習的技能。另外一個盛行的趨勢是「檔案評量」，它不但包含了學生表現的多樣紀錄，同時也應該要記錄教師的有效教學方法，以供日後教學計畫的發展。

（第三節）　特徵

一、學習特徵

歸類為多障或重障的學生，在學習上比其他人有更多顯著的困難，雖然有許多相當挑戰性障礙的學生，例如：雙重感官障礙或多重生理障礙，可能有正常或高於平均的智商。量化的測量（例如：IQ）和質化的指標一樣（例如：展現獨立適應行為的能力），所指的是他們在認知能力的運作仍是低於平均。實際上他們在某些特定學習特徵上是弱勢，造成和他人相比時，需要更多的時間來學習更複雜的技能，以及整體上學到較少的技能（Brown et al., 1983）。雖然一定要強調的是有可能學到許多技能，但技能的數量及種類無法和大多數人所習得的相比，這種事實隱含著多障生下列的學習特徵影響本身的學習（Westling & Fox, 2000）：

㈠ 對刺激物、空間、提示的注意較困難

多重障礙學生所經歷過顯著的學習困難，就是決定應該要注意環境中何種特定刺激物或刺激物的何種面向。換言之，他們對於學習一件事或一種情況的何種特徵，作出正確反應所需的資訊，可能很有困難。

㈡ 觀察及偶發事件學習困難

多重障礙學生在透過觀看模仿一個人的觀察及偶發事件學習，比非障學生學得比較不好。可能的原因是他們注意力的弱勢或他們所處的環境及教學計畫。換言之，觀察模仿他人或經驗許多有趣之情境的機會太少。

㈢ 記憶力

多重障礙學生要記住先前習得的技能及資訊是一種挑戰，也就是在學習後沒有足夠的機會練習或使用已習得的資訊及技能，然後在需要使用時，沒有充分地使用策略來從長期記憶中取出資訊。這種學習特徵的結果就是，這些重要的技能無法在一段延長的時間中充分地練習，通常需要一再地教。

(四) 技能合成困難

對於有多重障礙兼認知障礙的學生而言，整合資訊和技能的能力很有限，常常無法從一項資訊看出與另一項資訊的關係，因此，不能分開教技能，期待有組織地結合一起運用。相反地，更多特定的教學是必要的，而相關的技能需要結合在一起教，以確保學得更有意義。

(五) 類化能力弱

多障兼嚴重認知障礙學生最顯著的學習弱點之一，就是類化習得技能的能力很弱（Haring, 1988）。類化通常指的是，在不同人之間，使用不同的物體或材料時，於不同的環境下，及不同的時間點，展現技能。如果預期一個技能在新的環境下能展現的話，只在一個隔離的地點，而沒有其他地方中學習某件事，那通常是不足夠的。因為類化的能力常常很重要，所以一定常常要使用特定的教學策略，讓類化產生。

(六) 自我規範

因為多障兼嚴重認知障礙學生常常不會應用所學到其他環境或情況中，他們可能在某些特定情況下必須要做的自我規範或辨別適當行為有困難（Whitman, 1990）。為了規範自我，個人要監控自己的行為，評估是否正確，然後自我增強或克制增強，這顯然是一種高度發展且複雜的任務（Hughes & Rusch, 1989）。

二、友誼及人際關係

障礙人士的生活品質和他們在學校、工作場合及社區所發展的交友網路有關。有些研究顯示障礙人士在和其他人，不論是障礙者或非障者，相對的社交關係很少（Crapps, Langone, & Swain, 1985; Sullivan, Vitello, & Foster, 1988）。但相反地，其他人擁有較有利的社交行為模式，包括與熟人、朋友、好朋友的發展（Kennedy, Horner, & Newton, 1989）。多障人士和他人發展關係最好的預期指標，可能是和非障人士一樣的機會、瞭解及共同的興趣。

有關多障者與非障者社會互動的研究顯示，障礙者通常一直孤立到他們或非障者被教導提醒要互動（Gaylord-Ross & Peck, 1984）。然而，社會

互動的機會當然很重要，在一個觀察研究中，Brinker （1985）發現多障學生或非障學生，比同質的多障學生團體之間有更正向的社會互動。非障者對於障礙學生的社會投入提供較正向的回應。

(一) 愛與性

多障的存在不必然影響個人某些方面的性追求或傾向，並沒有證據顯示因為障礙的緣故而減少或增強了性需求。然而，相較之下多障者因為社會互動較少而生理障礙較多的緣故，多障者從事愛與性活動的機會就較少了。不過，一直有號召提倡要尊重智障者關於愛與性表達的權利，ARC（前殘障公民協會）採用以下主張（The Arc Delegate Body, 1996）：

ARC 承認且肯定多障者兼智障者是有性方面的感覺、需求及辨識，並且相信總是可以在人類關係全體脈絡中看到愛與性。殘障公民協會相信智障者和一般人一樣有基本人權，可以有隱私，愛與被愛，發展友誼及情感關係，學習性、性剝奪、性虐待、安全的性及其他有關性的議題，尊重他人權利、隱私、及性表達而行使他們的權利和義務，結婚並對擁有小孩這件事在資訊充足下作決定，闡述該年紀所反應出的性，社會發展，文化價值及社會責任。ARC 更進一步提倡基於個人基礎，有小孩的智障者需接受適當的支持以協助他們養育小孩。ARC 也相信不論嚴重與否，智能障礙的存在本身，不能當成非自願性絕育或拒絕自行選擇絕育者的正當理由。

ARC 支持一些計畫，鼓勵智障者發展愛與性的表達，對於多障者也同樣有表達愛與性的基本人權，這反映出他們的年紀、社會發展，承認他們家庭的價值，而且是有社會責任的。ARC 相信各年齡層應該都可獲得教育而協助他們，合適的話，就教導他們愛與性的表達以及有責任性行為，以尊重他人的權利。

(二) 挑戰行為

有些多障學生，尤其是最嚴重障礙的，會作出挑戰行為，包括固著行為（重複行為，例如：拍打手掌）、自傷行為（例如：撞頭）、攻擊性行為（例如：打人）。這些行為的原因常很難解釋，而且早就發展出許多理論企圖要解釋它們。

最近的理論及研究考慮的是不當行為發生時的環境背景，以及行為可能的動機。在一些案例中，可能是以溝通的形式發生，也就是表達不滿或不悅、需要協助等；也可能發生在要逃離一個要求多且不想參與的情境，也存在其他可能性，因此，許多學者指出需要作功能性分析來決定造成或維持異常行為的因素（O'Neill, Horner, Albin, Storey, & Sprague, 1990）。此方法證明有效地改善異常行為，例如：踢腳、打人、吐痰、跑走、躺在地上（Dunlap, Foster-Johnson, Clarke, Kern, & Childs, 1995; Umbriet& Blair, 1996）。

三、生理特徵

(一) 腦性麻痺

腦性麻痺是神經疾病，起因於大腦無法用平常方式控制隨意肌，因此，影響了正常行動及姿勢能力。依腦部受損區域不同，而有不同的情況發生，影響身體的不同區域（United Cerebral Palsy Association, 1996）。

腦麻最常見的形式就是痙攣型，約占腦麻人口 60%。特徵是肌肉僵硬，起因是中央神經系統的錐狀束（Bigge, 1991; Dunn, 1996; Healy, 1990; 引自 Mednick, 2007）。有痙攣者會因為嚴重肌肉收縮影響到他們的手部、手肘、臀部、膝蓋及腳掌，而行動力範圍有限，這可能也會造成脊椎畸形或臀部脫臼。

腦麻人口中約有 20% 呈現徐動型，也稱運動困難，意指不想要的、非意願性動作，出現在當神經破壞發生於錐狀束外，特徵不是緩慢扭曲就是突然不穩的動作，可能發生在臉部肌肉、手指和腕部、身體軀幹、四肢中的一肢或一肢以上（Mednick, 2007）。

僵直型腦麻，源於大腦的錐狀束區域（Batshaw, 1997），較為罕見，且常歸類為痙攣型的一種形式（Bleck, 1982a）。腦麻中最不常見的是失調型，約占 1%。失調型的發生主要是由於對小腦的破壞，特徵是失衡、不協調的動作（Bigge, 1991; Bleck, 1982a）。

常對腦麻者最後作的診斷結果就是混合型，同時存在不止一種，最常見的是痙攣型與徐動型或痙攣型和失調型一起發生。診斷為任一特定型腦

麻的患者中，高達 30% 呈現另一型的跡象。

綜上所知，腦麻，尤其是痙攣型，是在重障人口最常見的一種肢障種類，約 50%-60% 腦麻者也歸類為智能障礙（Batshaw, 1997; Hardman & Drew, 1977）。智能障礙可能在輕度、中度、重度、極重度範圍內都有可能，常常很難特定地評估重度腦麻的認知能力，因為行動障礙常影響生活經驗，以及他們表達所知的能力。

(二) 癲癇

癲癇是大腦異常造成一再地痙攣發病（Epilepsy Foundation of America, 1997），有不同種的癲癇，但最嚴重的一種就是泛發性強直陣攣發作（大發作），最常在重多障者中發生（Berg, 1982; Epilepsy Foundation of America, 1997）。當大發作時，個案似乎要失去知覺時，然後停止參與目前活動，失去意識，最後倒在地板上，變成痙直，然後發生痙攣的動作，當痙攣發生時，變得沒有那麼僵硬，搖動或抽搐手或腿，甚至兩者都有。在痙攣發作期間的某一個時間點，他可能失去控制大腸、膀胱、哭叫的能力，口吐唾液。在痙攣的幾分鐘後，可能昏昏欲睡、失去方向感或陷入深睡，可能會持續數分鐘到數小時之久（Bigge, 1991; Wolraich, 1990a）。

(三) 進食問題

腦麻可能造成口腔運動功能缺損，吸吮力弱，嘴唇閉合力弱，下顎錯咬、舌頭失控以及咀嚼吞嚥有困難（Bigge, 1991; Curry 1990）。有痙攣者因肌肉張力增加，可能需要攝取比正常更多的熱量，而這讓問題更複雜。如果兒童還有呼吸道疾病或心血管疾病的話，他可能缺少參與餵食過程的活力。因為缺乏足夠營養而造成活力不足，顯然是有問題的。

有些小孩會有自願或非自願性的拒絕飲食，表現出發脾氣、嗆到或反吐出來。胃酸逆流綜合症可以透過手術治療。這些行為之發生是以一種對不愉快的飲食經驗所作的反應，因為強烈的喜好或厭惡不同種的食物，因環境或例行事務的改變，或因為飢餓（Curry, 1990）。

(四) 脊柱裂

脊柱裂是先天性疾病，脊椎於胎兒發展前三個月期間發展不正常，常

常發生在重障者間，也可能發生時而認知發展沒有不利影響，最嚴重且最常見的脊柱裂就是脊髓脊膜膨出。常伴隨有腦水腫及軀幹下部癱瘓無力。除了缺乏腿部使用，脊柱裂者也會大小便失控、缺少下半身的膚覺，以及可能有脊椎側彎。

(五) 腦積水

發生脊柱裂時，90%-95% 會伴隨腦積水，雖然它也有可能發生在沒有脊椎疾病時，腦積水發生時，是指腦髓液體沒有正常地被身體吸收而困在腦腔時，而造成大腦以及頭部因此變大，腦細胞及神經纖維因此受壓迫，有時會造成某種程度的智能障礙，通常是輕度，手術上常在腦腔插入分流器或輸送管使液體排到腹腔，或少部分情況下送到心臟（Wolraich, 1990b）。偶爾，分流管會造成必須治療的感染。腦積水常造成行動、語言或知覺上的障礙，以及癲癇發作，通常在發現的第一年就要馬上進行治療，使用分流管程序，治療延遲會造成更嚴重的情況，包括程度更嚴重的智能障礙（Mednick, 2007）。

(六) 其他生理特徵

多重障礙者可能有許多其他不同的生理問題，這些包括大小便控制、部分或完全的視聽力喪失、先天性肢體畸形或缺少，以及容易感染等。和上面所述其他生理條件一樣，這些對多重障礙者而言，意謂著實質的挑戰。

綜合以上可知多重障礙學生是一種異質團體，且已被置於不同種障礙類別的傳統分類中，不論如何分類，這些個案彼此不同，就好像任何兩個沒有障礙的人彼此也不同一樣，或許更不同，就是因為這種異質性，所以很難對多重障礙的學生定出許多共通事實。但是，有許多特定的特徵和情況，可以解釋多重障礙學生的優弱勢；有這方面的知識以瞭解需要所提供服務的種類是很重要的，雖然特定個案的需求只能個別決定；當我們知道多重障礙學生所經驗的學習困難，我們就能發展出新的方法讓他們學習，也能評估這些方法的效能。藉由瞭解他們和別人互動時以及獨處時所面臨的困難，才能對有障礙的個案及社會中成員，予以協助改善他們的行為，

並接受彼此。藉由瞭解他們的身心特徵對他們的挑戰，我們才能協助他們的需求，並找到更完全參與以及讓生活品質更好的方式。

第四節 發生率

美國在 2000-2001 年有 123,000 位多障生接受特教服務（U.S. Department of Educationm, 2002）；美國教育部（2009）報告中 2004 年秋季 6-21歲接受特教服務的身障生 6,118,437 位，其中多障者為 134,605 位，占 3.2%。我國於 81 年第二次特殊兒童普查出現率統計表顯示，6-12 歲學齡兒童，身心障礙兒童共 75, 560 人，依我國障礙人數多寡多障兒童排名第三，僅次於智障與學障，占所有障礙兒童的比例為 9.68%，每人平均有 2.14 種障礙項目，其中伴隨障礙人數以智能障礙最多，其次肢障，最少為自閉（教育部特殊兒童普查執行小組，1993）。

第五節 成因

多重障礙的成因相當複雜，可以分為產前、產中與產後，產前即懷孕時期，受到病毒或細菌感染導致耳聾或心智障礙；產中即生產過程中，缺氧、母親休克等，導致幼兒智能障礙、腦性麻痺等；產後受到其他傷害（例如：運動傷害）導致腦傷或肢體障礙。或其他相關疾病，例如：腦性麻痺、脊柱裂、肌肉萎縮、脊椎神經損傷、肢體殘缺等。

第六節 課程與教學

一、溝通技能課程與教學

對於沒有辦法使用自然口語或需要另一套溝通系統來有效溝通的多障學生，教學介入者必須選擇一套適合的擴大性或替代性溝通系統。擴大性溝通系統包含了輔助符號的使用，來補足現有的口語溝通技能。替代性溝

通系統是無口語的使用者使用的溝通方法。各式各樣的符號、方法、技術、系統都可以使用在擴大性和替代性溝通系統，也可以分為手勢或圖片模式的溝通。選擇擴大性或替代性溝通系統在某種程度上，要視學生的動作、認知和感覺能力而定，此外，還須考量下列因素：

1. 不喜歡使用符號來表徵物品的學生，就不適合使用複雜的符號系統。
2. 視覺障礙的學生，需要加強視覺符號、觸覺提示或聲音回饋。
3. 精細動作弱的學生，就不適合使用手語教學。

對多障學生的動作、視覺、認知技能的瞭解，可以幫助專業團隊選擇合適的溝通系統，發展具符號的溝通系統應該要將此套系統放置在學生拿得到的地方或視覺範圍內。溝通系統必須要對學生有全面地認識、特別地為這名學生設計，並且持續不斷的開會修正直到成功溝通為止。

除了按照學生的能力選擇溝通系統之外，專業團隊也要考慮家人的接受度，因為家人對溝通系統的支持對於學生溝通的成效有很大的影響。當提出溝通系統時，專業團隊應該要密切注意家庭成員的意見，如果家人對這套溝通系統有意見，專業團隊應該要與家人討論問題出在哪裡，並一起找出全部團隊成員可以認同的解決方案。

二、進食技能的課程與教學

吃除了維持健康和生存，還有重要的社會功能，像是用餐時間通常是放鬆、談話和關係互動時間；但可悲的是對多障或重障者來說，因為沒有好的照顧，往往讓吃的能力也退步，往日多障或重障者多是依賴他人協助進食，常常沒有顧及到個人自尊或舒適，不管是用胃管餵食、躺著餵食或使用「鳥式餵食」，都常發生因食物嗆到或傷及肺部的意外。此外，有限的時間、不足的食物和不當的訓練等因素，也都讓他們出現不適當的用餐行為。現在我們已能採用有效的教學原則和程序，對多障或重障者的用餐行為進行教學，期望能提升改善他們的進食技能與提升同儕參與品質。Banerdt 和 Bricker（1978）則提供了用餐技能的教導策略說明：

(一) 用手指進食

用手指進食的正常發展年齡是在 7、8 個月大時，這是教導進食技能的第一步驟；教導用手指進食的最佳時機是當兒童感覺餓、有動機進食時；使用的食物應是他有興趣並能黏在手上，以幫助他習得用手將食物送進嘴中的技能。當兒童能抓緊食物後開始用土司碎片等食物練習時，教學的過程則提供很多機會讓他充分練習，教學者應瞭解在技能精熟前，混亂和髒亂的情況都是有可能發生的。教學過程中要應用工作分析，使用部分或是全肢體協助結合最少到最多、最多到最少策略或分級引導等策略。

(二) 用杯子喝水

大約 1 歲時，兒童開始學習獨立喝水，多重障礙者學喝水應從旁人協助開始再到自己拿杯子喝。在杯子選用上，使用有邊的彈性塑膠杯進行訓練，除了不影響嘴巴閉合，教學者可彎折以就學習者的嘴巴，杯子也可修剪以免碰撞鼻子等優點，避免使用吸嘴會造成異常吸吮、容易破或太大的杯子。教學過程中，杯子要放在學習者的嘴巴而非牙齒，逐漸傾斜小量倒入，待喝完再重複倒，不要灌入嘴裡。液體以濃稠的優酪乳、蘋果醬或嬰兒麥片為佳。當學習者能在旁人協助下喝東西，再來就可以練習自己喝，整個過程需要不斷練習與增強，一張適合的桌子給予支撐會讓操作杯子的動作較容易，當動作能連續完成，老師可以計算在固定時間內喝了幾口，蒐集起來做數據分析。

(三) 學用湯匙吃東西

正確用湯匙吃東西，包括使用湯匙移動正確食物、一手握柄將湯匙舉高、不會將食物溢出；不正確的進食包括用手抓著吃，湯匙上太多食物或握法不對。在教學過程中，教學者要做工作分析，用湯匙吃東西的正確過程為：拿起並握住湯匙，放入容器中、挖起食物、舉高從容器移至嘴巴、放入嘴巴、將食物放在口中、拿出湯匙。觀察和記錄每一步驟中正確和錯誤的表現，運用最少到最多、最多到最少策略或是分級引導來訓練。讚美和增強正確行為，不正確的行為發生時，老師可說「不對」和暫時移走食物或將學習者的椅子拉離餐桌，這樣能逐漸有效的減少不適當行為。

㈣ 教導適當的用餐行為

　　和多重障礙學生父母及其他專業人員討論學生可能需要的部分，有助於發現重要的教學目標，例如：教學目標是增加食物的種類，有些個案只吃單一或少數食物，為了增加食物的種類，老師可以要求他先吃一些不喜歡的食物，然後以他喜好的食物做增強。然後逐漸增加不喜歡的食物的份量，增強性的食物逐漸減少直到當成點心。如果這個方法失敗，可以將喜歡和不喜歡的食物混合一起吃，喜歡的食物比例要逐漸減少，最後只當點心。另一教學目標是學習家庭式的用餐行為，包含在餐桌邊坐下、從餐碗裡盛食、將食物遞給別人和在餐後清潔盤子和餐具。這對在家用餐的學生很重要。計畫期間，父母和專業人員應考量用餐時間教學的範圍和其他有可能的部分。在用餐時間常常對話，所以這時候的指導應該著重在溝通技能的練習。其他建議如下：

　　1. 確認學生坐著時有足夠而適當的擺位與支持，這對多障生尤其重要。

　　2. 技能訓練初期給予肢體引導，以學用湯匙為例，固定訓練者給予這樣的訓練會讓學習者有較多成功的機會，教學者的改變應在學習者進步的情況下逐漸實施。

　　3. 雖然終極目標是想讓學生在正常的環境中用餐，但學校餐廳易分散學習者的注意力干擾初期技能的發展，故此時教學應選在安靜的場所，當技能成熟後，學生應和同儕在餐廳中用餐，在技能習得階段避免完全的隔離，但是當餐廳太擠學生可以和同學在教室用餐或在餐廳未客滿時或在部分用餐時間再到餐廳去。

　　4. 提供較多機會學習和練習能提升學生的技能，一天中有好幾次機會進行練習和接受教學會比較好，提供模型食物作為練習不符合自然，也對學習進食技能沒有幫助，教學應該在一般的用餐時間或點心時間中進行。

　　5. 學生學習使用其他餐具的初期，若只提供一樣並且是他想吃的食物是較好的。隨學生技能增加食物種類，食物應該是學生想吃而且適合教學的，例如：手指食物應該是容易抓取，湯匙食物應該容易挖，當學習用叉子時，食物應該容易固定做練習。

6. 有些器具適合學生剛開始學習時使用，例如：大把手的湯匙、較深的碗能幫助學生自己進食，附有吸盤的塑膠碗則較不易滑動。

7. 學習初期對整潔的要求應較寬鬆，但是當學生進步後則漸漸嚴格。過度溢出和其他髒亂的行為，應該盡可能的削弱或減少。

三、如廁技能課程與教學

能夠自己進食之後，接下來就是要學習獨立上廁所和避免弄髒或弄濕自己，幫助維持良好的健康和增加社會接受度。如同自己進食一樣，學齡階段的多重障礙學生在如廁訓練有不同的技能層次，有些完全沒問題不需額外的教導，有些是只要提醒就能自己如廁，有些能如廁但相關技能例如穿脫褲子、擦拭或洗手有困難。有些缺乏肢體能力需要輔助幫忙排泄。從與父母或照顧者和其他專業團隊的聯繫中，老師能發現每一位學生的特殊需求和提供適當的教學或必須的肢體技能。以下說明多重障礙學生如廁相關的課程與教學：

㈠ 決定如廁訓練的時間

多數兒童控制膀胱能力的時間是在 2-3 歲，有些多重障礙學生能在這個階段開始學習，許多則必須等到再更成熟些。早期研究指出，重度智障者的訓練成功與個體的心理和生理年齡有直接性的關聯（Osarchuk, 1973），現在則認為辨識身體訊號、社會對適當如廁行為重要性的認知、其他個體的示範可能較一般發展階段更有關聯（Snell & Farlow, 1993）。相對於依賴心理或生理年齡，其他的因素可能更能指出發展的可能性，三項重要的因素包括：1. 排泄行為出現規律模式，像是時間變得可預測。2. 個體能保持一到兩小時不尿濕或排泄，隨著可預測模式的出現，自發性的控制能力達到適當發展階段。3. 個體年齡至少要 2 歲半，在這之前即使是正常兒童實施如廁訓練都嫌太早。其他像是步行、良好動作能力、接收性語言能力和良好的視覺能力（Foxx & Azrin, 1973），在訓練前需事先考量是否有適當的生理發展，如果父母和老師有疑問，訓練前應進行醫學檢查。

㈡ 教導自己上廁所

在進行多重障礙者的如廁訓練時，有些策略結合應用行為分析技術進

行研究的成效相當良好並廣泛被使用，其中有部分策略因為倫理道德的考量，例如：處罰、大量喝水、6-8 小時的長時間訓練等則認為不適用，教導多重障礙者自己如廁有效且尊重個人的策略說明如下：

1. 訓練前的資料蒐集

訓練的第一步是蒐集資料觀察多重障礙者上大小便的行為模式，來決定教他上廁所的時間。檢核表應每 15 分鐘記錄一次是否尿濕或排便，藉著檢核表，老師也可能記錄大小便與吃東西或喝水間的關聯。在基線期不做教學介入直到基線穩定，這段時間老師應學習在什麼時間學生最有可能尿濕或大號。這大概要二、三天或一星期，甚至更長的時間。這些資料能夠證明學習者符合之前所列出的行為常態，和告訴老師訓練的最佳時機，這不止關係到學生的舒適，還能精確的從紀錄得知下次檢查褲子的時間。

2. 學習坐在馬桶上

知道學生可能上廁所的時間，則讓他坐在馬桶上是最佳的訓練時機，但是有些學生對這項新的嘗試和陌生的經驗會感到反感，藉由社會性增強如讚美或注意逐漸將坐馬桶的時間漸漸拉長，直到他習慣為止。某些一靠近廁所就會尖叫怒吼的個案，初期要利用增強進行減敏訓練，當他在發脾氣時不要讓他坐在馬桶上，以免產生負面效應，當學生行為逐漸穩定時再進行教學，這可能費時較長但較具正面效果。

3. 學習坐在馬桶上排泄

一旦學生學會坐馬桶，離開廁所和馬桶要保持整潔和乾燥，有三個策略能增加上廁所的正確率：（1）當他有上廁所的感覺時就要去坐在馬桶上，而且他待在廁所中的時間要夠久，當學生成功在馬桶上排泄後，要多讚美和給予符合年齡的社會性增強，像是「看！你做到了！」、「太棒了！」、「你就要學會保持整潔和乾燥了」。（2）像訓練前期一樣固定檢查褲子，當發現學生褲子保持乾淨時就給予增強。當學生能連結時，老師可以引導學生的手碰觸褲襠感受乾燥，然後給予讚美，例如：「我以你能保持乾燥和整潔為榮！」、「能感覺到你的褲子是乾淨的嗎？你好棒！」。訓練期間，當學生排便或尿濕，老師要立刻幫他更換並且不要給予任何注意和增強。另外，可以使用輕微的責備像是「我很失望你尿濕了！」但不要太多。之前的研究提到讓學生尿施時或排便時維持一段時間

再更衣，讓他體會不舒服的感覺，但是這不被建議使用。（3）坐馬桶和離開馬桶的時間比例。因此，15 分鐘的時間裡，要坐 10 分鐘的馬桶，下馬桶要 5 分鐘，如果學生在馬桶上的時間比下馬桶的動作時間長，代表他的表現較好。對一般學生或老師來講，坐在馬桶上 10 分鐘、下馬桶 5 分鐘可能是很平常的，但在有一些因素的影響下，情況就不是這樣了。老師可能不能這麼常幫學生上下馬桶，不然學生可能會拒絕常去廁所。

對有些學生來說，快速學習使用廁所可能是主要目標，對其他人可能就不是那麼緊急，也必須花較多時間學習。之前可能需要多一點的機會去坐馬桶，但是之後就不需要，安排每小時花 10 或 15 分鐘的坐馬桶會是較適當的。當然，必須瞭解，為了成功的學習延長時間可能降低如廁的成功率，並因此減少增強的機會。

關於學生學習適當如廁行為的速度，要每天大量時間師生共同進行學習活動，對有些學生來說，可能只要在上學日撥出一小時進行訓練，舉例來說，分開練習四次：10 分鐘坐馬桶和 5 分鐘下馬桶。之後老師不要再採用上下馬桶的時間表，而是只在尿尿或排便最有可能發生時將學生放在馬桶上。如果對其他小朋友來說，上廁所的技能在學校生活中是一個很重要的活動，上下廁所的時間表也可以跟著學校的時間來安排。雖然這有可能妨礙學習活動的進行，但是可以減少學生花費在如廁學習的時間。老師、父母和合作團隊的人員在執行上下廁所時刻安排的計畫時，應衡量上下廁所次數正面和負面的考量。

訓練期間，老師在訓練前就應該要針對學生的情況和每一次上廁所的時間來做計畫，不用去考慮他上下廁所的訓練時間和他每一次的受訓時間。資料應該要能顯示成功是否發生、學生何時需要被放在馬桶上或可能要放多長的時間。假如老師想要畫出資料曲線圖，可以將一天中或訓練期間全部正確或不正確的發生率畫成曲線圖。

當學生大部分的時間是在馬桶上排泄而不是下馬桶時，成功的如廁行為將會發生。我們雖然都希望 100% 成功，但還是會有一些意外發生，如果這些錯誤的發生變頻繁了，老師就需要回到之前的資料蒐集和訓練程序。如果意外不常出現，老師只要當下改進他的行為，不用特別講出來和認為他未來表現一定如此。

⑸ 相關技能的教學

與如廁相關的技能包括：走進浴室、提起或放下馬桶坐墊、脫下褲子或拉高裙子或洋裝、脫下內褲、坐在馬桶上、上完後擦屁股、起身、穿上內褲、穿上褲子或放下裙子和洋裝、用香皂和水洗手、擦手、離開廁所。這些應包含在教學目標內、工作分析和在訓練期間進行教學。這些技能是否和上廁所一起教，老師和計畫團隊要考量一些因素，像是學生可能太小或還沒有足夠的動作技能去學習相關技能，老師可能同時要教好幾人而沒有足夠時間教全部的技能，另一方面也要判斷學生必須學習的是全部或某些技能。

⑹ 教導使用不同場所的廁所

初期的訓練通常是在固定的地點進行，像是靠近教室的廁所，然而我們需要教導學生去使用不同地點的廁所，像是家裡的廁所或是學校其他地方的廁所、不同社區設施中的廁所和其他地方的廁所。成功學習使用不同的廁所，有賴於透過與這些設施中可提供監督和支持的人合作（Dunlap, Koegel, & Koegel, 1984）。成功的學習還要有相關的配套措施，讓督導者有所依循如同老師在校的指導，要注意的部分有：1. 初次合作時，督導員、老師和或訓練者要有接觸聯繫；2. 讓學生帶寫好的指示給協助者，以維持訓練的一致性；3. 老師和其他人可藉由電話或其他聯繫，保持合作和訓練的一致性。在不同的地方上廁所可讓學習者更進一步獨立。其他建議如下：

1. 父母對如廁訓練的肯定和配合，會讓合作較容易進行，並使學生的進展較快。

2. 老師應該找出進食和排泄之間的時間模式，這中間的關聯性能幫助老師知道何時需要指導學生去上廁所或學生可能需要去的訊號。

3. 學上廁所最大的困難是第一次坐在馬桶上和不穿練習褲或是尿片，對學生而言這是新的體驗，這時要使用社會性的增強來進行訓練。

4. 如果老師無法每天花時間進行訓練，可使用短期訓練的方式，提升成功的經驗。

5. 通常學習白天上廁所要比學習晚上起來上廁所要容易，若孩子已學會白天的控制但是晚上容易尿床，父母可藉由：（1）在孩子上床前帶

他去或提醒孩子上廁所；（2）晚上要控制像是茶、咖啡和可樂等含咖啡因的飲料攝取；（3）固定檢查孩子是否尿床，若是，叫醒他幫他清理、換床單，讓他上完廁所再回去睡；（4）當孩子晚上沒尿床時，讚美和增強他（Azrin, Sneed, & Foxx, 1974; Mohr & Sharpley, 1988）。

四、教導與穿衣相關技能的課程與教學

教導多障生穿衣技能的一個適當機會，是在全天的其他時間裡，例如：上廁所的技能時、早上到校後到戶外和從戶外進教室、體育課時穿體育服、換上美勞課的罩衫、下午準備回家等，依不同學習活動換衣服，能提供穿衣的機會。教穿衣技能時，老師也能教多種不同的附加技能，提升教學的效率，像是顏色、尺寸、材質、重量都能列入教學範圍，對左右、前後、上下、裡外的概念進行機會教育。

能力較好的學生可能已經學了很多基本的穿衣技能，則適合教他們其他的，例如：做選擇及自我決策有關的技能。從 Nutter 和 Reid（1978）的研究指出，由身障者選配襯衫和長褲的顏色來符應社交標準，就可以看出作選擇和自我決策的重要性，個體能從選擇應穿的衣服顏色來打扮自己的活動裡，展現個人獨立的能力。除了顏色的搭配，依天氣型態、不同場合和季節轉換選擇不同樣式的衣服，都是與穿衣相關的重要技能。對於多障生教導穿衣技能的其他建議如下：

1. 通常教導脫衣服會比教穿衣服容易，在適當的情況下，老師應先教脫衣服，讓學生有成功的體驗。

2. 把相同的原則應用實施在其他穿衣技能的訓練上（例如：由易而難），例如：穿上鞋子較穿襪子容易，穿褲子比穿襯衫容易，有扣的套頭 T-sheet 比襯衫容易。

3. 老師如果能從父母瞭解學生可能偏好的特定類型服飾，這件衣服就可以用在教學生，以提高學生的學習興趣和動機。

4. 雖然教學應在自然時間進行穿衣技能的學習，但對特別難的技能適合在短時間內密集練習。

5. 對減少穿衣教學期間的不當行為，短時間的隔離是有效的。

6. 良好穿著的個體常因打扮得宜而被增強，學生應該在完成穿衣技

能後，因良好的外在而其他人在態度上應增強該學生，讓他得到自然增強。

7. 老師應該要知道父母在穿衣服這個領域上著重和缺乏的是什麼，在家和在學校要使用相同的程序來加速他們學習的過程。

8. 練習使用不同款式的衣服，在不同的場合增進穿衣技能的類化。

五、個人衛生和修飾技能課程與教學

個人衛生和修飾技能包含如何在規律的基礎下，維持健康和保持可令人接受的外表，像是洗澡或沐浴、洗手洗臉、刷牙和使用牙線及漱口水、刮鬍子、使用體香劑、洗吹頭髮、上髮捲、使用香水、撲粉、梳理頭髮、月經照護和使用化妝品（Baker & Brightman, 1996; Wilcox & Bellamy, 1987）。有些活動因為健康因素的考量而十分重要，其他活動則在個人的外表或增加個人吸引力上有其重要性。評量的實施在於決定個案需要什麼樣的技能和技能的優先順序，如果想教導這些技能，應該要進行工作分析和資料蒐集的安排，最後要發展系統化的教學和技能類化的計畫。關於教導重障生衛生議題的兩項重要但常被忽視的技能，是牙齒保健和年輕女性的月經照護，以下分別詳述之。

㈠ 牙齒保健

如同其他人一樣，多重障礙學生需要維持適當的口腔衛生。很多情況下，比起一般人，這部分對多重障礙學生更加重要，因為個體的障礙有可能直接或間接導致嚴重的牙齒問題。不良的動作控制和肌肉的狀態、嘴巴的呼吸、牙齒研磨的能力、吸手指和舌頭的伸展問題，普遍存在於障礙學生中，並可能導致牙周病和咬合不良的問題（Helpen & Rosenberg, 1997）。其他如牙菌斑的生，可能導致的問題有牙齦疾病、牙齒的毀壞和蛀牙。這些問題有時可進行藥物的控制，但最佳處理的方法是預防性的保養盡可能保護牙齒和牙齦或減少牙齒問題（Coffee, 1977; Helpen & Rosenberg, 1997）。

無論多障與重障學生需要的是較多或較少的協助來有效執行刷牙任務，完整的刷牙過程至少要一天一次。如果有吞下牙膏或漱口水的疑慮，

這些東西都可以省略，只要用水就可以。事實上比起使用牙膏這件事，更重要的是至少每天一次正確的刷牙，牙齒或牙齦非常敏感的孩子可以使用溫濕的毛巾或紗布墊來清潔全部的牙齒。一天一個完整的清潔過程，勝過於好幾次較不適當的嘗試。Coffee（1977）提出的建議如下：

1. 牙齒的五個面向（上、前、後、左右）都必須清潔到，牙刷清潔不到的邊緣地帶要用牙線。

2. 一支柔軟牙刷毛的牙刷是最佳的選擇，有加大或適合握柄的牙刷對有些學生來說可能會是較適用的，需要諮詢職能治療師或語言治療師的意見。

3. 條理分明有組織的刷牙模式，可以避免漏刷應清潔的牙齒表面部位。

4. 刷牙應微調角度，輕柔使用牙刷毛做由後向前或是畫圓的動作，清潔每顆牙齒的表面。

5. 每次刷牙後應配合使用牙線，將牙線纏繞在手指上清潔每顆牙齒的內面。

6. 市面販售的牙菌斑顯示劑溶液，對發現潔牙遺漏的區域會有幫助。

7. 當學生做上述之動作有問題時，尋求學校護士、職能治療師或語言治療師的協助，幫助學生學習張開嘴巴和保持張嘴的動作，常在下顎輕微地施壓打開學生的嘴巴，再將兩到三塊紗布放在舌頭平坦處，保持學生嘴巴的張開。在這樣的情形下，學生就能學習在短時間內維持張嘴的狀態，這時就能學習刷牙或使用牙線（Snell et al., 1989）。

8. 學生應該被鼓勵從鏡子裡看他清潔後的牙齒，並因為在練習良好口腔衛生時被增強。

㈡ 月經的處理

對多障年輕女性來說，學習如何獨立進行個人的經期處理是一項關鍵性的需求，和其他自我照顧領域一樣，這可以由父母或照顧者在家教導，但有時這個需要會涵蓋到學校環境。當然，老師如果認為需要在校提供這個部分的教學，應該要和學生的家庭高度的溝通，有些情況是，這些年輕的女性可能由家庭進行基本的教導，老師的角色可能在於就教學程序上進

行建議。

其中一個建議是在學生月經期間和在角色扮演活動中，使用衛生棉和由紅色染料、食物顏料或是無毒戲劇血漿染紅的汙漬內褲進行直接的教學。或是使用大型成人娃娃和縮小的衣服、內衣和衛生棉示範月經期間正確的個人照顧。以上處理的基本目標是要教導學生辨識在內褲或是衛生棉髒了時做出適當的反應。在角色扮演的情況下，學生被教導進入浴室檢查內褲和棉墊（如果她正在使用的話），並且在髒汙的情況下，適當的除去和丟棄，洗手，換上乾淨內褲和另一片衛生棉。需要提供學生一些機會體驗是否需要更換內褲和衛生棉，當然訓練應該在學生月經期間進行；然而角色扮演可用於增加教學次數，角色扮演教學開始時，讓學生穿著乾淨的內褲或衛生棉。這種方法的優點是能同時提供很多的年輕女性模擬的教學，然後在家和私下自己使用這些技能，老師需要製作很多縮小的材料，如同第一個方法，教導學生針對不同的狀況如何反應。

不管使用的方法為何，尋求父母或照顧者的許可和合作很重要。基於道德規範的考量，應該由專業的女性提供訓練。如果老師是男的，應尋求女性的配合人員進行教學，假如校護是女性，會是一個理想的提供訓練的人員。

當教導任何衛生或個人照顧技能，一般性的考量如下：

1. 大部分的教學領域都需要家庭的合作與介入，教師應該知道什麼被認為是重要的，教學的什麼特質應該用來配合家裡做些什麼。

2. 這個範圍的很多技能涉及個體的健康，在有教學需求的情況下不應該被忽略。

3. 多數人基於社會接受度和健康因素而專注於修飾活動。教師和其他人應在適當的修飾行為後，給予正向積極、符合適當年齡的社會性增強。

4. 之前很多個人照顧技能是被協助的學生可能會對現在要變成自己學習著做這件事感到不安，老師應該要漸進式教導。

5. 學習個人照顧技能是私人的問題，訓練應該在私下、自然情境中和尊重個體需要下進行。

6. 當學生在這個領域中學習時要做安全的考量。可能攝取的有毒材

料應避免，即使是無毒的材料像是漱口水，也要在審慎地監控下使用。老師在教刷洗、沐浴之類的技能，應該特別注意水溫。

六、多感官課程與教學

1970 年代荷蘭首創 Snoezlen 名詞，由 "Sniff"「呼吸」及 "Doze"「小睡」兩個荷蘭文所組成（McKenzie, 1995），是人工化設計的多感官環境，目標在於不須為了認知活動，能在信任與放鬆的氣氛下，安排愉悅的多感官刺激，在此沒有失敗與壓力的環境下去達成（Schofield, 1996）。感官資訊的使用與詮釋是教育多障孩子的要素，經驗感官課程能自然進入國家課程與跨所有領域的學校生活，瞭解大腦皮質與孩子個別困難的關係是很重要的，多障孩子需要支持與指導釐清感官刺激，仔細計畫與詮釋組織感官資訊的教學必須是這些孩子課程的部分，學習面向不應與每日生活分開，應形成課程所有其他領域的基礎工作，應該是全校課程的部分與國家課程目標連結，整合到 IEP 中。Longhorn（1992）指出，多感官教育是設計來提供所有感官的知識與瞭解應用於學習與生活中，教育應該發展感官經驗、瞭解知覺與概念，所以每位學習者能達到、伸展與獲得他們所有的潛力應用在他們的生活中（Longhorn, 1992）。

多感官刺激原則需把握住有趣、愉悅，能夠引導出多障學生未來發展的可能性，而多感官環境須注意在特殊安排的空間刺激原始的感官，並不一定要有認知活動；透過專業團隊評估找出學生最需要的器材布置，而且在進入多感官室要先為學生找好適當位置與身體擺位，設計適性的教學活動。李淑玲（2009）建議運用多感官環境教導身心障礙學生是一個新的嘗試，透過跨專業團隊合作，營造一個愉快的空間，使用多重感官的刺激，除了讓學生體驗各種感官刺激外，同時運用各種設備器材，刺激他們體驗與探索環境的動機意願與能力，進行有意義的學習活動，多障學生在教師的指導下，將會學習到更多的訓練技能，繼而提升較高層次的認知活動，享受活動帶來的樂趣與成就感。

七、移位與動作技能訓練

Mednick（2007）提出目前對移位與動作技能較普遍使用的課程與教

學，為神經發展治療、引導式教育與移位機會教育，茲介紹如下：

(一) 神經發展治療（Bobath）

Bobath 是由 Berta 與 KarelBobath 所發展，他們發現透過小心地擺位與操作，能降低痙直，使孩子在自己的動作中能有更多的控制感，是一種個別化的處置，可以用在腦失能妨礙了正常發展，或不正常擺位與動作模式出現；或如果不正常擺位與動作模式出現，目標在於抑制異常的姿勢，因此透過重複與日常生活中使用來促進正常肌肉張力與動作。能在任何地方執行，教導父母在日常生活處置中 Bobath，缺點就是此特殊的訓練需由治療師處理，是需要非常勞力密集與一對一支持，處置孩子的成功在於治療師的技能。

(二) 引導式教育（Conductive Education）

1940 年由 AndrasPeto 所發展，是一套教育系統，鼓勵肢體障礙的孩子發展，引導者有責任對孩子教育與發展所有的面向，說出指令指導動作和行為，語言與節奏的意圖是用來指導行動（例如：我要站起來）。引導式教學鼓勵個人發展、自尊心與發展問題解決的態度，目標在於盡可能讓年幼者獨立行動。

(三) 移位機會教育（Mobility Opportunities Vis Education, MOVE）

1990 年南加州特教老師所發展出來的 MOVE 是一種哲學而非治療，是將思考與教導移位與動作在功能性與生活情況中的一種方式。MOVE 的訓練師提供訓練給機構與家長，目標在於透過創新的思考、訓練與合作團隊增進獨立性、自由與移位，因此增強身障者的自尊與健康，透過利用日常生活技能、工作與適當的設備鼓勵功能性的動作，由身障者獨立性的增進來增強自尊心，從被動的動作活動到互動的動作。

MOVE 提供以融合方式教導結構與統整動作技能的課程，聚焦於坐、站立與行走上，也提供一種有效的記錄功能性動作技能與肢體提示，整合在孩子的 IEP 與國家課程綱要。在歐美國家此種方式的教學日漸普遍成長。

八、教導休閒娛樂的技巧

　　過去十年來，重視多障者的休閒娛樂內容與正常化已經改變教導娛樂技能的方式，休閒教學的目標是協助多重障礙者獲得技能以及支持必須和正常人一起參與社區中的各種娛樂活動（Schleien et al., 1995）。此外，還強調個人偏好能力和娛樂技巧，以及所選擇的活動相搭配（Dattilo & Rusch, 1985）。

　　1. 選擇休閒娛樂活動。

　　2. 評估學生休閒娛樂的偏好。

　　3. 決定教導休閒娛樂的目標。

　　4. 社會互動技巧教學應該被嵌進所有的休閒娛樂活動中。

　　5. 教學應該在最自然的環境中，與非障礙同儕一起接受教學的機會是決定的一個基本部分。

　　6. 調整休閒娛樂活動，包括調整技巧順序、調整規則、使用個別協助去促進參與、調整身體和社會的環境，以及選擇或創造器材與設備符合學生個人需求（Baumgart et al., 1982）。

九、功能性學業技能課程與教學

　　享有寬廣而均衡的課程為所有學生權利的原則是基本的國家課程綱要的精神，也包括多重障礙學生，功能性學科教學是能提供個體現在及未來生活的適應。普通學生學業課程主要根據兒童的發展來編寫編序課程，但是由於重度與多重障礙兒童的成長較為緩慢，且彼此間課別差異大，如果以普通兒童的學業課程來教學，就不適用，因此唯有在讀寫算教學活動與教材中能合乎功能性與適齡性特性，促進多重障礙孩子的獨立生活與融合的功能（李翠玲，2006）。學業技能是每天都需要用到的，而且和良好的生活品質有關。這些需要包括讀和瞭解某些單字，可以幫助我們點菜、搭巴士、寫紙條提醒自己要做的事、傳達想法或需要給其他人、數足夠的錢付電影票和爆米花、知道時間以免錯過電視節目。

第七節 教育安置

多障生教育安置原則如下：

1. 零拒絕原則。
2. 「鑑輔會」專職原則。
3. 最少限制環境為原則。
4. 小班、小校、就近入學原則。
5. 免費交通工具提供原則。
6. 視對特殊教育及相關專業服務需求程度多寡而定。
7. 彈性安置的原則。

國內多障生目前有以下教育安置方式：

1. 普通班。
2. 普通班附設巡迴輔導。
3. 資源班。
4. 普通班、資源班或普通班、特殊班混合式。
5. 特殊班。
6. 特殊學校。
7. 教養機構。
8. 在家教育或醫院教學。

第八節 早期介入

多障幼童需要早期介入以至於家長能提供適當與持續的照顧，家長與治療師需要協助多障幼兒認知到他們是環境中的個體與能受到環境影響，成人需要教導孩子走出去──從內在世界到外在世界與其他人環境的刺激，如果不這樣，多障孩子會回應內在而非使用他們天生的能力回應外在刺激，透過操作內在世界經由肢體動作好奇的探索，早期介入能降低障礙的影響與預防次級衍生的問題。所有早期協助讓我們瞭解多重障礙廣泛類

別，但是我們必須記住每一類孩子的特殊需求是很獨特的。

早期介入計畫是很重要的服務。當多障幼兒被發現有障礙時，便應盡可能及早介入。當孩子3歲時便應參與學前計畫。如此可減少障礙的影響，促進其盡可能正常發展，並幫助協調各種可能對孩子或家庭的支援，須注意下列事項：

1. 當孩子被發現有障礙，便應盡可能及早介入。

2. 家庭的權利與需求都應放在 IFSP 中。

3. 家庭成員間應有家庭社會網，這也是對孩子的部分支持系統。專家應提供支持，而非取代。

4. 介入方案應是整合所有的技能，而非練習獨立的技能。

5. 時常評量。

6. 應有轉銜部分。

7. 計畫應定期檢核。

（第九節）轉銜至成人

對多重障礙學生，從學校轉銜至職場與獨立生活會出現一些挑戰，例如：請司機載他們上下班、重修公寓，以至於可以從輪椅上拿到所有的用具，或有一個如何處理與各種設備的家用手冊，轉銜的焦點應從個人的侷限移至認知到個人的技能與優勢，以至於增強個人的獨立與自我實現（Kirk, 2012）。成長意味著在所有的環境變得盡可能自主、自我管理、自我評估、自信與發現方法，達到自己想要的目標（Cobb, 2004）。

到了 16 歲，美國 1997 年障礙者教育法案修正案與 2004 年障礙者教育法案改善法案要求特殊需求學生有正式轉銜計畫當作 IEP 的一部分。多重障礙學生畢業生成人生活的大部分領域（工作、家庭、休閒與社區介入），可能很需要持續的支持（Katsiyannis et al., 2005; Test et al., 2009），需要時間適應學校外的新期許，對於成人生活需要有機會做決定，以便盡可能控制他們的生活型態品質。

轉銜計畫需要在學校期間建構，因此幫助學生持續向前的適當學校方案之重要性是很明顯的。多重障礙學生與非障學生在一般活動中的融合

不應該隨著畢業而結束，接下來幾年需要持續。從整個小學、中學階段身障生與非身障生所學到的社會互動，應該持續支持融合在一般的家庭、職場、高等教育、休閒生活與社區活動。多重障礙者的出現，不會讓已經經驗過融合教育的非障礙者感到震驚。事實上，融合教育實務的其中一項目標為消除身障者與非身障者間的隔離，完全參與在適當的、期待的與想要的所有成人活動。Cobb（2004）提出身障者轉銜至成人的前十項準備事項（表 11-2）。

表 11-2　身障者轉銜至成人的前十項準備事項

1. 瞭解自己的障礙	如何影響你的學習、活動，你已經學習如何管理？
2. 瞭解自己的需求	在新的安置中，讓你成功的需求是什麼？
3. 衡量自我抉擇	蒐集資訊與從他人尋覓建議。
4. 為就業或升學的門檻做準備	提早瞭解門檻，未能達到自己的目標需妥協。
5. 為自己做「能」與「不能」的檔案	創造自己不能與能達到的檔案夾。
6. 自我倡權	自我倡權能力對達到成功是重要的。 瞭解法令與條件及要求自己需要與想要的。
7. 善用所有可用的服務	發現及使用所有可能的支持（職業復健、學生支持服務、特殊福利補助支持與社區本位服務）。
8. 為自己居住空間的獨立做準備	回顧自己的需求與計畫，為你的新家、職場與學習環境做適當支持、調適與進用。
9. 學習時間管理	瞭解什麼是你必須做、你應該做的和你想做的事，並計畫花 2 倍多的時間想你認為你需要什麼。
10. 謹記做錯事並非世界末日	每個人都為變化而奮鬥，當你去學習是自然的，對你的未來都有幫助。

　　多重障礙學生像其他畢業生一樣，應該有機會在一般的地方生活、工作與休閒，由個人的喜好決定而非由存在的方案方便性來決定。總之，創意、問題解決技能與個別教育團隊成員的承諾會持續地努力，以確保多重障礙學生成功的轉銜。

　　多障者是非常異質性的族群，有兩項以上的障礙類別，每一位都有獨特的生理、健康、教育與心理社會特徵及需求，立法保障其參與社會、教育、休閒與職業活動，先進的科技醫學延長人的壽命與生活品質，科技輔具包括擴大與替代性溝通設計協助多障者更加獨立，全方位設計評量可以

協助我們得到多障者優勢與需求上公平與正確的資訊，而非低估多障者的能力，需要擴大其核心課程包括功能性與生活技能，諸如，轉銜計畫須及早開始，須仔細考量多障者的優勢與需求。

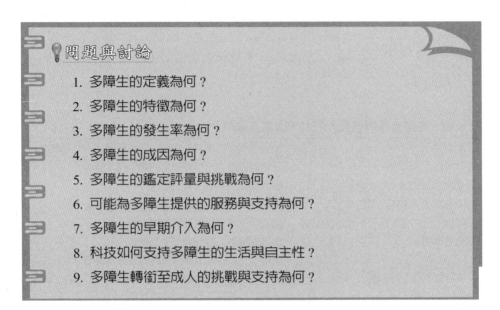

問題與討論

1. 多障生的定義為何？

2. 多障生的特徵為何？

3. 多障生的發生率為何？

4. 多障生的成因為何？

5. 多障生的鑑定評量與挑戰為何？

6. 可能為多障生提供的服務與支持為何？

7. 多障生的早期介入為何？

8. 科技如何支持多障生的生活與自主性？

9. 多障生轉銜至成人的挑戰與支持為何？

第十二章

自閉症者之教育

林翠英

第一節　自閉症者之定義與診斷標準

第二節　自閉症者之成因與特徵

第三節　自閉症者之盛行率和發生率

第四節　自閉症者之鑑定與評量

第五節　自閉症者之早期介入與教育安置

第六節　自閉症者之課程與教學

第七節　自閉症者之轉銜至成人

　　自閉症（autism）其實不是新的障礙，在幾千年前就存在，那些自閉症的嬰幼兒和其他障礙者的命運是一樣的，他們都被遺棄在偏僻的地方自生自滅。直到約 1800 年一位法國醫生伊達（Jean Marc Gaspard Itard）寫下特殊教育的一段歷史，就是描述他在森林裡發現一位男孩置身一群野狼中，這位野男孩維特（Victor）無法控制的行為，其實是道地的自閉症小孩（Heflin & Alaimo, 2007; Volkmar & Wiesner, 2009）。

　　自從 1943 年肯納（Leo Kanner）發表一篇文章〈情感性接觸的自閉困擾〉（Autistic Disturbances of Affective Contact）（Kanner, 1943）之後，揭開自閉症的序幕。至今已過半世紀，自閉症尚無藥物可以治癒，自閉症者之教育已成為二十一世紀的重要議題。為了澄清一般人對自閉症者的迷思，同時也幫助教師及家長面對自閉症者之教育，本章將分成七節說明自閉症者相關概念，內容包含第一節自閉症者之定義與診斷標準，第二節自閉症者之成因與特徵，第三節自閉症者之盛行率和發生率，第四節自閉症者之鑑定與評量，第五節自閉症者之早期介入與教育安置，第六節自閉症者之課程與教學和第七節自閉症者之轉銜至成人。

第一節　自閉症者之定義與診斷標準

一、定義

　　自閉症一詞最早出現在 1911 年由布魯樂（Eugen Bleuler）所提出。布魯樂是一位瑞士的精神科醫生，同時也是大學精神病學教授（Dalzell, 2007），他描述自閉症的特徵是無法與他人接觸、退縮、很難親近、冷漠、固著的態度及行為、不適當的行為、妄想的傾向（Parnas, Bovet, & Zahavi, 2002）。1943 年，肯納（Leo Kanner）卻是第一位使用自閉症（autism）一詞來描述 11 位小孩子的社會性行為異於常人，且行為極其僵化的特徵，由於當時他所敘述這些孩子的多數特徵是現今說明自閉症的基本特徵，因此稱為典型自閉症或肯納自閉症（classic or Kannerian autism）。大約與肯納（Leo Kanner）提出自閉症相近的時間正處於二次世界大戰期間，一位維也納的醫生亞斯伯格（Hans Asperger）在大學兒科門診發現 4 位 6 至 11 歲男孩的病情症狀具有聰明且冠冕堂皇的言語，但是又有異於常人

的非口語溝通方式,他稱之為自閉精神病(autistic psychopathy)。直到文英(Wing)的著作一系列介紹此症狀並將之稱作亞斯伯格症(Asperger syndrome),才開始使用亞斯伯格症而不再用自閉精神病。對於兒童期崩解症必須追溯到 1908 年,一位維也納的特教老師名叫海勒(Theodor Heller)最先描述兒童期崩解症,因此又稱之海勒氏症(Heller's syndrome)(Heflin & Alaimo, 2007)。最後雷特症是在 1966 年被奧地利的醫生雷特(Andreas Rett)發現,他觀察 2 位女孩有相似的異常症狀,此症狀一直到 1983 年翰伯格(Hagberg)等人描述35 位患有雷特症的歐洲女孩才被認同,那是一種罕見基因異常的疾病,其盛行率範圍介於 1/10,000 到 1/22,000 之間(Neul & Zoghbi, 2004)。

　　美國對自閉症之定義是根據聯邦特殊教育法的障礙者教育法案(Individuals with Disabilities Education Act, IDEA)(IDEA, 2004):

　　自閉症是指一種發展性障礙,已經嚴重影響口語與非口語溝通及社會互動,通常出現在 3 歲之前,且不利影響兒童的教育表現。其他的特徵經常和自閉症有關的是出現重複的活動和固著的動作,抗拒環境的改變或改變日常生活作息,及對於知覺有不尋常的反應〔34 C.F.R.300.8(C)(1)〕。

　　Heflin 和 Alaimo(2007)根據自閉症的歷史發展,自閉症之定義已有了很大的進展,認為泛自閉症(autism spectrum disorders, ASD)是指個體落入三合一的障礙含溝通障礙、社會互動障礙、興趣和活動障礙。按精神科分類系統,將之歸類在廣泛性發展障礙(pervasive developmental disorder, PDD)。

　　國內對自閉症之定義是根據教育部「身心障礙及資賦優異學生鑑定辦法」(教育部,2013)第 12 條:

　　「本法第三條第十一款所稱自閉症,指因神經心理功能異常而顯現出溝通、社會互動、行為及興趣表現上有嚴重問題,致在學習及生活適應上有顯著困難者。

　　前項所定自閉症,其鑑定基準依下列各款規定:

　　1. 顯著社會互動及溝通困難。

　　2. 表現出固定而有限之行為模式及興趣。」

二、診斷標準

根據美國精神醫學協會（American Psychiatric Association, APA, 2000）出版的精神疾病診斷統計手冊第四版正文修正版（Diagnostic and statistical manual of mental disorder 4th edition text revision, DSM-IV-TR）的分類中，廣泛性發展障礙（pervasive developmental disorders），包括自閉症（autistic disorder）、雷特症（Rett's disorder）、兒童期崩解症（childhood disintegrative disorder）、亞斯伯格症（Asperger's disorder）及其他未註明之廣泛性發展障礙（pervasive developmental disorder not otherwise specified, PDD-NOS）。

2013 年 美國 精神 醫學 協會（American Psychiatric Association, APA, 2013）出版精神疾病診斷統計手冊第五版（Diagnostic and statistical manual of mental disorder, DSM-V），使用泛自閉症障礙（Autism spectrum disorder）名詞來稱之，並列出診斷的標準如表 12-1：

表 12-1　DSM-V 泛自閉症障礙診斷標準

A. 在各種場合的社會溝通及社會互動有持續性的缺陷，依據過去或目前（本文舉例用於說明而非所有情況），明顯出現狀況如下：
　1. 社會情緒互動的缺陷，其範圍例如：從不正常的社交方式和無法進行往返來回地對話，到缺少分享興趣、情緒或情感，乃至無法開始或回應社會互動。
　2. 在社會互動上使用非口語溝通行為有缺陷，其範圍例如：從整合口語及非口語溝通能力不佳，到眼神的接觸及身體語言有異常，乃至瞭解或使用手勢有缺陷，最後到完全缺乏臉部表情及非口語溝通。
　3. 發展、維持和瞭解人際關係有缺陷，其範圍例如：從調整自身行為以適應各種社會場合有困難，到分享想像性遊戲或交朋友也有困難，乃至對同儕缺乏興趣。
具體說明目前的嚴重性：
嚴重程度是根據社會溝通障礙和受限、重複的行為模式（參閱表 12-2）
B. 受限、重複的行為、興趣或活動的模式，依據過去或目前（本文舉例用於說明而非所有情況），明顯出現狀況至少有以下兩項：
　1. 使用東西或說話時有固著的或重複的動作行為（例如：簡單的固著動作、排列玩具或翻轉物品、仿說、特異性的用語）。
　2. 堅持同一性，對於生活常規固執沒有彈性，或是口語或非口語儀式化的行為模式（例如：小小的改變會極度痛苦、對於轉換有困難、頑固的思考模式、問候的儀式、每天需要走同樣的路線和吃相同的食物）。

（續上表）

3. 極度地受限、迷戀的興趣，其強度跟集中度是不正常的（例如：很強的依附於或全神貫注於特別的東西，過度地受限或固著於興趣）。

4. 對於感覺刺激有過度或過低的反應，或在感官方面對於環境有不尋常的興趣（例如：對疼痛／溫度毫無覺察、對於某些特定的聲音或質地有不良的反應、對東西會有過度地嗅聞或觸摸、對於光或移動的東西視覺特別著迷）。

具體說明目前的嚴重性：

嚴重程度是根據社會溝通障礙和受限、重複的行為模式（參閱表 12-2）

C. 這些症狀必須出現在早期發展階段（但症狀有可能不明顯，直到社會需求超出有限的能力，或者可能是被後來習得的策略給掩飾）。

D. 這些症狀導致社會、職業或其他重要功能臨床上的顯著障礙。

E. 這些困擾不能用智能障礙（智能發展障礙）或者發展遲緩可以來做最佳解釋。智能障礙和泛自閉症障礙經常同時出現，泛自閉症障礙和智能障礙共病之診斷，要注意社會溝通應該低於一般發展水平。

資料來源：American Psychiatric Association (2013). *Diagnostic and statistical manual of mental disorders (5th ed.) (pp. 50-51)*. Washington, DC: Author.

表 12-2　DSM-V 泛自閉症障礙的嚴重等級

嚴重等級	社會溝通	受限的、重複的行為
等級 3 需要非常大量的支持	口語及非口語社會溝通技能嚴重缺陷也會造成功能嚴重障礙，開啟社會互動非常受限，與別人的社會互動極少有反應。例如：一個人說話很少被理解，就很少會開始與人溝通，當有需求或只需直接回應時會有不尋常的方式來表現。	缺乏彈性的行為，克服改變是極度困難的，或其他受限的重複的行為，都很明顯地阻礙各方面的功能。對於改變焦點或活動也會帶來極大的痛苦和困難。
等級 2 需要大量的支持	口語及非口語社會溝通技能有明顯缺陷，即使有現場支持，社會障礙仍是明顯地；開啟社會互動是受限的；較少或不正常的回應他人的社會互動。例如：一個人只會說簡單的句子，他的互動就受限於狹隘的特殊興趣，同時會有明顯地奇怪的非口語溝通。	沒有彈性的行為，克服改變是困難的，或受限的重複的行為出現頻繁，明顯地引起他人的觀察注意，同時阻礙在各種情境的功能，對於改變焦點或活動感到痛苦或困難。

（續上表）

嚴重等級	社會溝通	受限的、重複的行為
等級 1 需要支持	在沒有現場支持的情況，社會溝通缺陷致使顯著的障礙，開啓社會互動有困難，與他人的社會互動是不正常的或失敗的社會回應，可能對社會互動較少興趣。 例如：一個人能夠說出完整的句子並想要與人進行溝通，然而與他人往返對話中，往往表現失敗，嘗試著去交朋友其結果也是失敗的。	沒有彈性的行為造成在一種或多種情境的功能顯著受阻礙。介於活動之間的轉換有困難，組織和計畫的問題會阻礙其獨立。

資料來源：American Psychiatric Association (2013). *Diagnostic and statistical manual of mental disorders (5th ed.) (p.52)*. Washington, DC: Author.

　　國外對自閉症的其他看法如：Shore（2012）認為將廣泛性發展障礙（pervasive developmental disorders, PDD）分成自閉症（autistic disorder）和非自閉症之廣泛性發展障礙（non-autistic PDDs）。自閉症只包含自閉症（autism）；非自閉症之廣泛性發展障礙包含亞斯伯格症、雷特症、兒童期崩解症、其他未註明之廣泛性發展障礙，此方式無法說明他們之間真實的關係。Shore 認為應該重視自閉症者的需求，不應將焦點放在標籤與烙印。若能按自閉症的障礙程度及表現的差異性所呈現不同光譜稱之自閉症光譜（the autism spectrum）來說明之間的關係，可能較容易被瞭解。因此，Shore 採用 Daniel Rosenn, M. D.（1997）以一個三角楔子來表達自閉症光譜，在楔子的左端裡面的形狀較少如圓形，代表自閉症的障礙程度越重，表現的差異性較小，這是指重度的肯納症（Severe-Kanner's）。在中間的位置形狀較多是屬於中度的其他未註明之廣泛性發展障礙（PDD-NOS）。到極右端裡面的形狀越來越多如圓形、三角形、正方形、星形等等代表自閉症的障礙程度越輕，表現的差異性較大，這是指高功能自閉症或亞斯伯格症（HFA/AS）。越靠近右邊的自閉症者，越容易進入正常人的生活。

　　以上診斷的標準幫助教育界更進一步瞭解自閉症者，將有助於介入策略。

(第二節) 自閉症者之成因與特徵 ✍

一、成因

自閉症的成因的看法有四階段：1950 和 1960 年代認為罹患自閉症與父母不當的教養方式和身體疾病有關；1970 到 1980 年代中期發現遺傳扮演重要角色；1980 年代晚期到 1990 年代早期發現自閉症者的遺傳乃是認知、語言及社會能力缺陷的遺傳而非自閉症本身；1990 年代晚期到現在發現自閉症者的心智論、臉孔辨識、中央連貫性、語言處理等能力缺陷與大腦功能異常有關（楊蕢芬，2005）。

造成自閉症的成因很多，筆者根據國內外專家學者的看法歸納如下（鳳 華，2005；Kirk, Gallagher, Anastasiow, & Coleman, 2006；Heflin & Alaimo, 2007；黃金源，2008）：

1. **染色體異常**：x 染色體脆弱症，根據許多研究統計，男性自閉症中大約有 9% 出現 x 染色體脆弱症。根據人類基因遺傳工程和其他研究已確定第七對及第十五對染色體異常與自閉症有關；第二對、十九對染色體異常與亞斯伯格症有關；第四對、十對染色體異常與高功能自閉症女童有關。

2. **代謝異常**：如大腦脂質沉積症、苯酮尿症（phenylketonuria; PKU）、先天性甲狀腺功能異常等都可能造成自閉症。

3. **病毒感染及環境的毒素**：病毒感染如母親受病毒或德國麻疹感染、先天性巨細胞病毒感染、風濕性關節炎、濾過性病毒感染、腦炎、腦膜炎等均可能造成自閉症。環境的毒素會負面地影響發展神經導致自閉症，尤其曾經引起爭議的三合一疫苗「麻疹、腮腺炎、德國麻疹混合疫苗（measles, mumps, and rubells, MMR）」，因為注射與出現自閉症症狀時間相近，引發自閉症家長的懷疑。最後經過歐美許多國家的研究證實，自閉症與接種 MMR 沒有任何關聯。

4. **腦部組織異常**：大腦專司較高認知功能、一般概念及行為反應。杏仁核和海馬是屬於邊緣系統負責社會和情緒行為、動機、情感及類化能

力。腦幹控制功能如呼吸、消化、平衡、運動協調、走路及睡覺。小腦專司平衡、身體動作、協調和調整注意力,同時包含過濾感覺及預測事情的能力。自閉症患者因為腦部組織異常,造成感覺輸入及運動輸出調節問題、睡眠困擾、刻板行為、強迫行為、保留原始的反射、轉移注意力困難、類化差等問題。

不管自閉症者的成因為何,因為種種的因素已造成自閉症者認知變異、感覺變異、溝通變異等等,將作以下的討論。

二、特徵

Kluth 和 Shouse(2009)說明自閉症特徵含社會性的變異、溝通變異、動作變異、感覺變異及敏感,其內容如下:

1. **社會性的變異**:根據許多研究報告指出,自閉症者沒有興趣社會性的互動。儘管如此,雖有些自閉症者想要獨處,然而也有許多自閉症者渴望社會互動和友誼。自閉症者社會性的變異包含缺乏社會互動技能與人對話、不瞭解也不會運用社會行為的準則、無法解讀別人巧妙的社會性訊號、無法玩象徵性遊戲、無法理解同理心和感受。

2. **溝通變異**:自閉症者的溝通困難包含口語和非口語溝通。主要是自閉症者的聲調無法反映出情感,無法調整臉部的表情,語言訊息處理有困難,無法理解成語、比喻、謎語等語言,鸚鵡式的話語,使用語言以不尋常或不正確的方式來表達。

3. **動作變異**:自閉症者動作變異包含過度的不正常動作和困難於開始、停止、執行速度、轉換等動作,這些會阻礙姿態、活動、說話、想法、認知、情緒、記憶。自閉症者動作變異還包含搖晃、手部拍打的動作、從簡單的舉手動作到複雜的完成工作的動作會受到影響,甚至干擾內部心智運作如認知、專注力、知覺、動機、情緒等。因為動作變異造成自閉症者若不藉著注視就很難察覺身體的部位,因而無法參與或解釋身體的訊號,也無法指認特別的情感訊息如害怕或挫折,甚至也難於指認身體狀態如疼痛。哭泣或尖叫的行為可能是不舒服、焦慮、疼痛引起,有時是為了覺察或控制自己的身體,誠如一位自閉症者描述自己的尖叫不是故意要干擾別人,只是為了獲得平衡罷了。

4. **感覺變異及敏感**：有些自閉症者會有視覺或聽覺過度敏感，在嗅覺系統方面也有困難，同時對碰觸及溫度有不尋常的反應。因為味覺的關係也會影響到吃東西的習慣。感覺變異及敏感造成有些自閉症者有以下現象，例如重複地穿一樣的衣服，也可能會偏愛較軟的衣服，或享受某種質料的衣服。觸覺的問題也促使自閉症者偏愛或逃避某些食物。噪音及聲音包括祥和甚至不被一般人注意到的聲音，可能會造成自閉症者的焦慮。視覺的部分有些自閉症者對於某些特定的光、顏色或圖案太敏感而感到不舒服。對於疼痛的感覺，自閉症者痛閾值異於一般人，例如割傷自己或骨頭跌斷了從不哭喊痛。

除了以上特徵，對於自閉症者有特殊的能力，最令人好奇的是學者症候群（savant syndrome）。Treffert（2009）提到首位能明確描述學者症候群是在 1887 年 Dr. J. Langdon Down 受邀於英國倫敦醫學會的一場著名演講中，描述他在 Earlswood 醫院當醫生 30 年，將個案作有趣的分類時，使用白痴學者（idiot savants）一詞，引起大家的注意。Treffert 對於學者症候群的看法如下：1. 狀況是罕見，但是有十分之一的自閉症者呈現某些學者技能；2. 在自閉症學者（autistic savant）當中，男生比女生多約 6：1，雖然自閉症男女的比率約 4：1；3. 學者技能常發生的特殊能力是有趣卻又狹窄的範圍；4. 學者技能光譜（spectrum of savant skills）分成瑣碎技能（splinter skills）：執迷於記憶車牌號碼、地圖、歷史事件；才華學者（talented savants）：通常在音樂、藝術、或其他特殊能力中的某一項有傑出的表現；天才學者（prodigious savant）：是罕見而又稀少的個體，其特殊技能是引人矚目，這也可能發在正常人身上，目前全球人數不到 100 人能達到這種高門檻的天才學者條件；5. 特殊技能經常伴隨驚人的記憶；6. 沒有任何一種理論可以解釋所有的學者症候群。

第三節 自閉症者之盛行率和發生率

自閉症的盛行率（prevelance）過去是萬分之 4.8，約為 2,000 個孩子就有一位自閉症者（Kirk et al., 2006）。Heflin 和 Alaimo（2007）說明自

閉症的盛行率從 1960 年代晚期是萬分之 4.4，1970 年代晚期增加為萬分之 4.9，1980 年代約是萬分之 7.7，到 1990 年代幾乎是千分之一，全美國約有 50 萬的人口患有自閉症。楊蕢芬（2005）根據美國精神醫學協會 2000 年出版的 DSM-IV-TR 的內容說明，自閉症者的盛行率介於萬分之二到二十之間。她同時指出從 1970 年以後，盛行率逐漸增加，1990 到 1997 年增加為萬分之 9.6 約為千分之一。根據美國衛生和公共服務部的疾病預防控制中心（Department of Health and Human Service, Centers for Disease Control and Prevention）（2008）公布泛自閉症的盛行率為 88 分之 1。

自閉症不再是低發生率（incidence）。泛自閉症者（autism spectrum disorders）的發生率被診斷為發展性障礙中居第三位，僅次於智能障礙和腦性麻痺，卻高於唐氏症。男生與女生的比率為 4：1（Heflin & Alaimo, 2007）。

我國自閉症學生人數有逐年增加的趨勢，根據《特殊教育統計年報》，高級中等以下各教育階段不含大專院校，自閉症學生人數統計在 98 年度為 7,167 人，99 年度為 7,985 人，100 度為 8,755 人，101 度為 9,620 人，102 度為 10,410 人，103 度為 11,225 人，逐年有增加趨勢（如表 12-3）。

表 12-3　我國自閉症教育各階段學生人數的統計表

年度＼階段	學前	國小	國中	高中職	大專院校
98	1,078	3,844	1,438	807	250
99	1,102	4,111	1,758	1,014	321
100	1,121	4,424	1,980	1,230	459
101	1,035	4,802	2,268	1,515	596
102	1,089	5,072	2,436	1,813	769
103	1,071	5,122	2,817	2,215	1,055

資料來源：《特殊教育統計年報》（教育部，2009, 2010, 2011, 2012, 2013, 2014）。

第四節　自閉症者之鑑定與評量

一、鑑定

新修訂的「特殊教育法」第 23 條「身心障礙教育之實施，各級主管機關應依專業評估之結果，結合醫療相關資源，對身心障礙學生進行有關復健、訓練治療。為推展身心障礙兒童之早期療育，其特殊教育之實施，應自二歲開始。」第 24 條「各級主管機關應提供學校輔導身心障礙學生有關評量、教學及行政等支援服務，並適用於經主管機構許可在家實施非學校型態實驗教育之身心障礙學生。各級學校對於身心障礙學生之評量、教學及輔導工作，應以專業團隊合作進行為原則，並得視需要結合衛生醫療、教育、社會工作、獨立生活、職業重建相關等專業人員，共同提供學習、生活、心理、復健訓練、職業輔導評量及轉銜輔導與服務等協助。前二項之支援服務與專業團隊設置及實施辦法，由中央主管機關定之」（教育部，2014）。

根據目前「特殊教育法」的規定，對於自閉症者的鑑定，筆者將以醫療體系的鑑定及教育體系的鑑定，分別敘述如下：

㈠ 醫療體系的鑑定

筆者根據目前最新修正法案敘述如下：

依據「身心障礙者權益保障法」（衛生福利部，2015）「第七條直轄市、縣（市）主管機關應於取得衛生主管機關所核轉之身心障礙鑑定報告後，籌組專業團隊進行需求評估。前項需求評估，應依身心障礙者障礙類別、程度、家庭經濟情況、照顧服務需求、家庭生活需求、社會參與需求等因素為之。直轄市、縣（市）主管機關對於設籍於轄區內依前項評估合於規定者，應核發身心障礙證明，據以提供所需之福利及服務。第一項評估作業得併同前條鑑定作業辦理，有關評估作業與鑑定作業併同辦理事宜、評估專業團隊人員資格條件、評估工具、作業方式及其他應遵行事項之辦法，由中央主管機關會同中央衛生主管機關定之。」由上可知，新制身心障礙鑑定不但增加需求評估，同時對於合規定者核發身心障礙證明取

代舊制身心障礙手冊。

行政院衛生福利部（2014）「身心障礙者鑑定作業辦法」，其重要內容如下：

1. 身心障礙者鑑定審議諮詢小組，辦理下列事項：
（1）身心障礙鑑定機構（稱鑑定機構）或專業人員之指定。
（2）身心障礙須重新鑑定之指定。
（3）鑑定結果爭議及複檢之處理。
（4）其他相關身心障礙鑑定之審議或諮詢。

2. 身心障礙者鑑定審議諮詢小組之委員，由下列人員組成：
（1）衛生局代表。
（2）社會科（局）代表。
（3）教育局代表。
（4）醫事人員。
（5）身心障礙者團體代表。
（6）地方人士。

3. 申請身心障礙鑑定應該：
（1）向戶籍所在地鄉（鎮、市、區）公所辦理。
（2）近三個月內之一吋半身照片三張。
（3）國民身分證正背面影本；未滿 14 歲者，得檢附戶口名簿影本。因障礙之情況有改變，自行申請重新鑑定者，應另檢具近三個月內身心障礙相關診斷證明。

4. 受理前項身心障礙鑑定之申請後，其作業方式如下：
（1）直轄市區公所或縣（市）鄉（鎮、市、區）公所確認申請人之基本之資料，並輸入「身心障礙鑑定、需求評估及證明核發管理系統」（簡稱本系統）後，發給身心障礙者鑑定表（簡稱鑑定表）及提供鑑定機構之相關資訊。
（2）鑑定機構應依法組成專業團隊，進行鑑定，於完成鑑定並將鑑定資料輸入本系統後十日內，將鑑定表及鑑定報告，送達申請人戶籍所在地直轄市、縣（市）衛生主管機關。
（3）直轄市、縣（市）衛生主管機關接獲鑑定表及鑑定報告後，應

將鑑定費核發予該鑑定機構；並至遲於十日內，將該鑑定表及鑑定報告核轉直轄市或縣（市）社政主管機關。

（4）2012 年 7 月 11 日修正施行前已領取身心障礙手冊者，應於效期屆滿前九十日內，至直轄市、縣（市）衛生主管機關指定鑑定機構，申請重新鑑定或申請依原領身心障礙手冊，重新發給鑑定報告。前項申請依原領身心障礙手冊，重新發給鑑定報告以一次為限。第一項重新發給鑑定報告，其效期以截至中華民國 104 年 7 月 10 日為限。

5. 鑑定方法和工具

依據「身心障礙者權益保障法」（衛生福利部，2015）將疾病分類方式由十六類別改為八大系統是採用世界衛生組織（World Health Organization, WHO）所提出的「國際健康功能與身心障礙分類系統」（International Classification of Functioning, Disability and Health, ICF）。新制（八類）與舊制（十六類）身心障礙類別對應表如表 12-4：

表 12-4　新制（八類）與舊制（十六類）身心障礙類別對應表

新制身心障礙類別	舊制身心障礙類別代碼	
	代碼	類　別
第一類　神經系統構造及精神、心智功能	06	智能障礙者
	09	植物人
	10	失智症者
	11	自閉症者
	12	慢性精神病患者
	14	頑性（難治型）癲癇患者
第二類　眼、耳及相關構造與感官功能及疼痛	01	視覺障礙者
	02	聽覺機能障礙者
	03	平衡機能障礙者
第三類　涉及聲音與語言構造及其功能	04	聲音機能或語言機能障礙者

（續上表）

新制身心障礙類別	舊制身心障礙類別代碼	
	代碼	類　別
第四類　循環、造血、免疫與呼吸系統構造及其功能	07	重要器官失去功能者
	13	多重障礙者
	16	其他經中央衛生主管機關認定之障礙者
第五類　消化、新陳代謝與內分泌系統相關構造及其功能	07	重要器官失去功能者
	13	多重障礙者
	15	中央衛生主管機關認定，因罕見疾病而致身心功能障礙者
	16	其他經中央衛生主管機關認定之障礙者
第六類　泌尿與生殖系統相關構造及其功能	07	重要器官失去功能者
	13	多重障礙者
第七類　神經、肌肉、骨骼之移動相關構造及其功能	05	肢體障礙者
第八類　皮膚與相關構造及其功能	08	顏面損傷者
	13	多重障礙者
	15	經中央衛生主管機關認定，因罕見疾病而致身心功能障礙者
	16	其他經中央衛生主管機關認定之障礙者

資料來源：行政院衛生福利部（2013）：新舊制分類對照分類表。

　　從對照表中可以明顯看出舊制身心障礙類別是自閉症代碼 11，在新制身心障礙類別是屬於第一類神經系統構造及精神、心智功能損傷。

　　自閉症在新制身心障礙類別是屬於第一類神經系統構造及精神、心智功能。其鑑定方法根據行政院衛生福利部（2014）「身心障礙者鑑定作業辦法」附表一（包含身心障礙鑑定人員之資格條件、鑑定方法及鑑定工具）。其中鑑定方法包括三方面：理學檢查、基本檢查、特殊檢查。鑑定

工具包含以下：

（1）智力功能：如幼兒、兒童、成人魏氏智力量表、貝莉氏嬰兒發展量表等。

（2）整體心理社會功能：社會互動（social reciprocity）功能相關評量工具如社會認知或判斷、或心智理論（theory of mind）檢測之工具、各種社交技巧量表或社會適應量表、自閉症相關之評估量表。

（3）注意力功能：如廣泛性非語文注意力測驗、郭爾登診斷系統（Gordon Diagnostic System; GDS）等。

（4）記憶功能：如魏氏記憶量表、連續視覺記憶量表、兒童認知功能綜合測驗之工作記憶測驗等。

（5）高階認知功能：如威斯康辛卡分類測驗（Wisconsin Card Sorting Test）、分類測驗（Category Test）等。

（6）口語理解及表達功能：如口語理解與口語表達評估工具。

(二) 教育體系的鑑定

「身心障礙及資賦優異學生鑑定辦法」（教育部，2013）第 2 條「身心障礙學生之鑑定，應採多元評量，依學生個別狀況採標準化評量、直接觀察、晤談、醫學檢查等方式，或參考身心障礙手冊（證明）記載蒐集個案資料，綜合研判之。」

根據「特殊教育法」（教育部，2014）第 6 條規定「各級主管機關應設特殊教育學生鑑定及就學輔導會（簡稱鑑輔會），遴聘學者專家、教育行政人員、學校行政人員、同級教師組織代表、家長代表、專業人員、相關機關（構）及團體代表，辦理特殊教育學生鑑定、安置、重新安置、輔導等事宜；其實施方法、程序、期程、相關資源配置，與運作方式之辦法及自治法規，由各級主管機關定之。……各該主管機關辦理身心障礙學生鑑定及安置工作召開會議時，應通知有關之學生家長列席，該家長並得邀請相關專業人員列席。」陳麗如（2006）、張世彗和藍瑋琛（2011）說明鑑輔會的功能與任務：負責鑑定、安置、就學事宜、協助擬定個別化教育計畫、評鑑及督導別化教育計畫的執行情形、提供身心障礙教育宣導活動、辦理研習活動、研討會、支援教師解決學生問題、訪視或評鑑特殊

班、評量小組人員培訓等事宜。

二、評量

張世彗和藍瑋琛（2011）提出特殊教育學生的評量提供兩種作決定形式所需的資料：一是合乎法律上的決定，我國現行的「特殊教育法」中規定兩項主要資格標準是，學生必須被認為有障礙及此項障礙必須會對學生教育表現有不利的影響。二是教學上的決定，主要是關心學生課程的內容、教學方法，以及教學方案的成效。張世彗和藍瑋琛說明特殊教育上的評量層次：1.轉介學生：任何人都可以轉介學生，其中教師是主要的轉介者。2.篩選學生：篩選主要是針對潛在問題或優異特質需要進一步加以注意。3.鑑定分類和安置學生：其目的是決定合於接受特殊教育的學生。4.學生教育性方案：獲得資料發展個別化教育計畫。5.測量學生的進步情形：評鑑學生的成就表現與監督方案的成效。

Witt, Elliott, Daly, Gresham, 和 Kramer（1998）將評量的方法分為傳統的評量及非傳統的評量。傳統的評量是指常模參照評量、標準參照評量、功能的評量、及生態的評量。非傳統的評量是指面試、觀察、課程本位評量、及形成性的評量等。其優點分別敘述如下（Witt et al., 1998）：

(一) 傳統的評量

1. 常模參照評量的優點是做特殊兒童的分類，因為法律上的需要，讓兒童合法接受特教服務。

2. 標準參照評量的優點是鑑定兒童需要的技能，焦點放在上課需要教導哪些內容。

3. 功能的評量較強調每日提供孩子的教具與刺激。

4. 生態的評量強調學生周遭環境的關係，如學生與老師的關係、學生與學生的關係、學生與環境的關係、學生與社區的關係。

(二) 非傳統的評量

1. 面試的主要優點是提供訊息有關兒童在家、在學校的環境背景的功能，這是常模參照評量所疏忽的。

2. 觀察強調信度及效度的觀察將有助於我們瞭解兒童的環境功能，

同時分析環境事件與行為問題的關係。

　　3. 課程本位評量是使用學生的課程教材來評量其基本學科技能的表現，這將有利於個別化教學的決定。

　　4. 形成性的評量是用來分析學生的表現，教師可以藉此結果進行修正教學。

　　自閉症者在評量過程中經常發生一些問題，讓評量者很困擾。楊蕢芬（2005）發現自閉症學生施測中常見的行為有缺乏動機、坐不住、對刺激過度選擇、仿說、及自我刺激行為。其解決之道，楊蕢芬建議：提供增強物，施測地點最好選在小房間，提示學生適當行為，將不重要的部分用白紙遮起來，要學生看題目的部分，提供明確線索來降低學生的焦慮反應，同時施測的過程最好用結構的方式進行並事先告訴學生今天要完成的工作。

第五節　自閉症者之早期介入與教育安置

一、自閉症者之早期介入

　　Volkmar 和 Wiesner（2009）認為自閉症兒童早期介入的教育方案強調介入需要密集有計畫的，使用明確的課程，重視專業團隊的服務，需要有經驗並接受過訓練的老師及相關的服務者，重視家庭的參與和兒童的主動參與，強調功能性的行為管理促進學習，注重轉銜計畫等。他們說明早期介入的教育需要一整年每週平均大約 25 小時。其內容包含社會技巧、溝通技巧、遊戲、有組織的學習技巧、類化等。Volkmar 和 Wiesner 建議自閉症兒童早期介入應加強：

　　1. 物理空間：強調有組織的課室包含擺放教具、家具，減少孩子分心，強調視覺的課表，用膠帶標出明顯的區域，考慮桌子的空間及活動區。

　　2. 應用行為分析：教導自閉症的有效方法如單一嘗試訓練（discrete trial training）、核心反應模式（pivotal response model）、功能性的常規

（functional routines）等方法。單一嘗試訓練強調包含線索、反應、獎賞。核心反應模式焦點放在環境，其方式使增強物的發生是自然的結果。功能性的常規焦點放在可以預測的事件如：點心時間或午餐時間，運用常規來教導字句、社會技巧、概念等。

Kirk 等人（2006）介紹一些有名且較有組織的自閉症早期介入的教育方案如下：

1. 洛杉磯大學幼兒教育計畫（UCLA Young Autism Project）：是由洛伐斯（Lovaas）所領導。此教育方案是運用應用行為分析對孩子的正確行為作正面回饋，讓孩子學會專注、模仿、會使用社會性目的語言，同時需要教導明確的技能。洛伐斯堅持一週必須花 40 小時來訓練小孩，其費用之高，平均每年需 20,000 到 60,000 美元，不是每個家庭能支付的。幸好有某些州能免費提供介入方案，是因為訓練幼教老師接受洛伐斯方法，老師們必須瞭解提示、褪除、及增強目標行為，執行此方案必須接受管理及督導。

2. TEACCH（Treatment and Education of Autistic and related Communication-handicapped CHildren）：是北卡羅來納州大學（University of North Carolina）的 Mesibov 所領導，這是北卡羅來納全州的教育方案，加強家長成為自閉兒的教師。強調使用圖片及視覺符號協助孩子進行溝通，溝通的課程是根據行為原理應用在更多自然的情境中。根據研究結果發現在家中使用 TEACCH 的教學方法相較於無使用者，有更多改善各種技能。

3. LEAP（Learning Experiences-An Alternative Program for Preschoolers and Parents）：是由科羅拉多州大學（University of Colorado）的 Strain 所領導的，LEAP 教育方案是要改善自閉症兒童的社會行為，課程強調在自然的情境中學習獨立遊戲和社會互動。LEAP 是使用同儕調解技巧、介入、訓練一般同儕增進與自閉症兒童社會互動。

4. 核心反應模式（Pivotal Response Model）：是加州大學聖巴巴拉分校（University of California at Santa Barbara）的 Koegel 和 Koegel 所領導的。此教育方案重視自我管理、動機、及其他能力，朝向自然情境中熟練社會與教育的目標，並強調從一個環境類化到另一個環境中的能力。

5. 瓦登早期教育方案（Walden Early Childhood Program）：是由美國埃默里大學（Emory University）的 McGee 所領導的。主要是針對自閉症兒童提供教育方案強調隨機教學法，教導明確的技能如：功能性口語、對成人的回應、與同儕的互動、及自我照顧的方法等。

二、教育安置

「特殊教育法」（教育部，2014）第 11 條「高級中等以下各教育階段學校得設特殊教育班，其辦理方式如下：一、集中式特殊教育班。二、分散式資源班。三、巡迴輔導班。前項特殊教育班的設置，應由各級主管機關核定；其班級之設施及人員設置標準，由中央主管機關定之。高級中等以下各教育階段學生，未依第一項規定安置於特殊教育班者，其所屬學校得擬具特殊教育方案向各主管機關申請；其申請內容與程序之辦法及自治法規，由各主管機關定之。」

「特殊教育法施行細則修正草案」（教育部，2012）第 5 條說明本法第 11 條第 3 項所稱特殊教育方案，係指高級中等以下未安置於特殊教育班之學生，依其身心特性及學習需求，所規劃生活與學習輔導、相關專業服務、特殊性向及才能培養等內容之方案。前項特殊教育方案得以個別學校或跨校方式辦理之。

根據《101 年度特殊教育統計年報》（教育部，2012）指出目前高級中等以下學校，身心障礙學生之安置型態包括特殊教育學校、一般學校包括集中式特殊教育班、分散式資源班、巡迴輔導、床邊教學及普通班接受特殊教育方案等方式。《101 年度特殊教育統計年報》的重要內容分別敘述如下：

1. 特殊教育學校分為特殊教育學校、啟聰學校、啟明學校、啟智學校及實驗學校。

2. 一般學校身心障礙類包括：

（1）集中式特殊教育班包括：智障集中式、聽障集中式、肢障集中式、自閉症集中式、多障集中式、高職特教班。自閉症集中式：民國 74 年臺北市立師範學院附小成立第一個專收中、重度自閉症學生特教班，教學方式採分組教學、協同教學及團體活動三種方式。近年因為融合教育的

思潮，自閉症學生的教育安置採資源班型態。

（2）分散式資源班：國內資源班的種類包含單類資源班（如：聽障資源班、語障資源班、學障資源班、自閉症資源班）及跨類資源班（不分類資源班）。自閉症資源班：民國80年高雄市瑞豐國小及內惟國小成立自閉症資源班以高功能自閉症學生為服務對象。同年臺北市中山國小也成立自閉症資源班，招收中、高功能自閉症學生。

（3）巡迴輔導：國內最早採用巡迴輔導的安置型態是民國56年起推動的「視覺障礙學生混合教育計畫」，接著民國76年起提供「在家教育巡迴輔導」服務無法到校的重度障礙學生，民國82年起，更擴大至自閉症、植物人及其他類嚴重障礙者。床邊教學：民國60年起由臺北市政府教育局指派合格國中小教師各一人長期駐院服務住院學童之教育工作，目前臺大醫院、高雄醫學院附屬醫院、三軍總醫院、和平醫院、仁愛醫院、長庚醫院也加入床邊教學服務。

（4）普通班接受特殊教育方案：指目前就讀於普通班沒有安置在資源班或巡迴輔導之身心障礙學生。學校提供該生個別化教育計畫、相關專業服務、教育輔助器材、無障礙環境及行政支援等。

根據《101年度特殊教育統計年報》（教育部，2012）發現從歷年的教育統計資料顯示越來越多的特教班逐漸的轉型為資源班，此舉動顯示國內身心障礙學生的安置型態已漸漸朝向聯合國及國際倡導組織所呼籲的融合教育的理念。

第六節　自閉症者之課程與教學

教育部於2008年委託國立臺灣師範大學特殊教育中心主任盧台華教授完成「國民教育階段特殊教育課程發展共同原則及課程綱要總綱」（教育部，2008a）、「高中教育階段特殊教育課程發展共同原則及課程綱要總綱」（教育部，2008b）和「高職教育階段特殊教育課程發展共同原則及課程綱要總綱」（教育部，2008c）三項內容之編訂。課綱適用對象：高中教育階段含認知功能無缺損之學生及認知功能輕微缺損之學生；高職教育階段及國民教育階段含認知功能無缺損之學生、認知功能輕微缺損之

學生及認知功能嚴重缺損之學生。課綱的特殊需求領域之課程含：職業教育、學習策略、生活管理、社會技巧、定向行動、點字、溝通訓練、動作機能訓練、輔助科技應用、領導才能、創造力、情意課程等科目。中高功能之自閉症者是屬於認知功能輕微缺損之學生，低功能之自閉症者是屬於認知功能嚴重缺損之學生。針對自閉症學生的特徵，筆者建議在特殊需求領域之課程應強調職業教育、學習策略、生活管理、社會技巧、溝通訓練、輔助科技應用、情意課程。

自閉症學生的困難含有社會互動，口語、非口語之溝通，固定而有限之行為模式及興趣。因此在教學上教師應強調社會技能、溝通、行為問題介入。筆者分別敘述如下：

一、社會技能

楊蕢芬、黃慈愛和王美惠（2003）認為社會情緒技能訓練的基本假設：社會情緒技能是可以教導的，行為管理問題是學生社會情緒技能缺陷的問題，社會情緒技能是學業技能的先備技能，社會情緒技能越早教越好，可以用認知方式來教社會情緒技能，EQ 能影響一個人的成就、學歷和機會。他們認為個人的心智能力包括四部分：認知能力（智力及聽、說、讀、寫、算、記憶等能力）、溝通能力（口語與非口語溝通能力）、社會能力（社交技巧和社會適應行為）、情緒能力（情緒技巧和情緒適應行為）。楊蕢芬等人（2003）設計社會情緒課程目的是要幫助自閉症兒童適應普通班生活，內容強調教室行為、交友技能和情意技巧。

Gresham（1986）將社會能力分成適應行為（含獨立功能技巧、生理發展、語言發展、學業能力）、社會技巧（人際的行為、自我有關的行為、工作有關的行為）、同儕接納等。而 Greenspan（1981）認為社會能力含社會智慧（敏感、領悟、溝通）及情緒能力（慎思、冷靜、善良、活動）（引自洪儷瑜，2002）。洪儷瑜認為社會技巧應是社會能力的一部分，社會能力包括知覺、判斷與行為，能夠幫助個人在人際互動的關係成功，因此教導社會技巧是在提升個體社會能力。

Baker（2001）提出教導社會技能的方法：單一嘗試教學（Discrete-Trial）、隨機教學法（Incidental Teaching）、認知圖卡練習（Cognitive

Picture Rehearsal）、社會故事（Social Stories）等方法。根據 Baker 的看法，將細節敘述如下：

1. **單一嘗試教學**：包含四元素：線索、提示、行為及增強。Baker 舉了一個例子如何教孩子眼對眼的凝視。首先指著我的眼睛對著孩子說看這裡（線索），移動孩子的頭才可以看見我的眼睛（提示），此時孩子若不是看我的眼睛就是看別處（行為），當孩子看著我的眼睛是正確的行為就得增強物（增強）。

2. **隨機教學法**：其重點是運用社會線索及原則來教導剛剛發生的情境而不是結構化的課程。Baker 舉例針對一位著迷於燈具侃侃而談的男孩，同學已對他很厭煩。我們可以告訴這位男孩，請他看看其他人已經開始打呵欠，在座位上不安地蠕動，想想他們的感覺是什麼？為什麼？可以問問他們想不想再聽呢？

3. **認知圖卡練習**：包含描繪及圖卡有三元素：前因（問題情況）、目標行為、正增強。每張圖卡的背面都有事件順序的腳本，在孩子可能發生問題的情境之前，這些事件順序的圖卡可以拿來作複習。

4. **社會故事**：運用故事增加幼兒對問題情境的認知，首先是讓孩子瞭解情境，接著故事的發展就進入那個情境，最後發生了什麼事？為什麼？人家的感覺及想法又是什麼？如果能夠明確地解釋為什麼人家會有那樣的行為及想法，社會故事就會產生很大效果。

筆者認為自閉症學生有社會互動的困難，因此教導自閉症學生社會技巧是當務之急，目前國內也出版不少社會技巧相關書籍，期待能幫助教師及家長們使用正確的策略及方法來提升自閉症學生的社會能力。

二、溝通

Volkmar 和 Wiesner（2009）認為要發展溝通的教育方案需注意兒童的年齡、能力、特殊的學習方式，也要考慮用什麼方法來教？如何評量進步狀況？選擇什麼樣的教材及策略？短期和長期的教育目標為何？均需作為考量。教導自閉症者的溝通方法，Volkmar 和 Wiesner 建議可採用：

1. **功能性溝通訓練**（functional communication training）：此方法最大的好處不僅可以幫助孩子處理行為問題，同時讓孩子學習溝通其需求。首

先要對行為進行功能性分析其功能（逃避、獲得注意），接著進行選擇有效的溝通方式。此法也可以結合其他行為方法來教導溝通和社會技巧。

2. 自然語言範例（Natural Language Paradigm, NLP）：首先使用有趣的教具，並提供機會參與具有吸引力的遊戲教材，最後使用增強來鼓勵溝通的語言模式。此方法強調每天只要有口語溝通或願意試著溝通就給予增強。

Simpson 等人（2005）建議對於缺乏口語能力的孩子，可以使用圖形兌換溝通系統（Picture Exchange Communication System, PECS）和擴大及替代溝通系統（Augmentative and Alternative Communication, AAC），分別敘述如下：

1. 圖形兌換溝通系統（Picture Exchange Communication System, PECS）：此方案是針對自閉症者缺乏表達能力而設計的擴大溝通的教育方法，其過程有六個階段。階段一：能用各種不同圖片進行兌換的動作；階段二：能獲得大人的注意並且增加距離；階段三：在一系列的圖片中能區辨不同；階段四：運用圖片構成一個句子；階段五：使用圖片回答問題；階段六：擴大先前熟悉的互動（p. 48）。

2. 擴大及替代溝通系統（Augmentative and Alternative Communication, AAC）：這個名詞是應用各種介入方法來補償溝通表達有缺陷的人。擴大及替代溝通系統含兩個元素就是溝通器具（communication devices）及符號系統（symbol system）。溝通器具又分為輔助性溝通器具，如溝通簿、語音輸出設備、電腦等；非輔助性溝通器具，如身體語言、聲音、姿態等。符號系統包含打手語，如美國手語和抽象的符號系統，如圖片溝通符號（picture communication symbols, PCS）。

三、行為問題介入

㈠ 自閉症的行為問題

根據美國精神醫學協會（American Psychiatric Association, APA, 2000）出版的精神疾病診斷統計手冊第四版正文修正版（Diagnostic and statistical manual of mental disorders 4th edition test revision, DSM-IV-TR），對於自閉症

診斷的標準包括：社會互動的障礙、溝通方面的障礙、行為興趣活動方面呈受限重複的方式，這些障礙容易造成行為問題。造成自閉症行為問題的原因很多，林翠英（2013）認為：1. 缺乏心智論對他人的感覺不敏銳，無法瞭解他人的意圖，更無法預測他人的說法，因為缺乏心智論，自閉症學生常遭到同學孤立，在班上很難生存。2. 感覺變異產生許多的行為問題如聽覺異常：聽覺方面有過度反應，對於上課鐘響感到不舒服，至於反應不足則是對於上課點名沒有反應；觸覺異常：有些自閉症者觸覺過度敏感或過度不敏感的情形容易造成不喜歡被觸摸或對痛覺忍受力高；前庭覺與本體覺變異：前庭覺異常容易出現上下樓梯會焦慮、害怕在水中，而本體覺異常容易出現執行某動作有困難；視覺異常：容易將東西靠進眼睛，不停地開關電燈，若視覺方面有過度反應者喜歡黯淡光線，反應不足者不容易找到桌上的東西；味覺變異：味覺變異的情況容易出現吃東西挑剔；嗅覺異常：嗅覺異常出現的情形如，吃東西前先聞過再決定吃或不吃；觸覺、壓力及溫度方面若反應過度，對於拍肩膀過度反應，將人推開，不喜歡玩水或玩沙子，不喜歡坐在草地上，想要同溫度的食物，而反應不足者不斷觸摸他人、咬指甲、鉛筆、無法表達痛。

　　陳質采和龔萬菁（譯）（2006）說明行為問題常見的原因：1. 與學生的年齡、發展程度、興趣、學習風格、氣質與人格特質有關。2. 與學生的溝通技巧、社交技巧、習得技巧、與障礙相關的技巧與缺陷、功能性技巧相關。3. 與學生身處何處的物質的環境、功能性的環境、社會環境、感官差異、醫療需求等都有關係。明瞭自閉症學生行為問題的原因，才能運用有效的介入方法。

㈡ 行為問題介入法

　　行為介入的歷史從 1960 至 1970 年強調行為改變技術，1970 至 1980 年被應用行為分析和行為管理技術所取代，到了 1990 年代以後，強調正向行為支持及功能性行為評量等來介入學生行為問題（楊蕢芬，2005；鈕文英，2009；林翠英，2010）。

　　Chandler 和 Dahlquist（2010）強調不適當行為及適當行為（appropriate behavior）都是目前環境所支持且行為本身是具有功能的（正增強功能、

負增強功能、知覺調整／知覺刺激功能），因此應該運用正向的介入策略，不適當行為是可以被改變。

鈕文英（2009）說明功能評量的程序為評量前事、行為和後果事件的關係，最後找出個體行為的目的。洪儷瑜（2002）說明行為與環境的功能，每個行為之出現會受行為表現前之刺激及個體之條件和行為後之結果（增強、懲罰）影響，因此運用功能分析的結果，來擬訂行為介入策略是重要的。

筆者認為老師或家長面對自閉症學生，如果無法瞭解行為問題背後的功能，將無法有效介入。特別是無口語能力的自閉症學生，因為學生無法表達其需求，老師或家長也無法瞭解學生的情況下，往往造成學生自我傷害或攻擊性行為發生。

筆者整理楊賈芬、黃慈愛、王美惠（2003）；楊賈芬（2005）；鈕文英（2009）對於自閉症學生提出正向行為支持策略如下：

1. 改變教育環境（採結構化的安排、降低焦慮、減少行為問題）。

2. 作息的修改（修改原則必須考量學生個人的喜好，增加學生對環境的控制能力）。

3. 增加選擇的機會。

4. 教學與課程的調整。

5. 教導功能性替代行為（教導適當的溝通技巧和社會技巧來代替行為問題）。

6. 肌肉放鬆法。

7. 功能性溝通訓練，包括功能相等訓練、功能性溝通訓練、社會能力介入法（例如：社會故事）。

8. 自我管理。

9. 容忍延宕增強。

10.散置法（避免學生逃避工作的教學策略，如將簡單的作業散布在有困難的作業中）。

11.個別化時間表（如：規範日常作息）。

12.行為動力（教學前，提供前因刺激）。

13.讓學生有充足的睡眠。

14.調整社會情境因素可避免問題行為發生。

15.提供溫馨的環境，並提供符合個體需求的學習與訓練機會。

第七節　自閉症者之轉銜至成人

依據我國「特殊教育法施行細則修正草案」（教育部，2012）第 10
條：「本法第二十八條所稱個別化教育計畫，指運用團隊合作方式，針對
身心障礙學生個別特性所定之特殊教育及相關服務計畫，其內容包括下列
事項：一、學生、家庭現況及需求評估。二、學生所需特殊教育、相關服
務與支持策略。三、學年與學期教育目標及其評量方式、日期與標準。
四、具情緒與行為問題學生所需之行為功能介入方案與行政支援。五、學
生之轉銜輔導及服務內容。前項第五款所稱轉銜輔導及服務，應依照學生
之需要，包括升學輔導、生活、就業、心理輔導、福利服務及其他相關專
業服務等項目。參與擬定個別化教育計畫之人員，應包括學校行政人員、
特殊教育及相關教師、學生家長，必要時得邀請相關專業人員及學生本人
參與。個別化教育計畫應由學校特殊教育推行委員會通過後實施。」

由上可知我國的法令規定已清楚指出轉銜輔導及服務的方向，為了更
瞭解自閉症者的轉銜計畫的內容，筆者將國外的專家學者看法臚列如下：

進入青春期或青少年對所有年輕人原本就不容易，更別提自閉症者。
對多數的青少年而言，成長本身充滿著困難，何況是自閉症者有更多的阻
礙。自閉症者預備轉銜從學校到成人的世界，他們必須面對失去學校結構
化的日子，若加上不合理的法規條文，對自閉症者無非是雪上加霜（Schall
& Wehman, 2009）。

為了使自閉症者能順利轉銜從學校到成人的世界，Schall 和 Wehman
（2009）針對自閉症青少年的轉銜計畫建議五項指標：

1. 運用正向行為支持來處理不適當行為：家長或老師要明瞭自閉症
學生的行為問題的目的，才能為學生發展正向行為支持計畫。

2. 個別化教育計畫能符合未來的願景：國、高中是自閉症青少年找
出自己職業生涯潛能的最佳時段，迎向未來個人的願景，預備過成人生
活。

3. **善用融合的經驗**：融合的經驗提供自閉症學生機會觀察、學習並且與正常學生練習社會技巧。

4. **提供各種以社區為本的工作和人生經驗**：先前的工作經驗的確影響職場僱用的成敗，工作是唯一能讓每個人經驗各種關係的機會，但因為自閉症學生本身對不同情境有類化的困難，因此運用真實校外情境教導自閉症學生，如實習、工讀、志工等都是最佳練習機會。

5. **能順利轉銜進入職場**：轉銜計畫的重要觀點是要將自閉症學生及其支持體系連接到所有的資源及服務職場。自閉症學生在高中階段，教師可以將學生與其家人和重要的資源及服務職場作連結，教師同時可以藉著轉銜轉介過程介紹服務職場。自閉症學生不管是從高中到工作場所或進入大學，都應該參與轉銜計畫。

Schall（2009）指出轉銜計畫的評量包含學生的興趣、喜好、認知發展及學業成就表現、適應性行為、人際關係技巧、情緒發展及心智健康、就業及社會技能、社區參與等。因此，面對自閉症學生在轉銜階段的個別化教育計畫的專業團隊應注意一些問題如下（Schall, 2009: 47）：

1. 學生自我決策的能力為何？
2. 學生本人或主要照顧者對其未來的願景看法為何？
3. 學生成年後想要在哪裡過生活及做什麼工作？
4. 學生目前又擁有什麼能力及技能符合其未來願景？
5. 學生在高中畢業後是否需要額外訓練或教育才能夠實現其願景？
6. 什麼資源可以幫助學生實現願景？
7. 學生是否能獨立？是否有能力照顧自己？是否能獨立在社區生活？是否懂得規劃生活預算？
8. 學生對於成人生活及工作世界的體驗深度為何？
9. 什麼樣的訊息應該告知學生預備未來高中畢業後的生活？
10.什麼樣的經驗、資源及機構將增加順利轉銜進入職場或高等教育及成人生活？

Hendricks, Datlow Smith, 和 Wehman（2009）認為自閉學生以社區為本

位的職業訓練教育方案應包含：

1. 進行社區職業市場分析：可以從電話簿及報紙分類廣告中獲得訊息，或接觸當地的場商，或根據畢業校友在職場上的工作，來編排一系列工作適合重度障礙生。

2. 接觸人事主管或社區為本位訓練場地及雇主：指派學校工作人員負責與場商接觸，同時可以利用電話或書信進行聯絡，亦可親自拜訪。

3. 選擇及分析適當的工作，作為社區為本位的訓練：可以拜訪工作場地與工作主管討論工作的法規，為障礙學生選擇最適當的工作，找出適當的時間給雇主作訓練，最後再同意從哪一天開始工作訓練。

4. 社區為本位的訓練時間表：為學生舉辦個別化教育計畫／個別化轉銜計畫會議，和轉銜團隊成員討論社區為本位職業訓練的目標，除了寫下職業目標，同時也要配合學生方便的場地，接著簽下同意書，定下每日上班的時間表、交通車的時刻表，最後再影印時間表給重要關係人，含校長、特教主管、家長及雇主等。

5. 設計個別化系統教學方案：對於過去曾經教導的工作，首先要找出學生起始行為，選定教學過程及選擇增強物，再來執行教育訓練，回顧學生的資料及教學目標，如有需要得修正教育方案，隨時進行更新。

以上是國外對於自閉症者轉銜之輔導與服務內容可供國人參考。至於國內對於轉銜計畫已有很多的研究報告，筆者不再贅述。

結　　論

筆者對於本章自閉症者之教育歸納重點如下：

1. 在自閉症的歷史發展中，自閉症之定義、鑑定標準已有很大的進展，其結果可以幫助自閉症者之學校教師、行政人員、家長、重要關係人、專業團隊及整個社會能明瞭自閉症者是誰？又該如何幫助他們？

2. 認識自閉症者的成因與特徵，可以提醒整個社會加強醫療保健，降低自閉症的發生率。

3. 自閉症者之盛行率與發生率逐年提升，在發展性障礙中居第三位僅次於智能障礙和腦性麻痺，卻高於唐氏症。男生與女生的比率為 4：1，

因此，自閉症者之教育介入是當務之急。

4. 依據身心障礙者權益保障法，新制身心障礙鑑定不但增加需求評估，同時對於合規定者核發身心障礙證明取代舊制身心障礙手冊。不管是傳統評量或是非傳統評量，各有其優缺點，都有助於安置及教育自閉症者。

5. 國外有名且較有組織的自閉症早期介入的教育方案如洛杉磯大學幼兒教育計畫、TEACCH、LEAP、核心反應模式、瓦登早期教育方案等成功的教學經驗，都是值得國人參考及學習的。我國已越來越多的特教班逐漸的轉型為資源班，此舉動顯示國內身心障礙學生的安置型態已漸漸朝向聯合國及國際倡導組織所呼籲的融合教育的理念。

6. 針對自閉症學生的特徵，特殊需求領域之課程應強調職業教育、學習策略、生活管理、社會技巧、溝通訓練、輔助科技應用、情意課程。在教學上教師應強調社會技能、溝通、行為問題介入，來幫助自閉症者。

7. 轉銜計畫的評量包含學生的興趣、喜好、認知發展及學業成就表現、適應性行為、人際關係技巧、情緒發展及心智健康、就業及社會技能、社區參與等。

💡 問題與討論

1. 面對自閉症者的特徵，如何調整教學介入策略？
2. 對於自閉症學者（autistic savant），個人的看法如何？
3. 對於目前國內自閉症者的教育安置與教學滿意嗎？有何建議？
4. 如果社區中有位自閉症兒家長非常害怕別人知道家中有自閉兒，該如何幫助這位家長？
5. 如果你／妳現在有個非常要好的對象，當發現他／她的家中有位妹妹是自閉症者，你／妳還會與他／她步上地毯的那一端嗎？為什麼？

第十三章

發展遲緩者之教育

林秀錦、柯秋雪

第一節　「發展遲緩」的源起與定義

第二節　發展遲緩幼兒的鑑定評量

第三節　發展遲緩幼兒之特徵

第四節　出現率

第五節　成因

第六節　服務模式

第七節　課程與教學

第八節　轉銜

　　近十幾年來，醫療以及教育界不斷宣導「及早發現，及早介入」的觀念，特殊嬰幼兒的早期療育也成為特殊教育的發展趨勢。本章的重點即在介紹特殊嬰幼兒早期療育以及特殊教育。

　　在國內，一般社會大眾以「發展遲緩」統稱學齡前有身心障礙或特殊需求的嬰幼兒，不過，在法令上，「發展遲緩」一詞所指涉的定義與社會大眾的認知略有差別。本章前兩節介紹「發展遲緩」一詞的源起、「發展遲緩」在法令上的定義、診斷「發展遲緩幼兒」的評量方式與研判準則。接著，第三節到第五節說明發展遲緩幼兒在各個發展領域上的特徵、成因、並且比較國內外「發展遲緩幼兒」的出現率。

　　早期療育強調發展遲緩幼兒的介入服務。本章第六節到第八節介紹早期療育的服務模式、IFSP 與 IEP、療育課程的哲學取向、根據不同哲學觀點所衍生的教學法，以及因應融合教育潮流，適用於普通幼兒園的教學調整策略。最後，第九節介紹轉銜服務，呼籲提供早期療育服務的園所（或機構），能在發展遲緩幼兒入園以及離園（機構）之際提供適切的轉銜服務，協助幼兒順利銜接到新環境。

第一節　「發展遲緩」的源起與定義

　　聽到「發展遲緩」，國人通常會認為是指一群尚未入小學，且在各發展領域上呈現落後的幼兒。這樣的認知並無不妥，只是，在法令上，「發展遲緩」有其特定的界定。以下就「發展遲緩」的源起與定義說明如下：

一、　美國「發展遲緩」的源起與定義

　　1975 年美國國會通過 94-142 公法，規定各州必須為 3-21 歲身心障礙學生提供特殊教育以及相關服務，身心障礙幼兒的學前特殊教育得以受到保障。1986 年國會公布 99-457 公法，除了重申 3-5 歲身心障礙幼兒得以接受免費適當的特殊教育服務之外，更鼓勵各州將服務對象向下延伸到0-2 歲。自此，嬰幼兒早期介入有了法令基礎（Gargiulo & Kilgo, 2011）。

　　隨之而來的問題是，要如何命名嬰幼兒的障礙類別？傳統的障礙類名或許適用於較大孩子，但過早在嬰幼兒身上貼上智能障礙、學習障礙等標

籤卻有許多爭議（Dansher, 2011; McCormick et al., 2009），這些爭議包括：

1. **嬰幼兒階段不易確認障別**：在嬰幼兒階段，各方面發展環環相扣、緊密連結，不容易釐清障礙類型，再者，半數特殊需求的幼兒呈現全面性發展落後（翁菁菁、鄒國蘇，2005），若勉強歸類到某一障別並不合適。實務上，為了讓嬰幼兒取得早期療育或特殊教育服務資格而判定障別，但結果卻往往草率地標記障礙類別。

2. **標準化測驗不適用年幼兒童**：傳統上，評量特殊需求學生經常仰賴標準化測驗，然而，以標準化測驗評量嬰幼兒，其測驗結果的真實性、穩定性始終受到質疑，一旦診斷錯誤，將導致不適當的分類、安置或介入。

3. **過早標籤限制兒童發展的可能性**：嬰幼兒時期的發展可塑性大，特別是孩子進入幼兒園後，有很多時間和一般同儕互動，是極佳的學習成長契機，過早為嬰幼兒貼以障礙標記可能會限制幼兒學習的機會。

於是許多學者建議以「發展遲緩」通稱有特殊需求的嬰幼兒，或是在傳統障別之外新增「發展遲緩」類別（Bernheimer, 1993; McLean, Smith, McCormick, Schakel, & McEvoy, 1991）。此外，美國特殊兒童委員會幼兒分會（Division for Early Childhood of the Council for Exceptional Children，簡稱DEC）更主張0-8歲是幼兒發展歷程中一個獨立的階段，「發展遲緩」類別應該適用於0-8歲期間（McCormick et al., 2009）。這些呼籲影響後來的法令修正，1997年IDEA修正案就規定：各州必須使用「發展遲緩」一詞（或是其他適當詞彙）來描述發展上有遲緩的小孩，並要訂定「發展遲緩」的評量標準和程序；「發展遲緩」適用年齡可以延長到9歲，但各州有權自訂適用年齡。目前，全美各州對於「發展遲緩」有其各自的定義和適用的年齡層，可能是指所有特殊需求學生的不分類通稱，也可能是身心障礙類別之一；可能適用0-5歲，也可能適用0-8歲或該州所制定的年齡層。

在學前階段，特殊需求幼兒接受早期療育或特殊教育，主要是根據2004年修訂的IDEA法案，Part B（3-21歲）與Part C（0-2歲）的條文中分別闡述障礙兒童的定義如下：

Part B條文所定義的「障礙兒童」（children with disabilities）：

1. 一般來說，「障礙兒童」（children with disabilities）是指兒童有：

（1）智能障礙、聽障（包含聾）、語言或溝通障礙、視覺障礙（含全盲）、嚴重情緒困擾（情緒困擾）、肢體障礙、自閉症、腦傷、其他身體疾病或特定學習障礙。

（2）因此需要特殊教育以及相關服務者。

2. 針對 3-9 歲的障礙兒童（children with disabilities）（各州可以自訂年齡範圍），指的是：

（1）經適當的評量工具和診斷過程，在生理發展、認知發展、溝通發展、社會或情緒發展、或適應能力領域上有一項或多項領域呈現發展遲緩。

（2）因此需要特殊教育及相關服務者。

Part C 條文中所指「障礙嬰幼兒」（infants and toddlers with disabilities）是：

1. 3 歲以下需要早期介入服務的孩子，因為這孩子：

（1）經適當的評量工具和診斷過程，發現嬰幼兒在生理發展、認知發展、溝通發展、社會或情緒發展、或適應能力領域上有一項或多項領域發展遲緩。

（2）經過生理或心理診斷，日後可能發展遲緩。

2. 各州可以斟酌決定是否包括以下兩者：

（1）危險群嬰幼兒。

（2）3 歲以上兒童，曾經符合 Part C 資格並接受早期介入服務，雖然已進入學前特殊教育系統（Part B），但家長仍願意持續接受 Part C 服務（如學前讀寫、學前算術、溝通等入學準備能力）。

二、臺灣「發展遲緩」的源起與定義

臺灣受到美國影響，在 1994 年首度以「發展遲緩」一詞，描述 6 歲以下兒童，在認知發展、生理發展、語言及溝通發展、心理社會發展或生活自理技能等方面有異常或可預期會有發展異常，而且需要接受早期療育服務者（兒童福利法施行細則，1994）。2015 年內政部發布兒童及少年福利與權利保障法施行細則，將定義略微修正，所稱發展遲緩是指「在認知發展、生理發展、語言及溝通發展、心理社會發展或生活自理技能等方

面，有疑似異常或可預期有發展異常情形，並經衛生主管機關認可之醫院評估確認，發給證明之兒童。」

1997 年「特殊教育法」修訂，則新增「發展遲緩」類別，描述一群有特殊教育需求，卻無法以傳統障礙類別歸類的學齡前幼兒。目前「特殊教育法」沿用其定義，「發展遲緩兒童」是指「未滿 6 歲之兒童，因生理、心理或社會環境因素，在知覺、認知、動作、溝通、社會情緒或自理能力等方面之發展較同年齡顯著遲緩，且其障礙類別無法確定者」（身心障礙及資賦優異學生鑑定辦法，2013）。

對照內政部與教育部對「發展遲緩」的定義，兩者並不完全相同。教育部所謂「發展遲緩」是十二種身心障礙類別之一，當 6 歲以下幼兒無法用其他障礙類別確定資格者，才認定為「發展遲緩」，至於內政部所稱「發展遲緩」包含對象似乎更廣，可涵蓋所有特殊需求幼兒，包括各類障礙類別以及無法確定障別者。

第二節 發展遲緩幼兒的鑑定評量

鑑定嬰幼兒是否為發展遲緩，國內外的作法不同，其鑑定標準與鑑定方式分述如下：

一、鑑定標準

嬰幼兒是否符合發展遲緩資格，不同的地區有其各自的判定標準。在美國，發展遲緩幼兒的鑑定標準由各州自行決定。國內在診斷／確認資格方面，也沒有明確規範鑑定標準。在內政體系下，發展遲緩的資格是由「衛生主管機關認可之醫院評估確認」。在教育體系下，發展遲緩兒童的鑑定則是由各縣市鑑輔會「依嬰幼兒發展及養育環境評估等資料，綜合研判之」。

大體而言，發展遲緩幼兒的鑑定標準有三種取向（Danaher, 2011; Mc-Cormick, Kilgo, Danaher, McLean, Walsh, & Schakel, 2001）：1. 以測驗結果的量化分數作為鑑定基準，2. 以團隊共識作為鑑定原則，3. 整合量化分數與團隊共識進行鑑定。

㈠ 以量化分數為鑑定基準

在美國，多數州是以測驗評量結果作為鑑定的標準，各州所訂定的鑑定標準並不相同。有的以低於平均數 2 個或 1.5 個標準差判定是否有發展遲緩，有的以落後百分比 25 或 30 作為判定依據。在臺灣許多醫生或是教育評量人員也是用標準化測驗評量幼兒的發展，以低於 1-2 個標準差以下稱為「發展遲緩」。

㈡ 以團隊共識（informed team criteria）作為鑑定原則

鑑於標準化測驗對嬰幼兒適用性的疑慮，因此有些地區以團隊人員臨床判斷或其他另類評量方式評估幼兒能力，透過團隊討論達成共識後做出議決。例如：美國有十四個州就捨棄以量化分數作為鑑定的標準，以團隊共識做出判斷。在國內，新北市教育局近十年來對於發展遲緩幼兒的鑑定，也捨棄標準化測驗，以跨專業團隊共識研判幼兒是否發展遲緩。

㈢ 整合量化分數與團隊共識

美國有許多州除了採用量化分數為判定標準外，也允許團隊以臨床專業的判斷、團隊共識做出決議，在國內，一些兒童發展聯合評估的醫療團隊會參考標準化測驗結果，再以團隊討論方式達成共識。

二、鑑定方式

發展遲緩幼兒的鑑定方式多沿襲中小學特殊需求學生的鑑定作法，以實施標準化測驗為主。近年來，特殊嬰幼兒評量趨勢逐漸朝向自然情境評量、家長參與評量以及跨專業團隊評量（McLean & Crais, 2004），在另類的鑑定方式中，以跨專業遊戲本位評量最受矚目。以下分別介紹兩種不同取向的鑑定方式。

㈠ 標準化測驗

鑑定嬰幼兒是否為發展遲緩，最常見的就是使用常模參照的標準化測驗工具，當測驗結果低於法定的切截分數就認定為發展遲緩。使用常模參照測驗的優點是：1.可以將幼兒的能力與其他同年齡幼兒相比，以量化分數作為鑑定的根據，具有說服力。2.測驗工具若具備良好的信效度，能反

映幼兒的能力。3. 施測過程順利的話，可以在一兩個小時內完成評估工作（Raver, 2009）。缺點則是：1. 在標準化程序以及控制情境下評量嬰幼兒，無法瞭解其真正能力。Bronfenbrenner 就批評，標準化測驗用結構化的施測和陌生情境試圖瞭解幼兒能力，「是盡可能最短的時間內，讓孩子處在陌生的情境下和陌生的大人互動，表現出陌生行為的一種科學」（引自 McLean & Crais, 2004）；2. 嬰幼兒發展的診斷工具相當少，且缺乏令人信服的信效度；3. 測驗工具誤用的情形相當普遍，例如：以篩選工具的測驗結果進行診斷；4. 家長被拒於測驗室之外，無法參與評量；5. 測驗結果與後續的介入計畫連結甚少。

(二) 跨專業遊戲本位評量

Linder（1993）提出另類的評量方式——跨專業遊戲本位評量。跨專業遊戲評量以遊戲作為媒介，在自然情境中由一位熟悉兒童發展的引導員和嬰幼兒玩，並且邀請家長參與其中，在需要時提供肢體或口頭的協助。不同專業的人員在旁觀察嬰幼兒的表現，以評量表或發展檢核表記錄幼兒的能力。由於在評量環境的安排上，有許多專業人員同時觀察孩子，因此也稱為舞臺評量（arena assessment）。跨專業遊戲本位評量提供一個比較輕鬆、自然的環境可以觀察嬰幼兒的能力，評量過程中可以保持彈性和調整，家長能與專業人員討論，促進家長與專業人員的溝通和合作，透過專業共識達成鑑定目的，評量的結果有助於擬定介入方案，基於上述理由，跨專業遊戲本位評量在美國已經相當普遍，學校心理師在評估嬰幼兒的時候，經常會使用遊戲本位評量，甚至取代標準化測驗（Myers & McBride, 1996）。在國內，新北市教育局即參考跨專業遊戲本位評量的精神，採跨專業聯合評估作為特殊幼兒優先入園的鑑定方式，一些醫院的兒童發展聯合評估中心也朝向更自然情境、跨專業團隊的評估作法，然而，由於需要整合不同專業的人員同時評量，在實施上並不容易。

第三節　發展遲緩幼兒之特徵

就臨床上的診斷，發展遲緩幼兒可能在一個或多個發展領域落後一般

的幼兒。通常發展遲緩可分為認知發展遲緩、語言發展遲緩、動作發展遲
緩、社會情緒遲緩、生理發展遲緩（生長、感覺統合、視覺、聽覺等方面），
而全面性發展遲緩則是在上述認知、語言、動作、社會情緒與生理等所有
發展領域比同齡幼兒遲緩的現象（鐘育志，2000）。

翁菁菁、鄒國蘇（2005）分析 292 位 0-3 歲臺北市早療評估中心門診初
診的幼兒病歷資料，確定有發展遲緩者共 246 位，幼兒發展遲緩類型以語言
發展遲緩最多，占了將近 96%，超過 50% 是認知發展遲緩、精細動作發展遲
緩與全面性發展遲緩，而將近 50% 則是社會情緒遲緩。

而根據國內 96 學年度特殊教育長期資料追蹤庫（無日期 a）的調查
結果（圖 13-1），3 歲發展遲緩幼兒以「語言」問題最多（約 74.7%），
超過半數有認知與精細動作的問題，其他依序是注意力、粗動作、社會人
際、生活自理與情緒的問題。5 歲遲緩幼兒也是以語言問題最多（64.8%），
比較值得注意的是，5 歲幼兒中大約 60% 的有注意力的問題，占所有問題
的第二位。

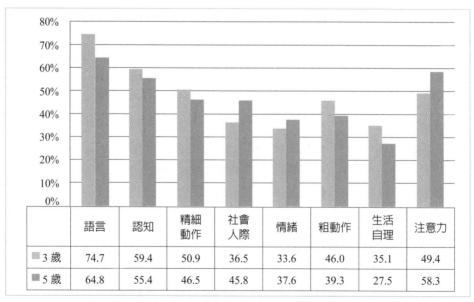

	語言	認知	精細動作	社會人際	情緒	粗動作	生活自理	注意力
3 歲	74.7	59.4	50.9	36.5	33.6	46.0	35.1	49.4
5 歲	64.8	55.4	46.5	45.8	37.6	39.3	27.5	58.3

圖 13-1　3 歲和 5 歲特殊幼兒的發展問題

特殊教育長期資料追蹤庫在 98 學年度（無日期 b）針對 5 歲幼兒的

最新結果顯示，和 96 學年度的統計資料相似，幼兒大多有語言（58.0%）與認知的問題（53.3%）。其他依序有注意力（46.3%）、精細動作（43.0%）、粗動作（35.6%）、生活自理（26.8）與情緒問題（26.1%）。

　　綜合上述三個研究顯示，絕大多數的發展遲緩幼兒有語言發展的問題，且年紀越小的幼兒，具有語言問題的比例越大。

　　0-3 歲發展遲緩幼兒其次有認知問題，占所有問題的第二位，精細動作問題占第三位。

　　至於 5 歲的發展遲緩幼兒則是除語言是最大問題外，認知與注意力問題的比例較高。

第四節　出現率（prevalence rate）

　　在流行病學， prevalence rate 是描述某一個時間內，族群中所有現存病例數與所有總人口數的比值（陳品玲，2010）。在特殊教育領域中，國人習慣以「出現率」稱之，指在某一段時間內， 特殊教育人口占同年齡人口的百分比。

　　瞭解發展遲緩幼兒的出現率，有助於早期療育制度的規劃，然而，由於各國對發展遲緩的定義不同，不同學者使用的調查方法也不一，因此有關發展遲緩幼兒出現率的調查有很大落差。

　　以美國為例，教育部官方統計資料顯示，2007-2008 學年約有 32 萬名 0-2 歲嬰幼兒接受早期療育服務，約占同年齡幼兒人口數的 2.5%；至於在 3-5 歲的部分，約有 71 萬名幼童接受 Part B 的特殊教育服務，大約占該年齡幼童的 6.4%（Gargiulo & Kilgo, 2011），然而，Rosenberg、Zhang 與 Robinson（2008）分析全美幼兒長期追蹤資料庫 1 萬多名新生兒，在他們 9 個月大時，以標準化測驗診斷發展遲緩的比例為 12%，到 2 歲時，發展遲緩的比例為 13.8%。Boyle 等人（2011）從全美健康調查資料庫分析約 12 萬份資料，以電訪家長調查 1997-2008 年之間特殊學生的出現率，發現 3-10 歲的身心障礙人口竟高達 30%。

　　在瑞典，Lillvist 與 Granlund（2010）調查一千餘所幼兒園共 9,000 多名 1-6 歲幼兒，根據老師以功能性評估的結果，特殊需求幼兒出現率達

17.3%，但若以醫院正式診斷結果作為發展遲緩判定依據，則出現率為 3.7%。至於在臺灣，王天苗等人（1999）曾由通報資料計算臺灣的發展遲緩人口，當時 0-6 歲的人口中約有 1 萬人為發展遲緩，占同年齡幼兒人口的 0.49%。後來，蔡昆瀛（2003）調查臺北市疑似發展遲緩的出現率，從臺北市抽取幼稚園小朋友 1,471 人，以教師提名法和篩選測驗評定法進行研究。以教師提名法的發展遲緩幼兒出現率為 9.2%，若以篩選測驗評定結果計算，則出現率為 3.69%。

　　本文作者以臺灣「發展遲緩兒童早期療育服務個案通報概況」統計資料來看，臺灣地區 2014 年通報未滿 6 歲的發展遲緩兒童共計 20,420 人（衛生福利部，2015）。同年，全國未滿 6 歲的嬰幼兒總數為 1,200,702 人（內政部統計月報，2015），以此推估發展遲緩幼兒的出現率為 1.70%，其中男女性別的比例約為 2：1。

　　最近這幾年，國內發展遲緩通報個案數量雖逐年增加（如圖 13-2），

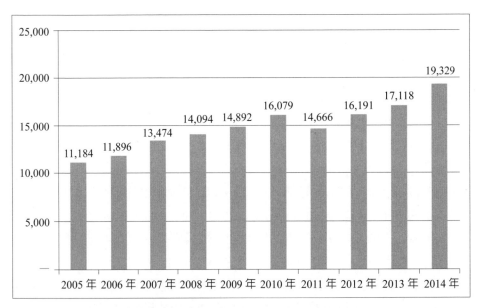

圖 13-2　2005-2014 年我國 0 歲至未滿 6 歲發展遲緩幼兒通報數量

資料來源：衛生福利部（2015）。

然而出現率的調查結果，除了蔡昆瀛以教師提名法估計出現率較高之外，其餘調查統計資料的出現率則介於 0.49%-3.69% 之間。若以據聯合國推估特殊兒童的出現率大約為 6%-8% 來看（引自翁菁菁、鄒國蘇，2005），我國仍有許多潛在未發現的特殊需求幼兒。出現率偏低原因除了轉介通報的情形尚未普及之外，也可能跟傳統障別的診斷方式有關。Lillvist 與 Granlund（2010）指出，傳統的診斷方式以醫學模式進行障礙類別診斷，可能無法發現所有特殊需求的幼兒，他們建議以功能性評估方式進行評量。國內自 101 年 7 月起開始啟用國際健康功能與身心障礙分類系統（ICF），ICF/ICF-CY 以個人的功能為主要的評量核心，評估兒童的參與和活動能力（王國羽，2011），未來，發展遲緩兒童的出現率可能會因為功能性評估方式而有不同。

第五節　成因

　　幼兒的發展有一定的順序，其發展的原則如下（Hooper & Umansky, 2009；何華國，2006）：

1. 發展是遺傳環境交互作用的過程。
2. 發展是持續性的過程有一定的順序，由簡單到複雜。已發展的行為是後續能力的基礎。
3. 發展的速率以嬰幼兒期最快，且發展有個體間與個別內的差異。
4. 發展是功能分化與統整的結果。
5. 動作發展是從頭到腳、由近到遠的原則（軀幹到四肢）。
6. 各發展領域有密切的關係。
7. 發展受社會與文化的影響。

　　幼兒發展遲緩的成因可能來自產前與出生時的因素，以及後天生物或環境的影響（翁菁菁、鄒國蘇，2005；鐘育志，2000；Hooper & Umansky, 2009），而有些發展遲緩則是原因不明（許碧勳，2003；翁菁菁、鄒國蘇，2005）。以下將說明產前與出生時的因素，以及後天生物或環境的影響：

1. 產前與出生時的因素

產前與出生時的因素可分為下列三方面說明：

（1）先天性/基因異常：遺傳基因突變或染色體異常（如唐氏症、X 染色體脆裂症）、先天性心臟病、肢體缺陷、胚胎發育不全、新陳代謝功能異常（如甲狀腺功能低下、黏多醣症）、中樞神經先天性畸形（如小腦症）等。

（2）母親懷孕期服用藥物、毒品、菸酒、營養失調、Rh 血液因子不合症。

（3）母親在生產過程有缺氧、胎盤剝離或胎盤過早分離所引起的子宮出血、早產（定義為妊娠週數低於 32 週）、出生低體重（出生體重低於 2000 公克者）。

2. 後天生理與環境的因素

新生兒過高疸紅素（核黃疸）、腦膜炎、腦炎、頭部外傷、毒物、衛生條件不良、生活困苦或是文化不利，如主要照顧者缺乏親職技巧、有兒童虐待或疏忽等。

值得注意的是，翁菁菁、鄒國蘇（2005）分析門診個案 0-3 歲幼兒造成發展遲緩的可能原因，早期環境刺激不足是發展遲緩的主要因素，其中將近半數幼兒（約占 46.3%）因環境刺激不足造成之發展遲緩者最多；環境刺激不足對幼兒在語言與認知的發展影響很大，約有 75.7% 語言與認知發展遲緩者都可能是環境刺激不足所導致。美國一項國家調查研究則有相似的結果，在嬰幼兒的早期療育方案中，有許多的嬰兒是來自於低收入的家庭（Raver, 2009）。

第六節　服務模式

一般而言，國外發展遲緩幼兒的服務可分家庭本位模式（home-based model）、中心本位模式（center-based model）、混合模式（home-center model）、諮詢模式（consultation model）與巡迴輔導模式（itinerant model）。國外實施多年來，學者專家提出各種服務型態有其優缺點（柯秋雪，2008；2009；蔣明珊、沈慶盈，2005；莊瓊惠，2009；Cook, Klein &

Tessier, 2008; Gargiulo & Kilgo, 2011; Raver, 2009; Weiß., Neuhäuser & Sohns, 2004）。

家庭本位模式通常是相關專業人員進入幼兒的家庭或是其他的自然環境，例如社區公園、祖父母家等等，提供專業的教學與心理支持。專業人員可以從家庭的生活作息，瞭解其家庭的脈絡，與家庭充分合作（柯秋雪，2008; 2009; Raver, 2009）。此模式的優點如下：

1. 相關專業人員進入服務時間、密集度與設計具有彈性，符合家庭的需求。

2. 服務的場所是幼兒所熟悉的環境，幼兒可在日常生活中類化學習的技巧。

3. 專業人員和幼兒及其家庭較能持續維持關係與合作。

4. 主要照顧者參與幼兒的學習。

5. 花費較少，免於交通的勞頓。

家庭本位模式也有其下列的缺點：

1. 與其他專業人員（治療師）協調合作比較受限。

2. 專業人員在服務期間會變動。

3. 配合度低的父母，成效比較不彰。

4. 和幼兒互動機會少。

5. 器材與設備攜帶不易。

6. 專業人員時間與成本的耗費。

發展遲緩幼兒之家庭也可以選擇到早療中心進行療育。在早療中心，父母為團隊的成員之一，而中心所提供的方案會因幼兒的年齡、幼兒與家庭需求以及機構資源的不同而有所差異，通常學前的幼兒可選擇參與合適的個別與小組課程。中心本位的服務有以下的優點：

1. 提供和幼兒的互動機會。

2. 中心有專業的設備與器材。

3. 不同專業人員提供持續性且多元的服務。

4. 父母較有機會參與中心的活動，並和其他家長互動與交流。

5. 中心的教育經驗有助於轉銜到幼兒園或是到小學

此服務模式也有一些限制：
1. 父母需要花費較多的交通時間與經費接送幼兒到中心。
2. 中心的設備器材的維護比較耗費時間與金錢。
3. 相較於家庭本位模式，此模式比較不易和父母發展信任的夥伴關係。
4. 較難在團體中兼顧幼兒及家庭的個別需求。

有些州採用家庭和中心的混合模式，彈性較大，一方面可以考量幼兒的個別需求與特質；另一方面也重視家庭的優勢與需求。但是綜合中心與家庭服務的混合模式，亦有二種服務型態的缺點，不過改善調整的空間較大。而為發展遲緩幼兒家長提供之諮詢模式，花費較少，免於交通的勞頓，而且對於疑似發展遲緩或是父母教養的相關問題，提供諮詢的窗口。不過諮詢無法提供面對面的示範與指導，比較無法提供適切的建議。若是家長缺乏足夠的專業，不僅可能造成負擔，也有可能會影響療育的成效，延誤介入的時機（蔣明珊、沈慶盈，2005）。

若是幼兒參與社區的學前融合教育方案（如：幼兒中心、托育中心、啟蒙方案課程）中，則有巡迴輔導模式。巡迴輔導教師至學前融合的環境中協助普幼教師，提供直接或是諮詢的服務（Raver, 2009）。

近年來在以家庭為中心思維之下，各種服務模式皆重視父母的參與。基本上，3 歲以下的嬰幼兒以家庭本位模式之到宅服務為主；3 歲以上的幼兒則採用中心本位的模式（柯秋雪，2009）。每個模式皆有其優缺點，應該考量幼兒與家庭的文化、需求與居家地點，提供服務的模式與頻率（Gargiulo & Kilgo, 2011; McCormick, 2006a; Raver, 2009）。

在國內，發展遲緩幼兒的服務型態亦多元，綜合不同學者專家的意見，可以分為以下幾種模式（劉蔚萍，2006；蔣明珊、沈慶盈，2005；莊瓊惠，2009；葉瓊華，2011；楊美華等人，2003）：

1. **中心本位模式**：服務包含（1）特教／早療機構除了提供一星期一次的部分時制課程，3 歲以上的特殊幼兒可以在日托班就讀，有的機構也辦理 0 至 6 歲中重度特殊幼兒的學前日托班；依據內政部兒童局「發展遲

緩兒童社區療育據點實施計劃」，目前有的早療中心在偏鄉地區辦理社區療育據點服務；（2）醫療院所的復健治療、認知訓練、親子課程等；（3）私人工作室提供特教與相關復健治療服務。

2. 家庭本位模式：在國內常稱為到宅服務模式。我國內政部兒童局頒布並制定「發展遲緩兒童到宅服務實施計畫」，專業人員到家庭提供到宅服務。有些保母在家亦有收托發展遲緩嬰幼兒。

3. 幼兒園模式：特殊學校幼稚部、學前特教班、普通班、融合班。

4. 混合模式：幼兒園搭配到宅、機構或是私人工作室的時段療育或是醫院的復健治療等。

對於發展遲緩幼兒及其家庭，無論提供何種服務模式，最重要的是專業團隊成員和父母的合作。專業團隊合作模式包含多專業、專業間與跨專業的合作模式（何華國，2006；Gargiulo & Kilgo, 2011; Wall, 2011）。專業團隊包含來自不同領域的成員：

1. 醫療方面（醫師、護理人員、物理治療師、職能治療師、語言治療師、聽力檢查人員、視力檢查人員）。

2. 心理方面（臨床心理師、心理諮商人員）。

3. 教育方面（幼兒園老師或特殊教育老師）。

4. 社福方面（社工、社會工作師）。

在此專業團隊中，學前特教教師的職責，主要包含以下的工作：

1. 瞭解發展遲緩幼兒出現率、成因、身心特質、學習及適應問題。

2. 觀察、評量能力。

3. 擬定個別化教育計畫（IEP）。

4. 實際教學指導：教學、課程與 IEP 的結合。

5. 輔導。

6. 評量學習效果。

7. 提供轉銜服務。

8. 親師合作。

9. 專業與資源整合。

　　此外，美國 99-457 公法也訂定建立州級的機構間諮詢委員會，強調機構間合作的重要性（Wall, 2011），協調與整合發展遲緩幼兒及其家庭相關的服務。

（第七節）課程與教學

　　個別化家庭服務計畫（Individualized Family Service Plan，以下簡稱 IFSP）與個別化教育計畫（Individualized Education Program，以下簡稱 IEP）是課程與教學的基礎。本節首先介紹 IFSP 與 IEP，接著說明課程哲學的取向以及教學方法，而因應融合教育的發展趨勢，在此也提供幼兒園普通班的課程調整作為參考。

一、IFSP/IEP

　　專業團隊成員應與家長合作，針對發展遲緩幼兒獨特的教育需求與個人特質，擬定 IFSP 或是 IEP，以提供適切的課程。IFSP 與 IEP 是針對發展遲緩幼兒所設計，是特殊幼兒課程設計的藍圖（Gargiulo & Kilgo, 2011）。在美國，特殊幼兒的課程依據主要是來自於美國幼兒教育協會（NAEYC）與特殊兒童協會幼兒分會（DEC）建構與發展。美國幼兒教育協會提出發展合宜實務指引（Guidelines for Developmentally Appropriate Practices, DAP），倡導發展合宜實務的理念，強調適性教學，以建構適合幼兒年齡、個別差異與文化的高品質課程（Copple & Bredekamp, 2009）。特殊兒童協會幼兒分會所出版的早期療育／學前特教課程推薦方案（Recommended Practices in Early Intervention/Early Childhood Special Education），強調教育經驗應該是家庭本位、具有實證性與文化敏感度，應該提供多項專業服務，以符合幼兒個別與適性的發展，達到在普通教育融合的正常化原則（Gargiulo & Kilgo, 2011）。

　　美國「身心障礙者個人教育促進法案」（The Individuals with Disabilities Education Improvement Act，簡稱 IDEA of 2004，即（「108-446 公法」）已經明訂 IFSP 與 IEP 的相關內容（請見表 13-1）。

表 13-1　美國 IDEA 中 IFSP 與 IEP 的內容比較

IFSP（Part C）	IEP（Part B）
嬰幼兒發展的現況能力描述： 生理（包含視力、聽力與健康情況）、認知、社會或情緒，以及適應能力發展的狀況	兒童目前學業成就與功能性表現的能力現況，包含普通教育課程的參與以及進步的情形；對於學齡前幼兒應該描述殘障對其參與適齡活動的影響
與兒童發展有關的家庭優勢、資源、關切事項與優先順序	沒有相關描述
描述嬰幼兒及其家庭的預期成果	針對年度目標的進步情形，定期提供家長與監護人相關的報告
決定嬰幼兒及其家庭達到預期成果所使用的評量標準、程序與時程	可測量的年度與短期目標，並提出決定兒童達到目標的標準 參與州與地方評量時所採用的評量調整方式，若採用替代性評量須說明不能參與一般評量的原因，以及替代性評量是否適合兒童
提供符合嬰幼兒及其家庭獨特需求的早期療育服務	提供兒童達成目標之特殊教育與相關服務
在自然環境中提供服務或是說明不能在自然環境中提供服務的原因	描述與一般兒童參與普通教育環境學習的時間，以及不能與一般幼兒參與普通教育學習的原因
早期療育服務的起訖時間、服務的頻率與場所	特殊教育方案與其他服務的起訖時間
確定負責執行 IFSP 與協調其他機構及專業人員的服務協調員姓名	沒有相關描述
擬定轉銜至學前教育的計畫	擬定一份關於學生需求與負責機構的轉銜計畫

資料來源：Gargiulo & Kilgo, 2011; McCormick, 2006b; IDEA, 2004.

　　相較於美國，我國 IEP 已納入在 1997 年修正的「特殊教育法」之中，各縣市目前已依據法令的內容規定進行特教評鑑；但是，我國並沒有將 IFSP 納入法令的規範。2014 年修正的「特殊教育法」第 28 條除重申，學校應以專業團隊合作的方式為每位身心障礙學生訂定 IEP，並應邀請家長參與外，增列必要時家長也可以邀請相關人員陪同參與的規定。依據「特殊教育法施行細則」（2013）第 9 條，IEP 內容應包括下列事項：

　　1. 學生、家庭現況及需求評估。

2. 學生所需特殊教育、相關服務與支持策略。

3. 學年與學期教育目標及其評量方式、日期與標準。

4. 具情緒與行為問題學生所需之行為功能介入方案與行政支援。

5. 學生之轉銜輔導及服務內容。

此外,學校應於新生及轉學生入學後一個月內訂定 IEP,而其餘在學學生則應於開學前訂定,且每學期應至少檢討一次(第 10 條)。

綜合上述,在美國,2004 年 IDEA 中的 Part C 明確規範為 3 歲以下的幼兒,在決定服務資格後 45 天內完成擬定 IFSP,至少每半年重新檢討服務一次。在執行 IFSP 的過程中,須指派一名服務協調員以協調相關機構與專業人員的服務。IFSP 以家庭為中心,強調早期療育的課程需要在自然的環境中提供。教師須瞭解嬰幼兒的自然環境有哪些場所(例如家庭、社區的遊戲場、爺爺奶奶家等)與日常生活作息,並考量幼兒的能力現況與家庭的需求、期待以及資源,才能將課程適切的融入嬰幼兒生活環境之中。我國目前針對 IFSP 並無相關的規定,在實務工作中,個案管理員協助 0-6 歲的發展遲緩幼兒擬定 IFSP 與協調相關的專業服務,並於每半年檢討一次與修正。因為個管員服務對象的年齡是 0-6 歲,所以 3 歲以上的幼兒若是進入幼兒園或是機構日托班就讀,並接受個案管理的服務,就會同時有 IEP 與 IFSP 兩份計畫(林秀錦、柯秋雪,2013)。

美國 2004 年 IDEA 之 Part B 規定須在三十天內為 3 歲以上的兒童擬定 IEP,至少每年重新檢討服務一次。IEP 以幼兒為中心,滿足幼兒的學習需求,安置的環境以最少限制的環境為主,特殊幼兒應儘量與一般幼兒一起接受教育,除非障礙的本身與嚴重性,即使是提供額外的支援與服務仍然無法達到滿意時,才能將幼兒安置在隔離的教育環境中。因此,IEP 中需列出特殊幼兒參與普通教育環境學習的時間,以及不能參與普通教育的原因。IEP 需要融入在幼兒的課程之中,除了設計符應幼兒的個別差異與需求的課程外,因為發展遲緩幼兒強調在普通環境學習的重要性,應在融合的情境中適當調整課程與教學策略。IFSP 與 IEP 強調的重點不同,但是兩者需要取得父母或法定代理人的書面同意,才能執行。雖然 IFSP 以家庭為中心,IEP 以幼兒為中心,兩者皆須考量幼兒與家庭的需求與優

勢,與家長以及專業團隊合作和協調,並重視 IFSP 到 IEP 之無縫隙的轉銜(林秀錦、柯秋雪,2013)。在與家長合作時,專業人員尤其應該考慮其語言的掌握與使用,家庭成員是否需要翻譯員,並應尊重來自不同文化家庭的信念和價值,才能真正瞭解家庭的文化與生活(Zhang & Bennett, 2003),避免對不同文化家庭與幼兒的偏見或誤解,擬定滿足家庭與幼兒需求與瞭解其優弱勢的 IFSP 與 IEP,提供合宜的課程與教學。

二、發展遲緩幼兒的課程哲學取向

發展遲緩幼兒的課程有許多不同的哲學取向,以下介紹發展觀點、行為學派觀點、親子互動交流觀點、功能性觀點以及生態取向觀點(Sandall, 1993)。

(一) 發展觀點

發展取向的觀點包括「成熟論」以及「認知─發展」兩者。

1. **成熟論**:傳統的學前課程模式主要是以 Arnold Gesell 的成熟論為基礎,假定遲緩幼兒的發展順序與一般幼兒相同,只是比較慢。發展是線性進行的,低階能力是高階能力發展的基礎。依據此觀點設計課程,是以幼兒的發展里程碑,擬定認知、動作、語言溝通、社會適應、生活自理等各領域的技能作為發展性課程的內涵。

2. **認知─發展觀點**:皮亞傑提出認知發展理論,他相信認知的發展是生理成長和環境互動的結果,共經歷四個階段:感覺動作期、前運思期、具體運思期和形式運思期,這四個階段是循序發展的,兒童的認知發展快慢可能不同,但是順序不會改變。認知─發展觀點的課程內容和發展性課程類似,但特別強調皮亞傑所提到認知發展階段(Gargiulo & Kilgo, 2011)。

從發展觀點來看,學前教師創造一個溫暖、正向的環境,設計適齡的豐富活動,以激發幼兒內在的學習動機。發展性課程有以下限制:(1)對於特殊幼兒來說,發展性課程可能忽略了真實生活需要的能力(例如:對人有禮貌),所教導的技能較不具功能性。(2)有些特殊幼兒並非按發展順序進行,發展性課程較無法顧及這些幼兒的個別差異。(3)教學是

根據發展性課程的內容所設計，未能考慮家長的期待（Gargiulo & Kilgo, 2011）。

㈡ 行為學派觀點

行為學派強調「環境」對於發展和學習的影響，透過有計畫的環境安排，可以塑造兒童，表現出成人期望的行為，這個觀點對特殊教育影響深遠。行為學派的課程內容不是遵循發展順序的，而是由學前老師事先選擇要教導的技能，以直接教學法教導目標技能或是削弱目標技能。缺點是1. 行為學派在實施教學時，要求結構化和精準性，比較難融入開放教育的幼兒園（Gargiulo & Kilgo, 2011）。2. 行為學派強調外在控制的訓練價值，不重視兒童內發的動機和自由意志，與幼兒教育強調以幼兒為中心、開放教育的哲學觀點有較大差異。

㈢ 親子互動交流觀點

Sameroff 與 Chandler 受到皮亞傑影響，認為幼兒是一個有機體，和環境產生的互動會讓幼兒心智結構不斷地重組，環境中提供多樣化經驗可以幫助幼兒啟動互動並且主動嘗試，提升幼兒的發展。他們將此概念延伸到親子互動，提出親子互動交流模式（Transactional Model），不僅考慮幼兒和家長之間的雙向互動，也強調家長要能敏銳覺察孩子，回應孩子。家長和小孩的互動是交互影響的，隨著時間移轉，互動關係也在持續改變（Barrera & Rosenbaum, 1986; Sameroff & Fieses, 2000）。

㈣ 功能性觀點

近幾年，許多早期療育人員採取功能性觀點發展課程，特別是針對重度障礙的幼兒。功能性技能強調日常生活中需要的能力（例如：穿衣服、吃飯等），而不是發展性技能或學業技能。功能性課程的優點：1. 教導孩子的技能是具有功能性的，可以讓孩子在生活環境中更獨立；2. 功能性課程教導特殊幼兒符合其生理年齡的技能，可以增加與一般幼兒互動的機會。缺點則是：1. 缺乏清楚的組織架構；2. 哪些技能才是功能性的技能並沒有公認的標準；3. 對不同孩子來說，所需要的功能性的技能並不完全相同；對老師來說，設計個別化的功能性課程並不容易。

㈤ 生態觀點

根據 Bronfenbrenner（1986）的生態理論，幼兒處於微系統、中間系統、外系統、大系統和時間系統等不同生態系統中，早期介入者必須瞭解這些系統以及系統間交互關係對幼兒的影響。在生態觀點之下，「幼兒」不再是早期介入的唯一焦點，調整生態環境支持幼兒發展也是介入的重點。生態觀點認為幼兒是一個主動與環境互動的學習者，生態性課程除了強調孩子在自然情境中學習功能性技能之外，更強調家長參與、家庭和學校、社區緊密合作，以及社會支持（Day, Kowalenko, Ellis, Dawe, Harnett, & Scott, 2011）。

三、教學方法

因應不同的哲學觀點，發展遲緩幼兒的教學方法也呈現多元風貌。以下介紹常見的教學方法，包括充實、直接教學、結構化教學、自然情境教學、活動本位介入、自然回應學習策略、親子互動以及社會支持等。前六種教學法著重提升幼兒的能力，最後兩種教學法則強調對幼兒及其家庭的成效（Sandall, 1993）。

㈠ 充實（enrichment）

嚴格來說，這並不是一種教學法，而是大人根據孩子發展的階段，提供一個刺激豐富的環境以及適齡的玩具和遊戲，鼓勵幼兒在遊戲中按自己的發展速度探索和表達自我。

㈡ 直接教學

直接教學法是由教師主導，針對目標進行特定、系統的分析，將學習步驟序列化，提供幼兒精熟學習的機會，並且持續評量幼兒的表現，有系統地提供立即回饋，直到熟練技巧為止。直接教學法已有四十幾年的歷史，用於特殊學生的學習成效也得到許多研究支持（Ganz & Flores, 2009；Hicks, Bethune, Wood, Cooke, & Mims, 2011），例如：用直接教學法教導閱讀技能，發現幼兒的解碼能力、文意理解以及對於閱讀的態度都有正面影響（Parette, Blum, Boeckmann, & Watts, 2009）。

(三) 結構化教學

結構化教學（Treatment and Education of Autistic and Related Communi-cation-handicapped CHildren，簡稱 TEACCH 方案）始於 1972 年，由北卡羅來納大學 Eric Schopler 博士對於自閉症兒童所設計的方案。結構化教學法在以下四個方面呈現其結構性特質：環境結構化、作息結構化、任務結構化、工作/活動系統化（Mesibov & Shea, 2010）。結構化教學對於自閉症幼兒的認知、溝通、社會適應的學習成效有明顯的進步（Panerai, Ferrante, & Caputo, 1997; Tsang, Shek, Lam, Tang, & Cheung, 2007）。

(四) 自然情境教學法（Milieu Teaching）

自然情境教學法整合了許多不同的教學策略，包括隨機教學法（incidental teaching）、提問示範（mand-model）、時間延宕（time delay）。這些方法有幾個共同的特點：1. 教學是隨著孩子興趣主導；2. 透過特定的口語或是環境的安排來誘發或提示孩子；3. 運用事件的自然後果；4. 教學目標（例如：促進語彙）融入在日常生活的互動中（Warren & Yoder, 1997）。自然情境教學法較多應用在幼兒的語言發展，例如：說話前的溝通技能、早期的語彙等（Bolzani & Hughes, 2009），許多研究支持自然情境教學策略有助於提升特殊幼兒的溝通技巧，家長對其成效也表示滿意（Bolzani, Yale, & Hughes, 2009; Hancock & Kaiser, 2002; McGee & Daly, 2007）。

(五) 活動本位介入法

這是一種以幼兒為主導，將幼兒的目標融入在每天的作息、或是計畫性活動中，使用邏輯的前事因果讓孩子習得功能性技能，並且將所習得技能成功類化到生活中。這個介入法在設定教學目標和評量方面，採取了自然事件以及作息的優點，很類似其他的自然教學策略，已經受到廣泛使用。

(六) 自然回應學習策略（response-contingent learning）

自然回應學習策略主要是針對重度或多重障礙幼兒，透過遊戲讓幼兒學到：他們的行為可以對環境產生作用。例如：幼兒碰觸玩具車（幼兒

行為），車子就會移動且發出聲音（自然回應）；幼兒伸手靠近或摸老師的嘴巴（幼兒行為），老師就唱歌（自然回應）。這個策略的目標要讓嬰幼兒明白：他們的行為對環境是有影響力的。教學者並不誘導嬰幼兒做出目標行為，而是透過仔細觀察和計畫，讓嬰幼兒主動做出某項行為，接著再穩定地提供自然行為後果。過去二十五年來已經有一系列的研究支持這種策略，對於多重障礙和重度發展遲緩的幼兒具有成效（Dunst, Raab, Hawks, Wilson, & Parkey, 2007）。

(七) 親子互動

親子互動介入法近年來受到重視，主要目的是透過家長一小孩之間互動的品質來提升孩子的能力。這個介入法鼓勵家長和小孩互動、跟隨幼兒的興趣、輪流、在互動循環中添增元素。家長不應該兼負教師的角色：要求孩子模仿、下指令或考孩子，因為這些作法將中斷孩子參與互動的興趣（Warren & Yoder, 1997）。

研究發現，親子互動介入方案讓家長可以在每日例行的作息和活動與幼兒自然地互動，家長學會輪流，並能適當、敏銳地回應孩子，也能提升幼兒的發展（Leach & LaRocque, 2011; Mahoney & Powell, 1988）。

(八) 社會支持

從生態以及社會系統理論來看，早期介入不只是針對嬰幼兒介入，而是結合許多形式的社會支持，社會支持包括正式的支持資源（例如：專業人員或機構）以及非正式支援（例如：家庭、朋友和同事），例如：喘息照顧、與朋友聊天、家長團體親職講座、社區衛生所提供兒童發展訊息等等。研究指出社會支持可以是有效的早期介入策略，可以促進家庭幸福感並且減低壓力。

四、普通幼兒園的教學調整

隨著各國融合教育的趨勢，發展遲緩幼兒多數安置在普通班就讀（教育部，2014），為融合教育成功，提供合宜的學習環境是相當重要的。Sandall 和 Schwartz（2008）提出一個融合課程的建構模式（圖 13-4），教師使用此模式，應依據幼兒的能力現況，擬定個別化的長短期目標，提供

合宜的教材教法，以及所需的協助。而相關專業人員（治療師、其他領域專家）應與教師一起共同討論與合作，為不同發展程度與需求的幼兒提供完善的服務。

在此模式中，Sandall 和 Schwartz 強調必須發展一個高品質的幼兒教育方案（High-quality early childhood program），考量幼兒的個別需求、興趣與優勢，以及尊重文化差異，布置一個具回應性、可預測、安全與乾淨健康的優質教育環境，發展合宜的教材，提供適合幼兒活動的教學，並與家庭合作，以能誘發幼兒發展與多元的學習機會。

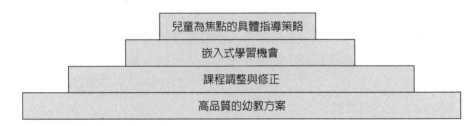

圖 13-4　融合課程的建構模式（引自 Sandall & Schwartz, 2008, p. 12）

Sandall 和 Schwartz（2008）強調，因為發展遲緩幼兒有其特別的個人特徵與學習特質，教師與相關專業人員必須充分合作，在幼兒學習的不同活動或作息中調整課程與修正，增進他們參與普通班的活動。課程調整包含八大不同類型的策略：環境支持、素材調整、活動簡化、幼兒喜好的運用、特殊器材、成人支持、同儕支持與隱形支持（Sandall, 2004；Sandall & Schwartz, 2008）。表 13-2 說明課程調整的類型、定義與策略的應用。課程調整應融入在幼兒參與的活動和作息中，如角落時間、計畫性活動（團體活動、小組活動、戶外活動時間等）、到園、離園、活動間的轉換時間、收拾、點心與用餐時間、如廁與午休時間（Sandall & Schwartz, 2008）。Sandall 和 Schwartz 指出，課程調整的主要目的是協助幼兒更獨立地參與活動及學習，如果教師使用課程調整的成效不佳，則試著使用嵌入式學習（Embedded Learning Opportunities, ELO）與幼兒焦點的教學策略（Child-focused instructional strategies）。嵌入式學習是教師有計畫的將教室內的各種活動融入幼兒可以學習和練習的機會，若是幼兒需要更具體

的引導，教師的計畫性活動應和幼兒個別化學習目標結合。運用嵌入式學習，盡可能將進行的活動與教室的作息結合，透過不同的人、教具和情境，以提升幼兒在教室中更多練習與學習的機會（Sandall, 2004；Sandall & Schwartz, 2008）。當一般課程、課程調整或是嵌入式學習皆無法滿足幼兒學習的需要時，教師應特別注意幼兒的某些技能、行為或學習的能力，為幼兒設計符合其個別能力的系統化教學；與課程調整和嵌入式學習相比，教師運用幼兒焦點的教學策略更個別化、介入的程度也更高，如教師的教學指令更清晰、具體的引導（如：告訴幼兒做什麼），運用提示、增強等策略，以提升幼兒正確回答的機會（Sandall & Schwartz, 2008）。發展高品質的融合教育，教師扮演一個關鍵性的角色。

表 13-2　課程調整的類型

課程調整類型	定　義	策　略
環境支持	調整物理、社會和當下環境，使環境能增進與支持幼兒參與活動及學習	教師改變物理環境、社會環境，以及／或當下環境
素材調整	調整或改變素材，讓幼兒盡可能獨立參與活動	將素材或設備放在最佳位置（如高度） 固定素材 調整素材 將素材放大或讓素材色彩更鮮明
活動簡化	將複雜的工作細分為小部分，或減少工作的步驟	分為小部分 改變或減少工作步驟 成功的結束活動
幼兒喜好的運用	如果幼兒不能參與活動，應找出幼兒有興趣的東西、活動或人，鼓勵幼兒參與遊戲，並將其融入在活動中	拿著喜歡的玩具 運用喜歡的活動 運用喜歡的人
特殊器材	運用特殊器材或輔具，使幼兒能參與活動或是提升幼兒參與的程度	運用特殊器材，增加幼兒參與活動的機會 運用特殊器材以提升幼兒參與活動的程度

（續上表）

課程調整類型	定　義	策　略
成人支持	成人在活動或日常生活作息中，運用介入的方法，支持幼兒的參與和學習	示範 加入幼兒的遊戲 運用讚美和鼓勵
同儕支持	運用同儕來協助幼兒學習重要的目標	示範 運用小幫手 運用讚美和鼓勵
隱形支持	在活動中安排自然發生的事件，增加幼兒參與活動成功的可能性	輪流 在課程中有系統的安排活動

引自 Sandall, 2004;Sandall & Schwartz, 2008., p . 54.

第八節　轉銜

　　發展遲緩幼兒從出生開始，可能經歷許多轉銜，包括：從新生兒加護病房轉到普通病房，從住院治療到居家照護，從家庭到復健診所接受治療，從早療機構入幼兒園，以及從幼兒園上小學等。因此，幼兒轉銜是「幼兒由一個服務系統移轉到另一個服務系統的歷程」（Rice & O'Brien, 1990; Wolery, 1989）。

　　在發展遲緩幼兒轉換服務系統之際，提供幼兒及其家庭適切的轉銜服務是重要的課題。當幼兒從住院治療即將出院返家，內政部「身心障礙者權益保障法」（2015）就規定，醫院要提供出院準備計畫，內容包括居家照護、復健治療、環境改善或輔具使用等建議，或提供社區醫療資源等轉銜服務。至於幼兒進入療育機構或幼兒園上學、轉換療育場域或是即將上小學，內政部「身心障礙者生涯轉銜計畫實施辦法」（2013）以及教育部「各教育階段身心障礙學生轉銜輔導及服務辦法」（2010）也均有明確規範，包括：訂定轉銜服務計畫、轉出單位和轉入單位雙方召開轉銜會議、轉銜資料通報與移轉等。

　　從生態—發展觀點來看，嬰幼兒的發展受到生態間各個系統的直接、間接影響，當幼兒轉換到新環境，需要各系統的聯繫和努力（Bronfenbrenner, 1986; Ramey & Ramey, 1999）。轉銜涉及不同場域之間的銜接、家庭失衡以及幼兒適應新環境等議題，因此提供轉銜服務應該注意以下原則（林秀錦、王天苗，2011）：

一、跨機構溝通

　　發展遲緩幼兒轉換不同的服務體系，雙方人員的溝通是首要工作。例如：從住院治療到居家照顧，醫療環境和家庭環境有很大差異，醫療人員需要與家長溝通、示範照顧方法，協助家長在家妥善照顧嬰幼兒。再如幼兒從療育機構進入普通幼兒園，療育機構和幼兒園各有其不同的哲學觀，教師有著不同的專業訓練背景，特殊教育服務的方式、頻率、地點、內容等，也都可能不同。療育機構的老師和幼兒園老師間溝通聯繫，可以讓新老師瞭解幼兒過去的學習表現、能力特質和有效的教學策略，減少新老師摸索的時間，進而協助幼兒適應新環境。

二、鼓勵家長參與

　　發展遲緩幼兒轉銜的歷程中，打破家庭系統原有的平衡狀態，對許多家長而言是充滿壓力和焦慮的（林秀錦、王天苗，2011）。以幼兒上小學為例，多年來與幼兒園老師攜手合作的緊密關係即將終止，小學能提供適合孩子的特殊教育服務嗎？小學老師能真心接納孩子嗎？孩子會不會受到同儕排擠？能不能跟上學習進度？要如何和新老師建立良好的關係？這些未知和不確定感都讓家長感到緊張。要減輕家長的壓力，應支持家長參與轉銜，包括瞭解家長的轉銜需求，提供轉銜資訊，讓家長瞭解轉銜相關事項和權利，小學主動邀請家長參訪小學環境，介紹小學的特殊教育服務內涵，與家長討論選擇合適的學校和安置場所，及早安排家長與新老師見面溝通，並提供後續追蹤等。支持家庭參與轉銜讓家長放心（林秀錦、王天苗，2011），當家長在幼兒轉銜階段有正向經驗，日後面對孩子各階段的生涯轉銜，會更具能力也更有信心（Fowler, Schwartz, & Atwater, 1991; Lazzari & Kilgo, 1989）。

三、新環境做好準備

發展遲緩幼兒的轉銜能否無縫銜接，重要的是幼兒經驗的「連續性」。新環境若能考量幼兒的舊有學習經驗，延續幼兒過去熟悉的環境安排、作息規律和師生關係，在孩子表現不純熟的能力時，調整對孩子的期待，給予適度的支持和回饋，再逐步朝向新環境規範做調整，將有助於幼兒順利適應新環境（Fowler & Ostrosky, 1994；Salisbury & Vincent, 1990）。以幼小轉銜而言，許多人強調幼兒要具備入學準備能力，才能適應小學環境，然而更重要的是，小一老師宜在幼兒入學之前拜訪幼兒先前就讀的環境，觀察幼兒在園所上課的情形，進而調整小學教室的環境安排或作息，讓幼兒進入新環境仍有熟悉的學習模式，在課程上，也應以調整教材、分組方式因應孩子的能力，協助幼兒逐漸適應小學生活。

問題與討論

1. 內政部與教育部對於發展遲緩的定義有何差異？各有什麼優缺點？
2. 以標準化測驗鑑定發展遲緩幼兒，有什麼風險？
3. 發展遲緩幼兒從早療機構轉銜到國小附幼就讀，試擬定一個轉銜服務計畫。
4. 發展遲緩幼兒的早期服務模式有哪些？各有哪些特色？
5. 發展遲緩幼兒就讀普通園所，幼兒園教師如何進行課程與教學的調整？
6. 請比較 IEP 與 IFSP 的異同。

參考文獻

一、中文部分

中華民國兒童癌症基金會（2007）。**居家照護**。檢索自 http://www.ccfroc.org. tw/child/child_affection_read.php?a_id=23#3

內政部（2012）。**新制（8 類）與舊制（16 類）身心障礙類別及代碼對應表**。檢索自 http://spedc.ncue.edu.tw/spedc/html/class/download/100/07.18.pdf

內政部（2013）。**身心障礙者人口統計**。取自 http://www.moi.gov.tw/stat/

內政部統計月報（2015）。**1.5- 戶籍登記現住人口數按三段、六歲年齡組分**。 http://sowf.moi.gov.tw/stat/month/list.htm

內政部統計處（2012）。**101 年第三十四週內政統計通報（101 年上半年身心障礙者福利統計）**。檢索自 http://www.moi.gov.tw/stat/news content. aspx?sn=6631&page=1

內政部統計處（2012）。**歷年單齡人口數**。檢索自 http://sowf.moi.gov.tw/stat/ month/list.htm

內政部統計處（2012.11.30）。檢索自內政統計年報 http://sowf.moi.gov.tw/ stat/year/list.htm

毛連塭（1996）。**資優教育──課程與教學**。臺北：五南。

毛慧芬、張嘉純、林佳琪、王素琴、李宗伊、張綺芬、陳莞音（2010）。**高齡生活輔助應用**。臺北：華都。

王天苗（1989）。**生活適應能力檢核手冊**。臺北：心理。

王天苗、廖鳳瑞、蔡春美、盧明（1999）。臺灣地區發展遲緩幼兒人口調查研究。**特殊教育學刊，17**（3），37-58。

王文科（1993）。資優課程設計模式舉隅。載於國立彰化師範大學特殊教育研究所：**資優鑑定與課程設計**。臺中：臺灣省政府教育廳。

王文科（主編）（2000）。**特殊教育導論**。臺北：心理。

王文科、王木榮、蕭金土（2005）。**資優生社會適應評量表成果報告**。臺北：教育部特殊教育工作小組。

王亦榮（2003）。肢體障礙者教育。載於王文科主編：**特殊教育導論（第三版）**，頁 267-302。臺北：心理。

王育瑜譯（1998）。**迎接視茫茫世界**。臺北：雅歌。

王牧群、吳中興、周宇光、楊朝輝（2008）。小兒氣喘的預防與治療。**基層醫學**，23（8），245-252。

王振德（2000）。**人際經驗量表**。臺北：國立臺灣師範大學特殊教育系。

王振德（2001）。領導才能優異學生鑑定工具之編定初探。**資優教育研究**，**1**（1），29-39。

王振德（2005）。**領導技能問卷指導手冊**。臺北：心理。

王國羽（2011）。由障礙研究典範改變觀點論 ICF 與 ICF-CY 在教育與療育的運用與貢獻。**特殊教育季刊**，**118**，1-12。

王淑娟 著（2002）。以教室為本位之語言治療服務模式。特殊教育論文集國立台中教育大學特教中心。

王淑娟（2002）。以教室為本位之語言治療服務模式。**特殊教育論文集**9103國立臺中教育大學特教中心。

王智弘（1996）。資優教育適用的智力理論。資優教育季刊，69，19-21。

北區大學校院資源教室輔導網（2012）。**教育部對身心障礙學生分類與新制分類（ICF）因應說明**。檢索自 http:nrr.spc.ntnu.edu.tw/news/news.php?Sn=65

史文漢、丁立芬（1997）。**手能生橋**。中華民國聾人協會。

立法院（2007）。**身心障礙者權益保障法**。中華民國96年7月11日華總（一）義字第09600087331號令發布。

伍瑞瑜、楊淑蘭（2007）。國小口吃兒童與一般兒童溝通態度、溝通焦慮與學校適應之比較研究。**特殊教育學刊**，**32**（1），93-120。

成功大學新聞中心（2012）。**成大客座教授夏祖焯暢談菁英教育——十二年國教要有菁英高中配套**。臺南：成功大學。檢索自：http://news.secr.ncku.edu.tw/files/14-1054-94577,r81-1.php

行政院衛生福利部（2013）。**新舊制分類對照分類表**。臺北市：社家署身心障礙福利組。

行政院衛生福利部（2014）。**身心障礙者權益保障法**。臺北市：行政院衛生福利部。

行政院衛生署（2004）。「身心障礙等級」衛署醫字第 0930217343 號公告修正。

行政院衛生福利部（2014）。**身心障礙者鑑定作業辦法**。臺北市：行政院衛福部。

行政院衛生署（2012b）。**新制身心障礙者鑑定簡介**。檢索自 www.topwin.com.tw/moi/images/moi_1.pdf

行政院衛生署疾病管制局（2009）。**愛滋病防治工作手冊**。檢索自 http://www2.cdc.gov.tw/public/Data/012511514171.pdf

行政院衛生署國民健康局（2006）。**遠離糖尿病完全教學手冊**。臺北：行政院衛生署。

行政院衛生署國民健康局（2008）。**臺灣新生兒聽力篩檢共識**。臺北市：國健局。

行政院衛生署國民健康局、中華民國耳鼻喉科醫學會（2004）。**嬰幼兒聽力篩檢指引手冊**。臺北市：國健局。

何華國（2001）。**特殊兒童心理與教育**。臺北：五南。

何華國（2004）。**特殊兒童心理與教育（第四版）**。臺北：五南。

何華國（2006）。**特殊幼兒早期療育**。臺北：五南。

何華國（2012）。**特殊兒童心理學教育（四版）**。臺北：五南。

吳光顯、何志仁編譯（2001）。**精神醫學**。臺北：藝軒。

吳昆壽、梁仲容、蘇麗雲（2006）。**資優行為觀察量表**。臺北：教育部。

吳武典（1996）。我國資優教育行政與體制的檢討與改進芻議。**資優教育季刊**，**59**，1-10。

吳武典、張芝萱（2009）。資優教育師資專業標準之建構。**資優教育研究**，**9**（2），103-143。

吳淑敏、張海潮（2008）。**國民中學數學性向測驗**。臺北：國立臺灣師範大

學特殊教育中心。

呂文琬（2005）。**臺灣地區新生兒聽力篩檢現況研究**。國立高雄師範大學溝通障礙教育研究所碩士論文，未出版，高雄市。

呂旭峰（2004）。囊腫纖維正與 TTGE 檢測技術。**當代醫學**，31（1），54-61。

宋維村、侯育銘（1996）。**過動兒的認識與治療**。臺北：正中。

宋維村、蔡文哲（2011）。物質濫用疾患。載於李明濱主編：**實用精神醫學**（第三版）（頁 131-140）。臺北：國立臺灣大學醫學院。

李乙明（民 88）。高中數理資優班學生情緒智力之研究。國立彰化師大特殊教育系未出版之博士論文。

李如仙（1993）。**國小六年級學生領導潛能及其相關研究**（未出版之碩士論文）。國立臺灣師範大學，臺北。

李芃娟（1999）。聽覺障礙兒童教學方法。臺南市：國立臺南大學特殊教育中心。

李姿瑩等譯（2013）。兒童與青少年情緒及行為障礙。臺北市：華騰文化。

李淑玲（2008）。多感官環境對重度障礙療育之應用，**特教論壇**。**5**，1-13。

李淑玲（2010）。在家教育的肢體障礙學生實施遠距教學之行動研究。**特殊教育與輔助科技學報**，1，17-55。

李淑娥（1987）。資源教室的口吃治療法。**特殊教育刊**，**24**，8-11。

李鈞棫（1978）。**手語畫冊**。臺北市：教育部社會教育司。

李翠玲（2003）。多感官環境對多重障礙教育之啟示與應用。**國小特殊教育**，**36**，10-17。

李翠玲（2009）。**重度與多重障礙**。臺北：五南。

李德高（1988）。**特殊兒童教育**（再版）。臺北：五南。

李錫瑋（2001）。**臺北市特殊教育校園融合：班級宣導畫冊讓愛飛揚**。臺北：教育局。

林秀錦、柯秋雪（2013）。個別化教育計畫與個別家庭服務計畫。載於盧明、柯秋雪、曾淑賢、林秀錦合著，早期療育，133-171。臺北市：心理。

杞昭安（1988）。視障學生就業問題之研究。**特教園丁**，第 3 卷第 4 期。

杞昭安（1989）。**視覺障礙學生點字速讀教學效果之研究**（未出版之碩士論文）。國立臺灣教育學院，彰化。

杞昭安（1990）。視覺障礙學生之性知識與性態度之調查研究。載於**臺北啓明學校啓明教育叢書第 13 輯**，189-202。

杞昭安（1991a）。視覺障礙學生智力及相關因素之研究。**特教園丁**，第 6 卷第 4 期，9-21。

杞昭安（1991b）。臺灣地區未來六年（80 至 85 年度）師範院校特殊教育師資需求推估研究。**彰化師範大學特殊教育學報**，6，113-146。

杞昭安（2000）。視覺障礙者就業現況與就業期望之調查研究。**特殊教育學報**，14，3-30。

杞昭安（2009）。低視力學童語言發展之研究，載於中華民國溝通障礙教育學會主編，**2009 年國際溝通障礙學術研討會論文集**（頁 151-174）。

杞昭安（2009）。視障學生數學圖表報讀之研究，載於中華視覺障礙教育學會主編，**2009 年海峽兩岸視障教育研討會論文集**（頁 170-192）。

杞昭安（2010）。視障學生數學圖表之報讀。**臺灣圖書館管理季刊**。**6（2）**，1-16。

杞昭安（2010）。視覺障礙學生鑑定原則鑑定基準說明，載於張正芬主編：**身心障礙及資賦優異學生鑑定原則鑑定基準說明手冊**。國立臺灣師範大學特殊教育學系。

杞昭安（2012）。視障學生身心特質之研究～盲校教師眼中的視覺障礙學生。載於 **2012 年兩岸溝通障礙學術研討會論文集**（頁 243-259）。

沈銘鏡（2002）。**認識血友病**。臺大醫網。檢索自 http://health.ntuh.gov.tw/health/NTUH_e_Net/NTUH_e_Net_No12/14.pdf

汪宜霈、鈕文英（2005）。腦性麻痺兒童適應體育教學模式之發展。**特殊教育與復健學報**，13，149-178。

兒童心臟基金會（2012）。先天性心臟病。檢索自 http://www.childheart.org.hk/TC/aboutus.asp?p=in

卓士傑（2007）。**臺灣學齡前 3 到 6 歲兒童構音/音韻發展**（未出版之碩士論文）。國立臺北護理學院，臺北。

周台傑（1992）。學習障礙者之評量。載於周台傑主編：**特殊兒童診斷手冊**（頁 1-28）。彰化：國立彰化師範大學特殊教育中心。

周台傑（1999）。學習障礙學生鑑定原則鑑定基準說明。載於張蓓莉主編：**身心障礙及資賦優異學生鑑定原則鑑定基準說明手冊**（頁 75-91）。臺北：國立臺灣師範大學特殊教育學系。

周台傑、林秀柔（1991）。國小數學障礙兒童鑑定方式之研究。**特殊教育學報，6**，49-87。

周台傑、林國花（1991）。國小閱讀障礙兒童成就與能力差距方式之研究。**特殊教育學報，6**，285-320。

林玉霞（2001）。聽覺障礙學生的融合教育。**融合教育論文集**。59-90。

林玉霞（2007）。聽覺障礙學生語文教學法之探討 —— 歷史回顧篇。**雲嘉特教**（6）。32-35。

林玉霞（譯）（2011）。聽覺障礙。載於**特殊教育導論**（原作者 William L. Heward）。臺北市：華騰文化。

林玉霞、曾世杰（譯）（2002）。**聾人的語言、讀寫能力及思維教育**（原作者 Peter V. Paul）。**特殊教育教材教法與教學文集**。65-103。

林玉霞、葉芷吟（2007）。**融合教育下國民小學高年級聽覺障礙學生國語文能力之研究**。國家科學委員會專題研究報告。

林秀錦、王天苗（2011）。特殊幼兒轉銜服務的協同行動研究。**特殊教育研究學刊，36**（2），1-26。

林幸台、吳武典、王振德、蔡崇建、郭靜姿、胡心慈（2001）。**綜合心理能力測驗—編製技術報告**。臺北：心理。

林幸台（1992）。**第二次全國特殊兒童普查**。臺北：教育部。

林美和（1992）。**智能不足研究**。臺北：師大書苑。

林朝誠（2011）。精神官能症及壓力相關之精神疾病。載於李明濱主編：**實用精神醫學**（第三版）（頁 181-194）。臺北：國立臺灣大學醫學院。

林翠英（2010）。自閉症學生的正向行為支持介入策略。載於林翠英主編之「自閉症學生的正向行為支持教材教法彙編」（頁 7-11）。彰化：國立彰化師範大學特殊教育中心。

林翠英（2013）。自閉症學生的行為問題介入策略。**特殊教育季刊，128，**
　　35-40。

林鴻清、徐銘燦、張克昌、Bruna, S. M.（2000）。嬰幼兒聽力篩檢。中華民
　　國耳鼻喉科醫學雜誌，35，376-381。

林麗英（2005）。**極重度多重障礙個案照護與療育課程評量指導手冊**。臺北：
　　心理。

林寶貴 主編（1995）。**語言障礙與矯治**。臺北：五南。

林寶貴 主編（2004）。**溝通障礙－理論與實務**。臺北：心理。

林寶貴（1991）。**語言發展與矯治專題演講**。彰化：復文。

林寶貴（2006）。**聽覺障礙教育理論與實務**。臺北市：五南。

林寶貴（2012）。特殊教育學生的特質與特殊教育需求。載於林寶貴策劃主
　　編：**特殊教育理論與實務**（第三版）（頁 225-286）。臺北：心理。

林寶貴（2012）。特殊教育學生的鑑定評量與安置。載於林寶貴策劃主編**特**
　　殊教育理論與實務（第三版）（頁 287-340）。臺北：心理。

林寶貴、黃玉枝、黃桂君、宣崇慧（2009）。**學齡兒童語言障礙評量表指導**
　　手冊。教育部特殊教育工作小組。

林寶貴、李如鵬、黃玉枝（2009）。**學齡階段數學能力測驗指導手冊**。臺北市：
　　教育部特殊教育工作小組。

林寶貴、杞昭安（1996）。兒童認知發展能力測驗之編製及其相關研究。**特**
　　殊教育研究學刊，14，1-20。

林寶貴、張小芬（1988）。聽覺障礙學生瑞文氏非文字推理測驗常模之建立
　　及其相關研究。**特殊教育學報，3，29-67。**

林寶貴、張小芬（1989）。國小階段聽障兒童柯氏方塊組合能力測驗常模之
　　修訂及其相關研究。**特殊教育學報，3，29-67。**

林寶貴、張宏治（1987）。視覺障礙學生語言障礙與構音能力之研究。**特殊**
　　教育學報，2，57-84。

林寶貴、郭靜姿、蘇芳柳、吳淑敏、王美慧（2002）。**國民中學綜合學業性**
　　向測驗。臺北：國立臺灣師範大學特殊教育中心。

林寶貴、黃玉枝、李如鵬（2009）。**學齡階段國語文能力測驗指導手冊**。臺

北市：教育部特殊教育工作小組。

林寶貴、錡寶香（1989）。聽覺障礙學生高級瑞文氏圖形補充測驗常模之建立及其相關研究。特殊教育學報，4，111-146。

林寶貴、錡寶香（1991）。高職階段聽覺障礙學生國語文與數學能力之研究。特殊教育研究學刊，7，109-127。

林寶貴編譯（Kirk/Gallager 合著）（1984）。特殊兒童心理與教育新論。臺北：大學館出版社。

邱上真（2002）。特殊教育導論：帶好班上每位學生。臺北：心理。

邱慧芳（2011）。一位母親照顧與教養血友病幼兒的心路歷程。載於蔡昆瀛主編：研究與實務的對話：特殊教育暨早期療育學術論文研討會論文（頁283-308）。臺北：北市教育大學特教中心。

侯禎塘（1999a）。情緒及行為障礙學生的鑑定與教育。特教園丁，15(1)，12-17。

侯禎塘（2002）。情緒障礙的成因與行為處理。屏師特殊教育，3，25-33。

侯禎塘（2011）。藝術治療理念與實務。臺中：臺中教育大學特殊教育中心。

侯禎塘（1999b）。情緒與行為障礙學生的篩選及鑑定。屏師特教通訊，6，2。

侯禎塘（2001）。注意力缺陷過動症兒童的教育與輔導。國教天地，146，12-18。

姚俊英（2006）。臺灣手語演進。聽障教育，5，11-15。

宣崇慧、林寶貴（2002）。學前聽障兒童及聽常兒童讀寫萌發情形與口語發展能力之探究。特殊教育與復健學報，10，35-57。

施麗雲（2002）。認識兒童白血病。長庚紀念醫院癌症中心。 檢索自 http://www1.cgmh.org.tw/lhcc/02.info/02.1.2.TxInfo/Tx_07.children07.pdf

施顯炫（1996）。嚴重行為問題的處理。臺北：五南。

施顯炫（1998）。情緒與行為問題──兒童與青少年所面臨與呈現的挑戰。臺北：五南。

施顯烇、洪儷瑜（1996）。行為問題及過動兒童輔導個案實力彙編。臺北市立師範學院特教中心印行。

柯秋雪（2008）。美國早期療育到宅服務之發展概述。國小特殊教育，46，

44-53。

柯秋雪（2009）。德國早期療育服務體系之概述。**特殊教育季刊，113**，1-9。

柯華葳、邱上真、洪儷瑜（2000）。**學習障礙兒童鑑定與診斷模式之建立指導手冊**。臺北：教育部特殊教育工作小組。

洪儷瑜、翁素珍、黃慈愛、林書萍、彭于峰、吳怡節（2000）。**情緒障礙學生輔導手冊**。臺南：國立臺南師範學院。

洪儷瑜（1996）。**學習障礙者教育**。臺北：心理。

洪儷瑜（1998a）。**ADHD 學生的教育與輔導**。臺北：心理。

洪儷瑜（1998b）。我國嚴重情緒障礙教育之芻議。**特殊教育園丁，14(1)**，1-7。

洪儷瑜（2002）。社會技巧訓練的理念 —— 為什麼要如此作，載於洪儷瑜（編）**社會技巧訓練的理念與實施**（頁 10-27）。臺北：臺灣師範大學特殊教育學系。

洪儷瑜（2002）。社會技巧訓練的實施。載於洪儷瑜主編：**社會技巧訓練的理念與實施**（頁 28-50）。臺北：臺灣師範大學特殊教育系。

省立臺中啟聰學校（1997）。**生字詞手語探源（一）、（二）**。臺中市：作者。

胡永崇（1996）。障礙兒童轉介前介入的意義與做法。載於屏東師院主編：**屏師人的研究興趣**（頁 36-44）。屏東：國立屏東師範學院。

胡永崇（2000）。聽覺障礙者之教育。載於王文科主編：**特殊教育導論**。臺北市：心理。

胡永崇（2005）。學習障礙學生的評量調整措施。**屏師特殊教育，10**，1-9。

胡永崇譯（1988）。**輕度障礙學生之研究**。屏東：國立屏東教育大學特殊教育中心。

唐子俊、唐慧芳、黃詩殷、戴谷霖譯（2006）。**APA 精神疾病治療**。臺北：心理。

徐享良（2002）。**中華適應行為量表使用手冊**。臺北：教育部。

徐享良（2007）。**中華適應行為量表**。臺北：教育部。

特殊教育長期追蹤資料庫（無日期a）。96 學年度調查資料統計結果：第一部分特殊教育服務對象之狀況：二、障礙情形與主要問題。檢索自 http://snels.cycu.edu.tw/

特殊教育長期追蹤資料庫（無日期 b）。98 學年度調查資料統計結果：NES-STAR 線上分析：98 學年度學前教師問卷資料合併檔 ：Variable Group 各類學前教師問卷共同題目。檢索自 http://140.109.171.222/webview/index.jsp?object=http://140.109.171.222:80/obj/fStudy/Z00012

疾病資料庫（2012）。**Unna-Throst 型非表皮分解掌蹠角化症**。檢索自 http://www.genes-at-taiwan.com.tw/genehelp/database/Disease/Diffuse Non epidermolytic PPK 990712.htm

翁菁菁、鄒國蘇（2005）。**3** 歲以下發展遲緩兒童之臨床特徵。**北市醫學雜誌，2**（6），535-544。

高淑芬（2011）。注意力不足過動症。載於李明濱主編：**實用精神醫學**（第三版）（277-288 頁）。臺北：國立臺灣大學醫學院。

國立高雄師範大學特殊教育中心（1993）。**國民中小學功能性數學**。

國立臺北師範學院特殊教育中心（1984）。**啟智教育教師工作手冊**。

張世彗、藍瑋琛（2011）。**特殊教育學生評量**。臺北：心理。

張世彗、藍瑋琛（2011）。**特殊教育學生鑑定與評量**。臺北：心理。

張世彗、藍瑋琛（2013）。**特殊教育學生評量**（第六版）。臺北：心理。

張昇鵬（1987）。**智能不足學生性教育教學效果之研究**（未出版之碩士論文）。國立臺灣教育學院，彰化。

張英鵬（2001）。普通班中學習障礙兒童的教學調整之道。**國小特殊教育，31**，61-63。

張訓誥（1988）。我國弱視學生的教育問題與探討，載於**特殊教育的省思**，臺北：五南。

張淑燕（1996）。重度智能障礙者的自傷行為與處理方式。**特教園丁季刊，11**（6），40-43。

張勝成（1988）。弱視學生語文能力的探討。**亞洲地區視力低弱教育研討會**（頁 159-176）。

張勝成、杞昭安、柯瓊宜、蔡淑芬、曾俊卿（1995）。臺北市視障者職業現況及其職種開發之可行性研究。載於**中華民國特殊教育 84 年年刊「教學與研究」**（頁 75-94），臺北。

張蓓莉（1992）。**聽覺障礙兒童輔導手冊**。教育部第二次全國特殊兒童普查
　　工作執行小組。

張蓓莉（1999）。**身心障礙及資賦優異學生鑑定原則鑑定基率說明手冊**。臺
　　北：臺灣師範大學特殊教育中心。

張蓓莉、曹秀美、蘇芳柳（1993）。**句型理解能力測驗指導手冊**。國立臺灣
　　師範大學特殊教育中心。

張蓓莉、蘇芳柳（1993）。**讀話能力指導手冊**。國立臺灣師範大學特殊教育
　　中心編印。

張馨仁（2000）。從 Dabrowski 的理論看資優生的情緒發展。**資優教育季刊，
　　74**，6-18。

張馨仁（2001）。資優生過度激動特質之研究。**資優教育研究，1**（2），45-
　　70。

教育部（1984）。**特殊教育法**。中華民國 73 年 12 月 17 日總統（73）華總（一）
　　義字第 6692 號令制定公布。

教育部（1987）。**特殊教育法施行細則**。中華民國 76 年 3 月 25 教育部（76）
　　臺參字第 12619 號令訂定發布。

教育部（1987）。**特殊教育教師登記及專業人員進用辦法**。76.7.26. 臺（76）
　　參字第 33961 號令公布。

教育部（1992）。語言障礙、身體病弱、性格異常、行為異常、學習障礙暨
　　多重障礙學生鑑定標準及就業輔導原則要點。臺北：教育部。

教育部（1998）。**身心障礙及資賦優異學生鑑定原則鑑定基準**。87.10.19. 臺
　　（87）特教字第 87115669 號函頒布。

教育部（1998）。特殊教育學校（班）國民教育階段智能障礙類課程綱要。

教育部（1999）。嚴重情緒障礙鑑定原則鑑定基準說明。

教育部（2004a）。特殊教育法。臺北：教育部。

教育部（2004b）。資賦優異學生降低入學年齡縮短修業年限及升學辦法。
　　臺北：教育部。

教育部（2006）。身心障礙及資賦優異學生鑑定標準。臺北：教育部。

教育部（2008）。中華民國資優教育白皮書。臺北：教育部。

教育部（2008a）。國民教育階段特殊教育課程發展共同原則及課程綱要總綱。臺北：教育部。

教育部（2008b）。高中教育階段特殊教育課程發展共同原則及課程綱要總綱。臺北：教育部。

教育部（2008c）。高職教育階段特殊教育課程發展共同原則及課程綱要總綱。臺北：教育部。

教育部（2009）。特殊教育法。臺北：教育部。

教育部（2011）。特殊教育法施行細則。

教育部（2011）。特殊教育課程教材教法及評量實施辦法。

教育部（2011）。101 年度特殊教育統計年報。

教育部（2011）。身心障礙者生涯轉銜計畫實施辦法。

教育部（2012）。100 學年度教育統計（101 年版）。檢索自 http://www.edu.tw/statistics/content.aspx?site_content_sn=31234

教育部（2012）。**身心障礙及資賦優異學生鑑定辦法**。中華民國 101 年 9 月 28 日教育部臺參字第 1010173092C 號令修正發布。

教育部（2012）。身心障礙及資賦優異學生鑑定辦法。臺北：教育部。

教育部（2012）。兒童少年福利與權利保障法施行細則。

教育部（2014）。高中職、國民中小學概況統計，https://stats.moe.gov.tw/bookcase/Education_Statistics/103/index.html

教育部（2012）。教育部對身心障礙學生分類與新制類（ICF）因應說明。檢索自 http://nrr.spc.ntnu.edu.te/news/news.php?Sn=65

教育部（2012a）。身心障礙及資賦優異學生鑑定辦法。臺北：教育部。

教育部（2012b）。特殊教育法施行細則修正草案。臺北：教育部。

教育部（2013）。**教育部特殊教育通報網**。取自 https://www.set.edu.tw/

教育部（2013）。教育部人才培育白皮書。臺北：教育部。

教育部（2013）。高中職特色招生核定作業要點訂定及備查原則。臺北市：教育部。

教育部（2013）。身心障礙者生涯轉銜計畫實施辦法。

教育部（2013）。特殊教育法施行細則。

教育部（2013）。身心障礙及資賦優異學生鑑定辦法。臺北市：教育部。

教育部（2014）。特殊教育統計年報。

教育部（2014）。特殊教育法。

教育部（2015）。身心障礙者權益保障法。

教育部（2015）。教育部兒童及少年福利與權益保障法。

教育部社會教育司（1987a）。**手語畫冊（第二輯）**。臺北市立啟聰學校。

教育部社會教育司（1987b）。**中華民國日常會話手語指南**。教育部聾人手語研究小組。

教育部特殊兒童普查工作執行小組（1992）。第二次全國特殊兒童普查工作分區檢討會書面報告資料。

教育部特殊兒童普查執行小組（1992）。第二次全國特殊兒童普查結果。臺北：教育部。

教育部特殊兒童普查執行小組（1993）。**中華民國第二次特殊兒童普查報告**。臺北市：教育部教育研究委員會。

教育部特殊兒童普查執行小組（1993）。**中華民國第二次特殊兒童普查報告**。臺北：教育部教育研究委員會。

教育部特殊兒童普查執行小組主編（1993）。**中華民國第二次特殊兒童普查報告**。臺北：教育研究委員會印行。

教育部特殊教育工作小組（2009）。**98 年度特殊教育統計年報**。臺北：教育部。

教育部特殊教育工作小組（2010）。**99 年度特殊教育統計年報**。臺北：教育部。

教育部特殊教育工作小組（2011）。**100 年度特殊教育統計年報**。臺北：教育部。

教育部特殊教育工作小組（2012）。**101 年度特殊教育統計年報**。臺北：教育部。

教育部特殊教育工作小組（2013）：**102 年度特殊教育統計年報**。臺北：教育部。

教育部特殊教育工作小組（2014）：**103 年度特殊教育統計年報**。臺北：教

育部。

教育部特殊教育工作執行小組（2006）。**身心障礙學生輔導手冊—肢體障礙類**。臺北：教育部。

教育部第二次全國特殊兒童普查工作執行小組（1992）。**第二次全國特殊兒童普查綜合報告**。臺北：教育部。

教育部國民及學前教育署（2014）。**資優教育優質發展中程計畫第一期五年計畫**。臺中：教育部國民及學前教育署。

莊瓊惠（2009）。早期療育的服務模式。載於傅秀媚（2009），**早期療育**，第 11 章。臺中：華格納。

許天威、徐享良、張勝成主編（2011）。**新特殊教育通論**。臺北：五南。

許天威、徐享良、張勝成主編（2002）。**新特殊教育通論**（第二版）。臺北：五南。

許碧勳（2003）。**幼兒融合教育**。臺北：五南。

連文宏、洪儷瑜（2011）。注意力缺陷過動症之藥物原理及其相關議題。**應用心理學，49**，89-110。

郭為藩（1989）。**特殊兒童心理與教育**。臺北：文景。

郭為藩（1998）。**特殊兒童心理與教育**。臺北：文景。

郭為藩（2002）。**特殊兒童心理與教育**。臺北：文景。

郭美滿（2006）。**身體病弱學生輔導手冊**。臺北市立教育大學特教中心。

郭靜姿（1993）。如何指導資優生進行獨立研究。**資優教育季刊，48**，5-15。

郭靜姿（1995）。資優生鑑定效度研究的省思—再談測驗在資優鑑定的運用，**資優教育季刊，56**，4-12。

郭靜姿（1996）。我國資優學生輔導與追蹤之問題與改進芻議。**資優教育季刊，60**，18-24。

郭靜姿（2000）。談資優學生的特殊適應問題與輔導。**資優教育，75**，1-6。

郭靜姿（2004a）。**學前兒童提早入學能力檢核表（教師版）**。臺北：心理。

郭靜姿（2004b）。**學前兒童提早入學能力檢核表（家長版）**。臺北：心理。

郭靜姿（2009）。教育部資優教育行動方案期末成果報告。子計畫一：資優學生鑑定評量及安置要點訂定。臺北：中華資優教育學會。

郭靜姿、吳淑敏（2004c）。**高級中學數學及自然科學學業性向測驗**。臺北：
國立臺灣師範大學特殊教育中心。

郭靜姿、胡純、吳淑敏、蔡明富、蘇芳柳（2002）。**特殊需求學生特質檢核表**。
臺北：國立臺灣師範大學特殊教育中心。

陳小娟（1991）。淺談語調聽覺法。輯於陳小娟、林淑玫主編：**語調聽覺法**，
189-196。國立臺南師範學院特殊教育學系、特殊教育中心。

陳小娟（1998）。聽覺中樞功能篩檢測驗。**特殊教育與復健學報**，6，39-
63。

陳小娟（2000）。全面性新生兒聽力篩檢的新紀元。**特殊教育季刊**，77，1-8。

陳小娟、利文鳳（1999）。學齡前兒童國語語音閾語詞之編製。**特殊教育與
復健學報**，7，183-217。

陳小娟、邢敏華譯（2007）。**失聰者心理、教育及社會轉變中的觀點**（原作
者 Jean F. Andrews, Irene W. Leigh, & Mary T. Weiner）。臺北市：心理。

陳明、李美慧（2006）。**囊腫纖維症**。行政院衛生署國民健康局。檢索自
http://gene.bhp.doh.gov.tw/index.php?mo=DiseasePaper&action=paper1_sho
w&cate=Set1&csn=14&sn=343#data3677

陳長益（2006）。**陶倫斯創造力測驗成人適用精簡版（ATTA）**。臺北：心理。

陳長益（2009）。教育部資優教育行動方案成果報告。子計畫二：**校本資優
教育適才服務行動方案**。臺北：中華資優教育學會。

陳俊凱（2010）。構音障礙的治療原則與技巧。**特殊教育輔助科技**，6，19-
23。

陳品玲（2010）。**流行病學概論（二版）**。臺北：華杏。

陳政見（2004）。**領導才能性向測驗**。臺北：心理。

陳虹伊（2009）。**功能性構音障礙兒童的動作能力：比較第二版布魯茵克斯—
歐西瑞斯基動作精練度評量工具與兒童動作評估測驗**（未出版之碩士論
文）。成功大學，臺南。

陳郁璽（2008）。**聽覺障礙學童心智理論之研究**。國立彰化師範大學復健諮
商研究所碩士論文，未出版，彰化市。

陳淑麗、洪儷瑜、曾世杰（2007）。轉介前介入在學障鑑定之可行性研究—

以原住民低成就國小學童為例。**特殊教育研究學刊，33**（2），47-66。

陳質采、龔萬菁（譯）（2006）。L. Hodgdon 著。自閉症行為問題的解決方案－**促進溝通的視覺策略**（Solving behavior problems in autism: Improving communication with visual strategies）。臺北：心理。

陳榮華（2007）。**魏氏兒童智力量表第四版指導手冊**。臺北：中國行為科學社。

陳龍安（1984）。啟發創造思考的策略。臺北市教師研習中心（編）。**創造性教學資料彙編**（頁 71-112）。臺北：臺北市教師研習中心。

陳麗如（2006）。**特殊學生鑑定與評量**。臺北：心理。

陳麗琳（2008）。**臺灣地區國民教育階段身體病弱在家教育教育巡迴教師需求研究**（未出版之碩士論文）。國立臺灣師範大學，臺北。

傅秀媚（2002）。**特殊教育導論**。臺北：五南。

曾文星、徐靜（1998）。**現代精神醫學**。臺北：水牛。

曾月英、 王一帆（2003）。**小兒腎病症候群及照護注意事項** 。檢索自 http://www.kmuh.org.tw/www/kmcj/data/9202/17.htm

曾健智（2002）。**整合式身心障礙者替代性鍵盤之設計與研究**（未出版之碩士論文）。國立臺灣師範大學，臺北市。

曾進興譯（Merlin J. Mecham 原著）（1999）。**腦性麻痺與溝通障礙**。臺北：心理。

賀夏梅譯（2011）。視覺障礙，載於**特殊教育導論**（W. L. Heward 著，Exceptional Children: an Introduction to Special Education）。臺北：華騰。

鈕文英（2003）。**啟智教育課程與教學設計**。臺北：心理。

鈕文英（2009）。**身心障礙者的正向行為支持**。臺北：心理。

雅文兒童聽語文教基金會（2012）。**『為孩子的聽力把關』新生兒聽力篩檢衛教手冊**。臺北市：作者。

黃文慧、林幸台（2007）。從 ICF 演變檢視我國特殊教育障別系統。**特殊教育與復健學報，17**，89-108。

黃志成、王麗美、高嘉惠（2008）。**特殊教育**。臺北：五南。

黃宗正（2011）。情感疾病。載於李明濱主編：**實用精神醫學**（第三版）（161-180 頁）。臺北：國立臺灣大學醫學院。

黃金源（2008）。泛自閉症兒童障礙，載於黃金源主編自閉症兒童的治療與教育（1-39頁）。臺北：心理。

黃金源、賴碧美、謝宛陵、許素真、鄭秀真、李一飛（2008）。自閉症兒童的療育與教育。臺北：心理。

黃俊瑋、羅豐苓、王碧霞、黃永森（2003）。特殊學生輔導實務。臺北：啓英文化。

黃美涓（2002）。身體病弱學生輔導手冊。教育部特殊教育小組主編。

新北市政府（2010）。100學年度辦理未足齡資賦優異兒童申請提早入學鑑定實施計畫。檢索自 http://www.ntpc.edu.tw/web66/_file/2052/ABdownload/1296105682157file.pdf

楊坤堂（1999）。注意力不足過動異常：診段與處理。臺北：五南。

楊坤堂（2000）。情緒障礙與行為異常。臺北：五南。

楊美華、黃美華、王貴金、鄭夏萍、吳育雯、王靈閔、林靜谷等（2003）。愛從家裡出發：家庭本位早期療育服務。臺南：財團法人天主教臺南縣私立德蘭啟智中心。

楊淑蘭（2001）。口吃發生學。屏師特教，10，2-15。

楊淑蘭（2011）。口吃——理論與實務工作。臺北：心理。

楊順聰校閱（2006）。言語科學－理論與臨床應用。臺北：心理。

楊碧珠（2009）。幼兒特殊教育。臺北：心理。

楊蕢芬（2005）。自閉症學生之教育。臺北：心理。

楊蕢芬、黃慈愛、王美惠（2003）。自閉症兒童社會情緒技能訓練。臺北：心理。

萬明美（1991）。視覺障礙從事按摩業現況及影響其收入之相關研究。國立彰化師範大學特殊教育學報，6，1-47。

萬明美（1996）。視覺障礙教育。臺北：五南。

葉瓊華（2011）。學前特殊幼兒教育。載於許天威、徐享良、張勝成主編：新特殊教育通論（頁 39-69）。臺北：五南。

詹妍玲譯（2012）。兒童期的語言障礙（第 5 章），溝通障礙導論－以實證本位觀點為導向。臺北：華騰文化。譯自 Owens, R. E., Metz, D. E. &

Farinell, K. A. (2011). *Introduction to Communication Disorders: A Lifespan Evidence - Based Perspective*, 4th Eds., Allyn & Bacon.

臺大醫院神經精神科癲癇研究小組（1984）。**癲癇病須知**。臺北：水牛。

臺北市政府教育局（2008）。**臺北市區域性資賦優異教育方案（修定）**。臺北：臺北市政府教育局。

臺灣兒童伊比力斯協會（2005）。**認識伊比力斯**。檢索自 http://www.childepi.org.tw/web

臺灣氣喘諮詢協會（2010）。**氣喘兒童照護**。檢索自 http://www.taiwanasthma.com.tw/subject_03.htm

趙文崇（2011）。**身體病弱學生鑑定與評量**。彰化：彰化師大特教中心，檢索自 http://spedc.ncue.edu.tw/spedc/html/class/download/100/07.18.pdf

鳳華（2005）。自閉症教育。載於許天威、徐享良、張勝成主編，**新特殊教育通論（第二版）**（頁 347-381）。臺北：五南。

劉信雄（1989）。**國小視力低弱學生視覺效能、視動完形、與國字書寫能力關係之研究**。臺南：國立臺南師院視障教育叢書第 40 輯。

劉家宏（2011）。小兒腎病症候群。**兒童醫院院訊，10**，16-17。

劉智民（2011）。精神分裂症。載於李明濱主編：**實用精神醫學（第三版）**（頁 141-153）。臺北：國立臺灣大學醫學院。

劉蔚萍（2006）。早期療育的實施模式。載於曹純瓊、劉蔚萍主編：**早期療育**，（頁 3-1 ～ 3-19）。臺北：華騰。

劉麗蓉（2003）。**如何克服溝通障礙**。臺北：遠流。

潘正宸（2011）。如何在融合教育導入適應體育。**學校體育，127**，123-128。

潘正德（2004）。**心理疾患臨床手冊**。臺北：心理。

蔣明珊、沈慶盈（2005）。早期介入。載於林寶貴主編（2009）：**特殊教育理論與實務**（651-712 頁）。臺北：心理。

蔡志浩、陳小娟（2002）。噪音背景辨識語音測驗編製研究。**特殊教育研究學刊，23**，121-140。

蔡典謨、陳英豪（2009）。各類資優教育師資及設備、設施標準訂定。**資優**

教育研究，**9**（2），65-102。

蔡昆瀛（2003）。A Prevalence Study of Developmental Delay in Kindergartens: The Relationships between Teacher Nomination and Screening Tests（疑似發展遲緩幼兒出現率之研究：兼探教師提名法與篩選測驗間之一致性）。**臺北市立師範學院學報，34**，115-133。

蔡明燕（2007）。**第一型糖尿病學童在學校的照護**。國立成功大學附設醫院。檢索自 http://www.tade.org.tw/upload/people/20.pdf

蔡郡寧（2013）。**社會故事結合繪本教學對改善國小聽覺障礙學生社會技巧之成效**。國立臺南大學特殊教育學系碩士論文，未出版，臺南市。

蔡淑妃、黃慈愛（2002）。ADHD 的社會技巧訓練訓練課程。載於洪儷瑜主編：**社會技巧訓練的理念與實施**（頁 154-202）。臺北：臺灣師範大學特殊教育系發行。

蔡德輝、楊士隆（1994）。當前少年犯罪之重要類型及其防治，**教師天地，69 期**。

鄭美麗、李雅雯、張筱君（2010）。構音障礙兒童接受低密集性語言治療之結果。**臺灣復健醫誌，38**（1），27-34。

鄭敬楓（2008）。淺談小兒心臟病。**人醫心傳，49**，22-24。

盧台華（1992）。智能不足者之適應行為研究。載於**國際特殊兒童評量研討會論文集**。彰化：彰化師範大學特殊教育中心。

盧台華（2012）。**身心障礙者服務專業手冊：第六冊泌尿與生殖系統相關構造及其功能損傷或不全**。臺北：內政部。

盧台華（2012）。**新修訂國民教育階段特殊教育課程綱要與配套措施介紹**。

蕭金土（1987a）。聽覺障礙學生認知發展能力之研究。**特殊教育學報，2**，37-56。

蕭金土（1987b）。**聽覺障礙學生「社會－情緒」評量表之修訂研究**。國立臺灣教育學院特殊教育研究所碩士論文，未出版，彰化市。

蕭金土（1991）。聽覺障礙學生非語文智力測驗之研究。**特殊教育學報，7**，127-169。

錡寶香（2006）。**兒童語言障礙（理論、實務與教學）**。臺北：心理。

應婉怡（2012）。**臺灣北部地區國中身體病弱學生特殊教育服務現況之研究**（未出版之碩士論文）。國立新竹教育大學，新竹。

謝天傑 （2005）。**淺談客家遺傳疾病：海洋性貧血**。檢索自 http://asp2005. fy.edu.tw/Fooyin/plan/inside/papaer/pl1/DATA/51.pdf

闕月清、游添燈（1998）。適應體育的理論與基礎。載於鄭志富編：**適應體育導論**（3-51 頁）。臺北：國立臺灣師範大學學校體育研究與發展中心。

魏俊華（1998）。**國中聽覺障礙學生心理壓力、因應方式與生活適應之研究**。國立彰化師範大學特殊教育研究所博士論文，未出版，彰化市。

羅湘敏主編（2008）。**情緒及行為障礙學生教育**。臺北：心理。

蘇芳柳（2002）。**聽覺障礙學生之學習適應研究**。國立臺灣師範大學特殊教育研究學系博士論文，未出版，臺北市。

蘇芳柳、周中天（2008）。**語文學習性向測驗**。臺北：國立臺灣師範大學特殊教育中心。

鐘育志（2000）。如何早期發現發展遲緩兒童。**臺兒醫誌，41**，51-59。

二、英文部分

AAIDD (2013). *Definition of Intellectual Disability*. Retrieved from http: //aaidd. org/content_100.cfm?navID=21

AAMR (1992). *Definition, classification and systems of supports.* (9th ed). Washington, DC: American Association on Mental Retardation.

Alberto, P. A., & Troutman, A. C. (2009). *Applied behavioral analysis for teachers* (8th ed.). Englewood Cliffs, NJ: Prentice Hall.

Al Otaiba, S., & Fuchs, D. (2006). Who are the young children for whom best practices in reading are ineffective? An experimental and longitudinal study. *Journal of Learning Disabilities, 39* (5), 414-431.

Alpet, C. L., & Kaiser, A. P., (1992). Training parents as milieu language teachers. *Journal of Early Intervention, 16*, 31-52.

Al-Yagon, M. (2007). Socioemotional and behavioral adjustment among school-age children with learning disabilities: The moderating role of maternal personal resource. *The Journal of Special Education, 40*, 205-217.

American Psychiatric Association (2000). *Diagnostic and statistical manual of mental disorders* (4th text rev. ed.). Washington, DC: Author.

American Psychiatric Association (2013). *Diagnostic and statistical manual of mental disorders* (5th ed.). Washington, DC: Author.

American Psychiatric Association. (2000). *Diagnostic and Statistical Manual of Mental Disorders-TR (DSM-IV-TR)* , Washington, DC20005.

Arnold, L. E., Christopher, J., Huestis, R. D., & Smeltzer, D. J. (1978). Megavitamins for minimal brain dysfunction: A placebo controlled study. *Journal of the American Medical Association, 240*, 2642-2643.

Aud, S., Hussar, W., Johnson, F., Kena, G., Roth, E., Manning, E., Wang, X., & Zhang, J. (2012). *The Condition of Education 2012* (NCES 2012-045). U.S. Department of Education, National Center for Education Statistics. Washington, DC. Retrieved [date] from http://nces.ed.gov/pubsearch.

Ayres, A. (1981). *Sensory integration and the child.* Los Angles: Western Psychological Services.

Azrin, N. H., Sneed, T. J., & Foxx, R. M. (1974). Dry-bed training: Rapid elimination of childhood enuresis. *Behaviour Research and Therapy.* 147-156.

Baker, B. L. & Brightman, A. J. (1996). *Steps to independence: Teaching everyday skills to children with special needs* (3rd ed.). Baltimore: Paul Brookes.

Baker, J. (2001). *The social skills picture book: Teaching play, emotion, and communication to children with autism.* Arlington, TX: Future Horizons Inc.

Banerd, B., & Bricker, D. (1978). A training program for selected self-feeding skills for the motorically impaired. *AAESPH Review, 3*, 222-229.

Barkley, R. A. (1990). *Attention Deficit Hyperactivitv Disorder: A handbook for diagnosis and treatment.* New York: Guilford Publications.

Barkley, R. A. (2006). A theory of ADHD. In R. A. Barkley (Ed.)., *Attention-deficit hyperactivity disorder: A handbook for diagnosis and treatment* (pp. 297-334). New York: The Guilford Press.

Barrera, M., & Rosenbaum, P. (1986). The transactional model of early home inter-vention. *Infant Mental Health Journal, 7* (2), 112-131.

Batshaw, M. L. (1997). *Children with disabilities* (4th ed.). Baltimore: Paul H. Brookes.

Baumgart, D., Brown, L., Pumpian, I., Nisbet, J., Ford, A., Sweet, M., et al. (1982). Principle of participation and individualized adaption in education programs for severely handicapped students. *Journal of the Association for Person with Severely Handicapped, 7* (2), 17-27.

Bender, W. N. (2008). *Learning disabilities: Characteristics, identification, and teaching strategies*. Boston: Pearson Education.

Berdine, W. H. & Blackhurst, A. E. (1985). *An introduction to special education* (2nd ed.) Boston: Little, Brown.

Berg, B. O. (1982). Convulsive disorders. In E. E. Bleck & D. A. Nagel (Eds.), *Physically handicapped children: A medical atlas for teachers* (pp. 171-180). Orlando, FL: Grune and Stratton.

Bernheimer, L. P. (1993). From research to practice: Support for developmental delay as a preschool category of exceptionality. *Journal of Early Intervention, 17* (2), 97-106.

Best, S. J., Heller, K. W., & Bigge, J. L. (2005). *Teaching individuals with physical or multiple disability* (5th ed.). Upper Saddle River, NJ: Pearson Education, Inc.

Betts, G. T. (1985). *Autonomous learner model: For the gifted and talented* Greeley, CO: Autonomous Learning Publication and Specialists.

Bigge, J. L. (1991). *Teaching individuals with physical and multiple disabilities* (3rd ed.). Upper Saddle River, NJ: Merill/Prentice Hill.

Bishop, K. (2000). The research processes of gifted students: A case study. *Gifted Child Quarterly, 44* (1), 54-64.

Blaunstein, P., & Lyon, R. (2006). *Why kids can't read: Challenging the status quo in education*. Lanham, MD: Rowman and Littlefield.

Bleck, E. E. (1982a). Cerebral palsy. In E. E. Bleck & D. A. Nagel (Eds.), *Physically handicapped children: A medical atlas for teachers* (pp. 59-132). Orlando, FL: Grune & Stratton.

Bolzani Dinehart, L. H., Yale Kaiser, M., & Hughes, C. R. (2009). Language delay and the effect of milieu teaching on children born cocaine exposed: A pilot study. *Journal of Developmental & Physical Disabilities, 21* (1), 9-22.

Boreson, L. (2009). *Special education eligibility criteria and evaluation for Other Health Impairment (OHI)*. Wisconsin Department of Public Instruction. Retrieved from https://www.google.com/url?sa=t&rct=j&q=&esrc=s&source=web&cd=1&ved=0CDcQFjAA&url=http%3A%2F%2Fsped.dpi.wi.gov%2Ffiles%2Fsped%2Fdoc%2Fohi-evaluation-guide.doc&ei=yqnQUNSiEefTmAWY9oCYDg&usg=AFQjCNG44prtWRPCCxsExvPMxTfe_N0QwQ&sig2=XIAO2liJvJEViVUmVxqZRA&bvm=bv.1355534169,d.dGY

Bower, E. (1982). Defining emotional disturbance: Public policy and research. *Psychology in Schools, 19*, 55-60.

Bower, G. H. (1981). "Mood and memory". *American Psychologist 36* (2), 129-148.

Boyle, C. A., Boulet, S., Schieve, L., Cohen, R. A., Blumberg, S. J., Yeargin-Allsopp, M., Visser, S., & Kogan, M. D. (2011). Trends in the prevalence of developmental disabilities in US children, 1997-2008. *Pediatrics, 127* (6), 1034-42.

Brier, N. (1989). The relationship between learning disabilities and delinquency: A review and reappraisal. *Journal of Learning Disabilities, 22*, 546-553.

Brinker, R. P. (1985). Interactions between severely mentally retarded students and other students in integrated and segregated public schools settings. *American Journal of Mental Deficiency, 89*, 587-594.

Bronfenbrenner, U. (1979). Content of child rearing: problems and prospects. *American Psychologist, 34*, 844-850.

Bronfenbrenner, U. (1986). Ecology of the family as a context for human development: Research perspectives. *Developmental Psychology, 22* (6), 723-742.

Brown, L., Nisbet, J., Ford, A., Sweet, M., Shiraga, B., York, J., & Loomis, R. (1983) . The critical need for nonschool instruction in educational programs for severely handicapped students. *Journal of the Association of the Severely Handicapped, 8*, 71-77.

Buescher, T. M. (1985). A framework for understanding the social and emotional development of gifted and talented adolescents. *Roeper Review, 8* (1), 10-15.

Bullock, L. M. (1992). *Exceptionalities in children and youth*. Boston, MA: Allyn and Bacon.

Butler, D. L. (1998). Metacognition and learning disabilities. In B. Y. L. Wong (Ed.), *Learning about learning disabilities* (pp. 277-307). New York: Academic Press.

Campbell, P. H. (1987).The integrated programming team: An approach for coordinating professionals of various disciplines in programs for students with severe and multiple handicaps. *Journal of the Association for Persons with Severe Handicaps, 12*, 107-116.

Cantwell, D. (1982). Childhood depression: A review of current research. In B. Lahey & A. Kazdin (Eds.), *Advances in clinical child psychology* (Vol.5).New York: Plenum Press.

Cattell, R. B. (1963). Theory of fluid and crystallized intelligence: A critical experiment. *Journal of Educational Psychology, 54*, 1-22.

CDC (Centers for Disease Control and Prevention). *Attention deficit/Hyperactivity disorder: Data and statistics.* Retrieved from http://www.cdc.gov/ncbddd/adhd/data.html

Chalfant, J. C., Pysh, M. V., & Moultrie, R. (1976). Teacher assistance teams: A model for within building problem solving. *Learning Disability Quarterly* (2), 85-96.

Chandler, K. A., Chapman, C. D., Rand, M. R., & Taylor, B. M. (1998). *Students' reports of school crime:1989 and 1995.* Washington, DC: U.S. Departments of Education and Justice publications NCES98-241/NCJ-169607.

Chandler, L. K., & Dahlquist, C. M. (2010). *Functional Assessment: Strategies to prevent and remediate challenging behaviors in school settings* (3rd ed.). NJ: Pearson Education, Inc.

Clarizio, H. F. and McCoy, G. F. (1976). *Behavior disorders in children.* New York: Crowell.

Clark, B. (2002). *Growing up gifted : Developing the potential of children at home and at school.* (6th ed.). Upper Saddle River, NJ: Merrill/ Prentice Hall.

CLD (Council for Learning Disabilities) (1987). The CLD position statement. *Journal of Learning Disabilities, 20,* 349-350.

Cobb, J. (2004) *Top ten things to think about as you prepare for your transition to adulthood.* Washington, DC: G. W. Heath Resource Center.

Coffee, L. (1977). Planning daily care for healthy teeth. In R. Perske, A. Clifton, B. M. McLean, & J. I. Stein (Eds.). *Mealtimes for severely and profoundly 6 handicapped persons: New concepts and attitudes* (pp.119-122). Baltimore: University Park Press.

Cohn, S. J. (1981). What is giftedness? A multidimensional approch. In A. H. Kramer (Ed.), *Gifted children: Challenging their potential.* New York: Trillium Press.

Coleman, M. C. (1996). *Emotional and Behavioral Disorders.* Needham Heights, MA: Allyn and Bacon.

Connor, D. F. (2006). Stimulants. In R. A. Barkley (Ed.)., *Attention deficit hyperactivity disorder: A handbook for diagnosis and treatment* (pp. 608-647). New York: The Guilford Press.

Cook, R. E., Klein, M. D., & Tessier, A. (2008). *Adapting early childhood curricula for children with special needs* (7th ed.). Upper Saddle River, NJ: Pearson Prentice Hall.

Cooper, E., & Cooper, C. (1985). Cooper Personalized Fluency Control Theory (rev. ed.) llen, TX: DLM Teaching Resources.

Copple, C. & Bredekamp, S. eds. (2009). *Developmentally appropriate practice in early childhood programs* (3rd ed.).Washington, D.C.: National Association for the Education of Young Children.

Corina, D. (1998). Studies of neural processing in deaf signers: Toward a neuro-cognitive model of language processing in the deaf. *Journal of Deaf Studies and Deaf Education, 3(1)*, 35-48.

Cott, A. (1972). Megavitamins: The orthomolecular approach to behavioral disorders and learning disabilities. *Academic Therapy*, *7*, 245-258.

Cox, J. & Daniel, N. (1985). *The Richardson survey concludes*. G/C/T, 33-36.

Crapps, J., Langone, J. & Swain, S. (1985). Quantity and quality of participation in community environments by mentally retarded adults. *Education and Training of the Mental Retarded, 20,* 123-129.

Curry, P. A. S. (1990). Feeding problems. In J. A. Blackman (Ed.) *Medical aspects of developmental disabilities in children birth to three* (2nd ed., pp. 125-139). Rockville, MD: Aspen.

Dalzell, T. G. (2007). Eugen Bleuler 150: Bleuler's reception of Freud. *History of Psychiatry, 18* (4), 471-482.

Danaher, J. (2011). *Eligibility policies and practices for young children under Part B of IDEA* (NECTAC Notes No. 27). Chapel Hill, NC: National Early Childhood Technical Assistance Center.

Data Accountability Center (2013). *Individuals with Disabilities Education Act (IDEA) Data*. Retrieved from https://www.ideadata.org/PartBData.asp

Dattilo, J., & Rusch, F. (1985). Effects on behavior: Leisure participation for persons with severe handicaps. *Journal of the Association for Person with Severely Handicapped, 11*, 194-199.

Davidson, K. (1986). The case against formal identification. *Gifted Child Today, 9* (6)7-11.

Davis, G. A., Rimm, S. B., & Siegle, D. (2011). *Education of gifted and talented*. (6th ed.). Upper Saddle River, NY: Pearson.

Day, C., Kowalenko, S., Ellis, M., Dawe, S., Harnett, P., & Scott, S. (2011). The

Helping Families Programme: a new parenting intervention for children with severe and persistent conduct problems. [Article]. *Child & Adolescent Mental Health, 16* (3), 167-171.

DeFries, F., & Decker, S. (1981). Genetic aspects of reading disability. In P. Aaron & M. Halatesha (Es.), *Neuropsychological and neuropsycholinguistic aspects of reading disabilities*. New York: Academic Press.

DeFries, F., Fulker, D., & LaBuda, M. (1987). Evidence for a genetic etiology in reading disabilities of twins. *Nature, 329*, 537-539.

Deiner, L. P. (2013). *Inclusive early childhood education: Development, resources and practice* (6th ed). Belmont, CA: Thomson Wadsworth.

Doll, E. A. (1941). The essentials of an inclusive concept of mental deficiency. *American Journal of Mental Deficiency, 46*, 214-229.

Drasgow, E. (1998). American Sign Language as a pathway to linguistic competence. *Exceptional Children, 64*, 329-342.

Duchnower, A. J., Kutash, K., & Knitzer, J. (1997) . Integrated and collaborative community services in exceptional student education. In J. L. Paul, M. Churton, W. C. Morse, A. J. Duchnowsri, B. Epanchin, P. G. Osnes, & R. L. Smith (Eds), *Special education practice* (pp. 171-187). Pacific Grove: Brooks/cole Publishing Co.

Dunlap, G., Foster-Johnson, L., Clarke, S., Kern, L., & Childs, K. E. (1995). Modifying activities to produce functional outcomes: Effects on problem behaviors of students with disabilities. *Journal of the Association for Persons with Severe Handicaps, 20*, 248-258.

Dunlap, G., Kern-Dunlap, L., Clarke, S., & Robbins, F. R. (1991). Functional assessment, curricular revisions, and severe behavior problems. *Journal of Applied Behavior Analysis, 24*, 387-397.

Dunlap, G., Koegel, R. L., & Koegel, L. K. (1984). Continuity of treatment: Toilet training in multiple community settings. *Journal of the Association for Persons with Severe Handicaps, 9*, 134-141.

Dunn, W. (1991). Integrated related services. In L. H. Meyer, C. A. Peck, & L. Brown (Eds.),*Critical issues in the lives of people with severe disabilities* (pp. 353-377). Baltimore: Paul H. Brookes.

Dunn, W. (1996). The sensorimotor systems: A framework for assessment and intervention. In Orelove, F. P. & Sobsey, D. (Eds.). *Educating children with multiple disabilities: A transdisciplinary approach* (3rd ed. pp. 35-78). Baltimore: Paul H. Brookes.

Dunst, C. J., Raab, M., Hawks, O., Wilson, L. L., & Parkey, C. (2007). Relative Efficiency of Response-Contingent and Response - Independent Stimulation on Child Learning and Concomitant Behavior. *Behavior Analyst Today, 8* (2), 226-236.

Durrant, J. & Lovrinic, J. (1995). *Bases of Hearing Science* (3rd ed.). Baltimore, MD: Williams & Wilkins.

Easterbrooks, S. R. , & Baker, S. K. (2001). Considering the communication needs of students who are deaf or hard of hearing. *Teaching Exceptional Children, 33(3)*, 70-76.

Edmondson, B. & Wish, J. (1975). Sex knowledge and attitudes of moderately retarted males. *American Journal of Mental Deficiency, 80*, 172-179.

Edmondson, B., McCombs, K., & Wish, J. (1979). What retarded adults believe about sex. *American Journal of Mental Deficiency, 84*, 11-18.

Epilepsy Foundation of America. (1997). *Epilepsy Facts & Figures Retrieved from*. http://www.efa.org/education/facts.html [no date].

Epstein, M. H., Polloway, E. A., Patton, J. R., & Foley, R. (1989). Mild retawdation: Student characteristics and services. *Education and Training in Mentally Retardation, 24* (1) , 7-16.

Erber, N. P. (1982). *Auditory Training*. Washington, D. C.: A. G. Bell Association for the Deaf.

Evan, R. (1990). Making mainstreaming work through prereferral consultation. *Educational Leadership, 48* (1), 73-78.

Evans, I., & Meyer, L. (1985). *An educative approach to problem behaviors: A practical decision model for interventions with severely handicapped learners*. Baltimore: Paul H. Brookes.

Faye, M. (2003). Learning disabilities and bullying: Double jeopardy. *Journal of Learning Disabilities, 36* (4), 336-347.

Feingold, B. F. (1976). Hyperkinesis and learning disabilities linked to ingestion of artificial food colors and flavorings. *Journal of Learning Disabilities, 9*, 551-559.

Feldhusen, J. F., & Kolloff, P. B. (1986). The Purdue three-stage enrichment model for gifted education at elementary level. In J. S. Renzulli (Ed.), *Systems and models for developing programs for the gifted and talented* (pp.126-152). Mansfield Center, CT: Creative Learning Press.

Fernald, G. (1988). *Remedial techniques in basic school subjects*. Austin, TX: PROED.

Fletcher, J. M., Lyon, G. R., Fuchs, L. S., & Barnes, M. A. (2007). *Learning disabilities: From identification to intervention*. New York: The Guilford Press.

Florian, L., & McLaughlin, M. J. (2008). *Disability classification in education: Issues and perspectives*. Thousand Oaks, CA: Corwin Press.

Fowler, S. A., & Ostrosky, M. (1994). Transitions to and from preschool in early childhood special education. In P. Safford, B. Sqodek, & O. Saracho (Eds.), *Early childhood special education: Yearbook in Childhood education* (Vol. 5, pp. 142-164). New York: Teachers College Press.

Fowler, S. A., Schwartz, I., & Atwater, J. (1991). Perspectives on the transition from preschool to kindergarten for children with disabilities and their families. *Exceptional Children, 58* (2), 136-145.

Foxx, R. R., & Azrin, N. H. (1973). *Toilet training the retarded*. Champaign, IL: Research Press.

Friend, M. (2011). *Special education: Contemporary perspectives for school professionals*. Boston, MA: Pearson Education.

Friend, M., & Bursuck, W. D. (2006). *Including students with special needs: A practical guide for classroom teachers* (4th ed.). Boston, MA: Allyn and Bacon.

Fuchs, D., & Fuchs, L. (1989). Exploring effective and efficient prereferral interventions: A component analysis of behavioral consultation. *School Psychology Review, 18*, 26-279.

Fuchs, L. S., & Fuchs, D. (2007). A model for implementing responsiveness to intervention. *Teaching Exceptional Children, 39*, 14-20.

Gagné, F. (1985). Giftedness and talent: Reexamining a reexamination of the definition. *Gifted Child Quarterly, 29*, 103-112.

Gallagher, J. J., & Gallagher, S. A. (1994). *Teaching the gifted child* (4th ed.). Boston: Allyn & Bacon.

Gallaudet Research Institute (April 2011). *Regional and National Summary Report of Data from the 2009-10 Annual Survey of Deaf and Hard of Hearing Children and Youth.* Washington, DC: GRI, Gallaudet University. Retrieved from http://research.gallaudet.edu/Demographics/2010_National_Summary.pdf

Ganz, J. B., & Flores, M. M. (2009). The Effectiveness of Direct Instruction for Teaching Language to Children with Autism Spectrum Disorders: Identifying Materials. *Journal of Autism & Developmental Disorders, 39* (1), 75-83.

Gardner, H. (1983). *Frames of minds: The theory of multiple intelligences.* New York Baslo Books.

Gardner, H.(2000). *Intelligence reframed: Multiple intelligences for the 21st centuiy* New York: Basic.

Gargiulo, R. M. (2003) . *Special education in contemporary society: An introduction to exceptionality.* Belmont: Wadsworth/Thomson Learning.

Gargilo, R. M. (2007). *Special education in contemporary society* (2nd ed.). Belmont, CA: Thompson Learning, Inc.

Gargiulo, R. M., & Kilgo, J. L. (2011). *An introduction to young children with spe-*

cial needs: Birth through age eight (3rd ed). Belmont, CA: Wadsworth.

Gaylord-Ross, R., & Peck, C. A. (1984). Integration for students with severe mental retardation. In D. Bricker & J. Fuller (Eds.), *Severe mental retardation: From theory to practice* (pp. 185-207). Reston, VA: Division on Mental Retardation of the Council for Exceptional Children.

Gear, G. (1978). Effects of training on teachers' accuracy in the identification of gifted children. *Gifted Child Quarterly, 22* (1), 90-97.

Geraldine Dawson, Sally Rogers, Jeffrey Munson, Milani Smith, Jamie Winter, Jessica Greenson, et al., (2010). Randomized, controlled trial of an intervention for toddlers with autism: The early start Denver model. *Pediatrics, 125* (1), 17-23.

Geraldine T. S. (ed.) (2006). *Foundations of education for blind and visually handicapped children and youth.* New York: American Foundation for the Blind.

Gershon, E., Hamovit, J., & Guroff, J. (1983). A family study of schizoaffective, bipolar I, bipolar II, unipolar, and normal control probands. *Archives of General Psychiatry, 39,* 1157-1167.

Graden, J. L., Casey, A., & Christenson, S. L. (1985). Implementing a prereferral intervention system: Part I. The model. *Exceptional Children, 51* (5), 377-384.

Grice, K. (2002). Eligibility under IDEA for other health impaired children. *School Law Bulletin, 33* (3), 7-12.

Grigges, S., & Dunn, R. (1984). Selected case studies of the learning style preference. *Exceptional children, 24,* 115-129.

Grisso, T. (1996). Introduction: An interdisciplinary approach to understanding aggressive behavior in children. In C. F. Ferris & T. Grisso (Eds.), *Understanding aggressive behaveior in children.* New York: Annals of the New York Academy of Sciences.

Grossman, H. J. (1983). *Classification in mental retardation.* Washington, DC: American Association on Mental Deficiency.

Hallahan, D. P. (1992). Some thoughts on why the prevalence of learning disabilities has creased. *Journal of Learning Disabilities, 25,* 523-528.

Hallahan, D. P., & Kauffman, J. M. (1994). *Exceptional children* (6th ed.). Needhan Heights, Massachusetts: Allyn and Bacon.

Hallahan, D. P., & Kauffman, J. M., & Pullen, P. C. (2012). *Exceptional learners: An introduction to special education.* Boston: Allyn and Bacon.

Hallahan, D. P., Lloyd, J. W., Kauffman, J. M., Weiss, M. P. & Martinez, E. A. (2005). *Learning disabilities: Foundation, characteristics, and effective teaching.* Boston, MA: Pearson Education.

Hancock, T. B., & Kaiser, A. P. (2002). The effects of trainer-implemented enhanced milieu teaching on the social communication of children with autism. *Topics in Early Childhood Special Education, 22* (1), 39.

Hardman, M. L. & Drew, C. (1977). The physically handicapped retarded individual: A review. *Mental Retardation, 15* (5), 43-48.

Haring, N. G. (Ed.). (1988). *Generalization for students with severe handicaps: Strategies and solutions.* Seattle: University of Washington Press.

Haring, N. G., & McCormick, L. (1990). *Exceptional children and youth: An introduction to special education.* Columbus: Merrill Publishing Company.

Haring, N. G., McCormick, L., & Haring, T. G. (1994). *Exceptiional children and youth An introduction to special education* (6th ed.). Englewood Cliffs, N. J.: Prentice.

Harris, K. R., Graham, S., & Mason, L. H. (2003). Self-Regulated strategy development in the classroom: Part of a balanced approach to writing instruction for students with disabilities. *Focus on Exceptional Children, 35* (7), 1-16.

Hasazi, S. B., & Chark, G. M. (1988). Vocational preparation for high school students labeled mentally retarded: Employment as a graduation goal. *Mental Retardation, 26 (6),* 343-349.

Healy, A. (1990). Cerebral Palsy. In J. A. Blackman (Ed.), *Medical aspects of developmental disabilities in children birth to three* (2nd ed., pp. 59-66). Rockville, MD: Aspen.

Heflin, J. L., & Alaimo, D. F. (2007). *Students with autism spectrum disorders: Effective instructional practices.* Upper Saddle River, NJ: Pearson / Merrill Prentice Hall.

Helpen, M. L., & Rosenberg, H. M. (1997). Dental care: Beyound brushing and flossing. In M. L. Batshaw (Ed.), *Children with disabilities* (4th ed. pp. 643-656). Baltimore: Paul H Brookes.

Hendricks, D. R., Datlow Smith, M., & Wehman, P. (2009). Teaching youth for success: From classroom to community. In P. Wehman, M. Datlow Smith, & C. Schall (Eds.), *Autism and the transition to adulthood: Success beyond the classroom* (pp. 111-138). Baltimore, MD: Paul H. Brookes Publishing Co.

Hepting, N. H., & Goldstein, H., (1996). What's about naturalistic language intervention? *Journal of Early Intervention, 20* (3), 249-265.

Heward, W. L. (2006). *Exceptional children: An instruction to special education* (8th ed.). Upper Saddle River, NJ: Pearson Education, Inc.

Heward, W. L. (2009). *Exceptional children: An introduction to special education of special education.* Upper Saddle River, NJ: Pearson Education.

Heward, W. (2009). *Exceptional children: An introduction to special education* (9th ed.). New York: Merrill.

Heward, W. L. & Orlansky, M. D. (1992). *Exceptional children*: *An introductory survey of special education* (4th ed.). New York: Merrill.

Heward, W. L., & Orlansky, M. D. (1992). *Exceptional children* (4th ed). New York: Macmillan Publishing.

Hewett, F. M. & Forness, S. R. (1984). *Education of exceptioal learners.* Boston: Allyn & Bacon.

Hicks, S. C., Bethune, K. S., Wood, C. L., Cooke, N. L., & Mims, P. J. (2011). Effects of direct instruction on the acquisition of prepositions by students with intellectual disabilities. *Journal of Applied Behavior Analysis, 44* (3), 675-679.

Hickson, L., Blackman, L. S., & Reis, E. M. (1995). *Mental Retardation.* Needham

Heights: Allyn and Bacon.

Hobbs, N. (1966). Helping disturbed children: Psychological and ecological strategies. *American Psychologist, 21*, 1105-15.

Hooper, S. R., & Umansky, W. (Eds.). (2009). *Young children with special needs* (5th ed.). Upper Saddle River: Merrill.

Horner, R. H., & Carr, E. G. (1997). Behavioral supports for students with severe disabilities: Functional assessment and comprehensive intervention. *Journal of Special Education, 31*, 81-104.

Horner, R. H., Dunlap, G., Koegel, R. L., Carr, E. G., Sailor, W., Anderson, J., Albin, R.W., & O'Neill, R. E. (1990). Toward a technology of "non-aversive" behavioral support. *Journal of the Association for Persons with Severe Handicaps, 15*, 125-132.

Hughes, C. & Rusch, F. R. (1989). Teaching supported employee with severe mental retarded to solve problems. *Journal of Applied Behavior Analysis, 22*, 365-372.

Individuals with Disabilities Education Act, 20 U.S.C. § 1400 (2004).

Individuals with Disabilities Education Improvement Act (IDEA)of 2004, Pub. L. No. 108-446, Sec., 1400 (c).

Ionia County Intermediate School District (2009). *Guidelines for determining otherwise health impairment eligibility.* Retrieved from http://docsfiles.com/pdf_ionia_county_intermediate_school_district.html

Jerger, J. & Musiek, F. (2000). Report of the consensus conference on the diagnosis of auditory processing disorders in school-aged children. *Journal of the American Academy of Audiology, 11*, 467-474.

Joint Committee on Infant Hearing. (1994). Joint Committee on Infant Hearing 1994 position statement. *ASHA*, 38, 38-41.

Joint Committee on Infant Hearing. (2007). Year 2007 Position statement: Principles and guidelines for early hearing detection and intervention programs. *Pediatrics, 120*, 898-921.

Kanner, K. (1943). Autistic disturbances of affective contact. *Nervous Child, 2,* 217-250.

Karnes, F., Stephens, K., Whorton, J. (2000). Certification and specialized competencies for teachers in gifted education programs. *Roeper Review, 22* (3), 201.

Katsiyannis, A., Zhang, D., Woodruff, N. & Dixon, A. (2005). Transition supports to students with mental retardation: an examination of data from the National Longitudinal Transition Study 2. *Education and Training in Developmental Disabilities, 40,* 109-16.

Kauffman, J. M. (1993). *Characteristics of Emotional and Behavioral Disorders of Children and Youth* (5ed.). New York: Pearson/Merrill Prentice Hall.

Kauffman, J. M. (1997).*Characteristics of Emotional and Behavioral Disorders of Children and Youth* (6ed.). New York: Pearson/Merrill Prentice Hall.

Kauffman, J. M. (2005).*Characteristics of Emotional and Behavioral Disorders of Children and Youth* (8ed.). New York: Pearson/Merrill Prentice

Kauffman, J. M. & Hallahan, D. P. (1996). *Exceptional learners: Introduction to special education* (7th ed.). Boston: Allyn & Bacon.

Kauffman, J. M., & Landrum, T. J. (2009). *Characteristics of emotional and behavioral disorders of children and youth.* Upper Saddle River, NJ: Pearson Education.

Kavale, K. A., & Forness, S. R. (1996). Social skills deficits and learning disabilities: A meta-analysis. *Journal of learning Disabilities, 29,* 226-237.

Kavale, K. A., & Mattison, P. D. (1983). One Jumped off the balance beam: Meta-analysis of perceptual-motor training. *Journal of Learning Disabilities, 16,* 165-173.

Kennedy, C. H., Horner, R. H., & Newton, J. S. (1989). Social contacts of adults with severe disabilities living in the community: A descriptive analysis of relationship patterns. *Journal of the Association for Persons with Severe Handicaps, 14,* 190-196.

Kephart, N. (1967). Perceptual-motor aspects of learning disabilities. In E. Frierson & W. Barbe (Eds.), *Educating children with learning disabilities* (pp. 405-413). New York: Appleton-Century-Crofts.

Kingery, P. M., & Walker, H. M. (2002). What we know about school safety. In M. Shinn, H. Walker, & G. Stoner (Eds.), *Interventions for academic and behavior problems II. Preventive and remedial approaches*. Bethesda, MD: National Association of School Psychologists.

Kirk, S. A., & Gallagher, J. J. (1994). *Educating exceptional children*. Boston: Houghton Mifflin.

Kirk, S. A., Gallagher, J. J., & Anastasion, N. J. (1997). *Educating exceptional children*. Boston: Houghton, Mifflin.

Kirk, S. A., Gallagher, J. J., & Anastasiow, N. J. (1998). *Educating exceptional children*. Boston: Houghton Mifflin Co.

Kirk, S. A., Gallagher, J. J., & Anastasiow, N. J. (2000). *Educating exceptional children* (9th ed.). Boston: Houghton Mifflin.

Kirk, S. A., Gallagher, J. J., Anastasiow, N. J., & Coleman, M. R. (2006). *Educating exceptional children*. Boston: Houghton Mifflin Company.

Kirk, S. A., Gallagher, J. J., Anastasiow, N. J., & Coleman, M. R. (2006). *Educating exceptional children* (11th ed.). Boston: Houghton Mifflin Company.

Kirk, S. A., Gallagher, J. J., & Anastasiow, N. J. (2008). *Educating exceptional children* (13th ed.). Boston: Houghton Mifflin.

Kirk, S., Gallagher, J., Coleman, M. R., & Anastasiow, N. (2012). *Educating exceptional children*. (13rd Ed.). U. S. A.: Wadsworth.

Kirk, S. A., Gallagher, J. J., Anastasiow, N. J. & Coleman, M. R. (2006). *Educating exceptional children* (11th ed.). Boston: Houghton, Mifflin Co.

Kluth, P., & Shouse, J. (2009). *The autism checklist: A practical reference for parents and teachers*. San Francisco: Jossey-Bass.

Krasser, S. L., & Lytle, R. K. (2005) . *Inclusive physical activity: A lifetime of opportunities*. Campaign, IL: Human Kineties.

Kupersmidt, J. B., Griesler, P. C., DeRosier, M. E., Patterson, C. J., & Davis, P. W.

(1995). Childhood aggression and peer relations in the context of family and neighborhood factors. *Child Development. 66*, 360-375.

Lamb, P., Kennedy, D., Chezen, J., Hopf, S., & Vaughn, V. (1993). Research skills for gifted elementary pupils. *Gifted Child Today, 16* (4), 3-7.

Lane, H. (1992). *The mask of benevolence: Disabling the Deaf community*. New York: Vintage.

Lazzari, A. M., & Kilgo, J. L. (1989). Practical methods for supporting parents in early transitions. *Teaching Exceptional Children, 22* (1), 40-43.

LDA (Learning Disabilities Association of America) (2009). *About learning disabilities: For teachers, for parents*. Retrieved from http://www.ldaamerica.org/

Leach, D., & LaRocque, M. (2011). Increasing social reciprocity in young children with autism. *Intervention in School & Clinic, 46* (3), 150-156.

Lennox, D. B. & Miltenberger, R. G. (1989). Conducting a functional assessment of problem behavior in applied settings. *Journal of the Association for Persons with Severe Handicaps, 14*, 304-311.

Lerner, J. (2003). *Learning disabilities: Theories, diagnosis, and teaching strategies*. Boston: Houghton Mifflin Company.

Lerner, J. (2006). *Learning disabilities and related disorders: Characteristics and teaching strategies*. Boston, MA: Houghton Mifflin.

Lerner, J., & Johns, B. H. (2012). *Learning disabilities and related mild disabilities: Characteristics, teaching strategies and new directions*. Boston, MA: Houghton Mifflin.

Lillvist, A., & Granlund, M. (2010). Preschool children in need of special support: prevalence of traditional disability categories and functional difficulties. *Acta Paediatrica, 99* (1), 131-134.

Lin , H. C., Shu, T. M., Chang, C. K., et al. (2002). A universal newborn hearing screening program in Taiwan. *International Journal of Pediatric Otorhinolaryngol, 63*, 209-216.

Linder, T. W. (1993). *Transdisciplinary play-based intervention: Guidelines for developing a meaningful curriculum for young children*. Baltimore: P. H. Brookers.

Ling, D. (1989). *Foundation of spoken language for hearing impaired children*. Washington, D. C.: A. G. Bell Association for the Deaf.

Loeber, R., & Farrington, D. (1998). Serious and violent juvenile offenders. *Risk factors and successful interventions*. Thousand Oaks, CA: Sage.

Logan, D. R., & Rose, R. (1982). Characteristics of the mildly mentally retarded. In P. T. Cegelka, & H. J. Prehm (Eds), *Mental retardation: Form categories to people* (pp.149-185). Columbus, OH: Merrill.

Lohman, D. (1993). Teaching and testing to develop fluid abilities. *Educational Research, 22*, 12-23.

Longhorn, F. (1992). *A sensory curriculum for very special people*. Souvenir Press.

Luckasson, R., Coulter, D. L., Polloway, E. A., Reiss, S., Schalock, R. L., Snell, D. M., & Stark, J. A. (1992). *Mental retardation: Definition, classification, and systems of supports*. Washington, DC: American Association on Mental Retardation.

Lyon, G. R. (1995). Research initiatives in learning disabilities: Contributions from scientists supported by the National Institute of Child Health and Human Development. *Journal of Child Neurology, 10*, 120-126.

Lyon, S. & Lyon, G. (1980).Team functioning and staff development: A role release approach to providing integrated services for severely handicapped students. *Journal of the Association for the Severely Handcipped, 5*, 250-263.

Mahoney, G., Powell, A. (1988). Modifying parent-child interaction: Enhancing the development of handicapped children. *The Journal of Special Education, 22* (1), 1988, 82-96.

Male, M. (2003). *Technology for inclusion: Meeting the special needs of all students*. Boston, MA: Allyn and Bacon.

Malmgren, K., Abbott, R. D., Hawkins, J. D. (1999). LD and delinquency: Rethinking the 'link'. *Journal of Learning Disabilities*, *32*, 194-200.

Marchetti, A. G. & McCartney, J. R. (1990). Abuse of persons with mental retardation: Characteristics of athe abused, the abusers, and the informers. *Mental Retardation, 28*, 367-371.

Marek, M., Kerstin, W. F., & Erland, H. (2007). Language access and theory of mind reasoning: Evidence from deaf children in bilingual and oralist environments. *Developmental Psychology*, 43(5). 1156-1169.

Marland, S. (1972). Education of the gifted and talented (Report to Congress by the U. S. Commissioner of Education). Washington, D.C.: U. S. Government Printing Office.

Marschark, M. (1993). *Psychological development of deaf children*. New York: Oxford University Press.

Martin, F. & Clark, J. (2009). *Introduction to audiology*. (10th ed.). Boston, MA: Allyn & Bacon.

Mayes, S. D., Calhoun, S. L., Crowell, E. W. (2000). Learning disabilities and ADHD: Overlapping spectrum disorders. *Journal of Learning Disabilities*, *33*, 417-424.

McClearn, G. (1993). Behavioral genetics: The last century and the next. In R. Plomin & G. McClearn (Eds.), *Nature, nurture and psychology*. Washington, DC: American Psychological Association, 27-51.

McCormick, K., Danaher, J., Chen, D., Kilgo, J., Missall, K., Innocenti, M., Brown, J. G., & Walsh, S. (2009). *Developmental delay as an eligibility category*. A concept paper of the Division for Early Childhood of the Council for Exceptional Children. Washington, DC: Council for Exceptional Children.

McCormick, K., Kilgo, J., Danaher, J., McLean, M., Walsh, S., & Schakel, J. (2001). Developmental delay as an eligibility category: A concept paper of the Division for Early Childhood of the Council for Exceptional Children. *Division of Early Childhood* [Online], Available: http://www.dec-sped.org/positions/devdelay.html.

McCormick, L. (2006a). Perspectives, policies, and practices. In M. J. Noonan & L. McCormick (Eds.), *Young children with disabilities in natural environments: Methods & procedures* (pp. 1-25). Baltimore: Paul H. Brookes Publishing Co.

McCormick, L. (2006b). Assessment and planning: The IFSP and the IEP. In M. J. Noonan & L. McCormick (Eds.), *Young children with disabilities in natural environments: Methods and procedures* (pp. 47-75). Baltimore: Paul H. Brookes Publishing Co.

McGee, G. G., & Daly, T. (2007). Incidental teaching of age-appropriate social phrases to children with autism. *Research & Practice for Persons with Severe Disabilities, 32* (2), 112-123.

McGolothlin, J. E. (1981). The school consultation committee: an approach to implementing a teacher consultation model. *Behavioral Disorders, 6,* 101-107.

McKenzie, C. (1995). Brightening the lives of elderly through Snoezelen. *Elderly Care, 7*, 1.

McLean, M. & Crais, E. R. (2004). Procedural considerations in assessing infants and preschoolers with disabilities. In M. E. McLean, D. B. Bailey Jr., & M. Wolery (Eds.), Assessing infants and preschoolers with special needs (3rd ed.) (pp. 46-68). NY: Merrill.

McLean, M., Smith, B. J., McCormick, K., Schakel, J., & McEvoy, M. (1991). *Developmental delay: Establishing parameters for a preschool category of exceptionality*. Pittsburgh, PA: Division for Early Childhood, Council for Exceptional Children.

Mednick (2007). *Supporting children with multiple disabilities.* (2nd Ed.) New York: Continuum International Publishing Group.

Mercer, C. D., King-Sears, P., & Mercer, A. R. (1990). Learning disabilities definitions and criteria used by state education department. *Learning Disability Quarterly*, *13*, 141-152.

Mercer, C. D., Pullen, P. C. (2009). *Students with learning disabilities.* Upper Saddle River, NJ: Pearson Education.

Mercer, J. R. (1973). The myth of 3% prevalence. In G.Tarjan, R. K. Eyman, & C. E. Meyers (Eds), *Socio-behavioral studies in mental retardation*. Washington, D.C.: American Association on Mental Deficiency.

Mesibov, G. B., & Shea, V. (2010). The TEACCH Program in the era of evidence-based practice. *Journal of Autism & Developmental Disorders, 40* (5), 570-579.

Meyen, E. L. (1998) . A cmmentary on special education. In E. L. Meyen & T. M. Skrtic (Eds.), *Exceptional children and youth: An introduction* (3rd ed., pp.3-48). Denver,Colorado: Cove Pud. Co.

Meyer, L. H., Peck, M. C. & Brown, L. (1991). *Critical issues in the lives of people with severe disabilities.* Baltimore: Paul H. Brookes.

Miller, C. J., Sanchez, J., & Hynd, G. W. (2003). Neurological correlates of reading disabilities. In H. L. Swanson & K. R., Harris, & S. Graham (Eds.)., *Handbook of learning disabilities* (pp. 242-255). New York: Guilford.

Mitchell, R. (2006). How many deaf people are there in the United States? Estimates from the Survey of Income and Program Participation. *Journal of Deaf Studies & Deaf Education, 11*(1), 112-119.

Mohr, C., & Sharpley, C. F. (1988). Multi-modal treatment of nocturnal enuresis. *Education and Training in Mental Retardation, 23,* 70-75.

Moores, D. F., Jatho, J., & Creech, C. (2001). Families with deaf members: American Annals of the Deaf, 1996-2000. *American Annals of the Deaf,* 146, 245-250.

Morris, C. (2007). Definition and classification of cerebral palsy: a historical perspective. *Developmental Medicine & Child Neurology – Supplement, 109,* 3-7.

Myers, C. L., & McBride, S. L. (1996). Transdisciplinary, play-based assessment in early childhood special education: An examination of. *Topics in Early Childhood Special Education, 16* (1), 102.

National Association of Special Education Teachers (2007). *Comprehensive overview of Other Health Impairments.* Retrieved from http://www.naset. org/2278.0.html

National Dissemination Center for Children with Disabilities (2012).*Other health impairment.* Retrieved From http://nichcy.org/disability/specific/ohi

National Institute on Deafness and Other Communication Disorders (NIDCD). (2013). *Statistics about Hearing, Balance, Ear Infections, and Deafness.* Bethesda: NIH Publications. Retrieved from http://www.nidcd.nih.gov/health/ statistics/pages/hearing.aspx

National Institute on Deafness and Other Communication Disorders (NIDCD). (2013). *What to Do if Your Baby's Screening Reveals a Possible Hearing Problem.* Bethesda: NIH Publications. Retrieved from http://www.nidcd.nih. gov/staticresources/health/hearing/WhatToDoIfYourBabysScreeningReveal- sAPossibleHearingProblemWebFS.pdf

National Institutes of Health. (1993). Early Identification of Hearing Impairment in Infants and Young Children. *NIH Consensus Statement, 11*(1), 1-24.

National Mental Health Association. (1986). *Severely Emotionality disturbed children: Improving services under Education of the Handicapped Act* (P.L.94- 142). Washington, DC: Author.

Nelson, J. R. & Smith, D. J. (1991). Prereferral intervention: A review of the research. *Education & Treatment of Children, 14* (3), 243-253.

Neul, J. L., & Zoghbi, H. Y. (2004). Rett syndrome: A prototypical neurodevelopmental disorder. *The Neuroscientist, 10* (2), 118-128.

Nover, S., & Moll, L. (1997). Cultural mediation of deaf cognition. In M. P. Moeller & B. Schick (Eds.), *Deafness and diversity: Sociolinguistic issues* (pp.39-50). Omaha, NE: Boys Town Research Hospital.

Nutter, D. & Reid, D. H. (1978). Teaching retarded women a clothing selection skills using community norms. *Journal of Applied Behavior Analysis, 11*, 475-487.

O'Neill, R. E., Horner, R. H., Albin, R. W., Sprague, J. R., Storey, K., & Newton,

J. S. (1997). *Functional assessment and program development for problem behavior.* Pacific Grove, CA: Brooks/Cole.

O'Neill, R., Horner, R., Albin, R., Storey, K., & Sprague, J. (1990). *Functional analysis of problem behaviour.* Sycamore, IL: Sycamore Press.

Orelove F. P. & Sobsey, D. (1996). *Educating children with multiple disabilities: A trans-disciplinary approach.* (3rd Eds.) Baltimore: Paul H. Brookes.

Osarchuk, M. (1973). Operant methods of toilet behavior training the severely and profoundly retarded: A review. *Journal of Special Education, 7*, 423-437.

Padden, C. (1998). From the cultural to the bicultural: The modern deaf community. In I. Parasnis (Eds.), *Cultural and language diversity and the deaf experience* (pp. 79-98). New York: Cambridge University Press.

Pakula, A.T., Van Naarden Braun, K., Yeargin-Allsopp, M. (2009). Cerebral palsy: Classification and epidemiology. *Physical Medicine and Rehabilitation Clinics of North America, 20* (3), 425-452. doi: 10.1016/j.pmr.2009.06.001

Palinscar, A., & Brown, A. (1984). Reciprocal teaching of comprehension-fostering and comprehension-monitoring activities. *Cognition and Instruction, 1*, 117-175.

Panerai, S., Ferrante, L., & Caputo, V. (1997). The TEACCH strategy in mentally retarded children with autism: A multidimensional assessment. Polit study. *Journal of Autism and Developmental Disorders, 27*, 345-347.

Parette, H., Blum, C., Boeckmann, N., & Watts, E. (2009). Teaching word recognition to young children who are at risk using Microsoft® PowerPoint ™ Coupled With Direct Instruction. *Early Childhood Education Journal, 36* (5), 393-401.

Parnas, J., Bovet, P., & Zahavi, D. (2002). Schizophrenic autism: Clinical phenomenology and pathogenetic implication. *World Psychiatry, 1* (3), 131-136.

Parnes, S. J. (1967). *Creative behavior guidebook.* New York: Scribner.

Paul, P. (2001). *Language and deafness* (3rd ed.). San Diego, CA: Singular Publishing Group.

Paul, P., & Jackson, D. (1993). *Toward a psychology of deafness: Theoretical and empirical perspectives*. Boston, MA: Allyn & Bacon.

Paul, P., & Quigley, S. (1990). *Education and deafness*. White Plains, NY: Longman.

Peacock Hill Working Group. (1991).Problems and promises in special education and related services for children and youth for Emotional or Behavioral Disorders. *Emotional Disorders, 16,* 299-313.

Peterson, J. M., & Hittie, M. M. (2010). *Inclusive teaching: The journey towards effective schools for all learners* (2nd ed.). Upper Saddle River, NJ: Pearson Education, Inc.

Piechowski, M. M. (1991). Emotional development and emotional giftedness. In N. Colangelo and G. A. Davis (Eds.), *Handbook of gifted education*, (pp. 285-306), Needham Heights, MA: Allyn and Bacon.

Plomin, R., & McClearn, G. (1993). *Nature, nurture and psychology*. Washington, DC: American Psychological Association.

Pollack, D. (1985). *Educational Audiology for the Limited-Hearing Infant and Preschooler* (2nd ed.). Springfield, IL: Charles C. Thomas.

Polloway, E. A., Patton, J. R. & Nelson, M. A. (2011). Intellectual and Developmental Disabilities. In J. M. Kauffman & D. P. Hallahan (Eds.). *Handbook of special education. (*pp.175-186). New York: Routledge.

Prater, M. A., Serna, L., & Nakamura, K. K. (1999). Impact of peer teaching on the acquisition of social skills by adolescents with learning disabilities. *Education and Treatment of Children, 22* (1), 19-35.

Prevalence of autism spectrum disorders—Autism and developmental disabilities monitoring network, 14 Sites, United States, 2008. Department of Health and Human Services, Centers for Disease Control and Prevention. *Morbidity and Mortality Weekly Report,* 30 March 2012.

Pugach, M. C., & Johnson, L. J. (1995). *Collaborative practitioners, collaborative schools*. Denver: Love Publishing Co.

Pugach, M., & Johnson, L. J. (1989). Prereferral interventions: Progress, problems, and challenges. *Exceptional Children, 56*, 217-22.

Pullen, P. L. & Kauffman, J. M. (1987). *What sould I know about special education: Answers for classroom teachers*. Austin, TX: Pro-Ed.

Qi, S., & Mitchell, R. (2012). Large-Scale Academic Achievement Testing of Deaf and Hard-of-Hearing Students: Past, Present, and Future. *Journal of Deaf Studies and Deaf Education*, 17 (1), 1-18.

Quigley, S. & Kretschmer, R. E. (1982). *The education of deaf children: Issues, theory, and practice. Austin*, TX: Pro-Ed.

Rainforth, B., & York-Barr, J. (1997). *Collaborative teams for students with severe disabilities: Integrating therapy and educational services* (2nd ed.). Baltimore: Paul H. Brookes.

Ramey, C. T., & Ramey, S. L. (1999). In R. C. Pianta & M. J. Cox (Eds.), *The transition to kindergarten* (pp. 351-362). Baltimore: Paul H.

Ramsey, E., Walker, H. (1988). Family management correlates of antisocial begavior among middle school boys. *Behavioral Disorders, 13* (3), 187-201.

Raver, S. A. (2009). *Early childhood special education-0-8Years : Strategies for positive outcomes*. Upper Saddle River, NJ: Pearson Merrill.

Reagan, T. (1990). Cultural considerations in the education of deaf children. In D. Moores & K. Meadow-Orlans (Eds.), *Educational and developmental aspects of deafness* (pp. 73-84). Washington, DC: Gallaudet University Press.

Reid, R., & Lienemann, T. O. (2006). *Strategy instruction for students with learning disabilities*. New York: The Guilford Press.

Reid, R., Trout, A. L., & Schartz, M. (2005). Self-regulation interventions for children with attention deficit/hyperactivity disorder. *Exceptional Children, 71*, 361-377.

Renzulli, J. S. (1977). *The enrichment triad model: A guide for developing defensible programs for gifted and talented*. Mansfield, CT: Creative Learning Press.

Renzulli, J. S. (1978). What makes giftedness? Reexamining a definition. *Phi Delta*

Kappan ,60, 180-184.

Renzulli, J. S. (1986). The three-ring conception of giftedness: A developmental model for creative productivity. In R. J. Sternberg & J. E. Davidson (Eds.) *Conceptions of giftedness*. Cambridge, M A: Cambridge University Press.

Renzulli, J. S. (2005). The three-ring conception of giftedness: A developmental model: A schoolwide plan for the development of creative productivity. In J. S. Renzulli (Ed.), Systems and models for developing programs for the gifted and talented (pp. 216-266). Mansfield, CT: Creative Learning Press.

Renzulli, J. S., & Reis, S. M. (2003). Schoolwide enrichment model: A comprehensive plan for the development of creative productivity. In N. Colangelo, & G. A. Davis (Eds.), *Handbook of gifted education*. (pp.111-141). Needham Heights, MA: Allyn and Bacon.

Reschly, D. J., & Hosp, J. L. (2004). State SLD identification policies and practices. *Learning Disabilities Quarterly*, *27*, 197-213.

Rice, M. L., & O'Brien, M. (1990). Transition: Time of change and accommodation. *Topics in Early Childhood Special Education, 9* (4), 1-14.

Richert, E. S. (1991). Rampant problems and promising practices in identification. In N. Colangelo & G. A. Davis (eds.). *Handbook of gifted education*. Needham Heights, MA: Allyn and Bacon.

Robert E. Owens. (1995) *Journal of language disorders: A functional approach to assessment and intervention.* (2nd ed.), Boston: Allyn and Bacon.

Robinson, N. M., & Weimer, L. J. (1991). Selection of candidates for early admission to kindergarten and first grade. In W. T. Southern & E. D. Jones (Eds.), *Academic acceleration of gifted children* (pp.29-50). New York: Teachers College Press.

Roeser, R. (1986). *Diagnostic Audiology*. Austin:TX:Pro-Ed.

Rogers Sally J., Hayden Deborah, Hepburn Susan, Charlifue-Smith Renee, Hall Terry, Hayes Athena. (2006). Teaching Young Nonverbal Children with Autism Useful Speech: A Pilot Study of the Denvor Model and Prompt Interventions. Journal Development Disorder 4rd, 36, 1007-1024.

Rosenbaum, P., Paneth, N., Leviton, A., et al. (2007); The definition and classification of cerebral palsy. *Dev Med Child Neurol 49*: 8-14.

Rosenberg, M. S.,Westling, D. L., & McLeskey, J. (2011). *Special education for today's teacher: An introduction.* Upper Saddle River, NJ: Pearson Education.

Rosenberg, S. A., Zhang, D., & Robinson, C. C. (2008). Prevalence of developmental delays and participation in early intervention services for young children. *Pediatrics, 121* (6), e1503-e1509.

Ross, M. (Ed.). (1990). *Hearing-impaired children in the mainstream.* Monkton, MD: York Press.

Ross, M., Brackett, D., & Maxon, A. (1991). *Assessment and management of mainstreamed hearing-impaired children.* Austin:TX:Pro-Ed.

Rourke, B. (2005). Neuropsychology of learning disabilities: Past and future. *Learning Disabilities Quarterly*, *28*, 111-114.

Rogers, Sally J., Hayden Deborah, Hepburn Susan, Charlifue-Smith Renee, Hall Terry, * Haryes Athena, (2006). Teaching Young Nonverbal Children with Autism Useful Speech: A Pilot Study of the Denvor Model and PROMPT Interventions. J. *Autism Dev Disord*, 36,1007-1024.

Rutter, M., Bailey, A., Bolton, P., & LeCouteur, A . (1993). Autism : Syndrome definition and possible geneticmech anisms. In R. Plomin & G. E. McClearn (Eds.), *Nature, nurure and psychology*. Washington, DC: A PA Press.

Rosenbaum, P., Paneth, N., Levtion, A., et al (2007). The defintion and classification of cerebral palsy. *Dev Med Child Neurol 49*; 8-14.

Salisbury, C. L., & Vincent, L. J. (1990). Criterion of the next environment and best practices: Mainstreaming and integration 10 years later. *Topics in Early Childhood Special Education, 10* (2), 78-89.

Salvia, J., Ysseldyke, J. E. & Bolt, S. (2007). *Assessment in special and inclusive education.* (10th ed.). Boston: Houghton Mifflin Company.

Sameroff, A. J., & Fiese, B. H. (2000). Transactional regulation: The developmental ecology of early intervention. In J. P. Shonkoff, & S. J., Meisels (Eds.), *Handbook of early childhood intervention* (pp.135-159). New York: Cambridge University Press.

Sandall, S. R. (1993). Curricula for early intervention. In W. Brown, S. K. Thurman & L. F. Pearl (Eds.), *Family-centered early intervention with infants and toddlers: Innovative cross-disciplinary approaches* (pp.129-151). ML: Paul H. Brookes Publishing Co..

Sandall, S. R. (2004). Inclusion in early childhood education: What we have learned. Where are we going? In K. E. Allen & G. Edwards, *The exceptional child: Inclusion in early childhood education* (pp. 403-417). Albany, NY: Delmar.

Sandall, S. R., & Schwartz, I.S. (2008). *Building blocks for teaching preschoolers with special needs* (2nd ed.). Baltimore: Paul Brookes.

Schall, C. (2009). Educational and transition planning. In P. Wehman, M. Datlow Smith, & C. Schall (Eds.), *Autism and the transition to adulthood: Success beyond the classroom* (pp. 39-93). Baltimore, MD: Paul H. Brookes Publishing Co.

Schall, C., & Wehman, P. (2009). Understanding the transition from school to adulthood for students with autism. In P. Wehman, M. Datlow Smith, & C. Schall (Eds.), *Autism and the transition to adulthood: Success beyond the classroom* (pp. 1-14). Baltimore, MD: Paul H. Brookes Publishing Co.

Schalock, R. L., Borthwick-Duffy, S. A., Bradley, V. M., Buntinx, W. H. E., Coulter, D. L., Craig, E. M., Yeager, M. H. (2010). *Intellectual disability: Definition, classificiation, and systems of supports.* Washington, DC: American Association on Intellectual and Developmental Disabilities.

Schleien, S. J., Heyne, L., & Dattilo, J. (1995). Teaching severly handicapped children: Social skills development through leisure skills programming. In G. Garltledge & J. Milburn (Eds). *Teaching social skills to children: Innovative approaches* (3rd ed., pp. 262-290). Boston: Allyn and Bacon

Schofield, P. (1996). Sensory Delights. *Nursing Times, 92,* 40-41.

Schulte-Korne, G., Ziegler, A., Deimel, W., Schumaker, J., Plume, E., Bachmann, C., et al. (2006). Interrelationship and familiality of dyslexia related quantitative measures. *Annuals of Human Genetics, 71,* 160-175.

Scotti, J. R., Speaks, L. V., Masia, C. L., Boggess, J. T., and Drabman, R. S. (1996). The educational effects of providing AIDS-risk information to persons with developmental disabilities: An exploratory study. *Education and Training in Mental Retardation and Developmental Disabilities, 31,* 115-122.

Shore, S. (2012). *Introductory information on autism and Asperger syndrome.* Retrieved from http:// www.autismasperger.net/intro.htm

Silverman, L. K. (1993). A developmental model for counselling the gifted in Linda Silverman Ed. *Counselling the Gifted and Talented.* Denver, Colorado: Love Publishing Company.

Simpson, R. L., Boer-Ott, S. R. de., Griswold, D. E., Myles, B. S., Byrd, S. E., & Ganz, J. B. et al. (2005). *Autism spectrum disorders: Interventions and treatments for children and youth.* Thousand Oaks, CA: Corwin Press.

Skrtic, T. M., Harris, K. R., & Shriner, J. G. (2005). *Special education policy and practice: Accountability, instruction, and social challenges.* Denver, CO: Love Publishing Company.

Smith, D. D. (1998). *Introduction to special education—Teaching in an age of challenge.* Needham Heights, MA: Allyn and Bacon.

Smith, D. D. (2006). *Introduction to special education: Teaching in an age of opportunity* (5th ed.). Boston, MA: Pearson Education, Inc.

Smith, D. D. (2006). *Introduction to special education: Teaching in an age of opportunity.* Boston: Pearson Education.

Smith, D. D. (2007). *Introduction to special education: Making a difference.* Boston: Pearson Education.

Smith, T. E. C., Polloway, E., Patton, J. R., & Dowdy, C. A. (2004). *Teaching students with special needs in inclusive settings* (4th ed.). Boston: Pearson Education, Inc.

Snell, M. E., & Farlow, L. J. (1993). Self-care skills. In M. E. Snell (Ed.), *Instruction of students with severe disabilities* (4th ed., pp. 380-441). Upper Saddle River, NJ: Merrill/Prentice Hall.

Snell, M. E., Lewis, A, P., & Houghton, A. (1989). Acquisition and maintenance of tooth-brushing skills by students with cerebral palsy and mental retardation. *Journal of the Association for Persons with Severe Handicaps, 14*, 206-226.

Snell, M. E. (1988). Curriculum and methodology for individuals with severe disabilities. *Education and Training in Mentally Retardation, 23* (4) , 302-314.

Spring, C., & Sandoval, J. (1976). Food additives and hyperkinesis: A critical evaluation of evidence. *Journal of Learning Disabilities, 9*, 560-569.

Stein, L., Jabaley, T., Spitz, R., Stoakley, D., & McGee, T. (1990). The hearing impaired infant: patterns of identification and habilitation revisited. *Ear Hear*,11, 201–205.

Sternberg, R. J. (1985). *Beyond IQ: A triarchic thoery of human intelligence.* New York: Cambridge University Press.

Sternberg, R. J. (1996). *Successful intelligence: How practical and creative intelligence determine success in life.* NY: Simon and Schuster.

Stokoe, W. (1960). *Sign language structure: An outline of visual communication systems of the American deaf.* Studies in Linguistics, Occasional Paper, Buffalo, NY.

Stump, C. S. (1995). *Contextualized assessment and assessment dimension system.* Unpublished manuscript. San Francisco State University.

Sullivan, C. A. C., Vitello, S. J., & Foster, W. (1988). Adaptive behavior of adults with mental retarded: An intensive case study. *Education of and Training in Mental Retardation, 23* (1), 76-81.

Swanson, H. L. (2001). Research on interventions for adolescents with learning disabilities: A meta-analysis of outcomes related to higher-order processing. *The Elementary School Journal, 101*, 331-350.

Taylor, C. W. (1978). How many types of giftedness can your program tolerate?

Journal of Creative Behavoir, 12, 39-51.

Taylor, R. L., Smiley, L. R., & Richards, S. B. (2009). *Exceptional students: Preparing teachers for the 21ˢᵗ century.* New York: McGraw-Hill.

Taylor, R. L., Sternberg, L., & Richards, S. B. (1995). *Exceptional Children.* San Diego California: Singular Publishing Group Inc.

Test, D. W., Mazzotti, V. L., Mustian A. L., Fowler, C. H., Kortering, L. & Kohler, P. (2009). Evidence-based secondary transition predictors for improving post-school outcomes for students with disability. *Career Development for Exceptional Individuals, 32,* 160-81.

The Minnesota Department of Education (2007). *Other health disabilities Companion manual.* Retrieved from http://education.state.mn.us/MDE/EdExc/SpecEdClass/DisabCateg/OtherHealthDisab/index.html

Thompson, S. J., Johnstone, C. J., & Thurlow, M. L. (2002). *Universal design applied to large scale assessments* (Synthesis Report 44). Minneapolis, MN: National Center on Educational Outcomes.

Torrance, E. P. (1966). *Torrance tests of creative thinking.* Bensenville, IL: Scholastic Testing Service.

Treffert, D. A. (2009). The savant syndrome: An extraordinary condition. A synopsis: Past, present, future. *The Royal Society, 364,* 1351-1357.

Tsang, S. K. M., Shek, D. T. L., Lam, L. L., Tang, F. L. Y., & Cheung, P. M. P. (2007). Brief Report: Application of the TEACCH Program on Chinese pre-school children with autism—Does culture make a difference? *Journal of Autism & Developmental Disorders, 37* (2), 390-396.

Turnbell, A., Turnbell, R., & Wehmeyer, M. L. (2007). *Exceptional lives: Special education in today's schools.* Upper Saddle River, NJ: Pearson Education, Inc.

Turnbull, R., Turnbull, A., Shank, M., Smith Sean, J., (2004). *Exceptional lives, special education in today's schools* (4th ed.). New Jersey: Pearson, Merrill Prentice Hall.

Turton, L., & Smith, P. (2013). Prevalence and Characteristics of Severe and Profound Hearing Loss in in Adults in a UK National Health Service Clinic. *International Journal of Audiology*, 52, 92-97.

U.S. Department of Education (2002). *Twenty-fourth annual report to Congress on the implementation of the Individuals with Disabilities Education Act*, Washington, DC: Author.

U.S. Department of Education (2012). *Building the legacy: IDEA 2004*. Retrieved from http://idea.ed.gov/

Umbriet, J. & Blair, K. (1996). The effects of preference, choice, and attention on problem behavior at school. *Education and Training in Mantal Retardation and Developmental Disabilities, 31*, 151-161.

United Cerebral Palsy Association (1996). *Understanding cerebral palsy* [Online]. Available: http://seal.com/publish/understanding/ucp.html [no date].

Üstün, T. B., Chatterji, S., Bickenbach, J., Kostanjsek, N. & Schneider, M. (2003). The international classification of functioning, disability and health: A new tool for understanding disability and health. *Disability and Rehabilitation, 15* (11-12), 565-571. doi: 10.1080/0963828031000137063

VanTassel-Baska, J. (1994). *Comprehensive curriculum for gifted learners*. Needham Heights, MA: Allyn and Bacon.

VanTassel-Baska, J., & Stambaugh, T. (2006). *Comprehensive curriculum for gifted learners* (3rd ed.) . Boston: Allyn and Bacon.

Venn, J. (2006). *Assessment of students with special needs*. NY: Macmillian.

Volkmar, F. R., & Wiesner, L. A. (2009). *A practical guide to autism: What every parent, family member, and teacher needs to know*. Hoboken, NJ: John Wiley & Sons, Inc.

Walker, H., Forness, S., Kauffman, J., Epstein, M., Gresham, F., Nelson, C., & Straw, P. (1998). Macro-social validation: Referencing outcomes in behavioral to societal issues and problems. *Behavior Disorders, 24,* (1), 7-18.

Wall, K. (2011). *Special needs and early years: A practitioner's guide*. (3rd ed.) London: Sage.

Warren, S. F., & Yoder, P. J. (1997). Emerging model of communication and language intervention. *Mental Retardation and Developmental Disabilities Research Reviews, 3* (4), 358-362.

Weiß, H., Neuhäuser, G., & Sohns, A. (2004). Soziale Arbeit in der Frühförderung und Sozialpädiatrie. München/Basel: E. Reinhardt.

Westling, D. L. & Fox, L. (2000). *Teaching students severe disabilities*. New Jersey: Merrill.

Whitman, T. L. (1990). Self-regulation and mental retardation. *American Journal on Mental Retardation, 94*, 347-362.

Wilcox, B., & Bellamy, G. T. (1987). *The activities catalog: An alternative curriculum for youth and adults with severe disabilities*. Baltimore: Paul H. Brookes.

Witt, J. C., Elliott, S. N., Daly, E. J. (III)., Gresham, F. M., & Kramer, J. J. (1998). *Assessment of at-risk and special needs children* (2nd ed.) . Boston, McGraw-Hill.

Wolery, M. (1989). Transition in early childhood special education: Issues and procedures. *Focus on Exceptional Children, 22* (2), 1-16.

Wolgemuth, J. R., Cobb, R. B., & Alwell, M. (2008). The effects of mnemonic interventions on academic outcomes for youth with disabilities: A systematic review. *Learning Disabilities Research and Practice, 23*, 1-10.

Wolraich, M. (1990a). Seizure disorders. In J. A. Blackman (Ed.), *Medical aspects of developmental disabilities in children birth to three* (2nd ed., pp. 251-257). Rockville, MD: Aspen.

Wolraich, M. (1990b). Hydrocephalus. In J. A. Blackman (Ed.), *Medical aspects of developmental disabilities in children birth to three* (2nd ed., pp. 175-179). Rockville, MD: Aspen.

World Health Organization. (2013). *Deafness and hearing loss*. Retrieved from http://www.who.int/mediacentre/factsheets/fs300/en/

Yoder, Paul J., & Steven F. Warren., (2002). Effects of prelinguistic milieu teaching and parents responsivity education on dyads involving children with intellectual disabilities. *Journal of Speech, Language and Hearing Research, 45,* 1158-1174.

Yoder, Paul J., & Steven F. Warren., (2006). A randomized comparison of the effect of two prelinguistic communication interventions on the acquisition of spoken communication in preschoolers with ASD. *Journal of Speech, Language and Hearing Research, 49,* 698-711.

Yoshinaga-Itano, C., Sedey, A., Coulter, D., & Mehl, A. (1998). Language of early- and later-identified children with hearing loss. *Pediatrics, 102*(5), 1161-1171.

Ysseldyke, I. E. & Algozzine, B. (1990). *Introduction to special education* (2nd ed.). Boston: Houghton Mifflin.

Zhang, C., & Bennett, T. (2003）. Facilitating the meaningful participation of culturally and linguistically diverse families in the IFSP and IEP process. *Focus on Autism and Other Developmental Disabilities, 18* (1), 51-59.

Zivolich, S., Shueman, S. A., & Weiner, J. S. (1997). An exploratory cost-benefit analysis of natural support: strategies in the employment of people with severe disabilities. *Hournal of Vocational Rehabilitation, 8,* 211-221.

附錄 法規

一、特殊教育法

民國 108 年 4 月 24 日修正

第一章 總 則

第 1 條　為使身心障礙及資賦優異之國民,均有接受適性教育之權利,充分發展身心潛能,培養健全人格,增進服務社會能力,特制定本法。

第 2 條　本法所稱主管機關:在中央為教育部;在直轄市為直轄市政府;在縣(市)為縣(市)政府。

本法所定事項涉及各目的事業主管機關業務時,各該機關應配合辦理。

第 3 條　本法所稱身心障礙,指因生理或心理之障礙,經專業評估及鑑定具學習特殊需求,須特殊教育及相關服務措施之協助者;其分類如下:

一、智能障礙。

二、視覺障礙。

三、聽覺障礙。

四、語言障礙。

五、肢體障礙。

六、腦性麻痺。

七、身體病弱。

八、情緒行為障礙。

九、學習障礙。

十、多重障礙。

十一、 自閉症。

十二、 發展遲緩。

十三、 其他障礙。

第 4 條　本法所稱資賦優異，指有卓越潛能或傑出表現，經專業評估及
鑑定具學習特殊需求，須特殊教育及相關服務措施之協助者；
其分類如下：

一、 一般智能資賦優異。

二、 學術性向資賦優異。

三、 藝術才能資賦優異。

四、 創造能力資賦優異。

五、 領導能力資賦優異。

六、 其他特殊才能資賦優異。

第 5 條　各級主管機關為促進特殊教育發展，應設立特殊教育諮詢會。
遴聘學者專家、教育行政人員、學校行政人員、同級教師組織
代表、家長代表、特殊教育相關專業人員（以下簡稱專業人
員）、相關機關（構）及團體代表，參與諮詢、規劃及推動特
殊教育相關事宜。

前項諮詢會成員中，教育行政人員及學校行政人員代表人數合
計不得超過半數，單一性別人數不得少於三分之一。

第一項參與諮詢、規劃、推動特殊教育與其他相關事項之辦法
及自治法規，由各主管機關定之。

第 6 條　各級主管機關應設特殊教育學生鑑定及就學輔導會（以下簡稱
鑑輔會），遴聘學者專家、教育行政人員、學校行政人員、同
級教師組織代表、家長代表、專業人員、相關機關（構）及團
體代表，辦理特殊教育學生鑑定、安置、重新安置、輔導等事宜；
其實施方法、程序、期程、相關資源配置，與運作方式之辦法
及自治法規，由各級主管機關定之。

前項鑑輔會成員中，教育行政人員及學校行政人員代表人數合
計不得超過半數，單一性別人數不得少於三分之一。

各該主管機關辦理身心障礙學生鑑定及安置工作召開會議時，應通知有關之學生家長列席，該家長並得邀請相關專業人員列席。

第7條　各級主管機關為執行特殊教育工作，應設專責單位特殊教育學校及設有特殊教育班之各級學校，其承辦特殊教育業務人員及特殊教育學校之主管人員，應進用具特殊教育相關專業者。

前項具特殊教育相關專業，指修習特殊教育學分三學分以上者。

第8條　各級主管機關應每年定期舉辦特殊教育學生狀況調查及教育安置需求人口通報，出版統計年報，依據實際現況及需求，妥善分配相關資源，並規劃各項特殊教育措施。

第9條　各級政府應從寬編列特殊教育預算，在中央政府不得低於當年度教育主管預算百分之四‧五；在地方政府不得低於當年度教育主管預算百分之五。

地方政府編列預算時，應優先辦理身心障礙教育。

中央政府為均衡地方身心障礙教育之發展，應補助地方辦理身心障礙教育之人事及業務經費；其補助辦法，由中央主管機關會商直轄市、縣（市）主管機關後定之。

第二章　特殊教育之實施
第 一 節　通 則

第10條　特殊教育之實施，分下列四階段：

一、學前教育階段：在醫院、家庭、幼兒園、社會福利機構、特殊教育學校幼兒部或其他適當場所辦理。

二、國民教育階段：在國民小學、國民中學、特殊教育學校或其他適當場所辦理。

三、高級中等教育階段：在高級中等學校、特殊教育學校或其他適當場所辦理。

四、高等教育及成人教育階段：在專科以上學校或其他成人教

　　　　　育機構辦理。

　　　　　前項第一款學前教育階段及第二款國民教育階段，特殊教育學生以就近入學為原則。但國民教育階段學區學校無適當場所提供特殊教育者，得經主管機關安置於其他適當特殊教育場所。

第 11 條　　高級中等以下各教育階段學校得設特殊教育班，其辦理方式如下：

一、集中式特殊教育班。

二、分散式資源班。

三、巡迴輔導班。

　　　　　前項特殊教育班之設置，應由各級主管機關核定；其班級之設施及人員設置標準，由中央主管機關定之。

　　　　　高級中等以下各教育階段學生，未依第一項規定安置於特殊教育班者，其所屬學校得擬具特殊教育方案向各主管機關申請；其申請內容與程序之辦法及自治法規，由各主管機關定之。

第 12 條　　為因應特殊教育學生之教育需求，其教育階段、年級安排、教育場所及實施方式，應保持彈性。

　　　　　特殊教育學生得視實際狀況，調整其入學年齡及修業年限；其降低或提高入學年齡、縮短或延長修業年限及其他相關事項之辦法，由中央主管機關定之。但法律另有規定者，從其規定。

第 13 條　　各教育階段之特殊教育，由各主管機關辦理為原則，並得獎助民間辦理，對民間辦理身心障礙教育者，應優先獎助。

　　　　　前項獎助對象、條件、方式、違反規定時之處理與其他應遵行事項之辦法及自治法規，由各級主管機關定之。

第 14 條　　高級中等以下各教育階段學校為辦理特殊教育，應設置專責單位，依實際需要遴聘及進用特殊教育教師、特殊教育相關專業人員、教師助理員及特教學生助理人員。

　　　　　前項專責單位之設置與人員之遴聘、進用及其他相關事項之辦法，由中央主管機關定之。

　　　　　特殊教育專任教師、兼任導師、行政或其他職務者，其每週教

學節數之標準，由各主管機關定之。

第 15 條　為提升特殊教育及相關服務措施之服務品質，各級主管機關應加強辦理特殊教育教師及相關人員之培訓及在職進修。

第 16 條　各級主管機關為實施特殊教育，應依鑑定基準辦理身心障礙學生及資賦優異學生之鑑定。

前項學生之鑑定基準、程序、期程、教育需求評估、重新評估程序及其他應遵行事項之辦法，由中央主管機關定之。

第 17 條　幼兒園及各級學校應主動或依申請發掘具特殊教育需求之學生，經監護人或法定代理人同意者，依前條規定鑑定後予以安置，並提供特殊教育及相關服務措施。

各主管機關應每年重新評估前項安置之適當性。

監護人或法定代理人不同意進行鑑定安置程序時，幼兒園及高級中等以下學校應通報主管機關。

主管機關為保障身心障礙學生權益，必要時得要求監護人或法定代理人配合鑑定後安置及特殊教育相關服務。

第 18 條　特殊教育與相關服務措施之提供及設施之設置，應符合適性化、個別化、社區化、無障礙及融合之精神。

第 19 條　特殊教育之課程、教材、教法及評量方式，應保持彈性，適合特殊教育學生身心特性及需求；其辦法，由中央主管機關定之。

第 20 條　為充分發揮特殊教育學生潛能，各級學校對於特殊教育之教學應結合相關資源，並得聘任具特殊專才者協助教學。

前項特殊專才者聘任辦法，由中央主管機關定之。

第 21 條　對學生鑑定、安置及輔導如有爭議，學生或其監護人、法定代理人，得向主管機關提起申訴，主管機關應提供申訴服務。

學生學習、輔導、支持服務及其他學習權益事項受損時，學生或其監護人、法定代理人，得向學校提出申訴，學校應提供申訴服務。

前二項申訴服務事項之辦法，由中央主管機關定之。

第二節 身心障礙教育

第 22 條　各級學校及試務單位不得以身心障礙為由，拒絕學生入學或應試。

　　　　　各級學校及試務單位應提供考試適當服務措施，並由各試務單位公告之；其身心障礙學生考試服務辦法，由中央主管機關定之。

第 23 條　身心障礙教育之實施，各級主管機關應依專業評估之結果，結合醫療相關資源，對身心障礙學生進行有關復健、訓練治療。

　　　　　為推展身心障礙兒童之早期療育，其特殊教育之實施，應自二歲開始。

第 24 條　各級主管機關應提供學校輔導身心障礙學生有關評量、教學及行政等支援服務，並適用於經主管機關許可在家及機構實施非學校型態實驗教育之身心障礙學生。

　　　　　各級學校對於身心障礙學生之評量、教學及輔導工作，應以專業團隊合作進行為原則，並得視需要結合衛生醫療、教育、社會工作、獨立生活、職業重建相關等專業人員，共同提供學習、生活、心理、復健訓練、職業輔導評量及轉銜輔導與服務等協助。

　　　　　前二項之支援服務與專業團隊設置及實施辦法，由中央主管機關定之。

第 25 條　各級主管機關或私人為辦理高級中等以下各教育階段之身心障礙學生教育，得設立特殊教育學校；特殊教育學校之設立，應以小班、小校為原則，並以招收重度及多重障礙學生為優先，各直轄市、縣（市）應至少設有一所特殊教育學校（分校或班），每校並得設置多個校區；特殊教育班之設立，應力求普及，符合社區化之精神。

　　　　　啟聰學校以招收聽覺障礙學生為主；啟明學校以招收視覺障礙學生為主。

　　　　　特殊教育學校依其設立之主體為中央政府、直轄市政府、縣（市）政府或私人，分為國立、直轄市立、縣（市）立或私立；

其設立、變更及停辦，依下列規定辦理：

一、 國立：由中央主管機關核定。

二、 直轄市立：由直轄市主管機關核定後，報請中央主管機關備查。

三、縣（市）立：由縣（市）主管機關核定後，報請中央主管機關備查。

四、 私立：依私立學校法相關規定辦理。

特殊教育學校設立所需之校地、校舍、設備、師資、變更、停辦或合併之要件、核准程序、組織之設置及人員編制標準，由中央主管機關定之。

第 26 條　特殊教育學校置校長一人；其聘任資格，依教育人員任用條例之規定，並應具備特殊教育之專業知能；遴選、聘任程序及其他相關事項，比照其所設最高教育階段之學校法規之規定。

特殊教育學校為辦理教務、學生事務、總務、實習、研究發展、輔導等事務，得視學校規模及業務需要，設處（室）一級單位，並得分組為二級單位辦事。

前項一級單位置主任一人，二級單位置組長一人。

一級單位主任由校長就專任教師聘兼之；二級單位組長，除總務單位之組長由職員專任、輔導單位負責復健業務之組長得由專任之特殊教育相關專業人員兼任外，其餘由校長就專任教師聘兼之。

特殊教育學校達中央主管機關所定一定規模者，置秘書一人，襄助校長處理校務，由校長就專任教師聘兼之。

第 27 條　高級中等以下各教育階段學校，對於就讀普通班之身心障礙學生，應予適當教學及輔導；其教學原則及輔導方式之辦法，由各級主管機關定之。

為使普通班教師得以兼顧身心障礙學生及其他學生之需要，前項學校應減少身心障礙學生就讀之普通班學生人數，或提供所需人力資源及協助；其減少班級學生人數之條件、核算方式、

提供所需人力資源與協助之辦法，由中央主管機關定之。

第 28 條　　高級中等以下各教育階段學校，應以團隊合作方式對身心障礙學生訂定個別化教育計畫，訂定時應邀請身心障礙學生家長參與，必要時家長得邀請相關人員陪同參與。

第 29 條　　高級中等以下各教育階段學校，應考量身心障礙學生之優勢能力、性向及特殊教育需求及生涯規劃，提供適當之升學輔導。
身心障礙學生完成國民義務教育後之升學輔導辦法，由中央主管機關定之。

第 30 條　　政府應實施身心障礙成人教育，並鼓勵身心障礙者參與終身學習活動；其辦理機關、方式、內容及其他相關事項之辦法，由中央主管機關定之。

第 30-1 條　高等教育階段學校為協助身心障礙學生學習及發展，應訂定特殊教育方案實施，並得設置專責單位及專責人員，依實際需要遴聘及進用相關專責人員；其專責單位之職責、設置與人員編制、進用及其他相關事項之辦法，由中央主管機關定之。
高等教育階段之身心障礙教育，應符合學生需求，訂定個別化支持計畫，協助學生學習及發展；訂定時應邀請相關教學人員、身心障礙學生或家長參與。

第 31 條　　為使各教育階段身心障礙學生服務需求得以銜接，各級學校應提供整體性與持續性轉銜輔導及服務；其轉銜輔導及服務之辦法，由中央主管機關定之。

第 32 條　　各級主管機關應依身心障礙學生之家庭經濟條件，減免其就學費用；對於就讀學前私立幼兒園或社會福利機構之身心障礙幼兒，得發給教育補助費，並獎助其招收單位。
前項減免、獎補助之對象、條件、金額、名額、次數及其他應遵行事項之辦法，由中央主管機關定之。
身心障礙學生品學兼優或有特殊表現者，各級主管機關應給予獎補助；其辦法及自治法規，由各級主管機關定之。

第 33 條　　學校、幼兒園及社會福利機構應依身心障礙學生在校（園）

學習及生活需求，提供下列支持服務：

一、 教育輔助器材。

二、 適性教材。

三、 學習及生活人力協助。

四、 復健服務。

五、 家庭支持服務。

六、 校園無障礙環境。

七、 其他支持服務。

經主管機關許可在家實施非學校型態實驗教育之身心障礙學生，適用前項第一款至第五款服務。

前二項辦法由中央主管機關定之。

身心障礙學生無法自行上下學者，由各主管機關免費提供交通工具；確有困難提供者，補助其交通費；其實施辦法及自治法規，由各主管機關定之。

各主管機關應優先編列預算，推動第一項、第四項之服務。

第 34 條　各主管機關得依申請核准或委託社會福利機構、醫療機構及少年矯正學校，辦理身心障礙教育。

第 三 節　資賦優異教育

第 35 條　學前教育階段及高級中等以下各教育階段學校資賦優異教育之實施，依下列方式辦理：

一、 學前教育階段：採特殊教育方案辦理。

二、 國民教育階段：採分散式資源班、巡迴輔導班、特殊教育方案辦理。

三、 高級中等教育階段：依第十一條第一項及第三項規定方式辦理。

第 36 條　高級中等以下各教育階段學校應以協同教學方式，考量資賦優異學生性向、優勢能力、學習特質及特殊教育需求，訂定資賦優異學生個別輔導計畫，必要時得邀請資賦優異學生家長參與。

第 37 條　高等教育階段資賦優異教育之實施，應考量資賦優異學生之性

向及優勢能力，得以特殊教育方案辦理。

第 38 條　資賦優異學生之入學、升學，應依各該教育階段法規所定入學、升學方式辦理；高級中等以上教育階段學校，並得參採資賦優異學生在學表現及潛在優勢能力，以多元入學方式辦理。

第 39 條　資賦優異學生得提早選修較高一級以上教育階段課程，其選修之課程及格者，得於入學後抵免。

第 40 條　高級中等以下各教育階段主管機關，應補助學校辦理多元資優教育方案，並對辦理成效優良者予以獎勵。

資賦優異學生具特殊表現者，各級主管機關應給予獎助。

前二項之獎補助辦法及自治法規，由各主管機關定之。

第 41 條　各級主管機關及學校對於身心障礙及社經文化地位不利之資賦優異學生，應加強鑑定與輔導，並視需要調整評量工具及程序。

第三章　特殊教育支持系統

第 42 條　各級主管機關為改進特殊教育課程、教材教法及評量方式，應進行相關研究，並將研究成果公開及推廣使用。

第 43 條　為鼓勵大學校院設有特殊教育系、所者設置特殊教育中心，協助特殊教育學生之鑑定、教學及輔導工作，中央主管機關應編列經費補助之。

為辦理特殊教育各項實驗研究並提供教學實習，設有特殊教育系之大學校院，得附設特殊教育學校（班）。

第 44 條　各級主管機關為有效推動特殊教育、整合相關資源、協助各級學校特殊教育之執行及提供諮詢、輔導與服務，應建立特殊教育行政支持網絡；其支持網絡之聯繫與運作方式之辦法及自治法規，由各級主管機關定之。

第 45 條　高級中等以下各教育階段學校，為處理校內特殊教育學生之學習輔導等事宜，應成立特殊教育推行委員會，並應有身心障礙學生家長代表；其組成與運作方式之辦法及自治法規，由各級主管機關定之。

高等教育階段學校，為處理校內特殊教育學生之學習輔導等事宜，得成立特殊教育推行委員會，並應有身心障礙學生或家長代表參與。

第 46 條　　各級學校應提供特殊教育學生家庭諮詢、輔導、親職教育及轉介等支持服務。

前項所定支持服務，其經費及資源由各級主管機關編列預算辦理。

身心障礙學生家長至少應有一人為該校家長會常務委員或委員，參與學校特殊教育相關事務之推動。

第 47 條　　高級中等以下各教育階段學校辦理特殊教育之成效，主管機關應至少每四年辦理一次評鑑，或依學校評鑑週期併同辦理。

直轄市及縣（市）主管機關辦理特殊教育之績效，中央主管機關應至少每四年辦理一次評鑑。

前二項之評鑑項目及結果應予公布，並對評鑑成績優良者予以獎勵，未達標準者應予追蹤輔導；其相關評鑑辦法及自治法規，由各主管機關定之。

第四章　附　則

第 48 條　　公立特殊教育學校之場地、設施與設備提供他人使用、委託經營、獎勵民間參與，與學生重補修、辦理招生、甄選、實習、實施推廣教育等所獲之收入及其相關支出，應設置專帳以代收代付方式執行，其賸餘款並得滾存作為改善學校基本設施或充實教學設備之用，不受預算法第十三條、國有財產法第七條及地方公有財產管理相關規定之限制。

前項收支管理作業規定，由中央主管機關定之。

第 49 條　　本法授權各級主管機關訂定之法規，應邀請同級教師組織及家長團體參與訂定之。

第 50 條　　本法施行細則，由中央主管機關定之。

第 51 條　　本法自公布日施行。

二、特殊教育法施行細則

民國 102 年 7 月 12 日修正

第 1 條　　　　本細則依特殊教育法（以下簡稱本法）第五十條規定訂定之。

第 2 條　　　　本法第七條第一項所稱專責單位，指各級主管機關所設具有專責人員及預算，負責辦理特殊教育業務之單位。

本法第七條第三項所稱修習特殊教育學分三學分以上，指修畢由大學開設之特殊教育學分三學分以上，或參加由各級主管機關辦理之特殊教育專業研習五十四小時以上。

第 3 條　　　　各級主管機關依本法第八條每年定期辦理特殊教育學生狀況調查及教育安置需求人口通報後，應建立及運用各階段特殊教育通報系統，並與衛生、社政主管機關所建立之通報系統互相協調妥善結合。

各級主管機關依本法第八條規定出版之統計年報，應包括特殊教育學生與師資人數及比率、安置與經費狀況及其他特殊教育通報之項目。

第一項特殊教育通報系統之建置及運用，得委託或委辦學校或機關（構）辦理。

第 4 條　　　　依本法第十一條第一項規定，於高級中等以下各教育階段學校設立之特殊教育班，包括在幼兒（稚）園、國民小學、國民中學及高級中等學校專為身心障礙或資賦優異學生設置之特殊教育班。

依本法第二十五條第一項規定，於高級中等以下各教育階段設立之特殊教育學校，包括幼兒部、國民小學部、國民中學部、高級中學部及高級職業學校部專為身心障礙學生設置之學校。

第 5 條　　　　本法第十一條第一項第一款所定集中式特殊教育班，指學生全部時間於特殊教育班接受特殊教育及相關服務；其經課程設計，部分學科（領域）得實施跨班教學。

　　　　　　本法第十一條第一項第二款所定分散式資源班,指學生在普通班就讀,部分時間接受特殊教育及相關服務。

　　　　　　本法第十一條第一項第三款所定巡迴輔導班,指學生在家庭、機構或學校,由巡迴輔導教師提供部分時間之特殊教育及相關服務。

　　　　　　本法第十一條第三項所定特殊教育方案,必要時,得採跨校方式辦理。

第 6 條　　本法第十五條所定特殊教育相關人員,包括各教育階段學校普通班教師、行政人員、特殊教育相關專業人員、教師助理員及特教學生助理人員。

第 7 條　　本法第二十三條第一項所稱結合醫療相關資源,指各級主管機關應主動協調醫療機構,針對身心障礙學生提供有關復健、訓練治療、評量及教學輔導諮詢。

　　　　　　為推展本法第二十三條第二項身心障礙兒童早期療育,直轄市、縣(市)政府應普設學前特殊教育設施,提供適當之相關服務。

第 8 條　　本法第二十六條所定特殊教育學校校長應具備特殊教育之專業知能,指應修習第二條第二項所定特殊教育學分三學分以上。

第 9 條　　本法第二十八條所稱個別化教育計畫,指運用團隊合作方式,針對身心障礙學生個別特性所訂定之特殊教育及相關服務計畫;其內容包括下列事項:

一、 學生能力現況、家庭狀況及需求評估。

二、 學生所需特殊教育、相關服務及支持策略。

三、 學年與學期教育目標、達成學期教育目標之評量方式、日期及標準。

四、 具情緒與行為問題學生所需之行為功能介入方案及行政支援。

五、 學生之轉銜輔導及服務內容。

　　　　　　前項第五款所定轉銜輔導及服務,包括升學輔導、生活、就業、

心理輔導、福利服務及其他相關專業服務等項目。

參與訂定個別化教育計畫之人員，應包括學校行政人員、特殊教育及相關教師、學生家長；必要時，得邀請相關專業人員及學生本人參與，學生家長亦得邀請相關人員陪同。

第 10 條　前條身心障礙學生個別化教育計畫，學校應於新生及轉學生入學後一個月內訂定；其餘在學學生之個別化教育計畫，應於開學前訂定。

前項計畫，每學期應至少檢討一次。

第 11 條　本法第三十條之一所稱高等教育階段特殊教育方案，指學校應依特殊教育學生特性及學習需求，規劃辦理在校學習、生活輔導及支持服務等；其內容應載明下列事項：

一、　依據。

二、　目的。

三、　實施對象及其特殊教育與支持服務。

四、　人力支援及行政支持。

五、　空間及環境規劃。

六、　辦理期程。

七、　經費概算及來源。

八、　預期成效。

前項第三款特殊教育與支持服務，包括學習輔導、生活輔導、支持協助及諮詢服務等。

第 12 條　前條特殊教育方案，學校應運用團隊合作方式，整合相關資源，針對身心障礙學生個別特性及需求，訂定個別化支持計畫；其內容包括下列事項：

一、　學生能力現況、家庭狀況及需求評估。

二、　學生所需特殊教育、支持服務及策略。

三、　學生之轉銜輔導及服務內容。

第 13 條　依本法第四十一條對於身心障礙之資賦優異學生或社經文化地位不利之資賦優異學生加強輔導，應依其身心狀況，保持最大

彈性，予以特殊設計及支援，並得跨校實施。

第 14 條　特殊教育學生已重新安置於其他學校，原就讀學校應將個案資料隨同移轉，以利持續輔導。

第 15 條　本法第四十三條第二項所定設有特殊教育學系之大學校院得附設特殊教育學校（班），包括附設或附屬二種情形，其設立應經專案評估後，報主管機關核定。

前項附設或附屬特殊教育學校（班），其設立規模及人員編制，準用特殊教育學校設立變更停辦合併及人員編制標準之規定。

第 16 條　各級主管機關依本法第四十四條規定所建立之特殊教育行政支持網絡，包括為協助辦理特殊教育相關事項所設特殊教育資源中心；其成員由主管機關就學校教師、學者專家或相關專業人員聘任（兼）之。

第 17 條　本細則自發布日施行。

三、身心障礙及資賦優異學生鑑定辦法

民國 102 年 9 月 2 日 修正

第 1 條　　　本辦法依特殊教育法（以下簡稱本法）第十六條第二項規定訂定之。

第 2 條　　　身心障礙學生之鑑定，應採多元評量，依學生個別狀況採取標準化評量、直接觀察、晤談、醫學檢查等方式，或參考身心障礙手冊（證明）記載蒐集個案資料，綜合研判之。

　　　　　　　資賦優異學生之鑑定，應以標準化評量工具，採多元及多階段評量，除一般智能及學術性向資賦優異學生之鑑定外，其他各類資賦優異學生之鑑定，均不得施以學科（領域）成就測驗。

第 3 條　　　本法第三條第一款所稱智能障礙，指個人之智能發展較同年齡者明顯遲緩，且在學習及生活適應能力表現上有顯著困難者。

　　　　　　　前項所定智能障礙，其鑑定基準依下列各款規定：

　　　　　　　一、心智功能明顯低下或個別智力測驗結果未達平均數負二個標準差。

　　　　　　　二、學生在生活自理、動作與行動能力、語言與溝通、社會人際與情緒行為等任一向度及學科（領域）學習之表現較同年齡者有顯著困難情形。

第 4 條　　　本法第三條第二款所稱視覺障礙，指由於先天或後天原因，導致視覺器官之構造缺損，或機能發生部分或全部之障礙，經矯正後其視覺辨認仍有困難者。

　　　　　　　前項所定視覺障礙，其鑑定基準依下列各款規定之一：

　　　　　　　一、視力經最佳矯正後，依萬國式視力表所測定優眼視力未達〇‧三或視野在二十度以內。

　　　　　　　二、視力無法以前款視力表測定時，以其他經醫學專業採認之檢查方式測定後認定。

第 5 條　本法第三條第三款所稱聽覺障礙，指由於聽覺器官之構造缺損或功能異常，致以聽覺參與活動之能力受到限制者。

前項所定聽覺障礙，其鑑定基準依下列各款規定之一：

一、接受行為式純音聽力檢查後，其優耳之五百赫、一千赫、二千赫聽閾平均值，六歲以下達二十一分貝以上者；七歲以上達二十五分貝以上。

二、聽力無法以前款行為式純音聽力測定時，以聽覺電生理檢查方式測定後認定。

第 6 條　本法第三條第四款所稱語言障礙，指語言理解或語言表達能力與同年齡者相較，有顯著偏差或低落現象，造成溝通困難者。

前項所定語言障礙，其鑑定基準依下列各款規定之一：

一、構音異常：語音有省略、替代、添加、歪曲、聲調錯誤或含糊不清等現象。

二、嗓音異常：說話之音質、音調、音量或共鳴與個人之性別或年齡不相稱等現象。

三、語暢異常：說話節律有明顯且不自主之重複、延長、中斷、首語難發或急促不清等現象。

四、語言發展異常：語言之語形、語法、語意或語用異常，致語言理解或語言表達較同年齡者有顯著偏差或低落。

第 7 條　本法第三條第五款所稱肢體障礙，指上肢、下肢或軀幹之機能有部分或全部障礙，致影響參與學習活動者。

前項所定肢體障礙，應由專科醫師診斷；其鑑定基準依下列各款規定之一：

一、先天性肢體功能障礙。

二、疾病或意外導致永久性肢體功能障礙。

第 7-1 條　本法第三條第六款所稱腦性麻痺，指腦部發育中受到非進行性、非暫時性之腦部損傷而顯現出動作及姿勢發展有問題，或伴隨感覺、知覺、認知、溝通、學習、記憶及注意力等神經心理障礙，致在活動及生活上有顯著困難者。

前項所定腦性麻痺，其鑑定由醫師診斷後認定。

第 8 條　　本法第三條第七款所稱身體病弱，指罹患疾病，體能衰弱，需要長期療養，且影響學習活動者。

前項所定身體病弱，其鑑定由醫師診斷後認定。

第 9 條　　本法第三條第八款所稱情緒行為障礙，指長期情緒或行為表現顯著異常，嚴重影響學校適應者；其障礙非因智能、感官或健康等因素直接造成之結果。

前項情緒行為障礙之症狀，包括精神性疾患、情感性疾患、畏懼性疾患、焦慮性疾患、注意力缺陷過動症、或有其他持續性之情緒或行為問題者。

第一項所定情緒行為障礙，其鑑定基準依下列各款規定：

一、情緒或行為表現顯著異於其同年齡或社會文化之常態者，得參考精神科醫師之診斷認定之。

二、除學校外，在家庭、社區、社會或任一情境中顯現適應困難。

三、在學業、社會、人際、生活等適應有顯著困難，且經評估後確定一般教育所提供之介入，仍難獲得有效改善。

第 10 條　本法第三條第九款所稱學習障礙，統稱神經心理功能異常而顯現出注意、記憶、理解、知覺、知覺動作、推理等能力有問題，致在聽、說、讀、寫或算等學習上有顯著困難者；其障礙並非因感官、智能、情緒等障礙因素或文化刺激不足、教學不當等環境因素所直接造成之結果。

前項所定學習障礙，其鑑定基準依下列各款規定：

一、智力正常或在正常程度以上。

二、個人內在能力有顯著差異。

三、聽覺理解、口語表達、識字、閱讀理解、書寫、數學運算等學習表現有顯著困難，且經確定一般教育所提供之介入，仍難有效改善。

第 11 條　本法第三條第十款所稱多重障礙，指包括二種以上不具連帶關

係且非源於同一原因造成之障礙而影響學習者。

前項所定多重障礙，其鑑定應參照本辦法其他各類障礙之鑑定基準。

第 12 條　本法第三條第十一款所稱自閉症，指因神經心理功能異常而顯現出溝通、社會互動、行為及興趣表現上有嚴重問題，致在學習及生活適應上有顯著困難者。

前項所定自閉症，其鑑定基準依下列各款規定：

一、顯著社會互動及溝通困難。

二、表現出固定而有限之行為模式及興趣。

第 13 條　本法第三條第十二款所稱發展遲緩，指未滿六歲之兒童，因生理、心理或社會環境因素，在知覺、認知、動作、溝通、社會情緒或自理能力等方面之發展較同年齡者顯著遲緩，且其障礙類別無法確定者。

前項所定發展遲緩，其鑑定依兒童發展及養育環境評估等資料，綜合研判之。

第 14 條　本法第三條第十三款所稱其他障礙，指在學習與生活有顯著困難，且其障礙類別無法歸類於第三條至第十三條類別者。

前項所定其他障礙，其鑑定應由醫師診斷並開具證明。

第 15 條　本法第四條第一款所稱一般智能資賦優異，指在記憶、理解、分析、綜合、推理及評鑑等方面，較同年齡者具有卓越潛能或傑出表現者。

前項所定一般智能資賦優異，其鑑定基準依下列各款規定：

一、個別智力測驗評量結果在平均數正二個標準差或百分等級九十七以上。

二、經專家學者、指導教師或家長觀察推薦，並檢附學習特質與表現卓越或傑出等之具體資料。

第 16 條　本法第四條第二款所稱學術性向資賦優異，指在語文、數學、社會科學或自然科學等學術領域，較同年齡者具有卓越潛能或傑出表現者。

前項所定學術性向資賦優異，其鑑定基準依下列各款規定之一：

一、前項任一領域學術性向或成就測驗得分在平均數正二個標
　　準差或百分等級九十七以上，並經專家學者、指導教師或
　　家長觀察推薦，及檢附專長學科學習特質與表現卓越或傑
　　出等之具體資料。

二、參加政府機關或學術研究機構舉辦之國際性或全國性有關
　　學科競賽或展覽活動表現特別優異，獲前三等獎項。

三、參加學術研究單位長期輔導之有關學科研習活動，成就特
　　別優異，經主辦單位推薦。

四、獨立研究成果優異並刊載於學術性刊物，經專家學者或指
　　導教師推薦，並檢附具體資料。

第 17 條　　本法第四條第三款所稱藝術才能資賦優異，指在視覺或表演藝
　　　　　　術方面具有卓越潛能或傑出表現者。

前項所定藝術才能資賦優異，其鑑定基準依下列各款規定之一：

一、任一領域藝術性向測驗得分在平均數正二個標準差或百分
　　等級九十七以上，或術科測驗表現優異，並經專家學者、
　　指導教師或家長觀察推薦，及檢附藝術才能特質與表現卓
　　越或傑出等之具體資料。

二、參加政府機關或學術研究機構舉辦之國際性或全國性各該
　　類科競賽表現特別優異，獲前三等獎項。

第 18 條　　本法第四條第四款所稱創造能力資賦優異，指運用心智能力產
　　　　　　生創新及建設性之作品、發明或解決問題，具有卓越潛能或傑
　　　　　　出表現者。

前項所定創造能力資賦優異，其鑑定基準依下列各款規定之一：

一、創造能力測驗或創造性特質量表得分在平均數正二個標準
　　差或百分等級九十七以上，並經專家學者、指導教師或家
　　長觀察推薦，及檢附創造才能特質與表現卓越或傑出等之
　　具體資料。

二、參加政府機關或學術研究機構舉辦之國際性或全國性創造

發明競賽表現特別優異，獲前三等獎項。

第 19 條　本法第四條第五款所稱領導能力資賦優異，指具有優異之計畫、組織、溝通、協調、決策、評鑑等能力，而在處理團體事務上有傑出表現者。

前項所定領導能力資賦優異，其鑑定基準依下列各款規定：

一、領導才能測驗或領導特質量表得分在平均數正二個標準差或百分等級九十七以上。

二、經專家學者、指導教師、家長或同儕觀察推薦，並檢附領導才能特質與表現傑出等之具體資料。

第 20 條　本法第四條第六款所稱其他特殊才能資賦優異，指在肢體動作、工具運用、資訊、棋藝、牌藝等能力具有卓越潛能或傑出表現者。

前項所定其他特殊才能資賦優異，其鑑定基準依下列各款規定：

一、參加政府機關或學術研究機構舉辦之國際性或全國性技藝競賽表現特別優異，獲前三等獎項。

二、經專家學者、指導教師或家長觀察推薦，並檢附專長才能特質與表現卓越或傑出等之具體資料。

第 21 條　身心障礙學生及資賦優異學生之鑑定，應依轉介、申請或推薦，蒐集相關資料，實施初步類別研判、教育需求評估及綜合研判後，完成包括教育安置建議及所需相關服務之評估報告。

前項鑑定，各級主管機關特殊教育學生鑑定及就學輔導會（以下簡稱鑑輔會）應於每學年度上、下學期至少召開一次會議辦理，必要時得召開臨時會議。

國民教育階段資賦優異學生之鑑定時程，應採入學後鑑定。但直轄市、縣（市）主管機關因專業考量、資源分配或其他特殊需求而有入學前鑑定之必要者，應經鑑輔會審議通過後，由主管機關核定實施，並報教育部備查。

第 22 條　各類身心障礙學生之教育需求評估，應包括健康狀況、感官功能、知覺動作、生活自理、認知、溝通、情緒、社會行為、學

科（領域）學習等。

各類資賦優異學生之教育需求評估，應包括健康狀況、認知、溝通、情緒、社會行為、學科（領域）學習、特殊才能、創造力等。

前二項教育需求評估，應依學生之需求選擇必要之評估項目，並於評估報告中註明優弱勢能力，所需之教育安置、評量、環境調整及轉銜輔導等建議。

第 23 條　經鑑輔會鑑定安置之身心障礙學生或資賦優異學生，遇障礙情形改變、優弱勢能力改變、適應不良或其他特殊需求時，得由教師、家長或學生本人向學校或主管機關提出重新評估之申請；其鑑定程序，依第二十一條第一項規定辦理。主管機關並得視需要主動辦理重新評估。

前項重新評估，應註明重新評估之原因；身心障礙學生應檢附個別化教育（支持）計畫，資賦優異學生應檢附個別輔導計畫。

第 24 條　本辦法自發布日施行。

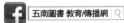

國家圖書館出版品預行編目資料

特殊教育導論／王文科主編. --二版. --臺
　北市：五南圖書出版股份有限公司, 2015.06
　面；　　公分.
ISBN 978-957-11-8123-3（平裝）

1.特殊教育

529.5　　　　　　　　　104008756

1IXQ

特殊教育導論

主　　　編	― 王文科(5)			
作　　　者	― 王文科	李乙明	謝建全	洪榮照　杞昭安
	林玉霞	王淑娟	陳政見	吳佳臻　王明泉
	侯禎塘	胡永崇	李淑玲	林翠英　林秀錦
	柯秋雪			

發 行 人 ― 楊榮川

總 經 理 ― 楊士清

總 編 輯 ― 楊秀麗

副總編輯 ― 黃文瓊

責任編輯 ― 李敏華

封面設計 ― 姚孝慈

出 版 者 ― 五南圖書出版股份有限公司

地　　址：106台北市大安區和平東路二段339號4樓

電　　話：(02)2705-5066　　傳　　真：(02)2706-6100

網　　址：https://www.wunan.com.tw

電子郵件：wunan@wunan.com.tw

劃撥帳號：01068953

戶　　名：五南圖書出版股份有限公司

法律顧問　林勝安律師

出版日期　2013 年 9 月初版一刷（共二刷）
　　　　　2015 年 6 月二版一刷
　　　　　2023 年 9 月二版六刷

定　　價　新臺幣630元

經典永恆‧名著常在

五十週年的獻禮──經典名著文庫

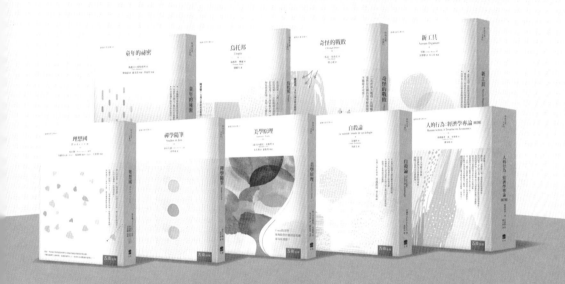

五南，五十年了，半個世紀，人生旅程的一大半，走過來了。

思索著，邁向百年的未來歷程，能為知識界、文化學術界作些什麼？

在速食文化的生態下，有什麼值得讓人雋永品味的？

歷代經典‧當今名著，經過時間的洗禮，千錘百鍊，流傳至今，光芒耀人；

不僅使我們能領悟前人的智慧，同時也增深加廣我們思考的深度與視野。

我們決心投入巨資，有計畫的系統梳選，成立「經典名著文庫」，

希望收入古今中外思想性的、充滿睿智與獨見的經典、名著。

這是一項理想性的、永續性的巨大出版工程。

不在意讀者的眾寡，只考慮它的學術價值，力求完整展現先哲思想的軌跡；

為知識界開啟一片智慧之窗，營造一座百花綻放的世界文明公園，

任君遨遊、取菁吸蜜、嘉惠學子！